France 法國

no.87

法國 France

MOOK NEWAction no.87

法國 France

MOOK NEWAction no.87

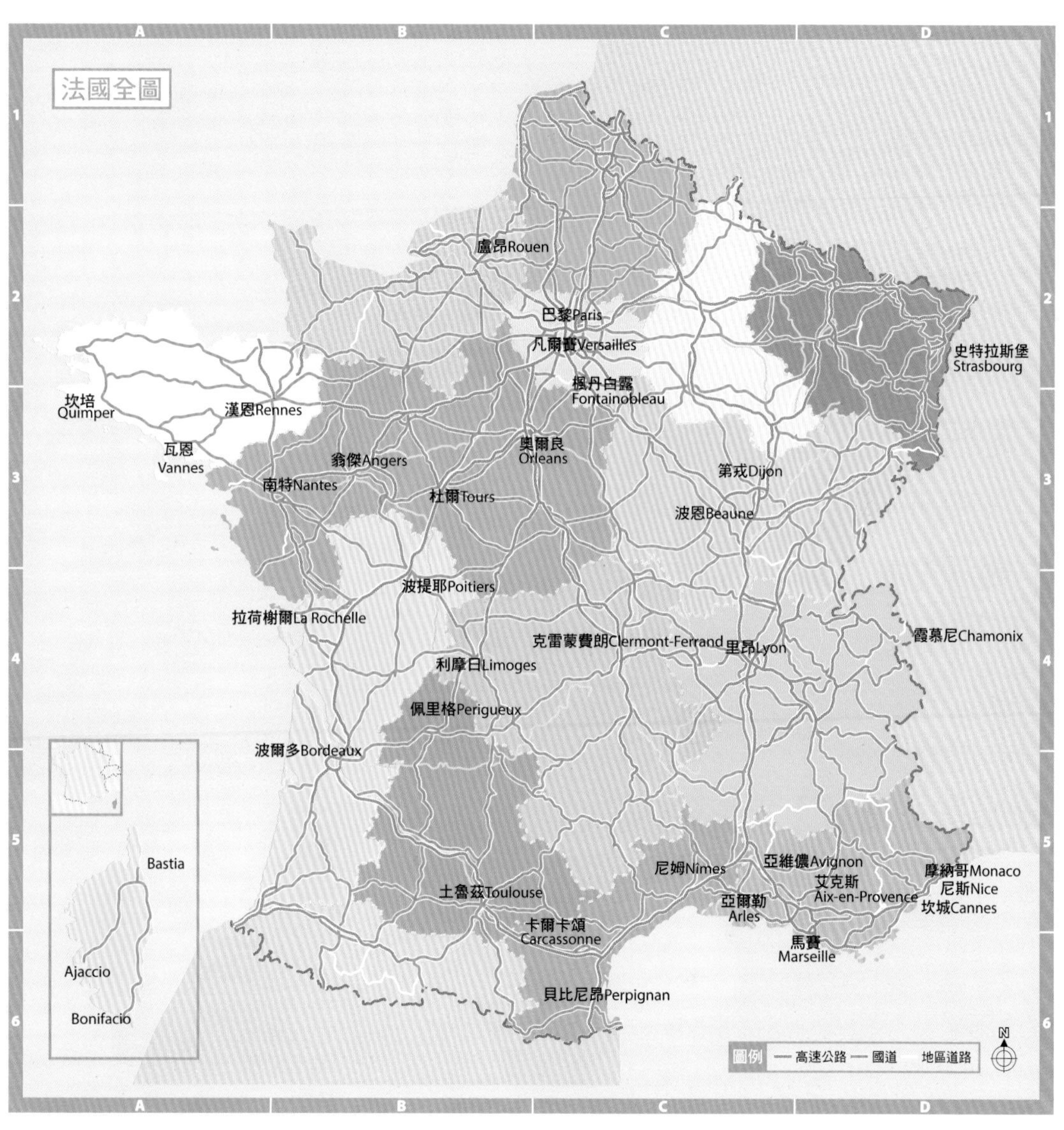

本書所提供的各項可能變動性資訊，如交通、時間、價格、地址、電話或網址，係以2024年9月前所收集的為準；但此類訊息經常異動，正確內容請以當地即時標示的資訊為主。
如果你在旅行中發現資訊已更動，或是有任何內文或地圖需要修正的地方，歡迎隨時指正和批評。你可以透過下列方式告訴我們：
寫信：台北市南港區昆陽街16號7樓MOOK編輯部收
傳真：02-25007008
E-mail：mook_service@hmg.com.tw

符號說明

電話	價格	所需時間	住宿
傳真	網址	距離	Facebook
地址	電子信箱	如何前往	Instagram
時間	注意事項	市區交通	Line
休日	特色	旅遊諮詢	

Welcome to France

歡迎來到法國

Bonjour! Comment ça va?

優雅、浪漫、美麗的法國，一向就是台灣遊客旅遊歐洲的首選國度，不論是首次造訪或舊地重遊，在視野、心情或感官上，都能得到極大的收穫。被譽為「浪漫之都」的巴黎，有著豐富的名勝古蹟和深厚的人文歷史，第33屆夏季奧運會更是讓人重新認識這個美麗城市，盛大的開幕典禮首次搬出體育館，整個巴黎瞬間變成巨大舞台，也成為了最美的奧運比賽場地！

編輯部帶你漫步在香榭麗舍大道、塞納河畔、左岸咖啡館，感受巴黎的浪漫風情，或是深入各大博物館、美術館，沉浸在濃厚的文藝氣息中。離開巴黎，還有凡爾賽宮、楓丹白露、夏特、香提伊、奧維、吉維尼……美麗的景致和動人的故事，同樣令人嚮往；以聖米歇爾山著稱的諾曼第、展現異國情調的布列塔尼、海岸線漫長的大西洋海岸，感受濱海城鎮的自由氣息；抑或前往城堡林立的羅亞爾河地區，聆聽淒美動人的愛情故事。

而南法普羅旺斯和蔚藍海岸優美的海岸、山城風光始終讓人心醉，隆河─阿爾卑斯山則是親近高山雪景的首選之地；至於勃艮第和亞爾薩斯則以酒鄉聞名。這些區域各自展現不同的人文自然特色，都值得你親自前往感受。

Top Reasons to Go

必去法國理由

世界文化遺產巡禮

法國的歷史非常悠久，留下許多驚人的偉大建築，從羅馬時代的競技場和劇場，到羅亞爾河流域的城堡和凡爾賽宮，甚至是近代的艾菲爾鐵塔和凱旋門，都很值得欣賞，見識人類建築智慧的結晶。

欣賞經典藝術文物

作為為一個歷史大國，法國保存了很多珍貴的文物和藝術品，所以有許多世界知名的博物館和美術館，像是羅浮宮和奧賽美術館就收藏了很多名作，來到法國一定要來朝聖這些經典作品。

血拼購物一次滿足

來到法國購物是少不了的，這裡有許多引領時尚潮流的品牌，本身定價就比台灣便宜再加上退稅，划算到會讓人失心瘋！不追求名牌也沒關係，傳統市集或是跳蚤市場、當地藥妝店也能挖到很多寶，只要做好事前調查，絕對能買到手軟！

品嘗道地法國料理

法國料理對全世界飲食文化的影響深遠，來到法國當然要嚐嚐道地的法國料理，像是油封鴨、烤田螺，也可以試試松露、肝醬這些特色食材，再配上大名鼎鼎的波爾多葡萄酒；此外法國的甜點和麵包也是風靡全世界，千萬不能錯過。

陽光明媚南法度假

如果巴黎是浪漫的代名詞，那麼南法就是陽光普照的人間天堂，瀰漫著薰衣草香氣的甜蜜夢境。從熟悉的亞維儂、尼斯、坎城、馬賽，到讓人留連忘返的普羅旺斯山城、蔚藍海岸魅力小鎮……南法的獨特風采在這片富饒的土地上，用歷史、文化、美食交織出獨特而動人的故事。

上山下海貼近自然

看膩了建築和遺跡、文物和藝術品嘛？該欣賞法國的自然風光了，可以去勃艮地參加酒莊之旅，體驗鄉間的純樸；也可以去夏慕尼欣賞阿爾卑斯山的風光，運氣好還可以看到白朗峰喔！

旅行計畫
Plan Your Trip

Top Highlights of France
法國之最

文●墨刻編輯部　攝影●墨刻攝影組

羅浮宮 Musée du Louvre

除了凱旋門和艾菲爾鐵塔外，貝聿銘替羅浮宮設計的玻璃金字塔也逐漸成為了巴黎的象徵之一。羅浮宮是全世界參觀人數最多的藝術博物館，館藏有超過四十多萬件，常態展出上萬件的文物，展場分為三大區域，蘇利館(Sully)、德農館(Denon)及黎塞留館(Richelieu)，館藏則主要分為幾大類：古東方文物、古代埃及文物、古希臘和羅馬文物、雕塑、工藝品、繪畫、書畫刻印藝術等，除了這些永久展外，常常會有特展。而達文西的《蒙娜麗莎》是無庸置疑的鎮館之寶。(P.75)

最佳地標
The Best Landmark

艾菲爾鐵塔 / 巴黎
Tour Eiffel / Paris (P.98)

凱旋門 / 巴黎
Arc de Triomphe / Paris (P.99)

艾菲爾鐵塔 Tour Eiffel

要體會巴黎的浪漫風情，最好的方法之一，就是在天幕低垂之際登上艾菲爾鐵塔，落日輝映晚霞，等待星辰交替的巴黎夜景，是巴黎的沉靜之美。鐵塔高320公尺，是為了萬國博覽會而興建，自1887~1931年紐約帝國大廈落成前，保持了45年世界最高建築物的地位，目前仍是巴黎最有名的地標。2024年巴黎奧運開幕典禮的壓軸節目，就是席琳．狄翁在鐵塔上的驚喜演出！(P.98)

奧塞美術館 Musée d'Orsay

依傍塞納河的奧塞美術館是欣賞19、20世紀印象派畫作的好去處，其前身是為1900年世界博覽會建造的火車站，到了1986年才改成奧塞美術館，館藏作品來自羅浮宮與印象派美術館，從1848~1914年的多種畫作。奧塞美術館不但收藏珍貴，古典主義藝術風格的建築物本身也是頗有看頭；它的屋頂採用玻璃，讓人可在自然光線下欣賞藝術作品。(P.126)

羅浮宮 /
巴黎
Musée du Louvre /
Paris (P.75)

海軍府 /
巴黎
Hôtel de la Marine /
Paris (P.87)

海軍府 Hôtel de la Marine

矗立於協和廣場旁的海軍府，一開始是存放皇室專用傢俱、織品、寶物的地方，到了1789年成為法國海軍的總部，經過大規模翻新後於2021年對外開放。館內開放區域包括富麗堂皇的會客廳、官員和家眷的寢室、起居室等，其中最有趣的就是結合多媒體的參觀方式，戴上耳機跟著總管的聲音，一窺昔日貴族生活的奢華。(P.87)

奧塞美術館 / 巴黎 Musée d'Orsay / Paris (P.126)

高盧羅馬博物館 / 里昂 Gallo-Roman Museum of Lyon / Lyon (P.259)

歐洲和地中海文明博物館 / 馬賽 MuCEM / Marseille (P.297)

迪奧藝廊 La Galerie Dior

迪奧蒙田大道總店修繕後新增了迪奧藝廊，於2022年3月隆重開幕！迪奧藝廊呈現了迪奧從1947年發展至今的演變，公開創辦人Christian Dior和歷屆創意總監的設計手稿和作品，展示迪奧設計的精髓以及巴黎高級訂製文化的發展。畫廊內不只是陳列迪奧的經典設計、歷屆畫報攝影、飾品香水的研發，也能一睹迪奧設計的幕後花絮，像是Christian Dior的辦公室和工作室、模特兒的試衣間等空間。(P.102)

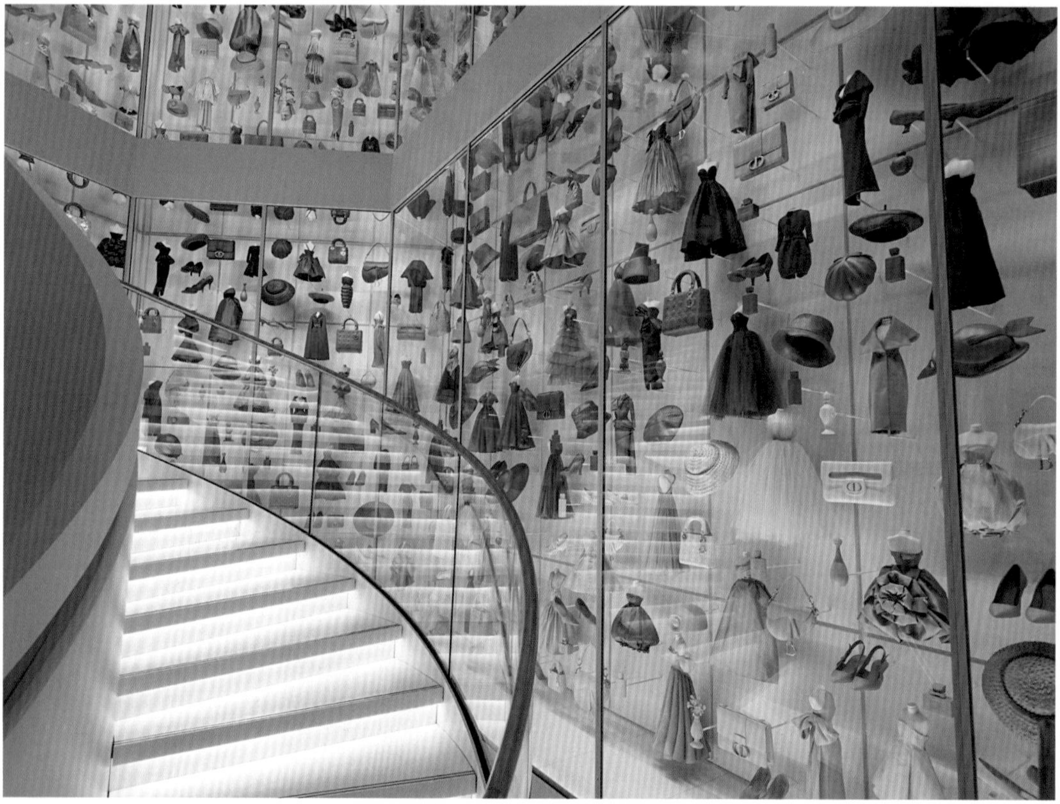

最美教堂
The Most Beautiful Cathédrales

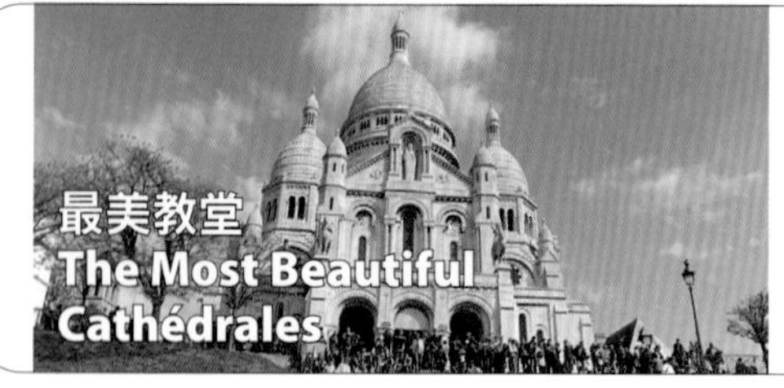

巴黎聖母院 / 巴黎
Cathédrale Notre-Dame de Paris / Paris (P.120)

聖心堂 / 巴黎
Basilique de Sacré-Coeur / Paris (P.138)

凡爾賽宮 Château de Versailles

凡爾賽宮是法國最具代表性的景點之一，因為它象徵著法國的一個黃金時代，太陽王路易十四將其打造成全歐洲最華麗的宮殿。宮殿規模龐大，內部保存良好，各個區域有不同的看點，許多房間都維持著原貌，從家具和日常生活用品就可以看出當時貴族生活的奢侈，還有許多法國王室珍貴的收藏品可以欣賞。這裡也是巴黎奧運舉辦馬術和現代五項賽事的地方，花園裡搭建了臨時場地，延續了凡爾賽宮歷史悠久的馬術傳統。(P.168)

聖皮耶大教堂 / 漢恩
Cathédrale Saint-Pierre / Rennes (P.215)

聖母院大教堂 / 史特拉斯堡
Cathédrale Notre Dame / Strasbourg (P.243)

聖維克多修道院 / 馬賽
Abbaye Saint Victor / Marseille (P.296)

聖米歇爾 山 Le Mont Saint-Michel

聖米歇爾山由一座小山丘和蓋在上面的的城堡和修道院所組成，是法國吸引最多觀光客的地方之一。會這麼出名是因為其獨特的地理環境，小山丘因為潮汐落差，在漲潮時會形成封閉的岩島，退潮時露出整座地基和連接陸地的通道，這樣奇特的現象和景色讓聖米歇爾山成為了熱門的觀光景點。不過山上也很有看頭，歷史悠久的修道院為了克服地勢，支撐上方的建築，用了許多特別的方法，像是交叉拱頂和被當座地基的小教堂。(P.195)

塞納河/
巴黎
La Seine /
Paris (P.118)

小法國區 /
史特拉斯堡
Petite France /
Strasbourg (P.244)

普羅旺斯夢幻度假 Vacation in Provence

每到薰衣草花開時節，遊人徜徉紫色花海，浪漫氣氛無與倫比。跟隨印象派大師的足跡，感染梵谷和塞尚的藝文氣息；純樸熱情的田園料理、節慶活動和風土民情，也同樣讓人不經意地深深愛上。(P.276)

白朗峰 Mont-Blanc

阿爾卑斯山脈是隆河的故鄉，也是歐洲夢幻的山色國度，雖然阿爾卑斯山脈大都分布在德、瑞、奧、義等國家，然而，法國卻得天獨厚的擁有了最接近天際的那一點「白朗峰」(Mont Blanc)。

白朗峰柔美的身段，讓它擁有「歐洲聖母峰」美名，許多人雖然來到觀賞白朗峰的最佳據點夏慕尼(Chamonix)，但仍難以在群山間分辨出它最接近藍天的一點，不過，這也無損白朗峰的迷人，光是望著它如絲帶般流洩而下冰河美景，就已足夠駐足良久、驚豔不已。(P.261)

白朗峰／隆河—阿爾卑斯 Mont-Blanc / Rhône-Alps (P.261)

呂貝宏山區／普羅旺斯 Luberon / Provence (P.276)

列航群島／坎城 Îles de Lérins / Cannes (P.315)

Top Itineraries of France
法國精選行程

文●墨刻編輯部

大巴黎地區與諾曼第9日遊

●行程特色

這個行程以巴黎為主角，像巴黎這樣多采多姿的大都市待多久都不是問題，首先在巴黎待上4天，接下來再輕鬆造訪周邊城鎮或名勝，較推薦的有凡爾賽宮、楓丹白露和香提伊，這些地方都可以以巴黎為中心，從巴黎搭火車前往或參加一日遊行程，當日就可再回到巴黎。位於諾曼第的聖米歇爾山距離較遠，可以安排2天1夜的行程，時間就很充裕了，第二天再回巴黎搭飛機。

●行程內容

Day 1~4：巴黎Paris

Day 5：凡爾賽宮Château de Versailles

Day 6：楓丹白露Fontainebleau

Day 7：香提伊Chantilly

Day 8：聖米歇爾山Le Mont Saint-Michel

Day 9：聖米歇爾山Le Mont Saint-Michel→巴黎Paris

縱橫全法14天

●行程特色

法國的幅員遼闊，從北部到南部有許多的名勝景點，這個行程推薦給時間和預算充裕的旅人，體驗法國各地不同的風情。首先從巴黎出發，3天的時間雖然緊湊但足夠去所有的代表性景點了，接下來搭國內線航班到摩納哥，在摩納哥可以體驗賭城的紙醉金迷，接下來沿著海岸線造訪尼斯和坎城各待一天，享受蔚藍海岸的陽光和沙灘。離開蔚藍海岸後來到風光明媚的普羅旺斯，參觀馬賽、亞維儂和亞爾勒，3座城市各待一天。接著來到里昂這座被選入世界遺產的古城，待上兩天，行程的最後一站是城堡之旅，沿著羅亞爾河參觀美麗的城堡，最後再回到巴黎。

●行程內容

Day 1~3：巴黎Paris

Day 4：摩納哥Monaco

Day 5：尼斯Nice

Day 6：坎城Cannes

Day 7：馬賽Marseille

Day 8：亞爾勒Arles

Day 9：亞維儂Avignon

Day 10：里昂Lyon

Day 11：里昂Lyon

Day 12：城堡之旅Voyage de Château

Day 13：城堡之旅Voyage de Château

Day 14：巴黎Paris

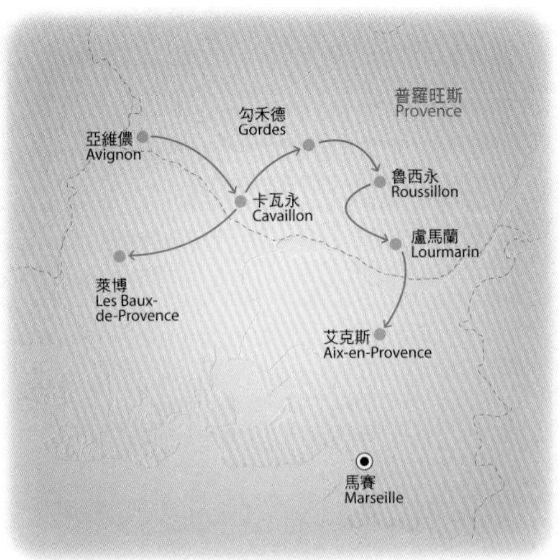

普羅旺斯最美小鎮6天

●行程特色

呂貝宏山區(Luberon)與小阿爾卑斯山區(Alpilles en Provence)，座落著許多寧靜優美的小山村，包括譽為普羅旺斯版黃石公園的魯西永、以薰衣草盛開的塞農克聖母修道院、石砌屋舍櫛比鱗次的山城勾禾德等，尤其由法國官方認證的「最美小鎮」(Les plus beaux villages de France)，經過嚴格評選和維護，是旅遊南法必訪的景點。

以卡瓦永作為據點可以輕鬆探索這兩個區域，出發參訪各小鎮都非常方便。萊博除了欣賞懸崖峭壁上的中古世紀小鎮，不可錯過的還有震撼人心的光影採石場(Carrières de Lumière)，一起走進藝術大師的繪畫世界裡。勾禾德灰白的層層建築襯著藍天甚是好看，紫色花海與白色的賽農克修道院形成普羅旺斯經典書面。接著漫遊於魯西永豐富的赭石景觀，在陽光下呈現百變的赭紅色，與翠綠的松樹形成明顯的對比。最後來到盧馬蘭以文藝復興城堡和熱鬧的藝文活動聞名的小鎮。

由於小鎮大多都位於山區，部分小鎮依舊可以搭巴士前往，最方便的方式還是開車，可以選擇自駕或是到飯店或各地旅遊局諮詢包車服務。

●行程內容

Day 1：卡瓦永Cavaillon

Day 2：萊博Les Baux-de-Provence

Day 3：勾禾德Gordes

Day 4：魯西永Roussillon

Day 5：盧馬蘭Lourmarin

Day 6：艾克斯Aix-en-Provence

諾曼第、羅亞爾河和布列塔尼9日

●行程特色

羅亞爾河是法國境內最長的一條河流，由於歷代法國國王多定居於河川一帶，尤其是16世紀文藝復興風潮興起，滿足王室需要居住的城堡大量興建，諸多華麗城堡紛紛出現；本路線便以杜爾為中心，一一拜訪附近城堡，接著再造訪昔日布列塔尼的首府「南特」，雖然它今日在行政畫分上屬於羅亞爾省，但在文化、風土民情方面，仍與布列塔尼較為接近。最後來到諾曼第的聖米歇爾山，見證城堡因潮汐而產生的美景，再從諾曼第回到巴黎。

●行程內容

Day 1~2：巴黎Paris

Day 3：奧爾良Orléans

Day 4：城堡之旅 Voyage de Châteaux

Day 5：城堡之旅Voyage de Châteaux

Day 6：城堡之旅Voyage de Châteaux

Day 7：南特Nantes

Day 8：聖米歇爾山Le Mont Saint-Michel

Day 9：巴黎Paris

When to go
最佳旅行時刻

文●墨刻編輯部　攝影●墨刻攝影組

占地廣袤的法國，由於西面和東南面臨海，南部和東南部各有庇里牛斯山和阿爾卑斯山的屏障，因此各區氣候上差異頗大。法國內陸屬於大陸性氣候，冬寒夏熱，春秋兩季的日夜溫差較大；沿海地區大西洋地區雖濕潤但溫度較低，至於蔚藍海岸和普羅旺斯一帶則為地中海型氣候，冬季氣候雖然溫暖，但夏天卻非常炎熱。

布列塔尼 Bretagne

伸出於英吉利海峽和大西洋間的布列塔尼，保留獨特的凱爾特文化、擁有自己的語言，其中以巨石群最為迷人，此外，此區擁有豐富的大自然地貌。

受惠於墨西哥灣洋流的調劑，使得此區的氣候合宜，但夏季驟雨過後常瞬間產生低溫，夏季平均溫度介於13~24℃，冬季則在2~8℃。

巴黎及大巴黎地區 Paris et Ile-de-France

塞納河從中蜿蜒而過的巴黎，坐落於大巴黎地區的核心位置，圍繞四周的區域，錯落著森林、城堡和景色優美的小鎮，記載著法國皇室、藝術等黃金時代。

屬於溫帶海洋性氣候的巴黎，受到北大西洋洋流的影響，終年受西風吹拂的它雨量平均，唯獨冬日天氣較為陰霾，夏季平均溫度介於15~24℃，冬季則在2~7℃。

羅亞爾河谷地 Vallée de la Loire

這片由西面沿海橫亙全法國內陸的平原，貫穿且遍布著羅亞爾河及其支流，15世紀時皇室和貴族在此興建大大小小的城堡，讓它享有「法國庭園」的美譽。

此區氣候介於法國北部和南部氣候之間，全年氣候大致舒爽，唯獨夏冬氣候溫差較大，夏季平均溫度介於14~25℃，冬季則在2~8℃。

大西洋海岸 Atlantique

延伸著漫長海岸線的大西洋海岸，地勢越往內陸變化越大，北部為散布葡萄園的盆地，南部則是庇里牛斯山脈的腹地，整個區域以波爾多為核心。

因為地勢變化大，所以氣候也迥異，沿海地帶和盆地區冷暖溫差劇烈，至於南部則因為山脈阻擋了冷風，使得山麓降雪，夏季平均溫度介於14~26℃，冬季則在3~10℃。

諾曼第、皮卡迪和北部 Normandie, Picardie et Nord

這片法國西北面的領土和英國隔海相望，大片的草地是它給人的印象，此外還有漲退潮奇景的聖米歇爾山和以斷崖著稱的艾特爾塔(Étretat)，都讓人印象深刻。

儘管全年氣溫變化不大，但此區的氣候卻是瞬息萬變，夏季平均溫度介於12~22℃，冬季則在2~7℃。

亞爾薩斯和洛林及香檳亞丁區 Alsace, Lorraine et Champagne-Ardenne

細長形的亞爾薩斯地處法、德、瑞三國交界，西以孚日山脈(Vosges)接鄰香檳亞丁區，它們是葡萄酒和香檳知名的產區，綿延著葡萄園和丘陵。

此區氣候介於海洋和陸地性氣候之間，氣候溫和且雨量較少，此外陽光照射的時間也比許多其他區域來得長，夏季平均溫度為13~25℃，冬季則在-1~4℃。

勃艮第 Bourgogne

勃艮第也是著名的葡萄酒鄉，區內有著塞納河、隆河等多條河流交會，水資源豐沛，中部則有一座南北走向的山系。

位於大巴黎地區東南方的勃艮第氣候類似巴黎，不過夏冬兩季溫差更為明顯，雖為海洋性氣候，卻受大陸性影響，因此被稱為半大陸性氣候，夏季平均溫度介於15~24℃，冬季則在-1~4℃。

隆河─阿爾卑斯 Rhône-Alpes

位於法國東面，與瑞士和義大利接壤，此區中央以隆河和索恩河(Saône)谷地為主，兩者以里昂為核心，至於東側則坐落著法國最著名的滑雪勝地和冬季度假村的阿爾卑斯山。

隆河─阿爾卑斯屬於大陸性氣候，不過，里昂等中央地區會比阿爾卑斯山區溫暖許多，夏季平均溫度介於15~27℃，冬季則在-1~6℃。

普羅旺斯 Provence

石灰岩質的山丘勾勒出此區起伏的地形，在大量河流的灌溉下，色彩繽紛的花朵、各色拼布般的農地和果樹，創造了全法國最詩情畫意的鄉村景色。

每年冬季吹起的米斯特拉強風是當地最大的特色，屬於地中海氣候的它擁有較它區更長的日照時間，因而成為畫家的孕育之地，其年均溫類似蔚藍海岸。

蔚藍海岸 Côte d›Azur

位於法國最東南方的蔚藍海岸，是一片由沙灘和斷崖等地形組成的海岸線，除了一系列濱海度假城鎮外，還坐落著一個小但是富有的國家「摩納哥」(Monaco)。

由於北面阿爾卑斯山的阻隔了來自北歐的寒風，使得此區終年氣候溫暖舒適且陽光普照，特別是夏日艷陽高照，卻因乾燥而不悶熱，夏季平均溫度介於20~27℃，冬季則在5~12℃。

法國**主要節慶**活動

月份	節慶	活動
1月	元旦 Jour de l' An	1月1日歡迎新年，許多人會在12月31日晚上聚集於艾菲爾鐵塔和凱旋門附近慶祝。
2~3月	尼斯嘉年華 Carnaval de Nice	世界3大嘉年華之一，於每年的封齋節前週二(Mardi Gras)舉行，活動為期15天，有著各色主題的熱鬧遊行。
3~4月	復活節 Pâques	3月底至4月初 (春分月圓後第一個週日)
3~4月	復活節翌日 Lundi de Pâques	3月底至4月初 (復活節隔天)
5月	勞工節 Fête du Travail	5月1日
5月	二戰紀念日 Capitulation de l'Allemagne et Fin de la Seconde Guerre mondiale	5月8日
5月	耶穌升天日 Jeudi de l'Ascension	5月某週四 (復活節後第39天)
5月	聖靈降臨日 Lundi de Pentecôte	5月中至5月底某週一 (復活節後第50天)
5月	坎城影展 Festival de Cannes	世界3大影展之一，通常於5月中的週三開始，於週日結束，為期約12天。
5月	法國網球公開賽 Roland-Garros -Internationaux de France	唯一於紅土球場舉辦的大滿貫網球賽事，於每年5月中到6月初進行。
5月	摩納哥一級方程式賽車 Monaco F1 Grand Prix	將一般道路轉為賽道的摩納哥一級方程式賽車，於每年5月下旬舉行，為期4天。
7月	環法自行車賽 Tour de France	每年7月初舉辦的大型公路單車比賽，歷時23天，賽程環繞法國一周。
7月	國慶日 Fête Nationale Française	7月14日
7~8月	亞維儂藝術節 Festival d'Avignon	因露天演出而聲名大噪的亞維儂藝術節，於每年7月上旬到8月初展開為期3週的活動，表演多達600場。
8月	聖母升天日 Assomption	8月15日
11月	萬聖節 La Toussaint.	11月1日
11月	一戰終戰紀念日 Armistice de la Première Guerre Mondiale	11月11日
11月	薄酒萊新酒上市 Beaujolais Nouveau	強調產酒當年飲用的薄酒萊新酒，打從1970年代開始舉辦葡萄酒慶典，因於11月第3個週四一同於全世界上市而成話題。
12月	聖誕節 Noël	12月25日

Transportation France
法國交通攻略

文●墨刻編輯部　攝影●墨刻攝影組

國內航空Domestic Flight

六角形的法國擁有密集的陸上交通網絡，再加上航空票價過去始終居高不下，使得國內航空通常侷限於商務客或時間有限的短期旅人。然而，近年來因為廉價航空的盛行，大大拉近了火車票和機票的距離，也因此讓國內航空具備優勢。

傳統航空

創立於1933年的法國航空公司(Air France)，於2003年和荷蘭皇家航空合併，成為世界上最大的航空公司之一，同時提供國際和國內線航班的公司。但目前只有長榮航空有從桃園國際機場直飛法國戴高樂機場的航班，相關資訊請洽各大航空公司或上網查詢。

法國航空公司：www.airfrance.com
長榮航空公司：www.evaair.com

廉價航空

廉價航空(Budget Airline/ Low Cost Flight)的出現，無疑是歐洲航空業復甦的推手之一，巴黎機場管理局(ADP)表示，廉價航空在巴黎機場的空運量逐年增加，讓搭飛機旅行不再高不可攀，只要提早訂票，通常都能拿到非常優惠的價格，以歐洲知名廉價航空公司易捷航空(easyJet)來說，2個月前訂票，從巴黎到尼斯的含稅單程機票在淡季可能不到€45。

當然，一分錢一分貨是不變的道理，廉價航空在各方面極力壓低成本，服務上自然也大打折扣，例如只接受網路訂票、只用電子機票(e-ticket)、飛機上的餐飲需另外購買等。另外部分廉價航空會停靠距市區較遠的小型機場，所以買票時要連同市區至機場的交通費用及時間一併考慮。

廉價航空小筆記

熱門廉價航空公司網站

easyJet：www.easyjet.com/cn/ (歐洲知名廉價航空)
Ryanair：www.ryanair.com (歐洲知名廉價航空)
Flybe：www.flybe.com (英國飛往阿姆斯特丹、日內瓦、貝爾法斯特等地的英國廉價航空)
Germanwings：www.germanwings.com (德國廉價航空)

熱門航空比價網站

Budget Air：www.budgetair.fr
Liligo：www.liligo.fr
Skyscanner：tw.skyscanner.com(有中文網頁)

◎搭機小提醒

沒有劃位：通過安檢後，就別到處亂逛了！廉價航空大部分採取先上飛機先選位的方式，如果想要保證優先登機也很簡單，花點錢就能當VIP！

行李限額：行李重量管制非常嚴格！超重行李會收取高額費用，買票時要看清楚各項限制，以easyJet為例，只能攜帶一件登機隨身行李(Hand Bag)，任何大型託運行李皆須加價。

自備飲料食物：不想購買機上偏貴的飲料食物，就自己準備。

攜帶個人證件：雖然是國內線飛機，外國旅客搭乘還是要檢查有效護照。

更改及賠償：若有需要更改日期、時間或目的地，每更動一次都要收取手續費。此外，若遇上班機誤點或臨時取消，也沒辦法幫你安排轉搭其他航空，也不太會有食宿的補償，對旅客比較沒保障。

◎怎麼買票最便宜

廉價航空採用浮動票價，也就是票價高低會根據市場需求而調整，原則上越早買票越便宜，但若是熱門旅遊季節，很少出現令人心動的好價格。網路上有不少好用的比價網站，可省去到處比價的時間。

鐵路系統Railway

搭乘火車移動舒服又快速，其中特別是以巴黎為中心朝四面八方延伸的快速火車，更是當地旅遊交通工具中的首選！法國鐵道總長度超過33,760公里，依地區鐵路系統就依照行政區畫分成22區，擁有超過七千座火車站，由於網絡密集且其複雜，常讓自助旅行生手摸不著頭緒。其實，只要善用訂票網站或火車通行證，就能輕鬆搭火車遊法國！

法國的鐵路系統是由法國國家鐵路局(Société Nationale des Chemins de Fer Français，簡稱SNCF)負責規畫建造，路線以巴黎為中心，向四面八方放射鋪展，包含高速火車(Train à Grande Vitesse，簡稱TGV)路線，和通達各城鎮的一般火車路線。在這些一般火車路線中，全國性的跨區路線被稱為「大路線」(Grande Ligne，簡稱GL)，僅限於單一地區內行駛的路線則統稱「地區性快速運輸系統」(Transports Express Régional，簡稱TER)。

這些綿密的路線，構成法國幾乎無所不達的鐵路系統，特別是1960年代法國國家鐵路局投身於高速火車研發計畫，更造就了傲視全球的TGV子彈列車。如今，在法國搭火車旅遊絕對是一種享受，特別是省卻市區和機場間的來往接駁，省卻候機登機的等待時間，串連起法國各點間更加暢行無阻的旅遊方式。

火車票

很多台灣旅客對法國的點對點彈性票價感到陌生而頭痛，火車票價除了受到實際距離和艙等的影響，購買時間點、票種限制、搭乘時段也會影響價格，基本上提早訂票、固定行程或是多人同行都能享有折扣。如果懶得研究複雜的鐵路系統和票價，不妨購買火車通行證，行程彈性又不怕錯過火車，可省卻不少煩惱。

◎火車通行證

火車是歐洲國家主要的交通工具之一，遊客除了可以購買法國火車票在該國境內搭乘火車旅遊；亦可經由歐洲其他城市乘坐火車進入法國。

若是想搭火車旅行歐洲多個國家，亦可考慮購買「全歐火車通行證」(Eurail Global Pass)，可以一次遊覽33個國家，包括奧地利(包含列支敦士登)、比利時、保加利亞、克羅埃西亞、捷克、丹麥、芬蘭、法國(包含摩納哥)、德國、英國(包含英格蘭、蘇格蘭、威爾斯)、希臘、匈牙利、愛爾蘭(愛爾蘭及北愛爾蘭)、義大利、立陶宛、盧森堡、馬其頓、荷蘭、挪威、葡萄牙、羅馬尼亞、斯洛伐克、斯洛維尼亞、西班牙、瑞典、瑞士、土耳其、波蘭、波士尼亞與赫塞哥維納、塞爾維亞、愛沙尼亞、拉脫維亞以及蒙特內哥羅。

火車通行證的購票及詳細資訊可洽詢台灣歐鐵火車票總代理飛達旅遊或各大旅行社。

飛達旅遊Go by Train

台北市中山區南京東路三段168號10樓之6

(02) 8161-3456分機2

LINE 線上客服：@gobytrain

www.gobytrain.com.tw

歐洲火車通行證全面改成電子票

不需再擔心手殘寫錯火車班次、時間、日期等，或是害怕把通行證弄丟了，因為歐洲火車通行證全面改成電子票了！只需下載Rail Planner App就能隨身攜帶和檢視你的車票細節了。

第一步：在 Rail Planner App中載入電子票Add a new Pass
第二步：連結旅程Connect to a Trip
第三步：啟用你的火車通行證Activate your Pass
第四步：新增班次Add a new Journey
第五步：查票Show Ticket

如何退換票？

火車通行證只要處於未啟用或完全未使用的狀態，才能夠辦理退票。

若是向飛達旅遊購買歐洲火車通行證，會免費提供用票上的教學文件，也可以透過LINE或視訊等方式，取得真人客服諮詢。

©飛達旅遊

◎點對點火車票Point-to-Point Ticket

點對點火車票就是指一般單獨購買某段行程的車票。精打細算的旅客，若早一點計畫好行程，且有把握不會改變，提早於網路購買，有可能比火車通行證更划算！

◎如何買票

購票可以透過火車站內的人工售票窗口、自動售票機或網路購票。法國境內幾乎任一火車站都能購買當日及預售全區的車票，你可以先上網查詢希望搭乘的火車班次後，利用自動售票機或到窗口購票，有些城市會有英文的窗口，可多加利用，英文在法國不一定行得通，建議先將搭車的日期、時間、班次、起站、目的地、車種和廂艙都寫到紙上交給售票人員，可以減少錯誤並節省時間。拿到車票後請核對一遍，如果有錯誤一定要當場更換，而更簡單的方法是透過網站事先購票，有時還會撿到意想不到的優惠票價。

巴士Bus

當前往布列塔尼、諾曼第、普羅旺斯和蔚藍海岸這些區內擁有許多火車無法到達的當地小鎮時，巴士便成為重要的交通工具。

法國的巴士，主要用來補足鐵路網的不足，因此許多區域巴士都是由法國國家鐵路局經營，再與各地的地方公車接駁，這些巴士通常用來連接各省或各地區間的城鎮，或是鄰近省份的城鎮交通。由於搭乘巴士花費的時間通常比火車長，所以法國當地除觀光巴士外，沒有長途的跨省跨區巴士，如果你想從巴黎前往波爾多、里昂或史特拉斯堡，就必須搭乘Eurolines等跨國巴士公司經營的長途巴士。

◎巴士站

各城市的巴士總站為法文的Gare Routière，長途巴士多在此發車到站。巴士總站有時候與鐵路站連結，有時則距離市中心有一段距離，一些連繫近郊城鎮或市區的巴士並不會停靠。像是連繫蔚藍海岸主要城鎮的620號巴士，在起站尼斯的發車點是Parc Phœnix站而非巴士總站，規劃行程時要多留心。另外在南法搭乘鄉鎮巴士時，遊客很容易一個不留神就錯過了下車站，可以先把欲下車的地點拿給司機看，請司機到站時提醒下車。

巴士種類

◎長途巴士

Eurolines雖然主要經營歐洲各大城市間的跨國巴士路線，不過也經營各個國家大城間的長程路線，以法國為例，除上述城市外還有馬賽和里昂、格勒諾布爾和史特拉斯堡等非首都、但熱門旅遊城市間的長途巴士。此外，票價也比火車票便宜，有機會可省下約1/3的費用。

除Eurolines外，以西班牙為根據地的Alsa是另一家經營跨國巴士的公司，它也經營多條法國國內的長、短途巴士路線，行經包括巴黎、亞維儂、安錫、格勒諾布爾、蒙貝利耶、尼姆、杜爾、奧爾良等城市。值得注意的是，這類巴士公司如果搭乘短程，價格可能會和搭火車差不多，班次也沒有火車多，因此

在選擇時不妨多上網比較。

Eurolines

www.eurolines.com

Alsa

www.alsa.es

Flixbus

global.flixbus.com

◎區域巴士和地方公車

區域巴士穿行於地區或省區之間，許多都是由法國國鐵旗下的子公司經營，至於地方公車則連接城市及其郊區，大多由當地政府的交通部門經營，兩者間相輔相成，適合近距離城市間的往來，或前往火車到不了的地方，票價也隨各地而異。

區域巴士和地方公車通常都有各自的回數票或優惠票卡，價格比以現金支付便宜，不過如果你在當地只待1~2天的時間，或是不常搭乘當地交通工具，其實只需在上車時準備足夠的現金向司機買票即可。

如何買票

除了巴士站的服務窗口、自動售票機或是直接上車向司機購票外，有的還可以透過網站預先購票，對行程比較緊湊的人，或許預先能確定行程會是比較好的選擇。目前大部分巴士公司也有推出自家的APP，除了查看時刻表也可以直接透過APP購票，價格會比和司機購票便宜，但介面語言主要是法語和英語。

租車Location de Voitures

普羅旺斯和蔚藍海岸、諾曼第等北部區域，擁有許多迷人的小鎮，想要拜訪這些地方，儘管可搭乘區域巴士或地方公車，不過有時班次並不多，這時租車就提供另一種讓旅程更彈性的選擇。不過由於法國駕駛習慣和路況和台灣不太一樣，因此行前最好先做足功課，才能享受租車旅行的樂趣！

在哪裡租車

法國的機場都有租車公司，如果已安排好行程，建議事先在網路上預約，不但可以先挑選車型、指定自排車、還能享有預約優惠價，能仔細閱讀價格計算方式及保險相關規定也比較安心。

在國外租車旅遊，最重要的不外乎能挑到車輛種類齊全、有完善事故處理機制、值得信賴的租車公司，如果能事先預約，通常比較能挑選到心目中的理想車種。目前只要是擁有網站的租車公司，基本上都可以透過網路預約，國際大型連鎖公司如Hertz、Avis、Europcar還能選擇A地租車、B地還車，路上故障需維修服務也比較方便，此外部份大型連鎖公司在台灣還設有分公司，更能無障礙的溝通處理預約作業，減少因語言產生的誤解，到當地只需要辦理手續、取車即可。其他像是Ada、Sixt和Budget，在法國各地也遍布租車點。

Hertz
www.hertz.com.tw
Avis
www.avis.tw
Europcar
www.europcar.com
Ada
www.ada.fr
Sixt
www.sixt.fr
Budget
www.budget.com

租車價格

租車價格由各公司自定，根據車種、C.C.數、租車天數而變動，可事先上網比價，通常在週末時租車公司會推出優惠促銷，值得好好利用。需注意的是，有些便宜的優惠方案，會限制每日行駛的里程數，超過里程需加收額外費用，如果知道自己的移動距離較遠，記得選擇不限里程的方案。此外，以下幾個因素也和租車價格有關：手排車比自排車便宜，同一地還車也比A地租車、B地還車便宜，高級汽油車比柴油車便宜，越少人駕駛也越便宜等。

租車時一定要購買保險，包含車輛損害賠償、乘客傷害保險等，若多人駕駛，要在保險簽名欄上簽下每一個人的名字才算生效，這些細節都別忽略。

注意事項

必要證件：租車時須準備有效護照和國際駕照，另外也需攜帶中文駕照。

車子種類：不同車款會有駕駛年齡和持有駕照年限的規定，請事先查明。

押金：租車時會要求使用信用卡預扣押金作為保證。

確認車子性能：領到車子後一定要現場先檢查車子各項性能是否正常，包含外觀、煞車、雨刷、車燈，並問清楚油箱位置和汽油種類再上路。

還車：拿到車時油箱通常是滿的，還車時也會要求加滿後還車，否則會要求收取額外的加油費和服務費。

道路救援：記得請租車公司留下緊急連絡及道路救援的24小時電話。

法國道路系統概況

法國的道路系統主要可分為高速公路(Autoroute)、國道(Route Nationale)、省道(Route Départementale)和一般道路4大類。高速公路以紅色的大寫字母A標示，行駛速限為每小時110~130公里，其收費方式分為統一價格(未取票)和依里程計算(拿票)，可以現金、信用卡和儲值卡支付。國道以紅色的大寫字母N標示，一般行駛速限為每小時100公里，但靠近市區時會降至50~80公里，必須特別注意路標。省道以黃色的大寫D字標示，一般行駛速限為每小時90公里，但靠近市區時降低。由於國道和省道不用收費，因此不趕時間的人可以選擇這兩種道路系統，不但可以省錢，還可以欣賞沿途的風景。

法國國道諮詢網：www.autoroutes.fr
米其林道路諮詢網：www.viamichelin.com

法國百科
France Encyclopedia

History of France
法國歷史

文●墨刻編輯部　攝影●墨刻攝影組

羅馬時期

西元前52年，羅馬皇帝凱撒大帝(Gaius Julius Caesar)進占高盧(Gallia)，成功征服這裡的凱爾特人，羅馬帝國展開了統治法國的歲月。275年，日爾曼人從今日的德國入侵定居，到了481年，法蘭克人占領此地，建立墨洛溫王朝(Mérovingien, 486 ~751年)，並統合法蘭西王國。

哥德時期

742年，查理曼大帝(Charlemagne)即位，他是卡洛琳王朝(Carolingien, 751~987年)最偉大的統治者，後來成為神聖羅馬帝國皇帝。1066年，卡佩家族(Capet)的諾曼第公爵威廉一世(William I)征服英格蘭，取得英國王位，加上12世紀，安茹家族亨利二世(Henri II Plantagenêt)又因姻親關係，成為統治英格蘭及法國西半部領土的超級君王，自此開啟了兩國錯綜複雜的領地相爭。

1328年，瓦洛王朝(Valois Dynasty)的國王菲利浦六世(Philippe VI)即位。英法兩國因爭奪法蘭德斯(Flanders，位於現在比利時及荷蘭南部)的羊毛原料，英王愛德華三世正式向法王菲利浦六世下戰書，英法百年戰爭(The Hundred Year's War, 1337~1453年)正式揭幕。1429年，百年戰爭以法國勝利宣告結束。

文藝復興時期

1515年，法蘭斯瓦一世(François I)登基為國王，他邀請達文西(Leonardo da Vinci)到翁布瓦茲(Amboise)策畫香波堡的工程。之後在布洛瓦堡興建北邊側翼，八角形螺旋梯成為法國文藝復興建築傑作。1532年，來自義大利家族的凱瑟琳．梅迪奇(Catherine de Médicis)嫁給法王亨利二世(Henri II)，而後，她的三個兒子法蘭斯瓦二世、查理九世與亨利三世前後成為法國國王，凱瑟琳垂簾聽政，是法國政治的實權者。

宗教戰爭

凱瑟琳安排自己的女兒瑪歌(Marguerite de Valois) 和新教首領亨利．納瓦爾(Henri de Navarre，未來的亨利四世)政治聯姻，卻在新婚後，密謀了雨格諾教徒大屠殺(Huguenots，法國15~16世紀的新教教徒)，使新舊教間的仇恨加深。

到了1589年，舊教首領基斯公爵(Duc de Guise)不能忍受新教首領成為未來的國王，於是密謀叛變，

©邱鈺湘

國王亨利三世在布洛瓦堡策畫暗殺基斯。幾天後，凱瑟琳病逝，隔年亨利三世也被狂熱的舊教道士刺殺身亡。波旁王朝(Bourbons Dynasty)的亨利四世(Henri IV)即位，宣布天主教為國教，從此法國邁入宗教自由的時代。

法國大革命

1643年，波旁王朝(Bourbon)路易十四(Louis XIV)登基，蠻橫專權的他是君王專政制的代表人物，頻繁的戰爭幾乎掏空法國國庫，他卻不顧百姓生活潦倒，大興土木建造凡爾賽宮，並將宮殿和行政機構從巴黎遷移此處。

陸續接位的路易十五(Louis V)和路易十六(Louis XVI)依舊不得民心，1789年，法國大革命爆發，7月14日，人民攻陷巴黎巴士底監獄，廢除封建制度，成立君主立憲政府。法蘭西國家格言「自由、平等、博愛」由此而生。

拿破崙時代

1804年，拿破崙一世(Napoléan Bonaparte)加冕為帝，建立法蘭西第一帝國。後來拿破崙失勢退位，波旁王朝的路易十八(Louis XVIII)復辟，國民議會卻推翻帝制，第二共和建立，並由拿破崙的侄子路易．拿破崙(Louis Napoléan Bonaparte)擔任總統，直到1852年，他再度稱帝，為拿破崙三世。

1870年，普法戰爭結束，法國戰敗，割讓亞爾薩斯及洛林兩省給普魯士。拿破崙三世下台，第三共和開始。

現代法國

1900年前後，是一段象徵法國美好時代(La Belle Epoque)的時期，巴黎不僅成為藝術與文明的現代之都，為了迎接萬國博覽會，還陸續打造了艾菲爾鐵塔、大皇宮和小皇宮，並建設巴黎地鐵。

第二次世界大戰(1939~1945年)期間，納粹德國入侵巴黎，4年後盟軍順利擊退德軍，巴黎浴火重生，戴高樂將軍(Général Charles de Gaulle)開啟第四共和。該憲制跟其他共和有同樣的問題，內閣任期短暫，政策難以推展等。

1958年，第五共和開始，戴高樂採用新憲法，為第一任總統。汲取前幾次共和失敗的教訓，自此開始執行雙首長制(半總統、半議會民主)，並沿用至今。2024年，巴黎繼1900年及1924年後，第三度主辦了夏季奧林匹克運動會。

World Heritage of France
法國世界遺產

文●墨刻編輯部　攝影●墨刻攝影組

若說法國是世界遺產的黃金之國一點也不為過，在這塊五角型的國土上，遍布著53座被視為人類文化菁華的遺跡。從羅馬時代到近代，不只是令人讚嘆的奇景，還能從中體會歷史的流動、文明的進程與智慧的累積。

①北卡萊海峽採礦盆地

Nord-Pas de Calais Mining Basin

登錄時間：2012年　**遺產類型**：**文化遺產**

北卡萊海峽採礦盆地位於法國北部的北卡萊海峽省，從比利時邊界一直延伸到白瓊鎮(Béthune)。這裡是法國人在18到20世紀之間，沿著一條120公里長的煤礦帶建立起來的礦業文化景觀。本區反映了歐洲在工業時期大規模開採煤礦的發展史，同時也為當時的礦區生活、礦工間緊密的社群關係，以及法國史上著名的庫里耶(Courrières)煤礦災變，留下了珍貴的紀錄。

②比利時與法國鐘樓

Belfries of Belgium and France

登錄時間：1999年　**遺產類型**：**文化遺產**

建於11~17世紀，法國境內的23座鐘樓與比利時境內的32座鐘樓，呈現了羅馬、哥德、文藝復興和巴洛克時期不同風格的建築。同時，一座城鎮能擁有鐘樓，也是權力與財力的象徵。

③亞眠大教堂

Amiens Cathedral

登錄時間：1981年

遺產類型：**文化遺產**

位於皮卡迪省(Picardy)心臟位置的大教堂，是13世紀最大的古典哥德式教堂。教堂的成列雕像與浮雕是菁華所在，在西正面的國王廊有22座代表法國國王的巨像。

©Amiens Tourism

④聖米歇爾山

Mont Saint-Michel and its Bay

登錄時間：1979年　**遺產類型**：**文化遺產**

建於11~16世紀的修道院，遠觀有如一座海上聖山。此處也以潮汐落差聞名，滿月和新月的36~48小時之後，寧靜沙洲與汪洋大海只在一線之隔，蔚為奇觀。

⑤漢斯聖母大教堂

Cathedral of Notre-Dame, Former Abbey of Saint-Rémi and Palace of Tau, Reims

登錄時間：1991年　**遺產類型**：**文化遺產**

曾有25位法國國王在此加冕，教堂正面的左側門上有一座「微笑的天使」雕像，被認為是漢斯市的地標。一起被列入遺產的還有前聖雷米修道院(Former Abbey of St-Remi)及昔日漢斯大主教的宅邸朵皇宮(Palais du Tau)。

⑥香檳地區的山坡葡萄園、酒莊和酒窖

Champagne Hillsides, Houses and Cellars

登錄時間：2015年　**遺產類型**：**文化遺產**

這塊坐落於法國東北的香檳亞丁區的文化景觀，自18世紀以來，就以其自行發展出的嚴謹的生產、釀造和行銷方式，成為全球知名的香檳酒產區，靠著山坡的葡萄園、酒莊和酒窖，傳承了世人的心血成果，孕育出舉世聞名的氣泡酒，成為節日慶典不可或缺的角色。

⑦中世紀古城普侯旺

Provins, Town of Medieval Fairs

登錄時間：2001年　**遺產類型**：**文化遺產**

普侯旺在中世紀時，曾為香檳公爵領土的防禦型城鎮，上城區至今仍被12世紀保留下來的城牆所圍繞。這裡也見證了國際羊毛產業的貿易與發展。

⑧塞納河岸

Paris, Banks of the Seine

登錄時間：1991年　**遺產類型**：**文化遺產**

從羅浮宮到艾菲爾鐵塔，從協和廣場到大小皇宮，塞納河畔見證了巴黎的歷史演進。1853年，拿破崙三世時代的塞納省長歐斯曼男爵(Haussmann)改造了巴黎，這個大工程對19~20世紀發展的都市計畫，有重大影響。

⑨勒阿弗禾：奧古斯特‧培瑞重建的城市

Le Havre, the City Rebuilt by Auguste Perret

登錄時間：2005年　**遺產類型**：**文化遺產**

在物資匱乏的二次大戰後，建築師Auguste Perret使用混凝土進行重建，大量3層樓高的集體建築，成了新建市區最具規模的景觀，兼具傳統與現代的城市風格。

⑩南錫・史特尼斯拉等三座廣場

Place Stanislas, Place de la Carrière and Place d'Alliance in Nancy

登錄時間：1983年　**遺產類型**：**文化遺產**

18世紀的洛林公爵史特尼斯拉・雷克金斯基(Stanislas Leszczynski，國王路易十五的岳父)，美化這座洛林省的首府，因此成為城鎮規畫黃金時代的典範，在廣場上可看到他的雕像。

⑪楓丹白露宮

Palace and Park of Fontainebleau

登錄時間：1981年　**遺產類型**：**文化遺產**

坐落於大巴黎近郊的森林，占地17,000公頃，曾是法國歷代統治者的行宮之一，也是國王們狩獵時最愛下榻的皇家寓所。

⑫凡爾賽宮

Palace and Park of Versailles

登錄時間：1979年　**遺產類型**：**文化遺產**

1677年，路易十四宣告朝廷和政府機構轉移到凡爾賽宮，自此浩大的建設工程便全面展開，他成為法國史上最豪華的宮殿城堡，路易十六與瑪麗皇后曾在此耽溺享樂。大革命之後再沒有任何一位統治者敢於凡爾賽宮執政。

⑬夏特大教堂

Chartres Cathedral

登錄時間：1979年

遺產類型：**文化遺產**

建於1134年~1260年，是歐洲哥德式建築的最佳典範之一，教堂內的176片彩繪玻璃，多數從13世紀保存下來，算是歐洲中世紀最重要的作品之一。

⑭史特拉斯堡・大島

Strasbourg – Grande île

登錄時間：1988年　**遺產類型**：**文化遺產**

被萊茵河支流包圍的小法國區(Petite France)又稱作「大島」，此區滿載了建城兩千年來的歷史、文化與生活，河邊分布著被紅花綴滿的典雅半木造屋。

⑮楓特內修道院

Cistercian Abbey of Fontenay

登錄時間：1981年　**遺產類型**：**文化遺產**

1112年，勃艮地的貴族青年貝納(St. Bernard)加入了西多會(Cîteaux)，選擇在此處僻靜的森林，建立一所與世隔絕的修道院，修士們在內過著清苦的生活。

⑯布爾日大教堂

Bourges Cathedral

登錄時間：1992年

遺產類型：**文化遺產**

布爾日之聖艾蒂安大教堂(Cathédrale St-Etienne)興建於12~13世紀，標示著法國哥德藝術的巔峰，被視為令人讚嘆的傑作。

⑰羅亞爾河谷地

The Loire Valley between Sully-sur-Loire and Chalonnes

登錄時間：2000年　**遺產類型**：**文化遺產**

北至蘇利-須-羅亞爾(Sully-sur-Loire，靠近奧爾良)，西至夏隆(Chalonnes，靠近翁傑)的一大塊羅亞爾河谷地，是人文遺產名單上少見的區域指定保護型態，但早在1981年，本區的香波堡(Château de Chambord)就已經被列名了。

⑱維澤雷教堂與山丘

Vézelay, Church and Hill

登錄時間：1979年　**遺產類型**：**文化遺產**

聖瑪德蓮長方形教堂(St Mary Magdalene)坐落於勃艮第的維澤雷山丘，宣稱擁有瑪麗．瑪德蓮(Marie-Madeleine，即抹大拉的瑪莉亞)的聖骨，此處也是「聖地牙哥朝聖路線」的交會點之一。

⑲阿克瑟農王室鹽廠

From the Great Saltworks of Salins-les-Bains to the Royal Saltworks of Arc-et-Senans, the Production of Open-pan Salt

登錄時間：1982年　**遺產類型**：**文化遺產**

從路易十五時期開始的鹽廠，其實是一個理想市鎮圖，以主要建築為核心，其他設施在周圍以同心圓方式往外擴散。標示了工業時期的建築特色，與啟蒙時代的文明進程。

⑳勃艮第葡萄園的風候土地

Climats, terroirs of Burgundy

登錄時間：2015年　**遺產類型**：**文化遺產**

位於法國東北的勃艮第是馳名的古老葡萄酒產區，而位於勃艮第第戎市南方的黃金山丘(Côte d'Or)，由北邊的夜之丘區(Côte de Nuits)及南邊的波恩丘區(Côte de Beaune)組成，則是這個酒區的心臟地帶；這塊土地因位置、日照和天候的不同，葡萄酒的種植方式和品種也各異，當地居民透過長時間的探索，在尊重任何可能的差異性下，各自形成獨樹一格的釀產方式，從葡萄酒、酒廠到酒莊，都展現這項自中世紀前期開始發展出的葡萄種植生產和商業體系出色的一面。

㉑沃邦要塞

Fortifications of Vauban

登錄時間：2008年　**遺產類型**：**文化遺產**

沃邦(Sébastien le Prestre de Vauban，1633~1707)是路易十四統治時期的軍事工程師，他不僅在法國境內修建了33座巨大城堡，還陸續改建100多座要塞。其中，分布於法國西、北、東部的12組堡壘建物，被列為世界遺產。

㉒聖薩凡修道院教堂

Abbey Church of Saint-Savin sur Gartempe

登錄時間：1983年　**遺產類型**：**文化遺產**

這座11世紀的修道院教堂，擁有哥德式的細長尖塔與龐大中殿，內部有歐洲最壯觀的12世紀仿羅馬式系列壁畫，描繪從創世紀至十誡的舊約聖經故事。

㉓阿爾卑斯地區史前湖岸木樁建築

Prehistoric Pile dwellings around the Alps

登錄時間：2011年　**遺產類型：文化遺產**

阿爾卑斯山區的河川、湖泊及溼地邊，共有111處史前干欄式民居遺跡，為德國、奧地利、瑞士、義大利、法國、斯洛維尼亞等6國共有的世界遺產。這些史前民居大約建於西元前五千年至五百年間，時間橫跨新石器時代與青銅器時代，部分遺跡保存完好，提供豐富的考古證據，並展示當時人類的生活方式與適應環境的社會發展，是研究這個地區早期農耕社會形成的重要史料。(與奧地利、德國、義大利、斯洛維尼亞、瑞士並列)

㉔里昂舊城區

Historic Site of Lyons

登錄時間：1998年　**遺產類型：文化遺產**

里昂是隆河-阿爾卑斯山省的省會，因為地理位置特殊，一直是歐洲史上極為重要的貿易重地。羅馬時代是軍事重鎮，文藝復興時期免稅政策吸引了許多商人、銀行家到此定居，15世紀成為全歐洲印刷中心，16世紀則因絲綢成為法國紡織中心。1998年，基於里昂展現了古代到近代的都會發展歷史，里昂的舊城區列名世界遺產。

㉕維澤黑河谷洞穴和史前遺址

Prehistoric Sites and Decorated Caves of the Vézère Valley

登錄時間：1979年

遺產類型：文化遺產

維澤黑谷地包含147個史前遺跡與25個裝飾洞穴。在洞穴壁畫上呈現了狩獵的景致，還能看到大約100個動物形體，栩栩如生的細節與豐富色彩，深具價值。

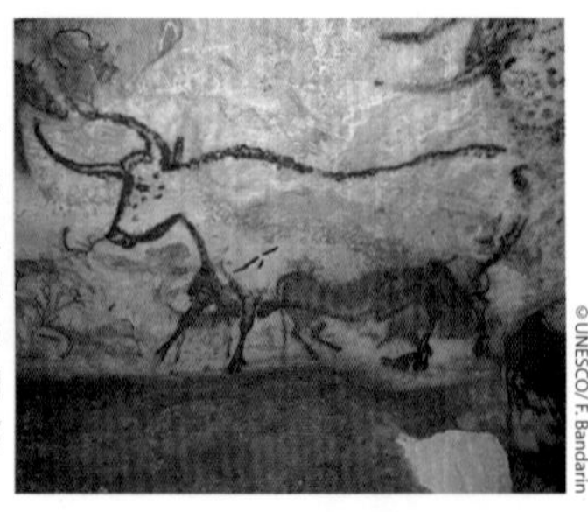

㉖聖地牙哥朝聖路線

Routes of Santiago de Compostela in France

登錄時間：1998年

遺產類型：文化遺產

中世紀時，數百萬名基督徒前往西班牙的聖地牙哥朝拜聖雅各(St Jacques)的聖骨匣。他們冀望透過旅程得到救贖，並帶回象徵聖雅各的扇貝。在橫跨法國的途中，於某些集合點和歇腳的庇護所留下足跡。

㉗波爾多月之港

Bordeaux, Port of the Moon

登錄時間：2007年　**遺產類型**：**文化遺產**

波爾多城內擁有眾多源自18世紀的豪華建築，保存相當完善，形似彎月的加隆河沿岸也整修得美麗動人，因此以「Port of the Moon」被列為世界遺產。

㉘聖艾米里翁管轄權

Jurisdiction of Saint-Emilion

登錄時間：1999年　**遺產類型**：**文化遺產**

©Office de Tourisme de saint-émilion

聖艾米里翁幾乎就是上等波爾多紅酒的代名詞，它的起源從8世紀的艾米里翁隱士開始，他為自己挖的隱修岩洞，在中世紀發展成小鎮，之後更成了國家級產酒區。

㉙歐紅桔羅馬劇場與凱旋門

Roman Theatre and its Surroundings and the "Triumphal Arch" of Orange

登錄時間：1981年　**遺產類型**：**文化遺產**

立面達103公尺寬的歐紅桔劇場，是世界上保存最好的羅馬劇場之一，而凱旋門則是奧古斯都統治期間的遺跡之一，興建於西元10~25年。

㉚阿爾克橋壁畫岩洞

Decorated Cave of Pont d'Arc, known as Grotte Chauvet-Pont d'Arc, Ardèche

登錄時間：2014年　**遺產類型**：**文化遺產**

亦稱為肖韋岩洞(Grotte Chauvet)的阿爾克橋壁畫岩洞，位於隆河——阿爾卑斯山區阿爾代什省(Ardèche)的一座石炭岩高原地下25公尺處，1994年因石塊崩塌，才讓這個埋藏於地底2萬年以上的壁畫被發現，裡頭以超過1,000幅的壁畫，描述了435個呈現14種動物的寓言故事。這項首次出現在岩洞內的舊石器時代晚期藝術裝飾，被視為是人類藝術表現上一個非凡的成就。

㉛喀斯與塞文——地中海農牧文化景觀

The Causses and the Cévennes, Mediterranean agro-pastoral Cultural Landscape

登錄時間：2011年　**遺產類型**：**文化遺產**

位於法國中南部高山與深谷的交錯地帶，範圍涵蓋法國五個省份，占地約302,300公頃。喀斯高原和塞文山脈擁有多采多姿的田園風光以及獨特建築，不僅將人與自然環境之間和諧共生的互動關係表露無遺，同時也見證了中世紀以來地中海地區放牧傳統的演進。

㉜阿爾比的主教城

Episcopal City of Albi

登錄時間：2010年　**遺產類型**：**文化遺產**

13世紀時，教宗與法國國王聯手對抗以阿爾比為發源地、盛行於法國朗格多克地區的卡塔爾教派(Cathars)，於聖戰後在當地興建了一座主教宮(Palais de la Berbie)、宏偉的堡壘和極度高聳的聖塞希爾教堂(Cathedral of Sainte-Cécile)。該主教城洋溢南法獨特的哥德式風格，象徵著中世紀建築與城市發展的巔峰。

㉝亞維儂歷史中心：教皇宮、主教團和亞維儂橋

Historic Centre of Avignon: Papal Palace, Episcopal Ensemble and Avignon Bridge

登錄時間：1995年　**遺產類型**：文化遺產

14世紀，教皇從羅馬逃往亞維儂，進駐這座教皇宮(Palais des Papes)，期間經歷7位教皇，直到1376年才遷回。留下的雄偉城牆與宮殿，成為重要的歷史遺跡。

㉞亞爾勒的羅馬遺跡

Arles, Roman and Romanesque Monuments

登錄時間：1981年　**遺產類型**：文化遺產

作為中世紀歐洲文明化的古都，亞爾勒是一個極佳的例證。它留下重要的羅馬遺跡，如羅馬競技場和劇場、紅城牆、君士坦丁浴池等。

㉟嘉德水道橋

Pont du Gard (Roman Aqueduct)

登錄時間：1985年　**遺產類型**：文化遺產

具有2,000年歷史的水道橋，全長17公里，部份築於地下的引水渠，將Uzès一處泉水輸送到尼姆(Nîmes)，而水道橋為主要連結部份。

㊱卡爾卡頌的防禦舊城

Historic Fortified City of Carcassonne

登錄時間：1997年

遺產類型：文化遺產

位居伊比利半島與其他歐洲地區的走廊地帶，12世紀，特宏卡維家族(Les Trencavels)在本市建造城堡與大教堂，保存完整的城廓相當可觀。

㊲中央運河 Canal du Midi

登錄時間：1996年　**遺產類型**：**文化遺產**

長達360公里的中央運河，連結地中海與大西洋的水路，光是水閘、渠道、橋樑等複雜系統就有328個元件。建於1667~1694年，標示著現代最驚人的土木工程之一。

㊳庇里牛斯山之普渡峰

Pyrénées - Mont Perdu

登錄時間：1997年　**遺產類型**：**文化&自然遺產**

跨界於法國與西班牙之間的普渡峰，包含兩個歐洲最大且最深的峽谷，以及3個主要的圓形谷地。從這塊山區能觀察到昔日歐洲的山間農業與村落文化。

㊴波托灣

Gulf of Porto: Calanche of Piana, Gulf of Girolata, Scandola Reserve

登錄時間：1983年　**遺產類型**：**自然遺產**

©Corse Tourist Office

位在科西嘉島(Corse)的西側，屬於區域自然公園的一部份，高達300公尺的紅色花崗岩岸伸入海中，被譽為地中海最美麗的海灣之一。

㊵新克里多尼亞珊瑚礁生態

Lagoons of New Caledonia: Reef Diversity and Associated Ecosystems

登錄時間：2008年

遺產類型：**自然遺產**

位於太平洋上的新克里多尼亞群島(Archipelago of New Caledonia)，擁有3處獨特的珊瑚礁生態景觀系統，由熱帶潟湖、紅樹林、豐富多樣的珊瑚和魚群種類等元素組成，提供海龜、鯨魚、儒艮等生物良好的棲息地。

㊶多姆山鏈——利馬涅斷層構造區

Chaine des Puys - Limagne fault tectonic arena

登錄時間：2018年

遺產類型：**自然遺產**

多姆山鏈一利馬涅斷層位在法國中部Auvergne-Rhône-Alpes地區，屬西歐裂谷，歷史可追溯到3500萬年前。多姆山鏈區域有數十座火山，爆發時間可追溯到8400年前到9.5萬年前，這些年紀不一、形狀各異的火山雖屬休眠火山，但火山地質專家並不排除有一天有「甦醒」爆發的可能。其中，位在克勒蒙費朗(Clerment-Ferrand)市西方的奧弗涅火山(Auvergne Volcanos)，南北綿延逾32公里、寬4公里，形成奇偉的多姆山脈。依據教科文組織的說明，多姆山鏈一利馬涅斷層構造區展現大陸板塊斷裂、提升歷程，顯現大陸地殼如何破裂、坍塌，使深部岩漿上升，導致地表大面積隆起，為斷層裂谷提供明證。

㊷留尼旺的山峰、冰斗與峭壁

Pitons, cirques and remparts of Reunion Island

登錄時間：2010年　**遺產類型**：**自然遺產**

位於印度洋上的火山島留尼旺，屬於法國的海外行省，位於模里西斯群島和馬達加斯加島之間，其列入世界遺產的山峰、冰斗與峭壁，主要位於留尼旺國家公園(La Réunion National Park)的核心區域，境內擁有大量變化多端的陡峭地形與絕壁、樹木叢生的峽谷和盆地，各色生長於此的植物，展現了高海拔的特殊生態景觀。

㊸柯比意的建築作品—對現代主義運動的卓越貢獻

The Architectural Work of Le Corbusier, an Outstanding Contribution to the Modern Movement

登錄時間：2016年　**遺產類型**：**文化遺產**

柯比意(1887-1965年)是20世紀最偉大的建築師之一，瑞士裔法國人，他致力讓居住在都市擁擠空間的人能有更舒適的生活環境，是功能主義建築的泰斗，被譽為現代建築的開拓者，瑞士法郎的10元紙幣就是柯比意的肖像。

在2016年世界遺產大會把柯比意的17座建築作品納入世界遺產，橫跨歐、亞、美三大洲的比利時、法國、德國、瑞士、印度、日本、阿根廷等國家。這些建築充分展現了一種新的建築語言，與過去的建築完完全全產生一個斷點，也反映出20世紀的現代主義運動的解決方式，是以發明新的技術，來回應社會的需求，而且是全球性的。

由於柯比意大多數時間都在法國活動，所以法國入選的遺產也最多，包括法國巴黎的羅氏與納雷宅邸(Maisons La Roche et Jeanneret)和摩利托出租公寓(Immeuble locatif à la Porte Molitor)、佩薩(Pessac)的弗呂日市(Cité Frugès)、普瓦西(Poissy)的薩佛伊別墅(Villa Savoye et loge du jardiner)、馬賽的馬賽公寓(Unité d'Habitation)、孚日聖迪耶(Saint-Dié-des-Vosges)的聖迪耶工廠(La Manufacture à Saint- Dié)、鴻香(Ronchamp)的聖母教堂(Chapelle Notre-Dame-du-Haut de Ronchamp)、羅屈埃布蘭卡馬爾坦(Roquebrune-Cap-Martin)的柯比意棚屋(Cabanon de Le Corbusier)、里昂的聖瑪麗亞修道院(Couvent Sainte-Marie-de-la-Tourette)、菲爾米尼(Firminy)的菲爾米尼文化中心(Maison de la Culture de Firminy)，共12處。

㊹塔普塔普阿泰

Taputapuātea

登錄時間：2017年　**遺產類型**：**文化遺產**

法屬玻里尼西亞是位於太平洋中的群島，這處區域是人類在地球上最晚定居之地，而賴阿特阿島(Ra'iatea)與島上的塔普塔普阿泰(Taputapuātea)考古遺址就位在群島中。文化遺址涵蓋兩座山谷、一處潟湖與珊瑚礁、一片開放海域，遺址中心座落著稱為「塔普塔普阿泰」的毛利會堂(marae)，具政治、儀式、喪葬用途，在玻里尼西亞散見這類型的毛利會堂，是生者的世界與先人的世界交會之所，塔普塔普阿泰玻里尼西亞原住民(m"ohi)千年文明的見證。

㊺法屬南方領地和領海

French Austral Lands and Seas

登錄時間：2019年　**遺產類型**：**文化遺產**

法屬南方陸地和海洋包括南印度洋最大的罕見陸地：克羅澤群島(the Crozet Archipelago)、凱爾蓋倫群島(the Kerguelen Islands)、聖保羅和阿姆斯特丹群島(Saint-Paul and Amsterdam Islands)，以及60個亞南極小島。這片位於南大洋中部的「綠洲」佔地超過6,700萬公頃，是世界上鳥類和海洋哺乳動物最集中的地區之一，特別是此地擁有世界上數量最多的國王企鵝(King Penguins)和黃鼻信天翁(Yellow-nosed albatross)，此區的島嶼遠離人類活動區域，因而保存完好，展示了生物進化和獨特的科學研究地形。

㊻科爾杜昂燈塔

French Austral Lands and Seas

登錄時間：2021年　**遺產類型**：**文化遺產**

位於新阿基坦地區(Nouvelle-Aquitaine)吉倫特河(Gironde)河口的岩石高原上，處於高度暴露和惡劣的環境中。它在16世紀和17世紀之交由工程師Louis de Foix設計，採白色石灰石砌塊建造，18世紀後期由工程師Joseph Teulère改造。它的建築形式是自古代模型、文藝復興時期的矯飾主義和法國工程建築中汲取靈感，巨大的塔樓是展現了燈塔建築技術的重大進階，證明了這一時期科學技術的進步。

㊼蔚藍海岸冬季旅遊之都尼斯

Nice, Winter Resort Town of the Riviera

登錄時間：2021年　**遺產類型**：**文化遺產**

尼斯位於阿爾卑斯山腳下，瀕臨地中海，鄰近義大利邊境，其充分利用溫和的氣候和濱海地形，從18世紀中葉開始，這裡吸引了許多貴族來此過冬度假，1832年，尼斯制定了城市規劃方案，旨在提升尼斯對外國旅人的吸引力。由於它連接歐洲鐵路網絡，便利的交通吸引各國遊客在冬季湧向這座城市，這也致使位在中世紀老城區外的新區迅速發展起來，尼斯充分利用天氣條件、沿海景觀的作為，以及冬季遊客帶來的多元文化影響，形塑了尼斯的城市發展和不拘一格的建築風格，促成了尼斯成為國際化冬季度假勝地。

㊽歐洲溫泉勝地

The Great Spa Towns of Europe

登錄時間：2021年　**遺產類型**：**文化遺產**

這項世界遺產涵蓋了7個歐洲國家中11處溫泉城鎮，法國由維琪(Vichy)獲得。這些溫泉城鎮都是環繞著天然礦泉水開發，它們見證了從1700~1930年代發展起來的歐洲浴療、醫學與休閒文化，並催生出大型的溫泉度假村。各溫泉鎮致力於利用水資源發展浴療和飲用，水療建築群包括泵房、飲水廳、治療設施和柱廊，這些都融入了整體城市環境，達到了讓來客放鬆和享受的目的。

㊾喀爾巴阡山脈與歐洲其他地區的原始山毛櫸森林

Ancient and Primeval Beech Forests of the Carpathians and Other Regions of Europe

登錄時間：2021年　**遺產類型**：**自然遺產**

此一跨國世界遺產財產囊括18個國家的94處地點，歐洲原始山毛櫸森林是認識這種遍布北半球植物的歷史、進化與生態學。自11,000年前的最後一個冰河時代結束之後，歐洲山毛櫸在短短幾千年的時間內從阿爾卑斯山、喀爾巴阡山脈、迪納里得斯山脈、地中海和庇利牛斯山脈幾處避難區蔓延開來，擴大到最終覆蓋歐洲大陸的大部分地區，成為當地生態系統重新移植和發展的傑出範例。在這個仍在進行的擴張過程中，山毛櫸形成了不同類型的植物群落，同時佔據了不同的環境。

㊿第一次世界大戰(西方戰線)的墓葬和紀念場所

Funerary and memory sites of the First World War (Western Front)

登錄時間：2023年

遺產類型：**文化遺產**

第一次世界大戰的西方戰線，指的是從北海到法國和瑞士邊境，約700公里長的戰區。這裡設置了將近139處墓葬和紀念場所，見證了參戰各國共同悼念在戰爭中犧牲的生命。

51人類之地——馬克薩斯群島

Te Henua Enata – The Marquesas Islands

登錄時間：2024年

遺產類型：**自然遺產**

馬克薩斯群島位於南太平洋，距離大溪地東北方約1,500公里，由Nuku Hiva、Hiva Oa、Ua Pou、Ua Huka、Tahuata和Fatu Hiva共6座島嶼組成，當地語言稱其為「人類之地」(Te Henua Enata)。島上最早的人類文明可追溯到西元1000年，並以陡峭的山脊、壯麗的山峰和突兀於海面的懸崖聞名，屬於熱帶地區罕見的自然風光。此區也被列為生物多樣性熱點(Biodiversity Hotspot)，擁有無可替代且保存完好的海陸生態系統。

52培雷山和馬丁尼克北部山峰的火山和森林

Volcanoes and Forests of Mount Pelée and the Pitons of Northern Martinique

登錄時間：2023年

遺產類型：**自然遺產**

於1902年爆發的培雷山，是20世紀最嚴重的火山災害之一，造成聖皮耶(St. Pierre)約30,000人傷亡，也因此成為研究火山地貌、噴發的形成的重要指標。

53尼姆方形神殿

The Maison Carrée of Nîmes

登錄時間：2023年

遺產類型：**文化遺產**

建立於1世紀的方形神殿，當時的尼姆還是羅馬帝國的殖民地Nemausus，方形神殿是羅馬早期在行省中興建的君主崇拜相關神殿，主要供奉奧古斯都英年早逝的子嗣。神殿除了鞏固羅馬對征服領土的控制，也象徵了Nemausus對奧古斯都王朝的忠誠。奧古斯都將古羅馬從共和國轉變為帝國，拉開了「羅馬治世」的序幕，神殿建築及其精緻的裝飾都體現了他的思想理念。

Best Taste in France
法國好味

文●墨刻編輯部　攝影●墨刻攝影組

法式料理依各個區域而異，臨海的諾曼地和布列塔尼以海鮮著稱，蔚藍海岸更以馬賽魚湯為特色，與德國接鄰的亞爾薩斯一帶可以品嘗到當地的特色菜酸菜肉腸(Choucroute)，中部的勃艮第來說代表性食物為烤蝸牛(Escargots)和紅酒燉牛肉(Boeuf Bourguignon)，南部的庇里牛斯和朗格多克為白扁豆燴肉鍋(Cassoulet)代表，至於葡萄酒，更是法國最知名的美食良伴。

肉類 Viande

在法國可以吃到各式各樣的肉類料理，其中家畜類又以牛肉和羊肉最常見，牛肉選擇眾多包括小牛肉、帶骨牛排、菲力牛排等，羊肉則有羊腿和腰肉排…家禽類最受歡迎的是雞肉，除了一般的烤雞外還有酒燜雞肉，另外鴨肉也是當地餐桌上常見的食物，其中又以油封鴨腿(Confit de Canard)最具特色，這道外皮酥脆、肉質軟嫩的料理，必須將鴨腿完全浸泡於鴨油中後以小火燉煮兩小時，然後和油一起在低溫中保存任其凝固，等到要食用時再將鴨肉取出煎成金黃色時即可食用。

尼斯沙拉 Salade Niçoise

尼斯沙拉可說是囊括了法國南部的鄉野極品，橄欖、青豆、蕃茄、萵苣、蛋和鯷魚，每家餐廳有不同的變化方式，各憑廚師喜好和新鮮食材而定。據當地尼斯人說，最正統的尼斯沙拉不放水煮馬鈴薯，只加入新鮮蔬菜。雖然說尼斯沙拉通常被列為前菜，不過份量相當驚人，以亞洲人的食量，大概兩人共享剛剛好。

蔬菜蒜泥濃湯 Soupe au Pistou

用羅勒醬、大蒜、橄欖油來調味，因此這道濃湯又稱作羅勒蔬菜蒜泥湯，烹煮時以蔬菜或是豆類作為湯的基底，吃不慣重口味馬賽魚湯的人，這道倒是不錯的選擇。

海鮮 Fruit de Mer

因為西邊和東南邊臨海，使得法國不少地區的特色食物以海鮮為主，如淡菜、螃蟹、各類魚蝦、螺類，像是布列塔尼的聖馬洛(St Malo) 一帶的海域，是目前全球潮汐落差第二大的區域，也給了生蠔(Huître)養殖極佳的環境，使得此區生蠔享譽全球，行銷七十多國。另外就是馬賽魚湯(Bouillabaisse)，使用龍騰魚(Vive)、海魴(St-Pierre)、海鰻(Congre)、紅魴(Galinette)和緋鯉(Rouget)等多種魚類，再加入安康(Lotte)、淡菜和馬鈴薯等配料烹煮而成。由於魚湯裡還加入番紅花、月桂葉、迷迭香、百里香、蛋汁、大蒜和蔥等調味，因此色澤呈褐黃色，喝起來口感濃郁厚實，與一般魚湯大不相同。至於囊括了法國南部鄉野極品的尼斯沙拉(Salade Niçoise)，橄欖、青豆、蕃茄、萵苣、蛋、馬鈴薯和鯷魚丁等，在不同廚師手下各顯風味。

燜牛肉 Daube de Boeuf

燜牛肉和尼斯牛肚(Tripe à la Niçoise)都是以當地的紅酒燉煮，味道皆香濃卻不黏膩，是南法的名菜要角。

烤田螺 Escargot

烤田螺這道料裡又叫做勃艮地田螺，在法式料理中通常是前菜。將醃漬過的田螺或是新鮮田螺放入烤盅，加點調味料，上面再鋪上大蒜奶油，有時會加上起司，這樣就是經典的烤田螺了。

馬賽魚湯 Bouillabaisse

這種過去漁夫將賣不完的魚混合烹調的馬賽魚湯，時至今日成為到馬賽的必嘗佳餚。一般馬賽魚湯利用產自地中海的5~7種魚來料理，再加入橄欖油、番紅花、月桂葉、蕃茄、迷迭香、百里香、蛋汁、大蒜和蔥調味，不但色澤呈現褐黃色，也因集合了所有海鮮精華，喝起來帶著濃郁厚實的口感，與一般散發清香味的魚湯大不相同。馬賽魚湯第一道上湯，第二道則可以品嘗新鮮魚肉。

包捲Farci

「Farci」在法文中有填充或塞肉餡的意思，在普羅旺斯當地也指一種以橄欖油烹調的可口小菜「包捲」，口味眾多，包括有沙丁魚熟菜包捲(Sardines Farcies au Vert de Blettes)、蕃茄醬汁迷你尼斯式包捲(Petits Farcis Niçois, Coulis de Tomate)等，或是任何只要是包了東西的都可稱為是「Farci」，這種菜不一定要上餐廳，在許多路邊小店和市場攤位就可買到。

卡門貝爾乳酪Camembert

法國乳酪多達五百多種，幾乎是全世界製造乳酪的翹楚，根據風土民情的不同，各產區的乳酪也不盡相同，包括新鮮、洗式和白黴等等，其中最著名的要屬卡門貝爾乳酪了！該乳酪誕生於氣候溫和的諾曼第，據説過去乳酪一直都是窮困人家的蛋白質補充品，富裕人家是從來不吃這種食物的，但是，在一次世界大戰時，由於物資困頓，政府只好以乳酪代替肉類來填飽軍隊的肚子，那時，卡門貝爾農民二話不説，立刻自願供應一年份的乳酪，戰後，士兵們還是難忘卡門貝爾乳酪的濃、純、香，也才讓此地的乳酪美名，從此不脛而走。

酥卡Socca

名為「Socca」的鹹餅是一種類似披薩的薄餅，用鷹豆和橄欖油作成，也可加上蔬菜或肉，熱騰騰的鹹味Socca又香又脆，是尼斯人最愛的庶民點心，可以在當地的傳統市集中發現其蹤跡。

尼斯蔬菜派 Tourte aux blettes

尼斯在地的特色小吃，是使用一種用俗稱「火焰菜」的菾菜製作內餡，口感十分清爽。特別的是，這種派可以做成鹹食，也可以加糖做成甜派，做點心的時候有點甜鹹回甘的口感，風味相當特別。

橄欖油蒜泥蛋黃醬和番紅花蒜泥蛋黃醬 Aïoli et Rouille

橄欖油蒜泥蛋黃醬是由蛋黃、大蒜、橄欖油攪拌調製而成，通常是飯前搭配法式硬麵包的沾醬。切片的麵包烤得香酥，薄薄地舖上一層蒜味蛋黃醬，咀嚼時齒頰間有著些微的辛辣蒜味，香到令人難忘；另外，也可以搭配鹽醃鱈魚、白煮蛋、蝸牛或生菜沙拉，和使用在料理中，例如在海鮮濃湯中加入橄欖油蒜泥蛋黃醬，可增加獨特的風味。Aïoli如果加入了番紅花，則成了番紅花蒜泥蛋黃醬，顏色略呈淡紅色，一般在大啖馬賽魚湯之前，便會提供麵包和Rouille，兩相搭配可提鮮外並可增加食慾。

橄欖與橄欖油
Olive et Huile d'Olive

由羅馬人傳入的橄欖，在地中海料理中扮演要角，本區的橄欖油又香又醇，醃製橄欖有數百種做法，是南法人最愛的風味之一；而橄欖油亦是南法地區三餐必備的重要原料，重要性堪比中國料理不可少的沙拉油，普羅旺斯人大多將橄欖油淋在沙拉上和其他香料一起攪拌當作醬汁，有的時候就直接蘸著法式硬麵包來吃。

普羅旺斯燉菜
Ratatouille

這是一道義大利風格的前菜，以橄欖油、香草、大蒜去燉煮多種蔬果，像是洋蔥、茄子、蕃茄、和青椒，鹹鹹辣辣的口味常被拿來作為開胃菜，又黃又綠又紅的配色讓人看了食慾大開。

黑松露
Truffes noires

南法是黑松露重要產區，松露獵人訓練松露犬，在11月產季入山採收，一直到隔年1月都是黑松露的產期。除了各種松露料理，浸泡黑松露的松露橄欖油和松露醬，也是當地必買的高級食材。

奶油鱈魚醬
Brandade de Morue

尼姆的特產奶油鱈魚醬，是以馬鈴薯、奶油和橄欖油加上大蒜製成，一般做為醬搭配麵包食用，吃起來可口開胃。

肝醬與抹醬
Foie Gras et Pâté

法國人也很喜歡肝醬和抹醬，其中鵝肝醬更是法國最知名的美食之一，其主要產區在法國南部的庇里牛斯和朗格多克一帶。抹醬是一種以肉和肝臟混合油脂、香料或蔬菜丁做成的食物，有時會放在陶罐中或包上麵皮烘烤，成果有點像肉凍或一塊肉醬，通常和肝醬一樣搭配沙拉或麵包，當作前菜食用。

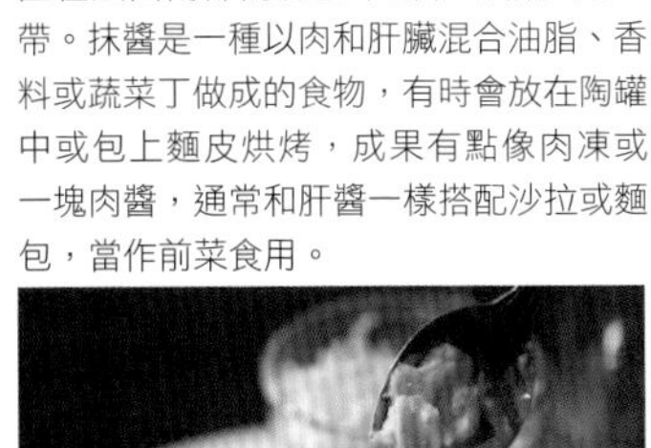

大蒜Ail

大蒜與橄欖油是普羅旺斯料理的兩大主角，大蒜主要用途是提味，它那種獨特的辛辣氣息能夠與普羅旺斯的料理形成相輔相成的美好效果，你可以在許多著名料理中發現大蒜的蹤跡，例如橄欖油蒜泥蛋黃醬(Aïoli)和番紅花蒜泥蛋黃醬(Rouille)等，據說尼斯特產的粉紅色大蒜尤為蒜中極品。

香料'Epice

從8、9世紀開始，香料的運用已經成為法國料理不可或缺的調味品了，甚至可以說，法國料理的箇中滋味與精華都在於香料的使用是否成功，長年陽光普照的普羅旺斯尤為重要，這些香料彷彿吸收了全部的陽光，然後在醬汁及濃湯中悠悠地釋放，普羅旺斯常用的香料包括普羅旺斯百里香(thyme)、茴香(fennel)、迷迭香(rosemary)、薄荷(mint)、胡荽(coriander)、月桂葉(feuille de laurier)，通常都是用在熬湯或烤肉上。

麵包Pain

麵包是另一樣傳遍全世界的法國食物，以致於提到麵包就很容易聯想到法國麵包。最經典的法國麵包是法式長棍(baguette)，因為法式長棍實在對法國人的生活太重要了，法律甚至規定了其成分和做法，只要不符合標準的麵包都不能稱作法式長棍。這種麵包口感乾硬，可以直接吃、抹奶油吃、蘸濃湯吃或是拿來做三明治，有很多種吃法，也因此在法國隨處都可以見到。

洋蔥塔Pissaladière

南法式「Pizza」，將炒過的鯷魚、洋蔥和番茄等佐料放在薄餅上，吃一口香氣便充滿整個味蕾，讓人回味無窮。一般當成前菜或點心。

可麗餅Crêpes / Galette

在台灣我們一般吃到的是甜的可麗餅，但在法國，可麗餅有甜鹹兩種吃法，甜的(Galette)以小麥粉做成，鹹的(Crêpes)則用蕎麥粉。法式鹹可麗餅是做成正方形，煎得深褐帶著焦香的餅皮依口味不同，加上火腿、起士或肉類、蔬菜，中間再打上一顆蛋，味道濃厚香鹹，和甜餅滋味很不一樣；法國人喜歡吃完鹹的可麗餅再點個甜的，甜的可麗餅呈圓弧三角形，從最簡單的餅皮加上檸檬薄片的原味可麗餅，到加了冰淇淋、淋上糖漿或巧克力的多種口味，奶油味道都特別濃郁，餅皮則是柔軟厚實，嘗一口便有幸福的感覺。

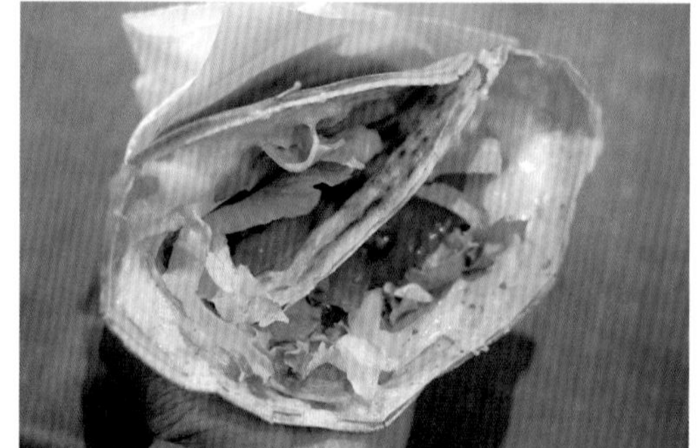

檸檬塔Tarte aux Citrons

因為蔚藍海岸的柑橘類水果太精采，所以檸檬塔這道甜點也成為南法的經典之一。檸檬塔通常是以派餅作為餅皮，裡頭塞入濃郁的檸檬乳糊，味道不會太甜太膩，卻是一端出來的時候就能聞到它的芳香。

馬卡龍Macaron

說到法式甜點，第一個想到的一定是馬卡龍，這個有「少女的酥胸」暱稱的小圓餅，酥軟適中、入口即化，因此即使小小一顆價格不便宜，仍有許多人為它著迷。

馬卡龍最早出現在義大利的修道院，但變成我們今天看到將上下兩個小圓餅夾餡的模樣，有一說是由巴黎Pierre Hermé甜點店的師傅發明的，也有人堅稱Ladurée才是法式馬卡龍的創始店，但不論哪種說法為真，時至今日，這兩家的馬卡龍各有死忠擁護者，堪稱是全法國馬卡龍做得最好、也最出名的兩家。

普羅旺斯粉紅酒 Vin Rosé

普羅旺斯的粉紅酒是一種粉紅色的葡萄酒，冰到沁涼飲用，是夏天最道地、最內行的佐餐飲料，酒精濃度約13%。

茴香酒Pastis

這種以茴香調味的開胃酒，牛奶色的顏色和特殊的甜味，讓人一不小心就會喝上不少。由於它本身其實蠻烈的，味道又很重，因此一般人飲用多會加入冰塊或是半杯水來沖淡，南法人最喜歡一邊在廣場上玩滾鐵球，一邊享用這種開胃酒來助興。

羊奶乳酪 Fromage de Chèvre

在一些餐廳，吃完主菜之後，服務生會推出擺滿各種乳酪的推車供你選用。其中羊奶乳酪品質極佳，如果你不怕那種腥羶濃郁的味道，不妨品嘗看看。這是羊奶自然發酵後濃縮形成的完美乳酪，可以切成薄片搭配葡萄酒直接吃，或是加上辣椒粉、葡萄乾、小茴香等食用。另外，普羅旺斯的綿羊乳酪(Fromage de Brebis)、藍黴乳酪(Fromage Moisi)也非常有名。

葡萄酒和蘋果酒 Vin, Cognac et Cider

打從西元前1000年就開始生產葡萄酒的法國，如今擁有波爾多、勃艮第、隆河、羅亞爾河、亞爾薩斯等知名葡萄酒產區，此外在法國法律上享有特權的香檳區，更以「香檳」之名獨占氣泡酒市場，而另一種擁有產地唯一命名權的是干邑白蘭地(Cognac)，這種經蒸餾的葡萄酒，是烈酒愛好者口中的佳釀。如果喜歡低酒精濃度、喝起來酸酸甜甜的滋味，布列塔尼和諾曼第盛產的蘋果酒會是很好的選擇！

Best Buy in France
法國好買

文●墨刻編輯部　攝影●墨刻攝影組

身為全球知名的時尚之都以及眾多國際名牌的發源地，法國一直都是時尚話題與潮流的核心，來到這裡，一趟名品血拚之旅自是不可或缺的行程。此外，無論是專櫃或開架式保養品和化妝品，也是愛美人士法國購物清單上的必買項目。熱愛美食與美酒的法國人，更將飲食文化發展至巔峰，葡萄酒、香檳、松露、魚子醬等各類高級食材也成為不錯的伴手選擇。

時尚精品

Louis Vuitton的Monogram花紋皮件、Chanel的雙 C Logo 菱格紋包、Cartier的珠寶與腕錶、Hermès的絲巾和柏金包、Chloé風格復古的鎖頭包、Longchamp實用又平價的折疊包，以及Christian Dior和Yves Saint Laurent洋溢優雅風情的服飾等這些讓人愛不釋手的國際名品，都是法國的「國產品牌」，不但在當地享有最優惠的價格，外籍遊客還可以獲得退稅的禮遇，因此，打算犒賞自己下手名牌的人，千萬別錯過這塊寶地！

馬賽皂Savon de Marseille

普羅旺斯和蔚藍海岸的大小市集或街上商店，都可以看到各種顏色和造型的香皂，不論是薰衣草、香草、玫瑰香味，都非常受到歡迎。而其中名氣最響亮的自然是馬賽皂，只以橄欖油或棕櫚油兩種原料製成，每塊含油量均高達72%，用起來保溼滋潤、自然舒適，從臉到腳都可以使用，而且不僅適合大人，連小嬰兒、小朋友用也不傷肌膚。

保養品和化妝品

從知名美妝品牌海洋娜(La Mer)、Sisley、蘭蔻(Lancôme)、克蘭詩(Clarin's)，到開架式的的藥妝品牌薇姿(Vichy)、理膚保水(La Roche Posay)、亞漾(Avène)、歐緹麗(CAUDALIE)等，許多國人耳熟能詳的保養品和化妝品品牌都誕生於法國，除了可以在拉法葉(Lafayette)或春天(Printemps)等當地百貨公司、免稅商店購買外，還可以在Pharmacie City Pharma或Para Shop、Marionnaud等大型連鎖藥妝店買到，同享優惠價格和退稅。

香水Parfum

格拉斯位於地中海和阿爾卑斯山南坡之間，氣候非常適合製作名貴香水的花卉生長，如玫瑰、茉莉和紫羅蘭。從16世紀開始，格拉斯就是香水重鎮，因此，來這裡除了可以參觀香水坊，也可以買些香水和相關產品，把南法的香氣帶回家。

香氛用品

成功打進台灣市場的歐舒丹(L'Occitane)，是國人耳熟能詳的沐浴、香氛品牌，主打萃取自普羅旺斯的天然花草香，另一個同樣引進台灣的Olives & Co.則主打地中海橄欖製品，它除了香皂、乳液、護唇膏等用品外，還跨足橄欖相關食品。不過如果要提起法國最知名的沐浴、香氛品牌，自然不能不提diptyque，這個創立於1961年的香氛品牌，旗下光香氛蠟燭就多達五十種，除了優雅的香氣、細緻的質感外，其手繪風格濃域的標籤也洋溢著巴黎的人文氣息。當然，如果你想選擇平價且好用的品牌，不妨試試Yves Rocher！另外，位於普羅旺斯的馬賽，以生產用天然橄欖油或棕櫚油製成的馬賽香皂聞名，用起來保溼滋潤、自然舒適，連嬰兒使用也不傷肌膚，是來到南法必買的伴手禮。

茶葉

如果你是香味茶的愛好者，絕對不能錯過Mariage Frères！這間早由Henri和Edouard Mariage兩兄弟創立於1854年的茶葉公司，其淵源可追溯到17世紀的法國東印度公司時期，其祖先在法王路易十四的鼓勵下，多次前往波斯和印度旅並簽署貿易協定。於是Mariage家族傳承了豐富的茶葉貿易知識與經驗，創辦了屬於自己的茶葉王國，打開琳瑯滿目的茶單，從綠茶、白茶到紅茶，單方、混合和花草茶齊備，如果挑茶讓你大傷腦筋，不妨試試最熱門的Marco Polo(紅茶)和Opéra(綠茶)！

普羅旺斯印花布Sud Étoffe

普羅旺斯花布雖然稱不上時尚流行，但對喜歡田園風的人來説，卻有著讓人難以抗拒的吸引力，特別是其明亮的顏色如：向日葵的鵝黃、薰衣草的豔紫和地中海的湛藍，讓整個空間和視野跟著鮮活了起來。來到普羅旺斯，不妨挑些印花漂亮的衣服、餐巾、桌布和袋子吧！

高級食材

松露、魚子醬、鵝肝醬、鹽之花、芥末等法國的高級食材令人眼花撩亂，在產地通常可以看見它們加入多樣調味變化的選擇，像是干邑白蘭地口味的芥末、混合松露的鹽之花、加入各種水果的肝醬、細分產地和口味的蜂蜜等，五花八門的讓遊客很容易就手滑。除了在各地購買之外，法國大城市中還有一些專賣高級食材的店家，像是巴黎擁有百年歷史的Fauchon和Hédiard，幾乎可説是美食王國，除了如精品店般陳列、販售各類商品的商店外，還附設餐廳或咖啡館，讓人可以大快朵頤一番。

籐籃Panier

在崇尚自然生活的南法，籐籃是居家必備的生活雜貨，每到陽光滿溢的周末，市集上總是能看到居民們人手一籃，逛市場、喝咖啡，簡單方便而不失優雅。市集和精品店中販賣著各種裝飾精美可愛的籐籃，有的用草編，有的則裝飾花布內襯，讓人愛不釋手。

陶器Poterie

陶器是南法生活不可或缺的必需品，裝飾橄欖花紋的美麗陶盤，手感厚實的陶杯，還有以陶瓷做成的門牌等，都是市集中常見的商品。南法人相信蟬會帶來好運，因此會在家中擺放五彩繽紛的陶蟬做裝飾，也成為了當地特產。此外許多陶藝家愛上南法的好天氣，落腳聖保羅、聖雷米、瓦洛希等小鎮設立工坊，在露天市集與街角的工作室中，很容易就能夠邂逅獨一無二的陶藝作品。

風格紀念品

身為觀光大國，法國許多大城市或熱門景點都會生產相關紀念品供遊客收藏，像是巴黎的艾菲爾鐵塔、聖米歇爾山的修道院、羅亞爾河的各大城堡、波爾多的紅酒軟木塞等造型的紙鎮、模型、鑰匙圈，或是琳瑯滿目印有「I Love XX」字樣或知名景點圖案的衣服、雨傘、筆記本和絲巾等物品，舉凡日常生活中用的、穿的、吃的、玩的，或單純裝飾的都有，還在煩惱著不知該帶什麼回家當伴手禮嗎？快到景點旁的商店逛逛吧！

名畫複製品和舊海報

景色優美的法國激發了無數藝術家的靈感，莫內、塞尚、米勒、梵谷、畢卡索……都在法國各地、特別是普羅旺斯留下深刻的足跡，因此在這些畫家之鄉或是法國的大大小小美術館中，都可以看見他們的複製畫或相關紀念品。此外，昔日的手繪舊海報複製品或明信片也是法國的一大特色，最常見的地方是巴黎塞納河畔的舊書攤和蒙馬特，其中特別是19世紀紅極一時的女演員Sarah Bernhardt出自慕夏(Mucha)之手的畫報，充滿裝飾和藝術價值。

普羅旺斯人偶Santon

聖誕節時，普羅旺斯當地人喜歡在家以彩色小泥偶裝飾耶穌誕生等場景，他們大多穿著色彩鮮明的普羅旺斯傳統服飾，戴著鄉間的藤帽或是提著藤籃，女性服飾的花色大多是亮紅色或是鵝黃色，上有規則簡單的花紋。

滾鐵球Boules de Pétanque

在法國南部盛行的滾鐵球遊戲，受歡迎的程度就連下雨天也想在室內玩，於是在馬賽等地的紀念品店中，可以看到迷你版的滾鐵球，除了當地人可在家過癮外，也是遊客收藏當地風情的好伴手之一。

玻璃製品Verre

畢歐是製造歐洲玻璃工藝品的大本營，更有許多著名的玻璃工匠出身於此，像是的香精油瓶，大多產自本地。現在畢歐玻璃工廠每年生產十種顏色、兩百多種造型的玻璃製品，而號稱畢歐靈魂的「泡泡」玻璃杯，更成為他們自豪的專利。

薰衣草產品Lavender Produit

在夏季的時候，開滿普羅旺斯鄉間的紫色薰衣草，是南法地區最受歡迎的花草，因此，不管是香皂、香水、還是薰香包，薰衣草通常是最快賣完的香味。

糖漬水果Fruits Confits

主要以較堅硬的水果如蘋果、桃李、奇異果為主，其中Madeleine產的桃子、Corsican的橘子、馬賽的無花果、Serteau的洋梨、心型櫻桃、玫瑰杏仁及普羅旺斯的甜瓜製成。製作時要將這些精挑細選的頂級水果去皮後浸在糖水之中，讓水果的水份被糖份所取代，然後便會呈現出晶瑩透明的光澤。

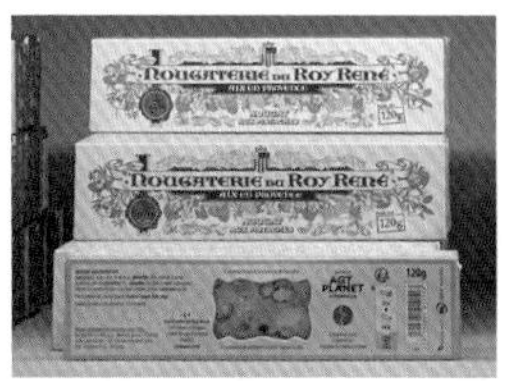

牛軋糖 Nougat

在蔚藍海岸一帶的城鎮，很流行一種法式牛軋糖，它包裹著碎杏仁、核桃或胡桃，吃起來香香甜甜的，而且外形也比較大塊，如果不買一包包直接裝好的，也可以到店裡指定所需分量切下來，再依重量秤重購買。

可利頌 Calissons

呈圓菱船形的可利頌是艾克斯知名的特產，它以融和了40%的杏仁和60%的瓜果或桔子類的水果乾，再外覆糖霜製成，顏色淡黃有點像軟糖，吃起來則是更為軟Q不黏牙，並帶著杏仁和甜瓜的香氣，令人回味無窮。

杏仁脆餅乾 Croquants Villaret

杏仁脆餅乾是尼姆的特色點心，它是一種以杏仁、檸檬和蜂蜜做成的手指狀餅乾，吃起來硬硬脆脆的，常讓人一口接一口無法停止。

果醬Confiture

以檸檬節聞名的蒙頓，除了檸檬塔，還有新鮮的水果果醬，最棒的當然還是首推以柑桔類作成的果醬，慕名前來採購。苦橘(Orange Amère)、三種柑桔(Trois Agrumes)、檸檬(Citron)是最歡迎的三種口味。

尼斯石頭 Nice Stone

這裡介紹的不是真的石頭，而是尼斯特有的糖果，因為形狀酷似天使灣邊一顆顆石頭的尼斯巧克力，因而稱為「尼斯石頭」，雖然口味各自不同，有的是用桔子乾、咖啡當內餡，有的是裹白色糖粉的巧克力球，有的是漆上彩色糖衣的糖漬水果乾，但是形狀一定是尼斯的石頭狀。

葡萄酒

身為世界知名葡萄酒產地、擁有悠久的葡萄酒生產歷史，昔日只有貴族得以飲用的葡萄酒，如今成為法國人日常生活中不可或缺的佐餐良伴。法國的主要葡萄酒產區包括波爾多、勃艮第、羅亞爾河河谷、隆河谷地等，以及以白酒著稱的亞爾薩斯、香檳聞名的香檳區、新酒打響名號的薄酒萊，甚至生產世界上最優質的蒸餾葡萄酒「白蘭地的干邑」(Cognac)。

Cafés in Paris
咖啡館在巴黎

文●墨刻編輯部　攝影●墨刻攝影組

巴黎的咖啡館不僅是品味咖啡的場所，更是融入當地文化、歷史和藝術的重要場所。在這些歷史悠久的咖啡館裡，不僅可以品味到香濃的咖啡，還能感受到巴黎文人與藝術家們的足跡與思想的碰撞。無論是在作家們激發靈感的雙叟咖啡館，或是以華麗裝潢吸引名流的和平咖啡館，每一間咖啡館都承載著動人的故事，讓你細細品味這座城市的獨特魅力。

左岸・拉丁區和蒙帕納斯

花神咖啡館 Café de Flore

沙特曾說：「自由之路經由花神咖啡館…」，緊鄰雙叟的花神咖啡館，同樣也是文人畫家的聚集之地，沙特(Jean-Paul Sartre)和西蒙・波娃(Simone de Beauvoir)這對戀人在此共度愉快時光，同時激盪出存在主義哲學。然而真正使花神聲名大噪的應該是畢卡索，花神因為他的青睞而聲名大漲，從此成為遊客必訪的咖啡館。想要遠離紛擾，品味花神的精髓，室內2樓座位是最佳選擇，而且不一定要喝咖啡，來杯香濃的熱巧克力，保證也會立刻愛上。

P.125B2 搭地鐵4號線於Saint-Germain des-Prés站下，步行約1分鐘。 172 Boulevard Saint-Germain 75006 Paris 01 45 48 55 26 7:30~1:30 www.cafedeflore.fr

左岸・拉丁區和蒙帕納斯

雙叟咖啡館 Les Deux Magots

雙叟咖啡館位於出版社與畫廊最密集的地方，作家與畫家前來接洽出版事宜，理所當然就約在這間咖啡館解決，久而久之，這裡就變成了作家聚會的場所，後來閒聊激發了靈感，《情人》作者莒哈絲(Marguerite Duras)和克勞岱・西蒙(Claude Simon)的「新小說主義」、沙特與卡謬(Albert Camus)的「存在主義」均誕生於此，對法國文學界帶來深遠的影響，「新小說」更讓克勞岱・西蒙一舉拿下諾貝爾文學獎。

P.125B2 搭地鐵4號線於Saint-Germain des-Prés站下，步行約1分鐘。 6 Place Saint-Germain des-Prés 75006 Paris 01 45 48 55 25 7:30~1:00 www.lesdeuxmagots.fr

左岸・拉丁區和蒙帕納斯

圓頂咖啡館 La Coupole

位於蒙帕那斯大道上的圓頂咖啡館，歷史悠久，創於1927年，當時正是此區文風鼎盛之時，沙特、海明威等人都曾是座上賓。雖然年代久遠，但由店內裝飾的柱子及紅色絲絨座椅裝潢，仍可嗅出當年繁華的味道。

圓頂不只是座咖啡館，還是餐廳及舞廳。其名稱由來倒不是因為外觀上有一座圓頂，而是在於室內樑柱上的裝飾藝術，以及餐廳內牆以蒙帕那斯畫家的畫作，氣氛優雅。

P.125B4　搭地鐵4號線於Vavin站下，步行約1分鐘。　102 Boulevard du Montparnasse 75014 Paris　01 43 20 14 20　週二～週六8:00~0:00，週日～週一8:00~23:00　www.lacoupole-paris.com

羅浮宮和歌劇院

和平咖啡館 Café de la Paix

開幕於1862年的和平咖啡館位於歌劇院旁，曾招待過不少入住大飯店或前來歌劇院欣賞表演的貴客，從它富麗堂皇的裝潢便可窺知一二，這也是它聲名大噪的緣故。因地緣關係，這家咖啡館是藝人、記者、文化人和作家的最愛，甚至歷任法國總統都經常來此喝上一杯咖啡，其中最有名的要數二次世界大戰光復巴黎的法國統帥戴高樂將軍，他的「痛飲巴黎」的第一杯咖啡就在這個地方！

P.74C2　搭地鐵3、7、8號線於Opéra站下，出站即達。　5 Place de l'Opéra 75009 Paris　01 40 07 36 36　週一～週五8:00~23:00，週六～週日12:30~15:30、18:00~23:00　www.cafedelapaix.fr

左岸・拉丁區和蒙帕納斯

圓廳咖啡館 La Rotonde

位於地鐵站出口的圓廳咖啡館創立在1911年，在過去就深受畫家的喜愛，兩次世界大戰期間，這裡更成為超現實主義者經常前來高談闊論的地方。現今，除了觀光客，它仍然深受藝術家和電影工作者的喜愛，他們往往端著一杯熱騰騰的咖啡，尋找創作靈感。

除了咖啡，這裡還供應傳統法式啤酒和法式料理，牛肉、生蠔佳餚讓人驚豔，不妨花些預算，在這間紅色的餐廳裡大快朵頤一番。

P.125B3　搭地鐵4號線於Vavin站下，出站即達。　105 Boulevard du Montparnasse 75006 Paris　01 43 26 48 26　8:00~0:00　larotonde-montparnasse.fr/

羅浮宮和歌劇院

馬列咖啡館 Le Café Marly

占據羅浮宮迴廊的馬列咖啡館，氣質雍容華貴，服務生也有別於一般咖啡館，穿著西裝打領帶，態度高傲，走路姿勢宛如模特兒，令人嘆為觀止。再加上這裡的咖啡和食物價格不斐，著實讓穿著隨意的遊客止步不前，不過，這家咖啡館還是讓人趨之若鶩。坐落於羅浮宮的迴廊下，以貝聿銘的「透明金字塔」為前景，以紅、黑、金為主色打造的空間，創造出既優雅又溫暖的氣氛，所以還是有不少人願意來此點一杯香濃的熱巧克力。

P.74D4　搭地鐵1、7號線於Palais Royal-Musée du Louvre站下，出站即達。　93 Rue de Rivoli　01 49 26 06 60　8:30~2:00　cafe-marly.com/

Sweets in Paris
甜點在巴黎

文●墨刻編輯部　攝影●墨刻攝影組

說到法式甜點，第一個想到的一定是馬卡龍(Macaron)，這個有「少女的酥胸」暱稱的小圓餅，酥軟適中、入口即化，因此即使小小一顆價格不便宜，卻依然讓無數人為之著迷。除了馬卡龍，巴黎還有許多特色甜點值得品嚐，像是各式各樣的巧克力甜品、檸檬塔、水果軟糖……無論是歷史悠久的經典品牌，還是新興的時尚甜點，每一口都能讓你感受到巴黎的精緻與優雅。

羅浮宮和歌劇院

Ladurée Paris Royale

馬卡龍最早出現在義大利的修道院，但變成今天看到將上下兩個小圓餅夾餡的模樣，有一說是由巴黎Pierre Hermé甜點店的師傅發明的，也有人堅稱Ladurée才是法式馬卡龍的創始店，但不論哪種說法為真，時至今日，這兩家的馬卡龍各有死忠擁護者，堪稱是全法國馬卡龍做得最好、也最出名的兩家。

Ladurée創立於1862年，電影《凡爾賽拜金女》(Marie Antoinette)裡，瑪麗皇后鐘情的馬卡龍就是來自Ladurée。開在瑪德蓮大教堂附近的這家店面華麗，甜點櫃裡，各種口味的馬卡龍排列整齊，經典玫瑰花、巧克力、香草、咖啡、冰薄荷，18種口味18種顏色，色彩繽紛讓人不知該從何挑選起；在這裡馬卡龍可單買，也可以選擇多顆套裝，亦能入內坐在漂亮的餐廳裡品嘗。

P.74B2　搭地鐵1、8、12號線於Concorde站下，或搭地鐵8、12、14於Madeleine站下，皆步行約3~5分鐘。　16-18 Rue Royale 75008 Paris　01 42 60 21 79　週一～週五8:00~19:00、週六9:30~19:30、週日9:30~19:00　www.laduree.com

左岸·拉丁區和蒙帕納斯

Hugo & Victor

2010年開幕以來，這家極具時尚感的糕餅店就是熱門話題。以精品糕餅(Haute Patisserie)自居，店面以黑白兩色為主調，呈現低調而純淨的精美感，每個鑲壁式櫥窗只展示一件甜點作品，且在透明玻璃窗內打燈，珍貴一如珠寶首飾。

強調味道的真實與季節，追求絕對的新鮮度，所有產品都是當日早上製作送至分店，甚至購買時也是從裡面控濕控溫的儲藏室中取出包裝，絕不擺放在櫥窗中等著脆餅濡浸，酥餅糜軟。

此外，選用當季或其中最頂級的主材料，例如僅採用法國南部蒙頓生產的檸檬做的檸檬派，清新爽口。香草梗來自等級最高的大溪地3個特殊的產地：BORA BORA、Raiatea、Tahaa，其特殊之處在於這些珍貴的香草帶有天然的焦糖香與巧克力香。其餘像是以獨特的專業器材做的Praliné(混合烤過的榛果杏仁和糖，低溫慢火調煮而成)，格外香酥，也讓這裡的巴黎—布列斯特有過人之處。

P.125B2　搭地鐵10、12號線於Sèvres - Babylone站下，步行約2分鐘。　40 Boulevard Raspail 75007 Paris (本店)　01 44 39 97 73　週日～週四10:00~19:00、週五10:00~20:00、週六9:30~20: 00　hugovictor.com

羅浮宮和歌劇院

Pierre Hermé

巴黎法式馬卡龍的另一張王牌便是Pierre Hermé，出生於1961年Pierre Hermé是法國著名的糕點廚師，法國《Vogue》雜誌曾稱他為「糕點界的畢卡索」(The Picasso of Pastry)，他所做的馬卡龍，被許多巴黎人視為全世界最好吃的馬卡龍。

Pierre Hermé在巴黎位於協和廣場地鐵站旁的這家分店，店面不大僅提供外賣，排隊人潮雖然不比Ladurée來得驚人，但對它的忠實粉絲來說，完全不損對它的喜愛。相較於Ladurée，Pierre Hermé馬卡龍外殼同樣酥脆，但內餡比較不黏牙，究竟哪個好吃，完全憑個人的喜好而定。

P.74B3 搭地鐵1、8、12號線於Concorde站下，步行約1分鐘。 4 Rue Cambon 75001 Paris 01 57 97 82 65 週一～週四11:00~20:00、週五～週六10:00~20:00、週日10:00~19:00 www.pierreherme.com

巴士底和瑪黑區

Jacques Genin

過去十來年，Jacques Genin一直為巴黎喬治五世四季酒店這類頂級飯店提供巧克力。數年前，他終於在瑪黑區開設以自己為名的巧克力、糕餅店兼茶館。Jacques Genin美味的巧克力自然不在話下，「閃電」甜度不高的可可醬和泡芙質感的外夾心，給人軟餡輕柔滑腴，且可可餘香綿長、優雅的口感。

而他研發的水果軟糖(pâtes de fruits)，沒有一般過於黏牙纏口的濃稠果膠，沒有俗麗艷彩的駭人色素，每一款的色澤和味道都自然均衡。

P.109B1 搭地鐵3、5、8、9、11號線於République站下；或搭地鐵8號線於Filles du Calvaire站下，皆步行約5分鐘。 133 Rue du Turenne Paris 01 45 77 29 01 週二～週日11:00~19:00，週六11:00~19:30 休週一

塞納河和西堤島

貝蒂永冰淇淋 Maison Berthillon

貝蒂永之家據說是全巴黎最好吃的冰淇淋發源地，標榜使用純天然的原料製成，共有30種以上口味可供選擇，不但夏天老是大排長龍，就連冬天都有人願意來此一試。

P.117C3 搭地鐵7號線於Pont Marie站下，步行約3~5分鐘。 29-31 Rue St-Louis-en-l' Ile 75004 Paris 01 43 54 31 61 週三～週日10:00~20:00 www.berthillon.fr

左岸・拉丁區和蒙帕納斯

Carl Marletti

主廚Carl Marletti出身麵包糕餅世家，獨立開店後的作品卻是絢爛回歸自然，以傳統甜點為主。檸檬派餅皮酥脆輕盈，不帶油膩之感，而檸檬乳霜酸甜適中，與酥脆餅皮有著極佳的平衡口感。千層派是另一招牌之作：略為焦糖處理過的千層派有濃厚的焦熟香，無比酥脆，味道也較為濃郁豐厚，顯示主廚的個人風格。

P.125D4 搭地鐵7號線於Censier Daubenton站下，步行約2~3分鐘。 51 Rue Censier Paris 01 43 31 68 12 週二～週六10:00~19:00、週日10:00~13:30 休週一 www.carlmarletti.com

分區導覽
Area Guide

How to Explore France
如何玩法國

文●墨刻編輯部
攝影●墨刻攝影組

大巴黎地區Île-de-France

大巴黎地區是法國13個行政區之一的法蘭西島大區，首都巴黎是這一區的中心，也是法國最熱門的旅遊目的地。除此之外，巴黎的周圍也有許多不可錯過的景點，像是凡爾賽宮、楓丹白露宮、夏特、香提伊和奧維，這些地方透過RER或是鐵路和巴黎連結，車程都在2小時以內，非常適合安排從巴黎出發的一日遊。

布列塔尼Bretagne

布列塔尼16世紀時才被納入法國的版圖，在此之前長期是獨立的公國，有著獨特的人文風貌。漢恩有著壯觀的世界遺產聖皮耶大教堂；瓦恩和坎培都有保存良好的舊城區；而南特曾經是布列塔尼公國的首府，機械島是南特最出名也最受歡迎的景點。

羅亞爾河Loire

因為中世紀時諸侯割據，在羅亞爾河一帶建立了許多防禦型的城堡，到了文藝復興後更出現了許多優雅華麗的居住型城堡，這些城堡的保存狀況都很好，隨著觀光的興起，沿著羅亞爾河參觀這些城堡成為了熱門的觀光路線。大部分的行程都從杜爾開始，這裡有直達火車和巴黎連接，十分方便。

大西洋海岸Côte d'Atlantique

除了蔚藍海岸，大西洋海岸也是熱門的濱海度假區。這裡最重要的城市是波爾多，波爾多是西部交通的樞紐，因為氣候潮濕溫暖也是全球最著名的葡萄酒產地；拉荷榭爾是個濱海小城，有著港口城市的魅力；波提耶則是著名的大學城，整座城市古色古香，充滿文藝氣息。

諾曼第Normandie

這個因為二戰時期聯軍登陸行動而出名的地區，有著如今法國人氣數一數二高的景點聖米歇爾山，因為潮汐讓這座建於陸島上的修道院像是水上仙境一般。此外，諾曼第的首府盧昂和因印象派畫家莫內而出名的吉維尼也都是很受歡迎的景點。

蔚藍海岸Côte d'Azur

蔚藍海岸是體驗地中海風情的最佳選擇，這裡的海水湛藍、氣候宜人，是法國乃至於歐洲最受歡迎的度假勝地，坎城更是歐洲三大影展的舉辦地，而摩納哥除了度假外，也是一座賭城，這裡金碧輝煌的賭場即使不賭博純欣賞也不虛此行了。

亞爾薩斯和勃艮地Alsace et Bourgogne

位於德法瑞三國交界處的史特拉斯堡呈現出多元文化交融的獨特樣貌；科瑪有西歐小威尼斯的美名，因為霍爾的移動城堡在此取材而更加出名；第戎曾是勃艮地公國的首府，留下許多歷史建築；酒鄉之路和波恩則是位在盛產葡萄酒的地區，來這裡一定要參觀酒莊品嘗上等的法國紅酒才不虛此行。

隆河——阿爾卑斯Rhône-Alps

里昂是這一區樞紐城市，做為歷史悠久的古城，里昂的整個舊城區都入選世界文化遺產，還有古羅馬劇場、富維耶聖母教堂等景點；阿爾卑斯山是歐洲大陸的脊樑，來到夏慕尼可以一覽其風光，運氣好的話還有機會看到白朗峰的真面目。

普羅旺斯Provence

南法普羅旺斯的風光明媚早已名滿天下，亞維儂曾經是教皇的居住地，著名的亞維儂藝術節每年吸引無數人來朝聖；尼姆和亞爾勒都是羅馬時代的古城，有羅馬時期的珍貴古蹟；馬賽是法國最大的港口，移民讓這做城市有著豐富的生命力和多樣的面貌。

巴黎

Paris

文●墨刻編輯部
攝影●墨刻攝影組

巴黎的面貌隨著時代的演進逐漸堆砌，然而法國大革命期間的動盪，讓巴黎建築一度陷入停擺。1853年時，拿破崙三世有鑑於當時法國嚴重落後其他國家，於是在當時塞納省省長奧斯曼男爵(Baron Georges Eugène Haussmann)的建議下，展開了17年的都市計畫，設立現代化的下水道(Les Égouts)與排水系統、開闢輻射狀的大道、並拆除城中大部分中世紀房舍與外城牆、打造新古典主義風格的建築……將有如貧民窟的巴黎改造成摩登大都會，塞納河也搖身變成優雅的仕女，巴黎自此增添了無與倫比的美麗與浪漫。

而巴黎是多變的，除了擁有知名觀光景點，如羅浮宮、艾菲爾鐵塔、龐畢度中心與各式博物館、歌劇院等，這裡更是全球最頂尖的時尚聖地，充滿人文歷史的咖啡館出現於大街小巷，宮殿、花園、教堂與傳統市集交錯並存，面貌之豐，就算待上三天三夜也走逛不完。2024年的巴黎奧運，也將這些地標融入體育賽事，化身最美的奧運場館。

巴黎之最 Top Highlights of Paris

艾菲爾鐵塔 Tour Eiffel

為萬國博覽會而建的艾菲爾鐵塔，堪稱是巴黎最有名地標，趁天幕低垂之際登塔，最能體會巴黎浪漫風情。(P.98)

凱旋門 Arc de Triomphe

本是為慶祝拿破崙一連串軍事勝利而建立的凱旋門，今日是巴黎不朽地標，雄偉的建築和精美的雕刻是參觀重點。(P.99)

羅浮宮 Musée du Louvre

羅浮宮是世界最大最具象徵地位的博物館，同時是古代與現代建築史的最佳融合；館藏浩大，令人目不暇給。(P.75)

奧塞美術館 Musée d'Orsay

奧塞美術館是欣賞19、20世紀印象派畫作的好去處，不但收藏珍貴，古典主義藝術風格的建築物本身也是頗有看頭。(P.126)

巴黎聖母院 Cathédrale Notre-Dame de Paris

因雨果《鐘樓怪人》廣為人名的巴黎聖母院，以莊嚴建築風格、聖經雕刻繪畫和彩繪玻璃玫瑰花窗蜚譽全球。(P.120)

皮諾私人美術館(巴黎證券交易所) Bourse de Commerce - Pinault Collection

開雲集團創辦人法蘭索瓦皮諾請來安藤忠雄操刀設計，將巴黎證券交易所改造成全新的巴黎藝術地標。(P.93)

Info

基本資訊

人口：約210 萬人
面積：約105.4 平方公里
區域號碼：01

如何前往

◎飛機

從台灣可搭長榮航空飛往巴黎，亦可搭乘其他航空公司經香港、曼谷、新加坡等轉機前往巴黎。各家航空公司班次和班表相關資訊請洽各大航空公司或上網查詢。

◎火車

由於和歐陸其他國家以綿密的鐵路網相互接通，因此從鄰近的英國、西班牙、義大利、比利時、德國、甚至遠到東歐的捷克、波蘭等歐洲大城，都有班次頻繁的跨國火車往來，因此可以輕而易舉的從其他歐洲城市搭乘火車前往巴黎。

巴黎市區內擁有多達7座主要火車站，包括位於右岸的聖拉薩車站(Gare Saint-Lazare)、北站(Gare du Nord)和東站(Gare de l'Est)，以及位於南岸的蒙帕納斯車站(Gare Montparnasse)、奧斯特里茲車站(Gare d'Austerlitz)、里昂車站(Gare de Lyon)和貝西車站(Gare de Bercy)。

其中北站最廣為跨國火車使用，包括前往倫敦的歐洲之星，以及比利時、荷蘭與德國的TGV火車停靠於此，國內線則主要前往法國西北部，前往西班牙和羅亞爾河和法國西南部的火車從奧斯特里茲車站出發，東站主要前往瑞士、奧地利和東歐以及往法國東北部的國內線火車，里昂車站以義大利和瑞士西部以及法國東南部的火車為主，蒙帕納斯和聖拉薩車站都以法國境內火車為主，分別前往西南部和西北部。

班次、時刻表及票價可上網或至火車站查詢，車票可上網或至火車站櫃台購買，或先在台灣向飛達旅遊購買法國火車通行證(France Rail Pass)。

飛達旅遊
台北市中山區南京東路三段168號10樓之6
(02) 8161-3456分機2
線上客服：@gobytrain
www.gobytrain.com.tw

法國國鐵 www.sncf.com

機場至市區交通

巴黎有兩處機場，一為戴高樂機場(Aéroport Paris-Charles-de-Gaulle，簡稱CDG，或暱稱為Roissy)，一為奧利機場(Aéroport de Paris-Orly)。戴高樂機場位於巴黎市區東北方約25公里，一般航空多降落在此，CDG共有3個航廈，分別是CDG1、CDG2和CDG3，因此，上機前記得要詢問航空公司是在哪一個航廈起降。

奧利機場位於市區南方約14公里處，設有4個航廈ORLY 1、ORLY 2、ORLY 3、ORLY 4，前兩者則以國內線航班居多，後兩者大部分供國際航班起降。奧利機場與戴高樂機場之間有RER B線搭配單軌列車Orlyval接駁，車程約35~45分鐘。

從機場前往巴黎市區，不論搭乘巴士、RER、火車或計程車等，可選擇的交通方式眾多，十分便利。

巴黎機場

www.aeroportsdeparis.fr

◎RER

從戴高樂機場

CDG1或CDG2兩個航廈均可搭RER B線前往市區市區北站(Gare du Nord)、Châtelet-Les Halles等大站，可銜接地鐵(Métro)或其他RER路線至各地。可在機場購買車票，記得車票要保留至出站，並通過驗票機查驗。

RER B線

4:53~23:50，約10~20分鐘一班，車程至北站約25分鐘、至Châtelet-Les-Halles約28分鐘。發車時刻表不時會變更，請上網查詢最新資訊。

單程€11.8 www.ratp.fr

從奧利機場

須從機場乘坐單軌列車Orlyval到RER B的Antony站，由此搭RER B線前往北站(Gare du Nord)、Châtelet-Les Halles等大站，再銜接地鐵至各地。

單軌列車Orlyval

6:00~23:35，約5~7分鐘一班，車程約8分鐘。發車時刻表會變更，請上網查詢最新資訊。

RER B聯票€14.5

◎巴士

從戴高樂機場

羅西巴士Roissybus

是往來戴高樂機場和巴黎市區的巴士中最便宜的。

戴高樂機場—歌劇院

5:15~0:30，約15~30分鐘一班，車程約60~70分鐘。

單程€16.6；也可直接用信用卡於車上刷卡，一張卡一次最多可購買4張單程票

從奧利機場

奧利巴士Orlybus

負責奧利機場和巴黎市區間的交通營運。

奧利機場—Denfert-Rochereau廣場

5:25~0:22，約10~15分鐘一班，車程約25~35分鐘。

單程€11.2；也可直接用信用卡於車上刷卡，一張卡一次最多可購買4張單程票

Shuttle Bus 183

在奧利機場Orly 4可搭通往市區Rungis International Market的Shuttle Bus 183，其路線可連接T9電車(Choisy-le-Roi RER站和Robert Peary站)以及RER C(Pont de Rungis - Aéroport d' Orly站和Choisy-le-Roi RER站）。

◎計程車

從戴高樂機場搭計程車至巴黎市區車程約30~50分鐘，至巴黎右岸車資€56，至巴黎左岸車資€65；從奧利機場至市區車程約20~40分鐘，至巴黎右岸車資€44，至巴黎左岸車資€36，倘預先叫車則須額外付€7預訂費，大件行李每件加收約€1。

火車站至市區交通

市區主要7座火車站都和地鐵或RER線交會，交通方便。

可以直接使用手機購票了！

只需下載Bonjour RATP或Île-de-France Mobilités，就可以透過手機購買車票，包含單次票、機場巴士，也可將Navigo Pass存入手機，不用再害怕遺失車票了！

市區交通

◎地鐵

凡標示著METRO或M的地方就是地鐵站的入口，走下階梯，即是售票櫃台，旁邊亦有自動售票機。如果售票人員忙碌或者大排長龍，建議利用自動售票機購買，操作時可選擇語言，有些可選擇「中文」指示說明，進行購票。

在車票的有效區域內，無論坐到哪一站，地鐵全線均一價格，購買車票時可買單張票(Billet)。地鐵票可同時使用於有效區域內的地鐵、巴士和1區內的RER。車票記得要保留直到離站為止，不要輕易丟棄，因為查票員有時會站在出口前隨機查票。

在大型的地鐵站內，都設有線路告示看板，只要沿著指示走準沒錯。如果必須轉車，記得尋找「Correspondence」(轉乘)看板，看板上會註明線路號碼與終點站名，跟著看板指示走，就可抵達月台。下車後，先找到上頭寫著「Sortie」(出口) 的藍色看板，跟著箭頭走，即可出地鐵站。

www.ratp.fr

◎RER

RER是高速郊外快車(Réseau Express Régional)的簡稱，在巴黎市區行走於地下，到市郊時則行走於地面道路。

巴黎的區間

從巴黎市區到近郊一共分成5個區間(Zone)，巴黎主要觀光景點都位於1~2區內，也就是都在地鐵票適用的範圍，但如果要到遠一點的地方，則要購買RER車票或適合的優惠票券。

1區(1 Zone)：巴黎市區(巴黎的行政區域20區內皆是)
2區(2 Zone)：巴黎市周邊，含布隆森林
3區(3 Zone)：拉德芳斯一帶
4區(4 Zone)：奧利機場、凡爾賽宮
5區(5 Zone)：戴高樂機場、河谷Outlet購物村、巴黎迪士尼樂園、楓丹白露

上述的單張票於兩小時內適用於巴黎1區內的RER，如果前往巴黎近郊遊覽，例如凡爾賽宮、迪士尼樂園、新凱旋門(La Défense)或戴高樂機場等，利用RER是最快速便捷的交通方式，然而這些景點都不在巴黎的1區內，如果是從地鐵轉乘RER前往的話，由於地鐵票的涵蓋區域沒這麼大，請務必先下車，到售票櫃台重新購票(票價依目的地遠近而不同)，再轉乘RER，以免到了目的地卻無法出站。

特別提醒你，搭乘RER出站時需要通過驗票機，所以車票務必保留至出站。

www.ratp.fr

◎巴士

建議先到地鐵站的遊客中心索取巴士路線圖，可快速尋找欲搭乘的巴士號碼與巴士站的位置。巴士車票與地鐵票通用，90分鐘內可不限次數轉乘。上車後，記得將票插進收票機打印或刷卡；如果沒事先買好車票，可於上車時購買，但請自備零錢。

www.ratp.fr

◎計程車

搭計程車必須到計程車候車處(Station de Taxi)或有Taxi標誌的地方乘坐，上車時記得確認一下計程表。每台車均限載3人，第4名乘客需加收費用，電話叫車亦須額外付費。

Alpha Taxis

01 45 85 85 85

G7

01 41 27 66 99

ABC Taxis

01 43 83 64 00

起跳價均為€3，10:00~17:00時段在巴黎市區及環城

公路區域每公里€1.22，在巴黎近郊及機場區域每公里€1.61，而各家叫車計程車公司常提供優惠車費。

◎巴黎觀光巴士

想要快速認識巴黎，可自由上下車的觀光巴士是不錯的選擇。

Paris TootBus

開設多條路線，包括Must See Paris、Paris Discovery，以及Paris Fashion Tour、Paris by Night、Kids Tour等主題旅遊。

$€30~€115，因路線而異。

www.tootbus.com/en/paris/home

Big Bus Paris

搭乘這種紅色雙層巴士可在巴黎市內8個停靠站任意上下車，起迄點為Garnier歌劇院、羅浮宮/Big Bus Information Certre、羅浮宮/藝術橋、聖母院、奧塞美術館、香榭麗舍大道等，車上備有中、英、日、韓、法語的耳機導覽。

9:45起，約10~15分鐘一班，全程約2小時15分鐘。

$1日券Discover Ticket全票€43、優待票€24，Essential Ticket(包含塞納河遊覽船)全票€57、優待票€33；2日券Explore Ticket全票€72、優待票€39

www.bigbustours.com/en/paris/paris-bus-tours

◎塞納河遊覽船

搭船遊塞納河，除了在船上用餐必須事先預約外，純觀光均可上船買票、自由乘坐。欲了解當地有哪些遊覽船公司，可於遊客服務中心或各大飯店櫃台索取相關資訊。

票券種類

Navigo是一種IC乘車通行卡，和台灣的悠遊卡相似，都需要儲值，一次加滿一週或一個月的額度，如額度用完了，就再以機器加值即可。如今也可以不需要購買實體卡片，直接透過APP儲值或是加購車票。

◎單次票Ticket t+

90分鐘內，在有效區域內不限搭乘地鐵、RER、巴士和電車，但只限換乘於地鐵與RER、巴士與電車之間。可於地鐵站和RER站櫃台或售票機購票，或是使用APP購買電子車票。

$單次€2.15，10張全票€17.35、優待票€8.65

www.ratp.fr/en/titres-et-tarifs/t-ticket

◎一日票Forfait Navigo Jour

可以在一日內，在有效區域內不限使用次數，一般來說，如果在同一天內使用地鐵的次數超過5次以上，買一日票會比較划算。由於巴黎大部分景點都位於2區內，因此建議購買1~2區即可。可於地鐵站和RER站櫃台或售票機購票，或是使用APP購買電子車票。

$1~2/2~3/3~4/4~5區€8.65，1~3/2~4/3~5區€11.6，1~4/2~5區€14.35，1~5區€20.6

www.ratp.fr/en/titres-et-tarifs/one-day-navigo-travel-card

◎一週票Forfait Navigo Semaine

可以在一週內，在有效區域內不限使用次數。一週票有固定的啟用時間，於前一週的週五開放購買，使用期限為週一的0:00至週五的23:59。可於地鐵站和RER站櫃台或售票機購票，或是使用APP購買電子車票。

$2~3區€28.2，3~4區€27.3，4~5區€26.8，1~5區€30.75

www.ratp.fr/en/titres-et-tarifs/weekly-navigo-travel-cards

◎Navigo Liberté +

Navigo Easy為不記名的卡片，每張€2，使用方式如同台灣的悠遊卡，購買後可任意儲值或是加購其他票券(如機場巴士車票)。

而Navigo Liberté +為記名的交通卡，購買時需提供護照用照片和帳戶資料，卡片每張€5，可享有更優惠的價格。每月月底結算當月車資，將直接從辦理卡片時提供的帳戶扣除金額，若是當月無搭車紀錄，也不會額外收費。

除了地鐵、巴士和電車(T11、T12、T13除外)，Navigo Liberté +也可搭乘1區內的RER、羅西巴士Roissybus、奧利巴士Orlybus以及蒙馬特纜車。要注意的是，Navigo Liberté +無法前往地鐵14號線的奧利機場以及RER B線的戴高樂機場。

$地鐵、RER、巴士、電車、蒙馬特纜車€1.73，羅西巴士€14.5，奧利巴士€10.3；每日上限€8.65，但不含機場巴士

www.ratp.fr/en/titres-et-tarifs/navigo-liberte

◎巴黎旅遊通行證Paris Visite Travel Pass

如果喜歡到處跑，建議買張巴黎通行證，分為1~3區、1~5區兩種，天數則有1、2、3、5日可選擇，在期限內不僅可以無限次搭乘地鐵、RER、巴士、火車等大眾運輸工具，而且參觀景點、搭乘觀光巴士或塞納河遊覽船都有折扣，不妨多加利用。需在通行證上填上使用日期和姓名後啟用。可於地鐵站和RER站櫃台或售票機、遊客服務中心購票。

www.ratp.fr/en/titres-et-tarifs/paris-visite-travel-pass

巴黎通行證票價(單位：歐元€/每人)

區域	全票				優待票			
	1日	2日	3日	5日	1日	2日	3日	5日
1~3區	13.95	22.65	30.9	44.45	6.95	11.3	15.45	22.2
1~5區	29.25	44.45	62.3	76.25	14.60	22.2	31.15	38

◎巴黎博物館通行證Paris Museum Pass

參觀巴黎大大小小的博物館，光是門票也是一筆不小的支出，建議購買巴黎博物館通行證，憑卡可無限次、免費進入巴黎超過50個博物館和景點，包括羅浮宮、奧塞美術館、龐畢度中心、凱旋門、聖母院、凡爾賽宮及楓丹白露等，可省去許多排隊購票的時間。

歐洲博物館之夜 La Nuit Européenne des Musées

每年5月中旬，歐洲三千多家博物館都選在同一個週末夜晚，免費開放民眾參觀，光是法國就有一千多間博物館參與，在大巴黎地區則有超過130家共襄盛舉，包括羅浮宮、奧塞美術館、龐畢度中心、大小皇宮、傷兵院、羅丹美術館、凡爾賽宮、楓丹白露等，會在該週末晚上至午夜(甚至凌晨)免費開放。而除了靜態的博物館參觀，當晚還有音樂、舞蹈、電影、戲劇等表演可欣賞，每年的舉辦日期與詳細活動內容，請於5月前上網查詢。

nuitdesmusees.culture.gouv.fr

通行證分為2、4、6日三種，購買後在背面寫上第一天使用的日期及姓名即可，要注意的是，使用天數必須連續，不得中斷與彈性任選。可於官網，或是各大博物館、遊客服務中心購買。

$2日券€62、4日券€77、6日券€92

parismuseumpass.com

旅遊諮詢

◎法國旅遊發展署台灣辦事處Atout France

台北市信義區信義路5段7號39樓A室

www.france.fr/zh-Hant/

◎巴黎旅遊局Office du Tourisme de Paris

101 quai Jacques Chirac

9:30~18:00

parisjetaime.com

◎旅遊資訊參考網站

巴黎市政廳Mairie de Paris

提供巴黎景點與文化藝術介紹，以及城市的新聞和生活相關資訊。

www.paris.fr

◎專業中文導覽

跟隨擁有法國國家證照的專業中文導遊，深入了解巴黎街區的人文歷史。每次行程約1~2小時，例如探訪瑪黑區，了解其不同時期的歷史發展與演變。另外也提供拉丁區、蒙馬特、聖日爾曼區以及巴黎廊街等其他重要歷史街區的導覽服務。

Paris l'Ethéré呂小姐

$請聯繫私洽

@lethere@gmail.com

城市概略

「羅浮宮和歌劇院」(Entre le Louvre - l'Opéra)是許多人對巴黎的第一印象，加尼葉歌劇院亦是此區的經典建築，此外，協和廣場、皇家宮殿、杜樂麗花園、橘園美術館……都是此區經典景點；「凱旋門和艾菲爾鐵塔」(Entre de l'Arc de Triomphe - Tour Eiffel)可說是巴黎觀光勝地指標，凱旋門、香榭麗舍大道和艾菲爾鐵塔皆是巴黎代名詞，來這裡沒有到這些地方走一遭，等於沒來過巴黎。

「巴士底和瑪黑區」(Entre la Bastille - le Marais)的巴士底監獄，曾是法國大革命的起點，如今常是遊行活動的集合地點，傳承著法國自由開放精神；巴士底西側的瑪黑區，經過重整後今日成為巴黎的藝文熱區。

「塞納河和西堤島」 (Autour la Seine - l'Ile de la Cité)位在巴黎的心臟地帶，河與橋本身除了帶來了浪漫氣息，對巴黎的發展也具有重要意義；河上的西堤島是巴黎建城發源地，島上的聖母院和聖禮拜堂，更是巴黎著名景點。

「左岸・拉丁區和蒙帕納斯」(Autour la Rive Gauche - le Quartier Latin - de Montparnass)指的是塞納河以南、以拉丁區為核心的區域，它是巴黎歷史發展較早的一區，奧塞美術館、萬神殿、巴黎傷兵院、羅丹美術館和盧森堡公園……不少重量級的景點便坐落於此。

「蒙馬特和共和國」(Entre le Montmartre - la République)這兩個位於巴黎北面的區域，洋溢著迴異於巴黎市區的風情，狹窄的石頭巷弄、可愛的購物小店、齊聚著畫家的廣場，瀰漫放蕩不羈的氣息；而流經共和國區的聖馬丁運河，更帶著遠離喧囂的愜意。

此外位於郊區的「外環」(Le Périphérique)也有著不少有趣景點像是拉德芳斯、文生森林、聖圖安跳蚤市場等等。

巴黎行程建議

如果你有3天

在這樣一個重要的觀光大城，玩3天一定不夠，但如果時間真的有限，那就得忍受行程緊湊，並有打卡就當玩過的心理準備了！

第1天到地標凱旋門拍照留影，接著就近前往香榭麗舍大道購物血拚，再步行幾分鐘來到協和廣場，附近的橘園美術館可看到莫內名作《睡蓮》真跡。隨後快步前往羅浮宮這個藝術聖殿，建議多留些時間欣賞這些偉大的藝術作品。

第2天來到西堤島，島上的巴黎聖母院和聖禮拜堂絕對是必訪景點，之後離開小島往左岸前進，可選擇在聖日爾曼大道血拚，或至雙叟或花神咖啡館坐坐，享受愉悅的下午茶時光；接下來建議前往奧塞美術館欣賞優美的印象派名作，稍晚則前往艾菲爾鐵塔。

第3天先到龐畢度中心感受當代藝術的魅力，而後往蒙馬特前進，矗立在山丘的白色聖心堂優雅迷人，一旁街頭的藝人表演讓氣氛更為輕鬆歡樂，蒙馬特的帖特廣場同樣以舒緩自在的清新風格引人入勝，之後還可以逛逛周邊小店，或找間咖啡館歇歇腳；如果對紅磨坊性感舞孃的表演有興趣，則可以在這區待到晚上。

如果你有5~7天

只要再多個1~2天，就可以把上述行程時間安排寬鬆些，特別是針對幾座重量級的博物館、美術館，此外像是瑪德蓮廣場、加尼葉歌劇院、羅丹美術館、聖路易島、塞納河或聖馬丁運河遊船，或是遠一些的拉德芳斯、跳蚤市場、河谷Outlet，也可依喜好放入口袋名單內。

但一般來說，來巴黎的人很少不到離巴黎近、交通也方便的凡爾賽宮和楓丹白露看看，所以一旦旅行天數可以在5天以上，建議一定要把這兩處安排於行程內之中。

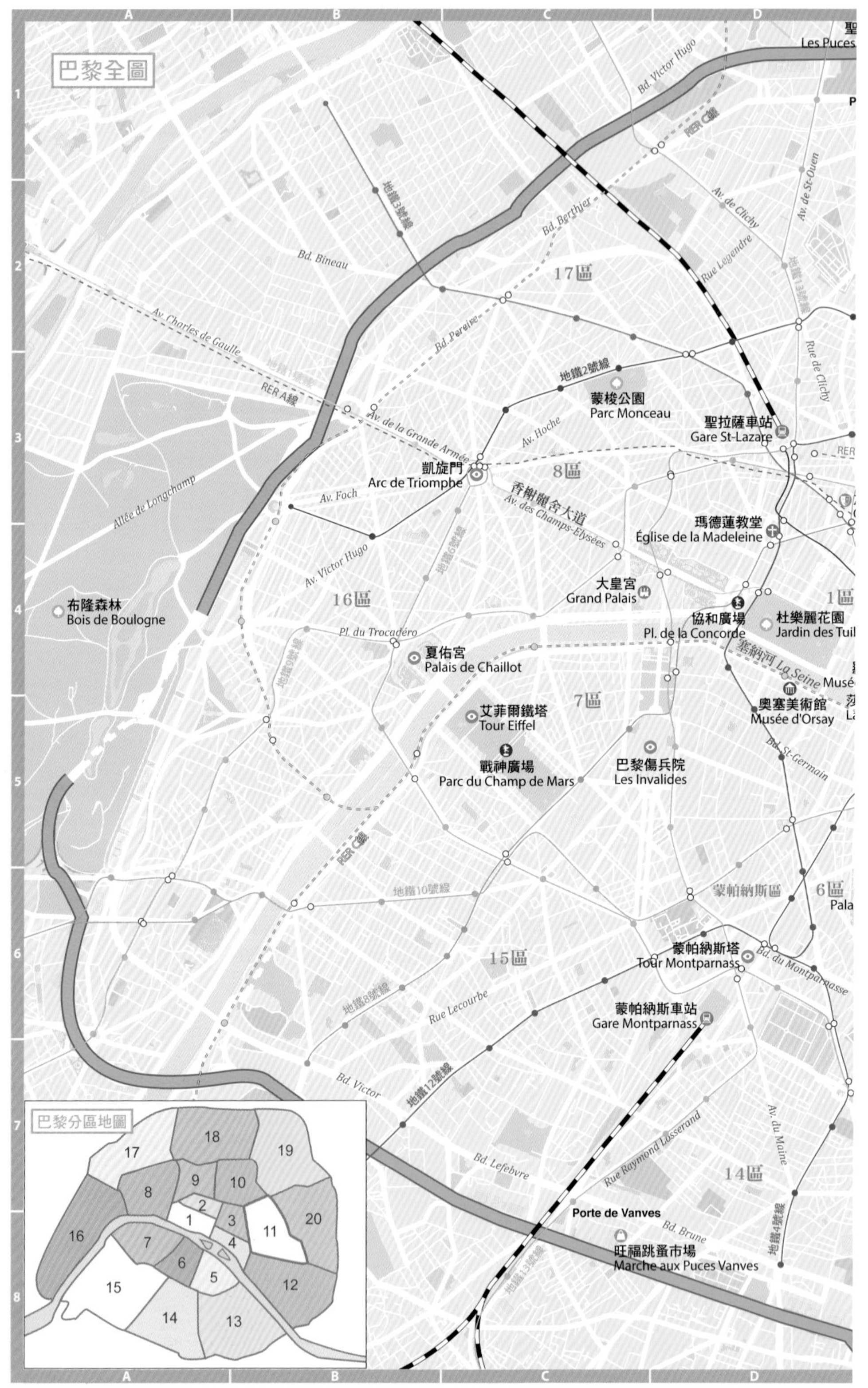

巴黎全圖
A
B
C
D
1
2
3
4
5
6
7
8
聖
Les Puces
Bd. Victor Hugo
RER C線
地鐵3號線
Av. de St-Ouen
Av. de Clichy
Bd. Berthier
Rue Legendre
地鐵13號線
Bd. Bineau
17區
Av. Charles de Gaulle
Bd. Pereire
Rue de Clichy
RER A線
地鐵2號線
蒙梭公園
Parc Monceau
聖拉薩車站
Gare St-Lazare
Av. de la Grande Armée
Av. Hoche
凱旋門
Arc de Triomphe
8區
Allée de Longchamp
香榭麗舍大道
Av. des Champs-Elysées
Av. Foch
瑪德蓮教堂
Église de la Madeleine
Av. Victor Hugo
地鐵6號線
大皇宮
Grand Palais
16區
1區
布隆森林
Bois de Boulogne
協和廣場
Pl. de la Concorde
杜樂麗花園
Jardin des Tuil
Pl. du Trocadéro
夏佑宮
Palais de Chaillot
塞納河 La Seine
地鐵9號線
奧塞美術館
Musée d'Orsay
艾菲爾鐵塔
Tour Eiffel
7區
戰神廣場
Parc du Champ de Mars
巴黎傷兵院
Les Invalides
Bd. St-Germain
RER C線
地鐵10號線
蒙帕納斯區
6區
Pala
蒙帕納斯塔
Tour Montparnass
Bd. du Montparnasse
15區
地鐵8號線
Rue Lecourbe
蒙帕納斯車站
Gare Montparnass
Bd. Victor
地鐵12號線
Av. du Maine
Rue Raymond Losserand
Bd. Lefebvre
14區
Porte de Vanves
Bd. Brune
旺福跳蚤市場
Marche aux Puces Vanves
地鐵4號線
地鐵13號線
巴黎分區地圖
17
18
19
9
10
8
2
1
3
11
20
16
7
4
6
5
12
15
14
13

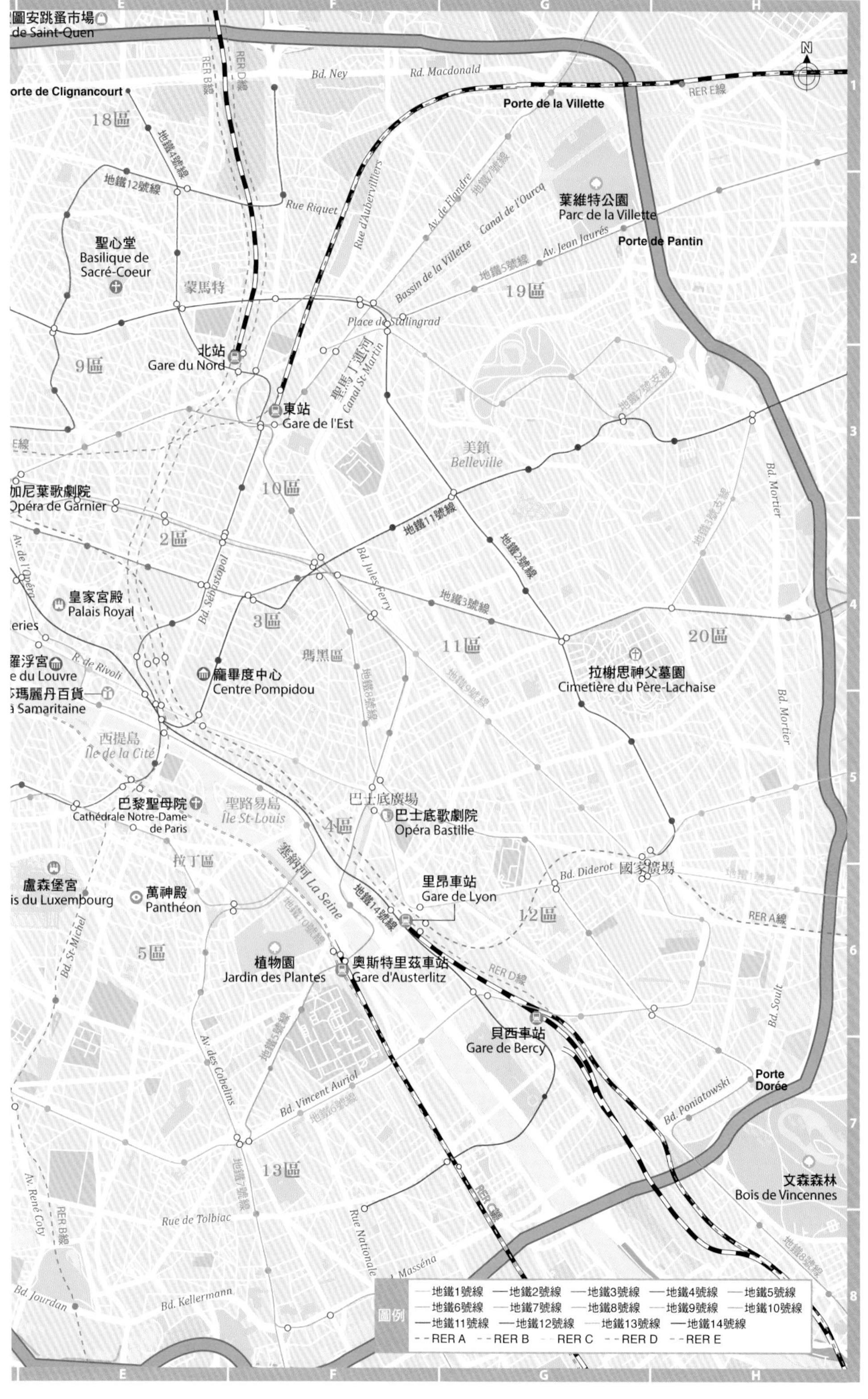

E
F
G
H
1
2
3
4
5
6
7
8
N
圖安跳蚤市場
de Saint-Quen
orte de Clignancourt
RER B線
RER D線
Bd. Ney
Rd. Macdonald
RER E線
Porte de la Villette
18區
地鐵4號線
地鐵12號線
Rue Riquet
Rue d'Aubervilliers
Av. de Flandre
地鐵7號線
Canal de l'Ourcq
葉維特公園
Parc de la Villette
Porte de Pantin
聖心堂
Basilique de
Sacré-Coeur
蒙馬特
Bassin de la Villette
地鐵5號線
Av. Jean Jaurès
19區
Place de Stalingrad
9區
北站
Gare du Nord
聖馬丁運河
Canal St-Martin
地鐵7號支線
東站
Gare de l'Est
E線
美鎮
Belleville
加尼葉歌劇院
Opéra de Garnier
10區
地鐵11號線
Bd. Mortier
地鐵3號支線
Av. de l'Opéra
2區
Bd. Sébastopol
Bd. Jules Ferry
地鐵2號線
皇家宮殿
Palais Royal
地鐵3號線
eries
3區
11區
20區
羅浮宮
e du Louvre
R. de Rivoli
瑪黑區
龐畢度中心
Centre Pompidou
地鐵8號線
地鐵9號線
拉榭思神父墓園
Cimetière du Père-Lachaise
瑪麗丹百貨
a Samaritaine
西提島
Île de la Cité
Bd. Mortier
巴士底廣場
巴黎聖母院
Cathédrale Notre-Dame
de Paris
聖路易島
Île St-Louis
4區
巴士底歌劇院
Opéra Bastille
拉丁區
塞納河 La Seine
Bd. Diderot
國家廣場
地鐵1號線
盧森堡宮
is du Luxembourg
萬神殿
Panthéon
里昂車站
Gare de Lyon
地鐵14號線
12區
RER A線
地鐵10號線
Bd. St-Michel
5區
植物園
Jardin des Plantes
奧斯特里茲車站
Gare d'Austerlitz
RER D線
Bd. Soult
地鐵5號線
貝西車站
Gare de Bercy
Av. des Gobelins
Porte
Dorée
Bd. Vincent Auriol
地鐵6號線
Bd. Poniatowski
13區
地鐵7號線
文森森林
Bois de Vincennes
Av. René Coty
RER B線
RER C線
Rue de Tolbiac
Rue Nationale
Bd. Masséna
地鐵8號線
Bd. Jourdan
Bd. Kellermann
圖例
地鐵1號線
地鐵2號線
地鐵3號線
地鐵4號線
地鐵5號線
地鐵6號線
地鐵7號線
地鐵8號線
地鐵9號線
地鐵10號線
地鐵11號線
地鐵12號線
地鐵13號線
地鐵14號線
RER A
RER B
RER C
RER D
RER E

巴黎地鐵・RER(巴黎市區)

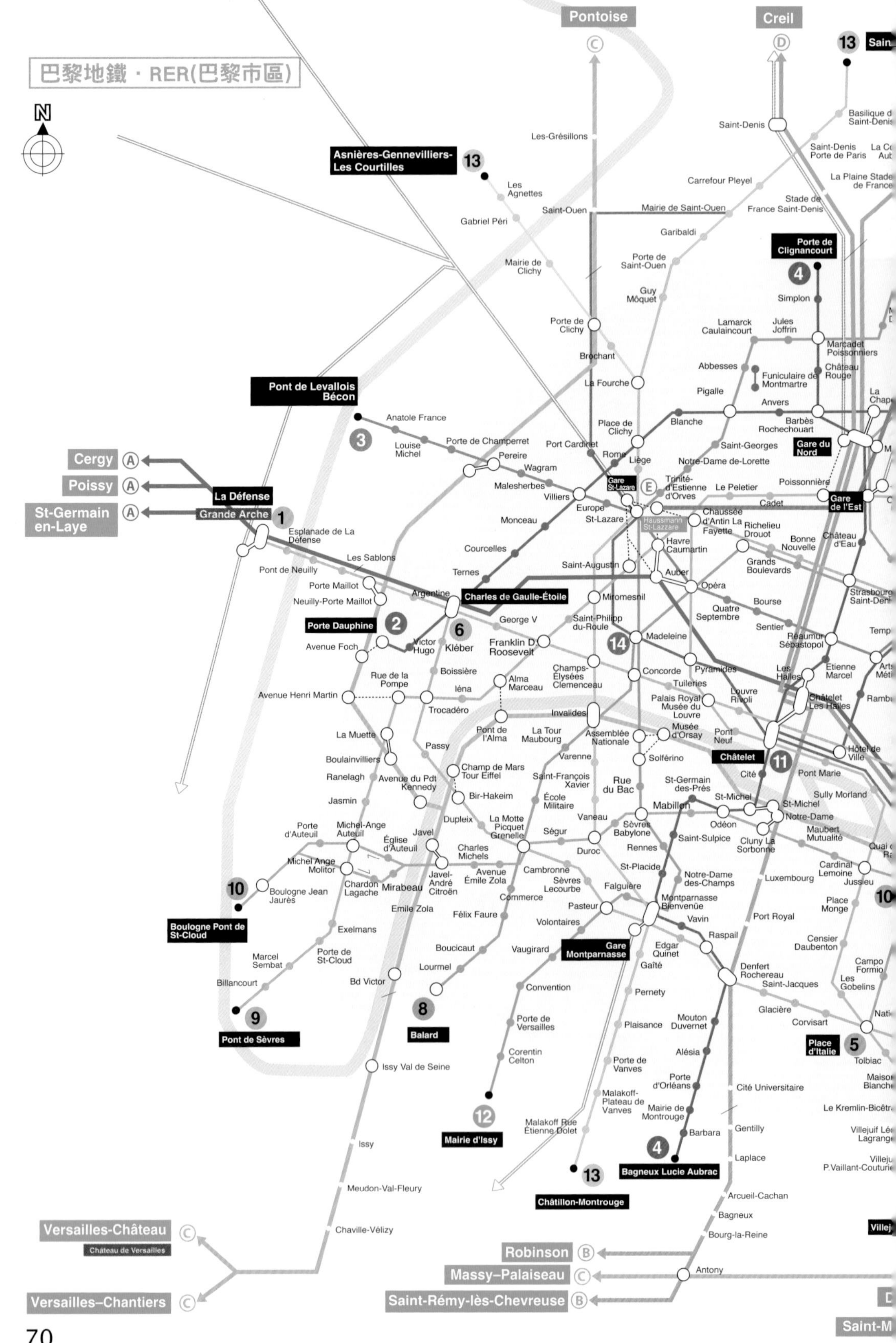

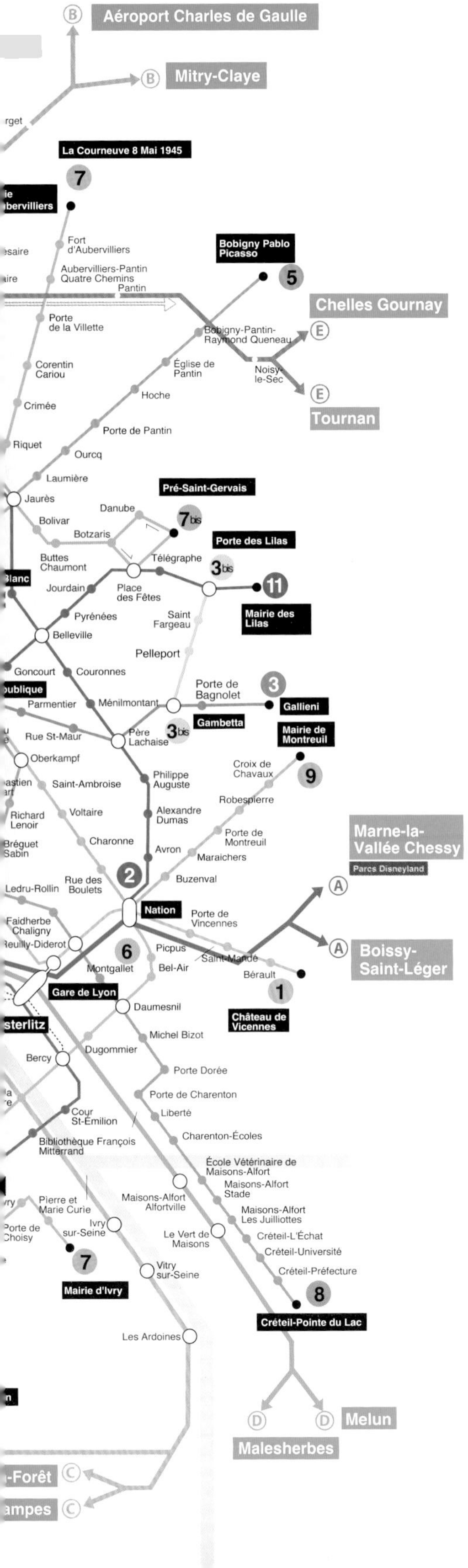

Aéroport Charles de Gaulle
Mitry-Claye
rget
La Courneuve 8 Mai 1945
7
ie
bervilliers
Fort
d'Aubervilliers
esaire
Bobigny Pablo
Picasso
5
aire
Aubervilliers-Pantin
Quatre Chemins
Pantin
Chelles Gournay
Porte
de la Villette
Bobigny-Pantin-
Raymond Queneau
Corentin
Cariou
Église de
Pantin
Noisy-
le-Sec
Hoche
Tournan
Crimée
Porte de Pantin
Riquet
Ourcq
Laumière
Pré-Saint-Gervais
Jaurès
Danube
7bis
Bolivar
Botzaris
Porte des Lilas
Buttes
Chaumont
Télégraphe
3bis
lanc
Jourdain
Place
des Fêtes
11
Pyrénées
Saint
Fargeau
Mairie des
Lilas
Belleville
Pelleport
Goncourt
Couronnes
Porte de
Bagnolet
3
publique
Parmentier
Ménilmontant
Gallieni
Gambetta
Rue St-Maur
Père
Lachaise
3bis
Mairie de
Montreuil
Oberkampf
Croix de
Chavaux
9
astien
Saint-Ambroise
Philippe
Auguste
Robespierre
Richard
Lenoir
Voltaire
Alexandre
Dumas
Marne-la-
Vallée Chessy
Parcs Disneyland
Porte de
Montreuil
Bréguet
Sabin
Charonne
Avron
Maraichers
2
Buzenval
Ledru-Rollin
Rue des
Boulets
Nation
Porte de
Vincennes
Faidherbe
Chaligny
Reuilly-Diderot
6
Picpus
Boissy-
Saint-Léger
Saint-Mandé
Montgallet
Bel-Air
Bérault
Gare de Lyon
1
Daumesnil
Château de
Vicennes
sterlitz
Michel Bizot
Dugommier
Bercy
Porte Dorée
Porte de Charenton
Cour
St-Émilion
Liberté
Charenton-Écoles
Bibliothèque François
Mitterrand
École Vétérinaire de
Maisons-Alfort
Maisons-Alfort
Stade
Pierre et
Marie Curie
Maisons-Alfort
Alfortville
Maisons-Alfort
Les Juilliottes
Ivry
sur-Seine
Porte de
Choisy
Le Vert de
Maisons
Créteil-L'Échat
Créteil-Université
7
Vitry
sur-Seine
Créteil-Préfecture
Mairie d'Ivry
8
Créteil-Pointe du Lac
Les Ardoines
Melun
Malesherbes
-Forêt
ampes

©邱鈺湘

大巴黎RER

Nanterre Préfecture
塞納河
C1 Pontoise
Saint-Ouen-l'Aumône
Saint-Ouen-l'Aumône–Liesse
Pierrelaye
Montigny–Beauchamp
Franconville–Le Plessis-Bouchard
Cernay
Ermont–Eaubonne
Saint-Gratien
Épinay-sur-Seine
Gennevilliers
Les Grésillons
Saint-Ouen
Porte de Clichy
Pereire Levallois
A3 Cergy Le Haut
Cergy Saint-Christophe
Cergy Préfecture
Neuville Université
Conflans–Fin d'Oise
Achères-Ville
Achères Grand Cormier
A5 Poissy
Maisons-Laffitte
Sartrouville
Houilles–Carrières-sur-Seine
Nanterre–Université
Nanterre–Ville
Rueil-Malmaison
A1 Saint-Germain-en-Laye
Le Vésinet–Le Pecq
Le Vésinet–Centre
Chatou Croissy
E1 Nanterre-la-Folie
Nanterre-Préfecture
La Défense
Neuilly Porte Maillot
Charles de Gaulle Étoile
Auber
Haussmann St-Lazare
Saint-Denis
Stade de France St-Denis
Gare du Nord
Avenue Foch
Avenue Henri Martin
Boulainvilliers
Avenue du Pdt Kennedy
Invalides
Musée d'Orsay
Pont de l'Alma
Champ de Mars Tour Eiffel
St Michel -Notre Dame
Javel
Pont du Garigliano
Issy–Val de Seine
Zone 5
Zone 4
Zone 3
Zone 2
Luxembourg
Port-Royal
Denfert-Rochereau
Cité Universitaire
Gentilly
Laplace
Arcueil–Cachan
Bagneux
Bourg la-Reine
Sceaux
Fontenay aux-Roses
B2 Robinson
Parc de Sceaux
La Croix de Berny
Antony
Pont de Rungis (Aéroport d'Orly)
Fontaine-Michalon
Les Baconnets
Rungis La Fraternelle
Chemin d'Antony
Orly 1-2-3
Orly 4
Orly
Massy–Verrières
Massy–Palaiseau
Chaville–Vélizy
Viroflay–Rive Gauche
Porchefontaine
Meudon Val-Fleury
Issy
C5 Versailles-Château Rive Gauche
Saint-Cyr
C7 Saint-Quentin-en-Yvelines
C8 Versailles Chantiers
Petit Jouy Les Loges
Jouy-en-Josas
Vauboyen
Bièvres
Igny
Palaiseau
Palaiseau–Villebon
C2
Lozère
Le Guichet
Orsay Ville
Bures sur-Yvette
La Hacquinière
Gif sur-Yvette
Courcelle sur-Yvette
B4 Saint-Rémy-lès-Chevreuse
Ste-Geneviève des-Bois
St-Michel sur-Orge
Brétigny
La Norville (Saint-Germain lès-Arpajon)
Marolles en-Hurepoix
C4 Dourdan-la-Forêt
Dourdan
Sermaise
Saint-Chéron
Breuillet Village
Breuillet (Bruyères le-Châtel)
Égly
Arpajon
Bouray
Lardy
Chamarande
Étréchy
Étampes
C6 Saint-Martin d'Étampes

A RATP/SNCF
B RATP/SNCF
C SNCF
D SNCF
E SNCF
奧利機場內線
D1
Orry-la-Ville–Coye la Forêt*
Chantilly Gouvieux*
La Borne Blanche*
Survilliers–Fosses
Louvres
Les Noues
Goussainville
Villiers-le-Bel Gonesse–Arnouville
Garges–Sarcelles
Pierrefitte–Stains
戴高樂機場1（第一、三航廈）
Aéroport Charles de Gaulle 1
CDG1-3
B3
戴高樂機場2（第二航廈）
Aéroport Charles de Gaulle 2–TGV
CDG2
Parc des Expositions
Villepinte
Sevran Beaudottes
B5
Mitry–Claye
Villeparisis Mitry-le-Neuf
La Courneuve Aubervilliers
Le Bourget
Drancy
Le Blanc Mesnil
Aulnay sous-Bois
Sevran Livry
Vert Galant
a Plaine Stade de France
Rosa Parks
Pantin
Noisy le-Sec
Bondy
Le Raincy Villemomble Montfermeil
Magenta
Rosny–Bois-Perrier
Gagny
Le Chénay Gagny
E2
Chelles Gournay
Marne-la-Vallée–Chessy
Parcs Disneyland
A4
Val d'Europe
Bussy-Saint-Georges
Zone 1
Rosny-sous-Bois
Neuilly Plaisance
Val de Fontenay
telet Les Halles
Torcy
Noisy le-Grand Mont d'Est
Noisy Champs
Noisiel
Lognes
Nation
Vincennes
Gare de Lyon
Bry sur-Marne
Fontenay-sous-Bois
Nogent–Le Perreux
Les Boullereaux Champigny
Villiers-sur-Marne Le Plessis-Trévise
Nogent-sur-Marne
Zone 2
Joinville le-Pont
Les Yvris Noisy-le-Grand
Saint-Maur–Créteil
Champigny
Émerainville Pontault-Combault
Maisons-Alfort Alfortville
Zone 3
Le Parc de St-Maur
La Varenne Chennevières
Le Vert de Maisons
Roissy-en-Brie
Sucy Bonneuil
Ozoir-la-Ferrière
Créteil–Pompadour
Gretz Armainvilliers
A2
Boissy-Saint-Léger
Zone 4
E4
Tournan-en-Brie
Villeneuve–Triage
Villeneuve–Saint-Georges
Zone 5
Montgeron–Crosne
Yerres
Vigneux sur-Seine
Brunoy
Boussy-Saint-Antoine
Combs-la-Ville–Quincy
Lieusaint–Moissy
Savigny-le-Temple–Nandy
Cesson
Le Mée-sur-Seine
D2
Melun
iothèque litterrand
Ivry-sur-Seine
itry-sur-Seine
Les Ardoines
Choisy le-Roi
Les Saules
Ville
Villeneuve le-Roi
Ablon
Athis Mons
Juvisy
Savigny sur-Orge
Viry-Châtillon
Ris-Orangis
Grigny Centre
Grand-Bourg
Orangis Bois de l'Épine
Évry (Val de Seine)
Évry–Courcouronnes
Corbeil Essonnes
Le Bras-de-Fer (Évry–Génopole)
Essonnes–Robinson
Villabé
Moulin-Galant
Le Plessis–Chenet
Mennecy
Vosves
Ballancourt
La Ferté-Alais
Le Coudray Montceaux
Boissise le-Roi
Boutigny
Saint Fargeau
Ponthierry Pringy
Maisse
Buno–Gironville
Boigneville
Malesherbes*
D4
塞納河

羅浮宮和歌劇院
Entre le Louvre - l'Opéra

對許多人而言，羅浮宮是他們對巴黎的第一印象，來這裡不到羅浮宮朝聖，如同虛晃巴黎一遭；華麗宏偉的加尼葉歌劇院，不禁令人遙想起過去金迷紙醉的年代，《歌劇魅影》據說靈感便是源自於此。這區還有協和廣場、杜樂麗花園、橘園美術館、拉法葉百貨……可說是巴黎最菁華的觀光區之一。疫情後新添了海軍府和皮諾私人美術館，也值得一訪。

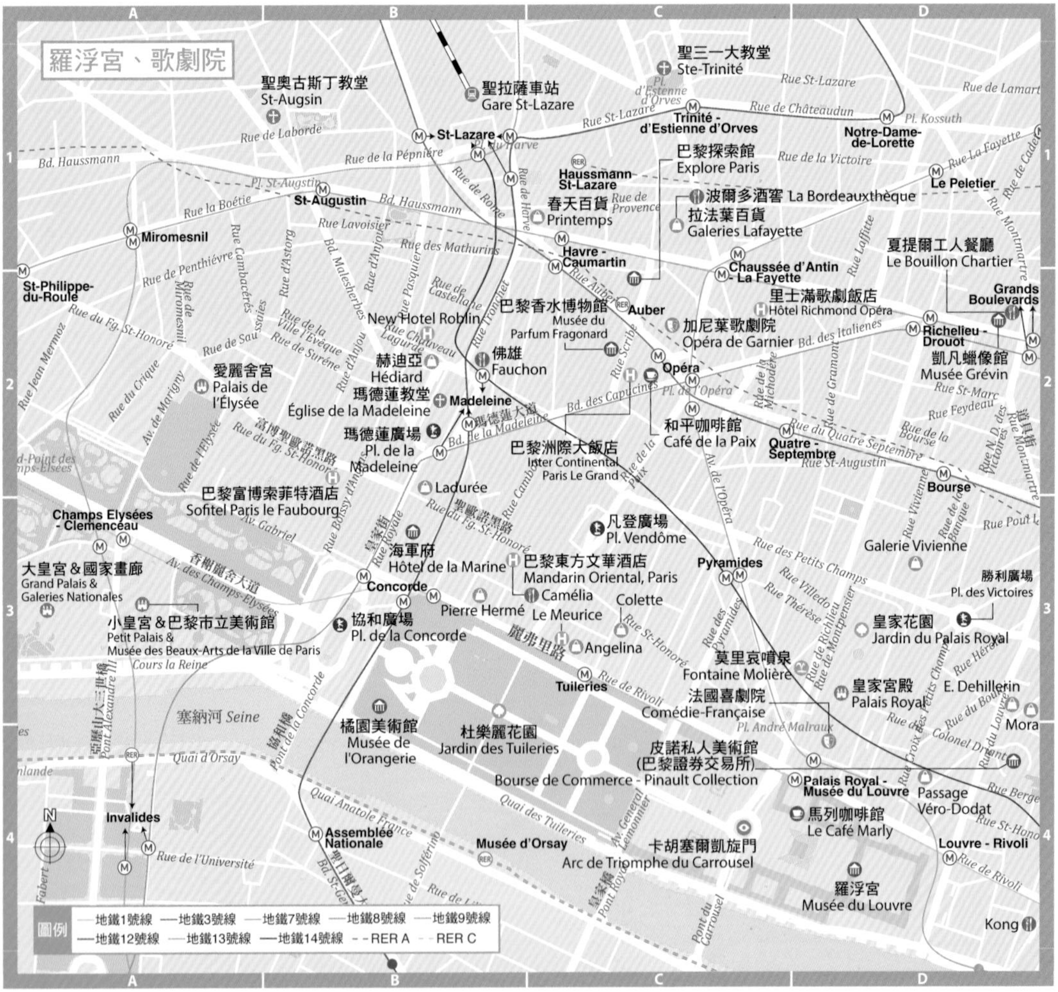

羅浮宮、歌劇院

圖例　—地鐵1號線　—地鐵3號線　—地鐵7號線　—地鐵8號線　—地鐵9號線　—地鐵12號線　—地鐵13號線　—地鐵14號線　- - RER A　- - RER C

MAP ▶ P.74D4

羅浮宮

MOOK Choice

Musée du Louvre

世界前三大博物館

搭地鐵1、7號線於Palais Royal-Musée du Louvre站下，出站即達。 Musée du Louvre 75008 Paris 01 40 20 53 17 9:00~18:00(週三、週五至21:00)，最後入場時間為閉館前1小時 休週二、1/1、5/1、12/25 $全票€22，18歲以下免費 www.louvre.fr

羅浮宮是全世界最大且最具象徵地位的博物館，同時也是古代與現代建築史的最佳融合。這裡有42萬件典藏，藏品時間從古代東方文物(西元前7,000年)到19世紀(1858年)的浪漫主義繪畫，經常展出的作品多達13,000件。

羅浮宮的歷史可追溯到1190年，當時國王菲利浦二世(Philippe Auguste)為防守要塞所建，直到1360年時查理五世(Charles V)將此地改建為皇室住所，正式開啟羅浮宮的輝煌歷史，建築師萊斯科(Pierre Lescot)於15世紀中為羅浮宮設計的門面，正是巴黎第一個文藝復興式建築。

在長達兩個世紀的時間裡，羅浮皇宮扮演法國權力中心的角色，直到路易十四另建凡爾賽宮後，它才開始沒落。1789年法國大革命推翻君權，這座「藝術皇宮」在1793年8月10日正式蛻變為博物館對外開放。

羅浮宮共分為三大區域，蘇利館(Sully)、德農館(Denon)及黎塞留館(Richelieu)，從金字塔的入口處進入地下後，可以從不同入口進入羅浮宮。館內收藏則主要分為7大類：古東方文物(伊斯蘭藝術)、古代埃及文物、古代希臘、伊特魯西亞(Les Étrusques)和羅馬文物、雕塑、工藝品、繪畫、書畫刻印藝術、羅浮歷史和中世紀羅浮皇宮等，除這些永久展外，還有許多特展。

為羅浮宮錦上添花的透明玻璃金字塔，是華裔美籍建築師貝聿銘的一大代表作，為密特朗總統(François Mitterrand)的大羅浮宮計畫帶來嶄新的現代化風貌，也成為羅浮宮博物館的主要出口。以玻璃鋼柱構成的金字塔不僅為地下樓層引進光線，加上兩個小金字塔，同時兼具現代建築的設計美感。

參觀路線規畫

羅浮宮博物館主要有德農館、黎塞留館和蘇利館3處可互通的展館，分地下1樓、地上3樓。羅浮宮入口有：

❶**玻璃金字塔**(Entrée Pyramide)**主要入口**

❷**獅門入口** (Entrée Porte des Lions)

❸**卡胡塞爾長廊入口**(Entrée Carrousel)

❹**黎塞留入口** (Entrée Porte de Richelieu)

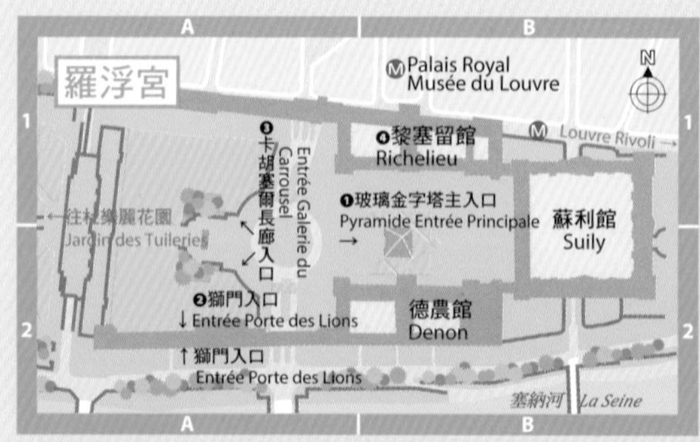

由於羅浮宮參觀者眾多，為了避免浪費時間排隊入場的最佳方式，就是先從網上購票並從金字塔主要入口以外的地方進入博物館，像是可以選擇從卡胡塞爾長廊入口進入，此入口為羅浮宮的地下商場，較少人知道，因此最可以避開排隊人潮，或是直接搭乘地鐵至Palais Royal – Musée du Louvre站，出站後順著地下入口過安檢後進入館內，或是從卡胡塞爾長廊進入，以上入館方式都需要提前購票，若需要利用這些入口的旅客記得要先上網購票，而獅門入口是專門開放給團體入場的入口，自由行的旅客需注意。

羅浮宮地下1樓有許多商店，如免稅香水店、博物館書店、服飾配件等，其中的美食廣場有多國簡餐可供選擇。此外，地下樓的遊客服務中心備有巴黎與法國觀光資訊，提供給觀光客蒐集索取，包括中文介紹。

大羅浮宮計畫Le Grand Louvre

羅浮宮已有800年以上的歷史，雖經改朝換代的增修，規模在歐洲的王宮中首屈一指。然而隨著時間的演進，其設備已不敷實際需要，再者因缺乏展覽空間，使得數十萬件藏品束之高閣，此外缺乏主要入口，造成管理上的困難和遊客們的不便。於是密特朗總統上台後開始積極從事大羅浮計畫，最後美籍華人貝聿銘的建築結構重整計畫雀屏中選，也就是所謂的「大羅浮宮計畫」。

玻璃金字塔的設計在當時被視為相當大膽的創舉，計畫中所有設施不但隱藏於地下，像是在卡胡塞凱旋門西面的地下建造大型停車場等，令人更訝異的，是修建一個高21.65公尺、邊長30公尺的透明玻璃金字塔，作為羅浮宮的主要入口，增加底下拿破崙廳(Hall Naploéon)的採光和空間。東南北三面則設置小金字塔分別指示三條主要展館的通道，在大小金字塔的周圍另有水池與金字塔相映成趣。

官方參觀路線Visitor Trails

羅浮宮館藏非常龐大，不知從何開始下手？別擔心，羅浮宮的官網上有精心規劃的主體路線，可以根據自己的時間和興趣選擇。

羅浮宮鎮館之寶(約1.5小時)

尼羅河之行(約1.5小時)

黎塞留的秘密寶藏(約1小時)

地下 1 樓 Entresol

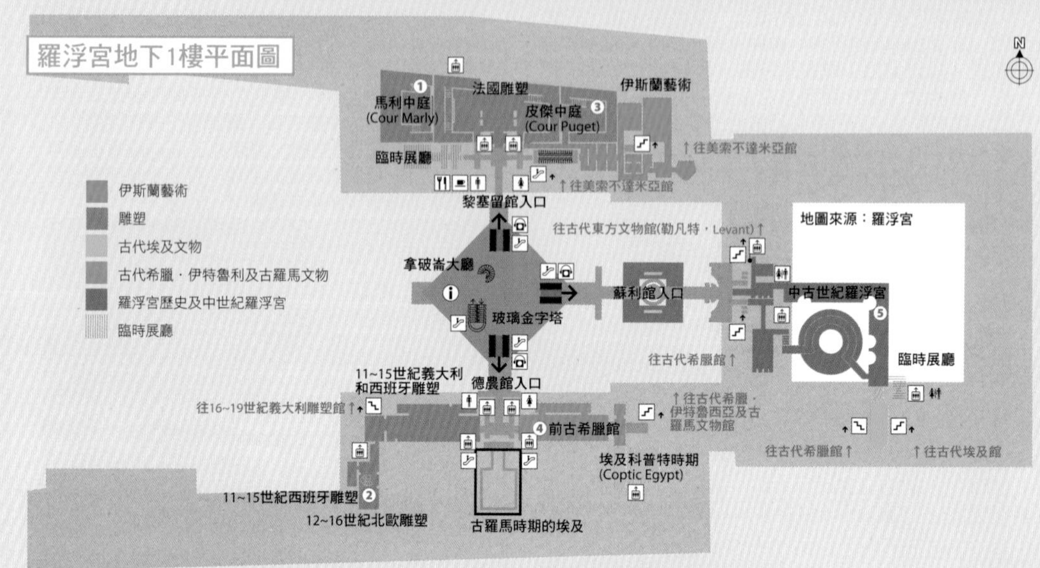

❶《馬利駿馬群》

羅浮宮的法國雕塑集中在黎塞留館的地下1樓和1樓，位於地下樓的此區原是財政部官員的辦公廳，分為馬利(Cour Marly)和皮傑(Cour Puget)兩大中庭。

馬利中庭名稱的由來，主要因中庭擺放的多尊大型大理石雕刻，來自路易十四時期完成於巴黎近郊「馬利宮」(Château de Marly)花園內的作品。

然而，這裡最有名的，卻是1745年於路易十五時期完成的《馬利駿馬群》(Chevaux de Marly)，作者為法國巴洛克雕刻家庫斯圖(Guillaume Coustou)。

❷《克洛東的米羅》

皮傑中庭(Cour Puget)展示路易十四和路易十五時期的雕像，其中以法國巴洛克雕刻家和畫家皮傑(Pierre Puget)的作品為主，代表作《克洛東的米羅》(Milon de Crotone)描述希臘奧林匹克冠軍運動員米羅(Milo)老時，想要用手將裂開的樹幹劈斷，豈料樹幹夾住他的手，讓不得脫身的他因而被狼吃掉。雕塑中米羅和狼的表情、肢體栩栩如生，是皮傑重要的代表作。

❸《聖瑪德蓮》

羅浮宮內的北歐雕塑集中於德農館的地下1樓和1樓的5間展示廳內，前者以12~16世紀雕塑為主，後者則蒐羅17~19世紀的作品。

位於地下1樓C展示廳主要收集15~16世紀古荷蘭和日耳曼帝國的雕刻，這座《聖瑪德蓮》(Sainte Marie-Madeleine)雕像出自德國雕刻家喬治・艾爾哈(Gregor Erhart)之手，全裸的瑪德蓮披著如瀑布般的金色長髮，體態優美和諧，此作於1902年時由羅浮宮購自德國。

❹《西克拉德偶像》

這座27公分高的《西克拉德偶像》(Idole Cycladique)頭部雕塑出土於希臘西克拉德島(Cycladic)，估計是西元前2,700~2,300年的作品。

該雕塑線條簡單均衡，右下處雖然有明顯毀壞，但仍無損其價值，特別是它可能是現存希臘青銅時代早期有關大理石雕作品中，最早且最精采的一件。

❺中世紀羅浮宮城壕

羅浮宮的歷史可追溯至12世紀，當時法王菲利浦二世在巴黎西牆外建造了羅浮宮，做為防守要塞之用；到1360年查理五世才將它改為皇室居所。羅浮宮目前就於蘇利館的地下1樓，展示12~14世紀羅浮宮中世紀的城壕樣貌。

1 樓 Rez-de-Chaussée

❶玻璃金字塔

在巴黎再開發計畫中，為羅浮宮增添不少新風貌，原先在黎塞留館辦公的法國財政部他遷後，新空間增加了不少收藏品的展示。1993年，華裔建築師貝聿銘為博物館興建了一座廣達45,000平方公尺的超大型地下建築，結合周邊地鐵及巴士轉運功能，並為它設計了一座玻璃金字塔當作主入口，雖曾飽受爭議，但如今它已成為羅浮宮不可或缺的地標了。

❸《丘比特與賽姬》

這是來自義大利新古典主義雕刻家卡諾瓦(Antonio Canova)的作品《丘比特與賽姬》(Psyché Ranimée par le Baiser de l'Amour)。在羅馬神話中，丘比特和賽姬是對戀人，因為某些原因，賽姬被要求不能看見丘比特的容貌，直到有天賽姬實在忍不住了，趁丘比特入睡時偷看了他一眼，此舉讓丘比特母親維納斯大怒，她讓賽姬陷入昏睡，規定只有丘比特的愛之吻才能讓她甦醒。

這座雕像就是表現當丘比特展翅降臨，輕抱起賽姬親吻她的那一剎那，兩人柔軟平滑的身軀相擁成X型，呈現一種既深情又優美的體態，令人動容。

❷《奴隸》

這裡展示著16~19世紀義大利雕塑。當中舉世聞名的，莫過於2尊米開朗基羅(Buonarroti Michelangelo)的作品《奴隸》(L'Esclave)，左邊為《垂死的奴隸》(L'Esclave Mourant)，右邊則是《反抗的奴隸》(L'Esclave Rebelle)。

這兩尊原是米開朗基羅打算放置於教宗朱利安二世(Pope Julius II)陵墓的作品，然而自1513年動工後，就因為經費及某些緣故未能完成，甚至被贈送和轉賣，最後於1794年成為羅浮宮的收藏。

雖然同為米開朗基羅的作品，兩尊雕像截然不同，《垂死的奴隸》是位具有俊美外貌的年輕人，其臉部安詳平靜，像是剛擺脫嚴苛的苦難，陷入一種深沈的睡眠，表現一種完全接受命運安排的妥協；《反抗的奴隸》卻是扭曲著身軀，臉部流露憤恨與不平的表情，像是在做最後的掙扎與反抗，表現對人生仍然充滿強烈的意志力和生命力。

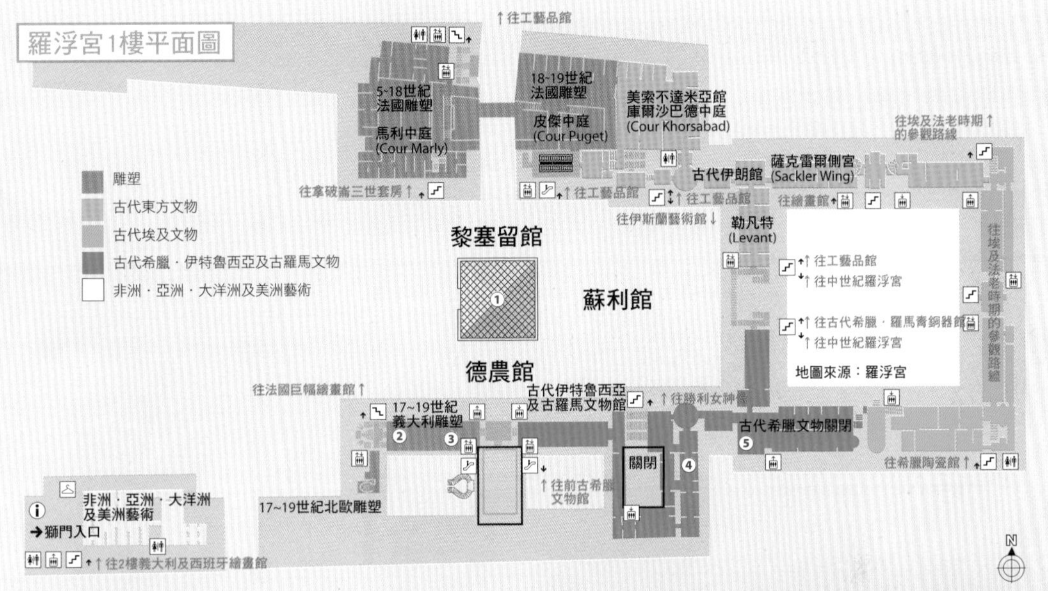

❹《夫妻合葬棺》

此為古伊特魯西亞文物。提到羅馬世界，就必須從發源於伊特魯西亞地區的伊特魯西亞文明談起，這是西元前800~300年間在義大利半島、台伯河流域發展出的文化。伊特魯西亞人是支十分關注死亡的民族，具有深刻的宗教信仰，他們的藝術缺少原創性，卻充滿活力；很少集中在神的形象，大多以凡人為主題，即使在墳墓中，也是如此。

西元前6世紀，當地發展出一種石棺，形狀是一個矩形的臥榻，上方斜躺著一對人像，結合了古代埃及的木乃伊人形與近東的矩形靈柩，人像風格源於古希臘時期。這座《夫妻合葬棺》(Le Sarcophage des Époux de Cerveteri)便展現這樣的風格，其高114公分、長約200公分，出土於切維台利(Cerveteri)，時間約為西元前520~510年間。

❺《艾芙洛迪特》

艾芙洛迪特(Aphrodite) 就是大家比較熟知的愛神、美神維納斯，由於這座雕像是1820年在希臘的米羅島(Melos，現今的Milo島)發掘的，所以又稱「米羅島的維納斯」(Vénus de Milo)。雕像於隔年贈予路易十八世，最後再轉由羅浮宮收藏。

這座雕像高約2公尺，由上下兩塊大理石組成，完成期間約在西元前的1~2世紀。據說最早出土時還有上色，但現在已完全看不到了，另外手臂也不見了，因此也有人以《斷臂的維納斯》來稱呼它，讓她增加了許多神秘感。究竟遺失的雙臂指向何方，或是手中拿著什麼樣的東西，都引發大家好奇和聯想，也讓這座雕像人氣居高不下。

2 樓 1 Etage

❶席里柯的《梅杜莎之筏》

這幅長約72公分、寬約49公分的巨幅繪畫《梅杜莎之筏》(Le Radeau de la Méduse)，是法國浪漫派畫家泰奧多爾・席里柯(Théodore Géricault)的作品，描繪1816年時一艘載著數百人的法國船艦梅杜莎號，航行西非海岸，因船長的無能導至擱淺，船上的人紛紛求援逃命，最後只剩下15人在船上，這些人陷入絕望，神志不清，甚至吃起同伴的肉。

席里柯將當時這樣的船難事件透過繪畫表現出來，畫中光影強烈、動作寫實，三角構圖中，有著平衡感，一端有人在期待救援，另一端的人卻已氣息奄奄，是件極具張力和戲劇性的作品。只是這幅畫在1819年展出時，遭到不少批評聲浪，因為它是第一件反映社會事件的寫實作品，對原本想隱瞞此事的政府來說臉上無光，加上畫中將人之將盡的心態赤裸裸地表現出來，也是古典主義畫派所不願樂見的風格。

❷達文西的《蒙娜麗莎》

集藝術家、科學家、發明家、軍事家及人道主義家於一身的達文西(Leonardo da Vinci)，最有名的畫作除了位於米蘭教堂的《最後的晚餐》，就屬這幅《蒙娜麗莎》(La Joconde)了。那神秘的笑容、溫暖的光影教人費猜疑，達文西可能也把《蒙娜麗莎》視為個人藝術的最高成就，所以當他離開義大利前往法國南部擔任法國皇帝的私人顧問時，隨身帶著的畫作只有它。

達文西畫的《蒙娜麗莎》在高超的畫技下，表露出優雅的面容和神秘的微笑，雙手交錯平擺，充滿溫柔、平衡的精神和大方的體態。此畫最吸引人的地方，除了展現文藝復興時期的女性美之外，還有背後渲染的山巒、空氣和水，使人的輪廓溶解在光影中，經由相互影響的元素，成就永恆的微笑。

❸《勝利女神像》

彷彿展翅欲乘風而去的《勝利女神像》(La Victoire de Samothrace)，就位於德農館的階梯平台上，在投射燈光的搭配下，更顯雕像衣襬的輕盈。

3.28公尺高的《勝利女神像》約完成於西元前190年左右，1863年於希臘愛琴海的西北方Samothrace小島出土，一般相信它是為了紀念羅德島(Rhodian)戰役的勝利而創作，龐大雄健的雙翼屹立在兇險的海面上，浪花打溼了袍子，使袍子緊緊貼在胸前和雙腿上，背後隨風飛揚，充分展現戰役的壯烈和勝利的英勇。栩栩如生之姿使它和《米羅的維納斯》、《蒙娜麗莎》並列羅浮宮的鎮館三寶。

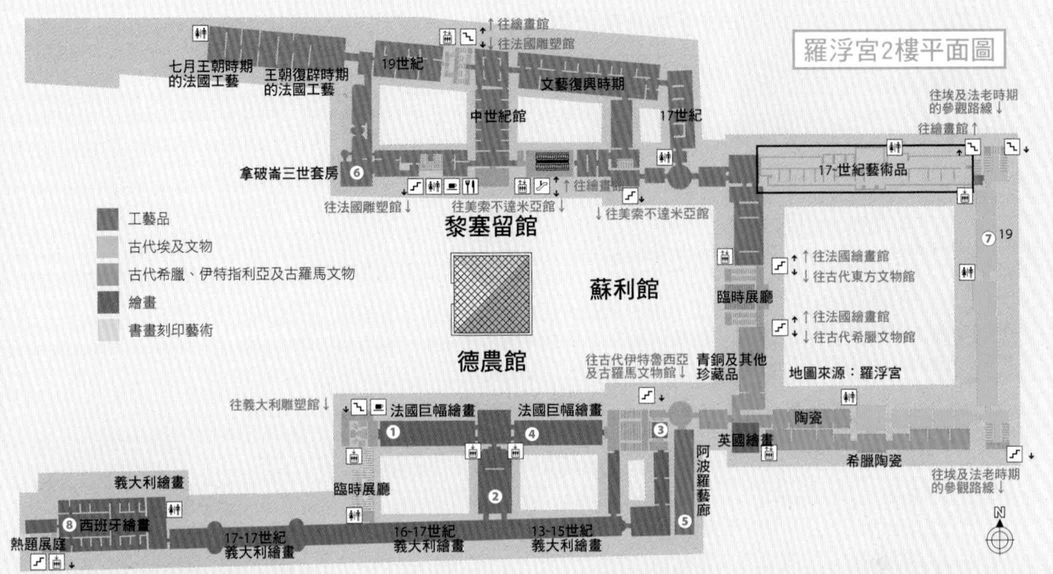

❹大衛的《約瑟芬的加冕》

這是一幅典型的藝術服務政治的畫作。法國畫家雅克－路易．大衛(Jacques-Louis David)是新古典主義的代表畫家。所謂的新古典主義，簡單來說，就是反洛可可及巴洛克的風格，再現希臘羅馬的藝術形式。大衛在古典潮流中，以他的天賦成為當時最具有影響力的畫家，不幸卻捲入政治，不得不流亡海外，最終斷送他的藝術生命。

在《約瑟芬的加冕》(Le Sacre de l'Empereur Napoléon 1er et le Couronnement de l'Impératrice Joséphine)中，大衛描繪1804年拿破崙如皇帝般，為約瑟芬戴上皇冠的情景，他的野心也透過畫作表現無遺。此作原擺設於凡爾賽宮，後移至羅浮宮展出。

❺路易十五加冕時的皇冠

每位法國國王在加冕時都擁有自己華麗的皇冠，而阿波羅藝廊(Galerie d'Apollon)就是展示歷代國王皇冠及寶物的地方。

路易十五擁有2頂皇冠(Couronne de Louis XV)，一頂鍍金，另一頂鍍銀，也就是我們現在在羅浮宮中所看到的，這頂皇冠頂端為珍珠十字架，下連8條拱架，上頭至少有282顆鑽石、64顆寶石和237顆珍珠，包括中央最大重達140克拉的「攝政王」(Regent)鑽石，非常尊貴華麗。

❻《埃及書記官》

埃及的文明史也可說是一部藝術史，雖然埃及藝術的目的在實用或傳達宗教法則，但工藝之美依然震撼後世。

書記官雕像向來是埃及古王國時期的寫實表現，這一尊《埃及書記官》(Le Scribe Accroupi)可說是當中最負盛名的一件，估計於西元前2,620~2,500年間完成，由埃及考克學家在古埃及王國首都沙哥哈(Saqqara)發掘出土，後來在1854年由埃及政府贈予羅浮宮。

這座書記官高53.7公分、寬44公分，以石灰石上色製成，眼睛由石頭、碳酸鎂和水晶鑲嵌而成，乳頭則為木製。他袒胸露背盤腿而坐，端正五官呈現個性面容，筆直的鼻子和兩個大耳朵，看起來呆板嚴肅，表現當時精準嚴格的雕塑風格。他一手拿著筆，一手拿著卷板的姿勢，加上幾何對稱的軀體，展現埃及書記官的威嚴姿態。

❼拿破崙三世套房

新的羅浮宮在拿破崙三世的主持下，將原本位於杜樂麗宮(Palais des Tuileries)內的會客廳移植至此，重現拿破崙三世套房(Appartements Napoléon III)情景，而所有設計和裝潢從水晶吊燈、青銅飾品、鍍金、傢俬、華麗地毯、紅色窗簾等一一保留，完整呈現皇家華麗尊貴的風貌，從這裡往下走，還可以看見拿破崙三世的寢宮和餐廳。

❽《瘸腿的小孩》

西班牙畫家利貝拉(Jusepe de Ribera)深受義大利畫家卡拉瓦喬(Caravaggio)黑暗色調的影響，同時也具有宗教風格。畫中的主題或主角通常都在畫的最前方、占據最大的空間，似乎想和觀畫者直接對話。這幅《瘸腿的小孩》(Le Pied-bot)不僅有上述的特點，還表現出利貝拉的人道精神，因為在小孩左手所拿的紙條上寫著：「看在上帝的份上，請同情同情我吧！」

3樓 2 Etage

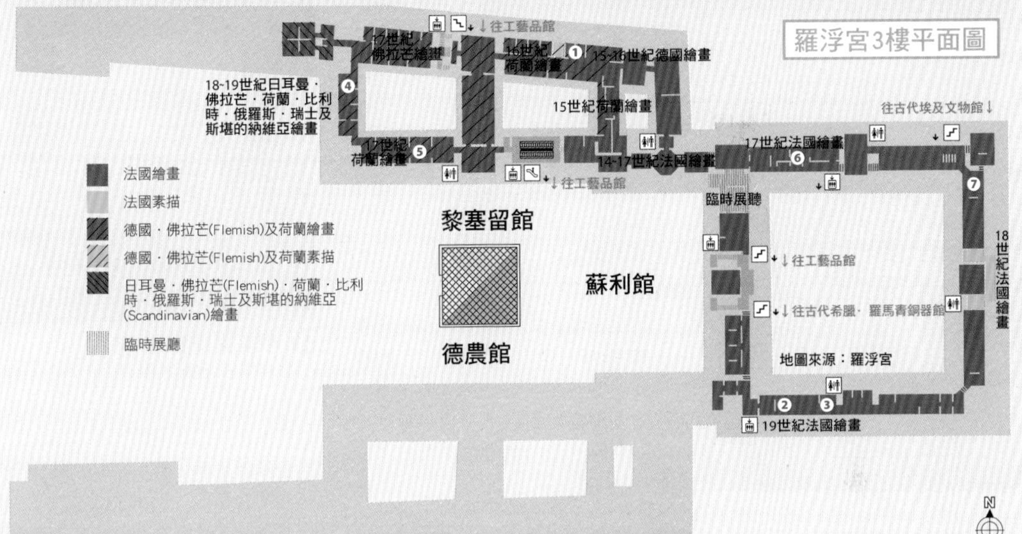

❶《卡布麗爾和她的姐妹》

肖像畫是16世紀繪畫的重要主題，特別是在貴族皇室的重要場合或慶典。這幅來自楓丹白露畫派(École de Fontainebleau)的《卡布麗爾和她的姐妹》(Portrait Présumé de Gabrielle d'Estrées et de Sa Soeur la Duchesse de Villars)，描繪法王亨利四世(Henri IV)的情婦卡布麗爾(Gabrielle d'Estrées)和她的妹妹一起洗澡的情景，兩人不但袒胸露背，她妹妹更用一隻手捏住她的乳頭，在當時屬於相當大膽又情色的畫作。這個動作加上後方做針線的婦人，影射卡布麗爾可能已經懷孕了。

❷《自由女神領導人民》

《自由女神領導人民》(La Liberté Guidant le Peuple)是德拉克洛瓦(Eugène Delacroix)最知名的作品之一，描繪1930年巴黎市民起義推翻波旁王朝的情景，人民對自由人權的渴望，清楚表現在手持紅白藍國旗的自由女神身上，女神身後支持的工人和學生，穿過硝煙和屍體為民主而戰，流露強烈的熱情。

這幅畫作也體現了法國國家格言「自由、平等、博愛」，在巴黎奧運的開幕儀式中搭配《悲慘世界》的曲目重新演繹。

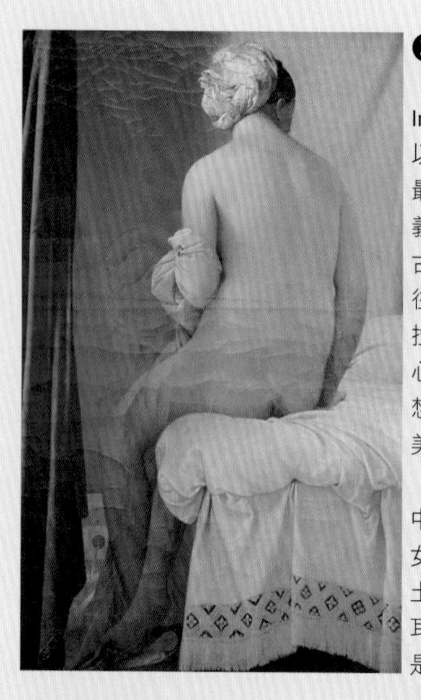

❸《大浴女》

安格爾(Jean-Auguster-Dominique Ingres)作品中常見性感的裸女，其中又以大浴女、小浴女和後來的土耳其浴最為出名。安格爾是19世紀新古典主義和浪漫主義最具代表性的畫家，是古典主義大師大衛的高徒，並多次前往義大利旅行，見到文藝復興三傑中拉斐爾的作品(Raffaello Sanzio)，後決心成為歷史畫家，其作品特色是在理想的古典寫實中，以簡化變形強調完美造型。

在這幅《大浴女》(La Baigneuse)畫中，戴著頭巾坐在精緻坐壁上的裸女，展現當時的女性之美，與一旁的土耳其浴畫作比對一下，可以發現土耳其浴中有一個同樣浴女的背景，就是源自此作品。

❻《編蕾絲的少女》

荷蘭風俗畫家維梅爾(Jan Vermeer)在世的作品不多，生平也不太為人熟知，但他畫作中那透明的光線和黃、藍色調色彩的美感，教人難忘。維梅爾畫作的題材都是一般人的日常生活，但借著光線和樸實的畫面，生活鎖事也昇華為藝術，透過這幅《編蕾絲的少女》(La Dentellière)便可清楚明瞭。

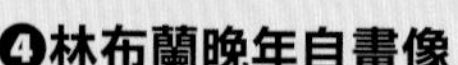

❹林布蘭晚年自畫像

林布蘭(Rembrandt van Rijn)是荷蘭最有名的畫家，色彩奔放、渾厚，更以精準掌握光線而成為大師。林布蘭一生創作豐富，也畫了不少的自畫像，剛好是他一生起伏的註腳。羅浮宮中一共有三幅他的自畫像，兩幅年輕正當志得意滿時的自畫像，圖中這幅則是年老破產賣畫抵債的悲涼自畫像。

❺《老千》

拉圖爾(George de Latour)最擅長畫出蠟燭的光線與光影，這幅《老千》(Le Tricheur)顯然是在一場牌戲中，老千抽換牌的技倆被識破了，斜瞪的眼神、指責的手勢，似乎把那尷尬的一刻給凝住了，讓你也不禁為那老千捏一把冷汗。

❼達文西的《岩間聖母》

《岩間聖母》是達文西最著名的作品之一，描述的是施洗者約翰初次見到耶穌的故事。這幅畫的構圖是最讓人津津樂道的地方，聖母位於畫的正中央，約翰和耶穌在她的左右兩邊，形成一個明顯的三角形，後人稱之為三角形構圖，達文西非常喜歡這樣的構圖，為畫中人物帶來安定、穩重的感覺。

3 樓 2 Etage

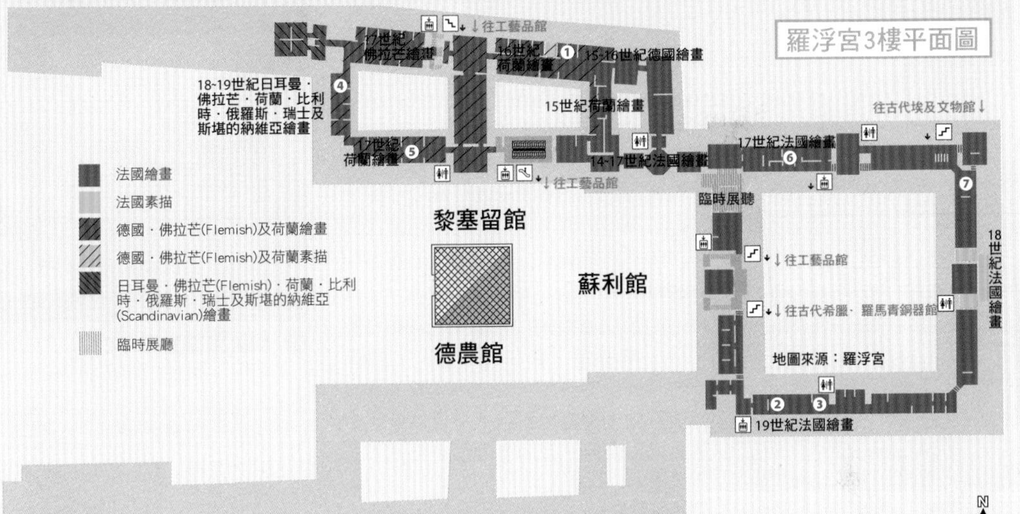

❶《卡布麗爾和她的姐妹》

肖像畫是16世紀繪畫的重要主題，特別是在貴族皇室的重要場合或慶典。這幅來自楓丹白露畫派(École de Fontainebleau)的《卡布麗爾和她的姐妹》(Portrait Présumé de Gabrielle d'Estrées et de Sa Soeur la Duchesse de Villars)，描繪法王亨利四世(Henri IV)的情婦卡布麗爾(Gabrielle d'Estrées)和她的妹妹一起洗澡的情景，兩人不但袒胸露背，她妹妹更用一隻手捏住她的乳頭，在當時屬於相當大膽又情色的畫作。這個動作加上後方做針線的婦人，影射卡布麗爾可能已經懷孕了。

❷《自由女神領導人民》

《自由女神領導人民》(La Liberté Guidant le Peuple)是德拉克洛瓦(Eugène Delacroix)最知名的作品之一，描繪1930年巴黎市民起義推翻波旁王朝的情景，人民對自由人權的渴望，清楚表現在手持紅白藍國旗的自由女神身上，女神身後支持的工人和學生，穿過硝煙和屍體為民主而戰，流露強烈的熱情。

這幅畫作也體現了法國國家格言「自由、平等、博愛」，在巴黎奧運的開幕儀式中搭配《悲慘世界》的曲目重新演繹。

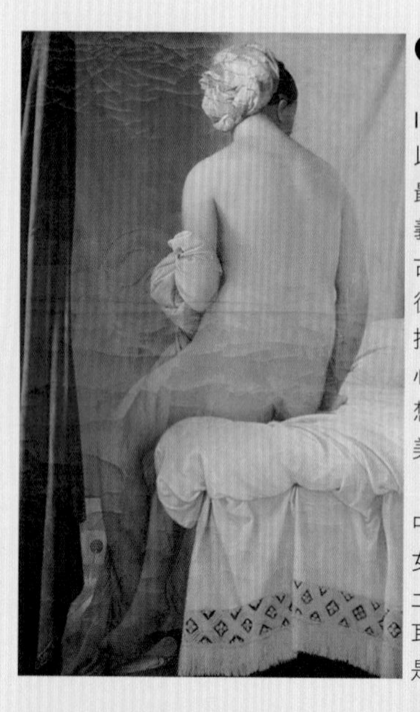

❸《大浴女》

安格爾(Jean-Auguster-Dominique Ingres)作品中常見性感的裸女，其中又以大浴女、小浴女和後來的土耳其浴最為出名。安格爾是19世紀新古典主義和浪漫主義最具代表性的畫家，是古典主義大師大衛的高徒，並多次前往義大利旅行，見到文藝復興三傑中拉斐爾的作品(Raffaello Sanzio)，後決心成為歷史畫家，其作品特色是在理想的古典寫實中，以簡化變形強調完美造型。

在這幅《大浴女》(La Baigneuse)畫中，戴著頭巾坐在精緻坐壁上的裸女，展現當時的女性之美，與一旁的土耳其浴畫作比對一下，可以發現土耳其浴中有一個同樣浴女的背景，就是源自此作品。

❹林布蘭晚年自畫像

林布蘭(Rembrandt van Rijn)是荷蘭最有名的畫家，色彩奔放、渾厚，更以精準掌握光線而成為大師。林布蘭一生創作豐富，也畫了不少的自畫像，剛好是他一生起伏的註腳。羅浮宮中一共有三幅他的自畫像，兩幅年輕正當志得意滿時的自畫像，圖中這幅則是年老破產賣畫抵債的悲涼自畫像。

❺《老千》

拉圖爾(George de Latour)最擅長畫出蠟燭的光線與光影，這幅《老千》(Le Tricheur)顯然是在一場牌戲中，老千抽換牌的技倆被識破了，斜瞪的眼神、指責的手勢，似乎把那尷尬的一刻給凝住了，讓你也不禁為那老千捏一把冷汗。

❻《編蕾絲的少女》

荷蘭風俗畫家維梅爾(Jan Vermeer)在世的作品不多，生平也不太為人熟知，但他畫作中那透明的光線和黃、藍色調色彩的美感，教人難忘。維梅爾畫作的題材都是一般人的日常生活，但借著光線和樸實的畫面，生活鎖事也昇華為藝術，透過這幅《編蕾絲的少女》(La Dentellière)便可清楚明瞭。

❼達文西的《岩間聖母》

《岩間聖母》是達文西最著名的作品之一，描述的是施洗者約翰初次見到耶穌的故事。這幅畫的構圖是最讓人津津樂道的地方，聖母位於畫的正中央，約翰和耶穌在她的左右兩邊，形成一個明顯的三角形，後人稱之為三角形構圖，達文西非常喜歡這樣的構圖，為畫中人物帶來安定、穩重的感覺。

MAP ▶ P.74B3

海軍府

MOOK Choice

Hôtel de la Marine

一窺昔日貴族的奢華生活

搭地鐵1、8、12號線於Concorde站下，出站即達。 2, Place de la Concorde 75008 Paris 10:30~19:00(週五至21:30) 休週二下午、週四上午、1/1、5/1、12/25 總管寢宮＋大廳與涼廊€17，Al Thani收藏＋大廳與涼廊€13，總管寢宮＋大廳與涼廊＋Al Thani收藏€23(需線上購票)；18歲以下、11~3月第一個週日免費 www.hotel-de-la-marine.paris

矗立於協和廣場東北方的海軍府，一開始為皇家傢俱儲藏庫(Garde-Meuble de la Couronne)，後來為法國海軍總部。這棟歷史建築在2017~2021年進行了大規模修復，重現18世紀的輝煌狀態，百年來第一次對外開放。

皇家傢俱儲藏庫1772年入駐這座建築，時任總管Pierre-Elisabeth de Fontanieu與其繼任者Marc-Antoine Thierry de Ville d'Avray充分利用這座建築，在二十多年的時間裡增添了儲藏區、工作間、員工宿舍、展示廳等。有趣的是，修復期間發現的文獻記載，1770年代建造海軍府的工匠，和建造凡爾賽宮的工匠竟是同一批的！

皇家傢俱儲藏庫職責重大

皇家傢俱儲藏庫由路易十四和財務大臣科爾貝(Jean-Baptiste Colbert)設立於1663年，負責添購、佈置和維護皇家住所(如凡爾賽宮、楓丹白露等宮殿)的傢俱，從簡單的椅子、廚房用具和亞麻布到國王就寢的床鋪，還有皇室收藏的武器盔甲、織物掛毯、寶石花瓶、青銅器皿，甚至是王冠上的鑽石。

作為舊制度(Ancien Régime)的象徵之一，皇家傢俱儲藏庫在大革命期間被廢除，1870年被更名為國家傢俱管理局(Mobilier National)，如今仍然維護與保管歷代法國皇室留下的傢俱文物，包括出借給法國目前各地宮殿及總統府「愛麗舍宮」的傢俱及紡織品等。

1789年的法國大革命之後，法國海軍搬入2樓的空間，不到10年內全面使用整棟建築，從此海軍管理機構在此駐紮長達200多年，一直到2015年才遷出，因此也被稱為海軍府(Hôtel de la Marine)。

總管寢宮 Les Appartements des Intendants

為期5年的整修工程，主要是消除海軍部的痕跡，將官邸恢復到18世紀的奢華狀態，也因此發現了油漆底層下的原始畫作，並利用當時的材料和技術成功修復。Marc-Antoine Thierry de Ville d'Avray的詳細紀錄，也可清楚辨認當時的傢俱和紡織品，更利於還原當時的寢宮模樣。

中庭Cour de l'Intendant

這裡是海軍府的入口大廳及售票處，主要看點是巨大的玻璃天窗，由Hugh Dutton操刀設計，靈感來自於1700年代的水晶吊燈，在陽光折射下，整個空間顯得格外明亮。

鏡廳Cabinet des glaces

Pierre-Elisabeth de Fontanieu在職時以風流著稱，設計了這間鋪滿大面鏡子的起居室，與他的臥室直接相連。鏡面鑲嵌著華麗的鍍金雕刻與裝飾，並繪有花卉、小鳥、女性和小天使的圖案。不過，最初鏡子上裝飾的並不是天真無邪的小天使，而是裸身的女性！後來由繼任者Marc-Antoine Thierry de Ville d'Avray的太太出於謙遜才換成了可愛的小天使。

總管書房Grand cabinet

書房內最大的亮點是Jean-Henri Riesener設計的書桌，由Marc-Antoine Thierry de Ville d'Avray於1784年委託製作，參考了Riesener的成名之作——為路易十五在凡爾賽宮打造的著名捲頂書桌(bureau à cylindre)。除了精緻的橡木與桃花心木做工和鍍金青銅裝飾，捲頂遮板還可上鎖，兼具保險箱的作用。

總管臥室 Chambre de Monsieur Thierry de Ville d'Avray

總管夫人臥室 Chambre de Madame Thierry de Ville d'Avray

飯廳Salle à manger

休息室Salon de compagnie

Al Thani 收藏

www.thealthanicollection.com

來自卡達的Al Thani家族收藏，是世界上最著名的私人收藏之一，涵蓋了從古今的傑出藝術品。Al Thani家族收藏與法國國家古蹟中心(Centre des monuments nationaux)合作，每隔一段時間會從中精選不同的作品，在海軍府進行為期20年的主題展覽。在此之前，Al Thani收藏的作品曾在國際各大博物館展出，像是紐約大都會藝術博物館、倫敦維多利亞與亞伯特博物館、聖彼得堡隱士廬博物館以及東京國立博物館。

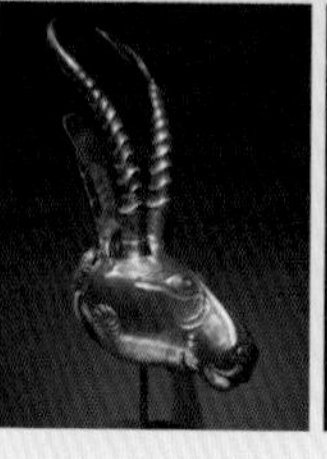

大廳與涼廊 Salons & Loggia

海軍府的大廳見證了海軍在此駐紮超過200年的歷史，帶你回顧19世紀的樣貌。除此之外，還有面向協和廣場的宏偉涼廊，是巴黎最美的景觀之一。

參謀長辦公室 Bureau du Chef d'État-Major

參謀長辦公室中的水手圓桌(table des marins)重現了那些締造法國海軍歷史的水手們。

外交廳Salon diplomatique

在法國大革命之前，這裡曾是保存皇室珠寶的房間。壁爐兩側有兩幅宏偉的肖像畫，分別是拿破崙三世和歐珍妮皇后。仔細一看的話，會發現這裡隱藏著一扇與裝潢融為一體的門，讓間諜可以藏身和竊聽室內對話。1848年，廢除奴隸制的法令就在此簽署。

接待大廳Salon de réception

接待大廳的裝飾極為奢華，鍍金雕飾在白色牆板上極為突出，兩側的壁爐上設有大片鏡子，映射出水晶吊燈與天花板上的金飾，是19~20世紀舉辦盛宴、接待外賓的地方。如今，這裡設置了「跳舞的鏡子」(Les miroirs dansants)，這些旋轉的鏡子以3面三角形螢幕組成，除了呈現海軍府的歷史，還有當時盛大舞會的情景。

涼廊Loggia

建於18世紀的涼廊擁有欣賞協和廣場的絕佳視野，見證了法國歷史上許多重要事件，像是方尖碑的豎立、路易十六與瑪麗皇后的斷頭台。涼廊由12根科林斯柱支撐，原本是作為路易十五廣場(現協和廣場)旁的劇場；另一看點是天花板上的浮雕，分別代表人類五大活動──農業、藝術、商業、音樂及平等。

MAP ▶ P.74B3

協和廣場

MOOK Choice

Place de la Concorde

法國的歷史舞台

搭地鐵1、8、12號線於Concorde站下，出站即達。

Place de la Concorde, 75008 Paris

興建於18世紀，協和廣場最初稱之為路易十五廣場，用以展示國王雕像，之後更名為革命廣場，1793~1795年間，包括路易十五、瑪麗皇后在內，共有一千多人在此被處決，斷頭台取代了國王雕像。為了一洗血流成河的慘烈歷史，此廣場最後重建並正名為協和廣場。

噴水池為協和廣場帶來嶄新氣象，周圍8座以法國城市命名的雕像，使得協和廣場在法國政治上具有象徵意義，這裡是國慶閱兵及大小遊行示威的重要據點。

坐落於中央的埃及方尖碑擁有三千多年歷史，是埃及贈送給法國的禮物，1833年時遠渡重洋抵達巴黎。

MAP ▶ P.74B3

杜樂麗花園

Jardin des Tuileries

巴黎的優雅綠地

搭地鐵1號線於Tuileries站下，或搭乘RER C線於Musée d'Orsay下，皆出站即達。 Place de la Concorde, 75001 Paris 3月最後一個週日~9月最後一個週六7:00~21:00、9月最後一個週日~3月最後一個週日7:30~19:30 免費

杜樂麗花園位於羅浮宮與協和廣場之間，原本是法王亨利二世的妻子凱薩琳・梅迪奇(Catherine de'Medicis)於1564年時創建的杜樂麗宮(Palais des Tuileries)的花園，該宮殿於19世紀末在巴黎公社(La Commune de Paris)起義的動盪時期遭到破壞，如今只剩下杜樂麗花園和移至羅浮宮中央廣場的卡胡塞爾凱旋門被保存下來。

栗樹、萊姆樹及五彩繽紛的花朵為杜樂麗花園帶來靜謐，青銅雕塑作品添加些許莊嚴氣氛，整體整齊清爽的景觀設計，是典型法國花園的特色。坐在花園的大池塘邊或在露天咖啡座喝杯咖啡，是感受巴黎式悠閒的最佳體驗。

MAP ▶ P.74C3

凡登廣場

Place Vendôme

盡顯奢華的櫥窗

搭地鐵3、7、8號線於Opéra站下，或搭地鐵8、12、14號線於Madeleine站下，或搭地鐵1、8、12號線於Concorde站下，或搭地鐵7、14號線於Pyramides站下，或搭地鐵1號線於Tuileries站下，皆步行約6~9分鐘。

這座呈八角形的凡登廣場，除了廣場的銅柱具有紀念價值之外，這裡亦有「巴黎百寶箱」之稱，世界級的的珠寶商、名錶店都在這設有據點，皆以氣派的招牌和櫥窗，吸引路人的目光，彰顯此處的不凡身價。

此外，廣場上高檔的麗池(Ritz)酒店也是值得關注的焦點，過去香奈兒創辦人可可・香奈兒(Coco Chanel)就是這裡的常客；而當年英國王妃黛安娜在巴黎車禍過世前，就是和她的情人在此共享晚餐。另外，眾所皆知的鋼琴詩人蕭邦(Chopin)則逝世於巴黎凡登廣場上12號的建築內。

來到廣場，當然也不能不提及立於中央、高44公尺的大銅柱，柱上並有拿破崙的銅像，以彰顯他的威武。此銅柱於1806年為紀念拿破崙在奧地利戰爭勝利而建，可藉由銅柱內的樓梯前往最高的平台。

MAP ▶ P.74C2

巴黎歌劇院

MOOK Choice

Opéra de Garnier

重返皇室的華麗盛宴

搭地鐵3、7、8號線於Opéra站下，或搭地鐵7、9號線於Chaussée d'Antin-La Fayette站下，也可選擇搭乘地鐵8、14號線於Madeleine站下車或搭乘RER A線於Auber站下，皆步行約1分鐘。 Pl. de l'Opéra, 75009 Paris 各表演不同。 www.operadeparis.fr

以建築師加尼葉(Charles Garnier)命名的加尼葉歌劇院，常稱為巴黎歌劇院，這裡是昔日法國皇帝欣賞歌劇的場所，因此，不管內部裝飾或外觀建築都極盡華麗之能事。

拿破崙三世(Napoléon III)在1862年打算興建歌劇院時，就選在現今的地點，一方面因為此區原本就是巴黎的戲劇中心，不過他最主要的目的，還是想趕走附近那些破敗的建築。當時沒沒無名的35歲建築師加尼葉贏得工程，運用大量大理石和青銅等材料建造，耗時14年終於在1875年時，完成了這棟堪稱藝術品的建築。

歌劇院本身是一個龐然大物，重達千噸的大銅頂、守著入口的大拱門都說明了它的氣派。進入歌劇院後，視線馬上又被宏偉的大階梯所吸引，大理石樓梯在金色燈光的照射下更加閃亮，據說這是被當時夜夜笙歌的貴族仕女們的裙襬擦得光亮所致，可見歌劇院當時盛況。至於裝飾大階梯上方天花板的，則是描繪許多音樂寓言傳奇故事的壁畫。

金碧輝煌的大走廊

欣賞大階梯後，可從兩側進入歌劇院走廊，它們是觀眾中場休息時社交談話的場所，富麗堂皇的程度不下於大階梯。當初，加葉尼構想將大走廊設計成類似古典城堡的走廊，在鏡子與玻璃的交錯輝映下，更與歌劇欣賞相得益彰。

MAP ▶ P.74B3

橘園美術館

MOOK Choice

Musée de l'Orangerie

珍藏《睡蓮》的家

搭地鐵1、8、12號線於Concorde站下，步行約6~8分鐘。 Jardin des Tuileries 75001 Paris 9:00~18:00 休週二、5/1、7/14上午、12/25 全票€12.5、優待票€10 www.musee-orangerie.fr

橘園美術館始終是愛好藝術人士的熱門參觀點，博物館本為1853年時興建於杜樂麗花園內的橘園建物，後以收藏印象派的作品聞名，特別是莫內(Claude Monet)於1919年完成的名作《睡蓮》(Les Nymphéas)，已成為鎮館之作。

在1樓的2間橢圓形展覽廳內，莫內8幅大型長卷油畫《睡蓮》沈靜地展示在4面純白的牆上，柔和的光線透過挑高、透明的天窗輕灑，讓人不論置身哪個角落，都能以自然的光源欣賞生動迷人的蓮花。

除了莫內的《睡蓮》，地下1樓還有印象派末期到二次大戰左右的作品，包括塞尚(Paul Cézanne)、雷諾瓦(Pierre-Auguste Renoir)、馬諦斯(Henri Matisse)，以及畢卡索(Pablo Picasso)的畫作。在一間博物館中可同時欣賞到多位世界級大師的作品，正是橘園最吸引人之處。

莫內的《睡蓮》Les Nymphéas

莫內8幅大型長卷油畫《睡蓮》

雷諾瓦的《裸女》(Femme nue dans un pausage)

塞尚的《紅屋頂景觀》(Paysage au toit rouge ou Le Pin à l'Estaque)

畢卡索的《巨大的沐浴者》(Grande baigneuse)

MAP ▶ P.74D4

皮諾私人美術館(巴黎證券交易所)

MOOK Choice

Bourse de Commerce – Pinault Collection

安藤忠雄的圓形劇場

搭地鐵1號線於Louvre – Rivoli站下，步行約5分鐘。 2 rue de Viarmes 75001 Paris 01 55 04 60 60 11:00~19:00(週五至21:00) 休週二、5/1 全票€14、優待票€10 www.pinaultcollection.com/en/boursedecommerce

巴黎證券交易所的歷史可以追溯到16世紀，如今是開雲集團(Kering)創辦人皮諾(François Pinault)的私人美術館。由日本建築大師安藤忠雄規劃設計，這裡聚集了皮諾累積50多年來的私人收藏，展示1960年代至今的現代與當代藝術。2021年盛大開幕後，成為巴黎嶄新的藝術地標。

這裡原是凱薩琳・梅迪奇的宮殿和住所，一直到18世紀開始轉變為商業與經濟活動的重要場所——18世紀的小麥交易所(Halle au blé)、19世紀的證券交易所(Bourse de Commerce)以及20世紀的巴黎工商會的總部。

美術館分為地上3層及地下2層樓，安藤忠雄位於中心的圓環大廳(Rotunda)設計了一個直徑30公尺、9公尺高的清水模圓柱，並有4個開口。他的靈感來自羅馬的萬神殿，為美術館創造出一個獨特而抽象的空間，強調了原始建築的特色，也提供了全新的視角。這裡不定期舉辦特展，並根據展覽內容進行不同的布置和設定。

誰是開雲集團？

創立於1962年的開雲集團，旗下品牌包括Gucci、YSL、Bottega Veneta、Balenciaga、PUMA等，是世界三大奢侈品集團之一。

穹頂壁畫

證券交易所於1889年落成，壯麗的穹頂壁畫由建築師Henri Blondel邀請Alexis-Joseph Mazerolle監製，找來了4位畫家共同完成。這4幅作品呈現了19世紀末的世界局勢：俄羅斯與北美各據一方、西歐與鄂圖曼帝國並列，而被殖民的非洲與亞洲被歸為一組，象徵著被殖民的地區。工業革命加速了歐洲商業的繁榮，進一步推動了殖民主義的擴展，壁畫中刻畫了當時刻板印象的黑人及亞洲女性形象，原住民美洲人被描繪得疲憊不堪……在那個時代，站在圓環大廳的中心，就彷彿站在了世界的中心。

雙螺旋梯

雙螺旋梯是18世紀小麥交易所唯一保留下來的痕跡，由Nicolas Le Camus de Mézières於1767年設計建造，連結了地面層和頂樓的糧倉。雙螺旋的樓梯相互交織，卻保持平行，讓搬運工人能夠上下分流，避免彼此碰撞。

MAP ▶ P.74A3

小皇宮‧巴黎市立美術館

Petit Palais‧Musée des Beaux-Arts de la Ville de Paris

精緻的小美術館

搭地鐵1、13號線於Champs-Élysées-Clémenceau站下，或搭乘地鐵9號線於Franklin D. Roosevelt站下，步行約2分鐘。 Avenue Winston Churchill 75008 Paris 01 53 43 40 00 10:00~18:00 休週一、1/1、5/1、11/11、12/25 常設展免費，特展視展覽而異 www.petitpalais.paris.fr

小皇宮由建築師Charles Girault設計，現在是巴黎市立美術館的家。它的外觀和大皇宮類似，同樣以新藝術風格的柱廊、雕刻和圓頂展現迷人風采，但規模小巧的多。從精巧的拱形金色鐵鑄大門進入，右側是特展展覽館，左側則是永久展覽館，中間環抱著半圓型的古典花園。

巴黎市立美術館雖然以法國美術品為主，但永久展仍收集了不少荷蘭、比利時、義大利地區藝術家作品，展場以年代區分展區，包括1樓和地下1樓，1樓的展示以18、19世紀和1900年代巴黎繪畫藝術作品為主；地下1樓的館藏則從古希臘和羅馬帝國時期的文物、東西方基督教世界文物、文藝復興時期，到17、19世紀和1900年代巴黎的藝術繪畫或雕塑，其中包括Jean-Baptiste Carpeaux、Jules Dalou、Guimard、Jean-Joseph Carriès、Jean-Édouard Vuillard等知名雕塑家或畫家的作品，以及巴比松畫派(Barbizon)和印象派(Impressionism)的畫作，種類從小型的繪畫、織品、彩陶，到大型的雕塑、傢俱都有，收藏豐富。

MAP ▶ P.74C3

里沃利路

Rue de Rivoli

羅浮宮前的熱鬧街道

搭地鐵1、7號線於Palais Royal-Musée du Louvre站下，或搭地鐵1號線於Louvre-Rivoli站下，皆出站即達。

摩里斯飯店

228 Rue de Rivoli Paris 01 44 58 10 10 www.dorchestercollection.com/en/paris/le-meurice/

Angelina

226 Rue de Rivoli Paris 01 42 60 82 00 www.angelina-paris.fr

里沃利路從杜樂麗花園一直延伸到巴士底廣場(Place de la Bastille)，街上聚集了許多商店，靠近羅浮宮這段以紀念品商店為主，琳瑯滿目的展示著印有「Paris」字樣或艾菲爾鐵塔圖案的衣服、T恤、模型、明信片、絲巾，令人眼花撩亂。

在與羅浮宮、杜樂麗花園的交接處，聳立著一排擁有宏偉拱門廊柱的4層樓建築，它們是曾是巴黎貴族興建宅邸的標準，出自大畫家與大建築師丰丹之手，可惜這些拱廊在連續橫跨60道大拱門後，建築就不再整齊劃一了。

此外，位於228號的摩里斯飯店(Le Meurice)是里沃利路上值得探訪之處，開幕於19世紀初的它，是巴黎第一間擁有電梯設備的旅館，現今在飯店樓上的露天餐館還可遙望塞納河與杜樂麗花園的美景。

MAP ▶ P.74B2

瑪德蓮廣場

Place de la Madeleine

高級食材的天堂

搭地鐵8、12、14號線於Madeleine站下，出站即達。

瑪德蓮廣場的名稱來自聳立於中央的瑪德蓮教堂有關，瑪德蓮教堂，是法國首都巴黎第八區的一座新古典主義風格天主教教堂，原來是為了紀念拿破崙軍隊的榮耀。另外，這座巴黎人氣廣場還和美食有著密不可分的關係，它是全巴黎高級食品店最密集的區域，知名的佛雄(Fauchon)、松露之家(Maison de la truffe)、魚子醬專賣店Caviar Kaspia、頂級茶葉瑪黑兄弟(Mariage Frères)都在這裡。

MAP ▶ P.74B2

瑪德蓮教堂

Église de la Madeleine

聖母升天的肅穆時刻

搭地鐵8、12、14號線於Madeleine站下，出站即達。 Place de la Madeleine 75008 Paris 01 44 51 69 00 9:30~19:00 免費 lamadeleineparis.fr

祝聖於1842年、新古典主義風格的瑪德蓮教堂，由52根高20公尺、直徑1公尺的科林斯式柱，撐起風格迥異於巴黎其他教堂的希臘神殿式外觀。其南面山牆《最後的審判》(Le Jugement Dernier)雕刻出自Lemaire之手，值得細細觀賞。

教堂唯一的光源來自於三座小圓頂，自然採光讓內部鍍金的細膩裝飾，在灰濛濛的光影下更添美感。教堂祭台後方的《聖母升天像》是參觀重點，青銅門上由Henri de Triqueti製作的聖經《十誡》(Le Décalogue)浮雕，以及教堂內以大理石和鍍金雕飾和雕像，如入口左邊由法蘭斯瓦·路德(François Rude)雕刻的《基督受洗》(Baptism of Christ)等，都不容錯過。

凱旋門和艾菲爾鐵塔
Entre l'Arc de Triomphe - la Tour Eiffel

凱旋門是巴黎的代名詞，為拿破崙而建的凱旋門，迄今風光依舊，雄偉的門面和雕刻永遠是令人驚嘆的焦點。而要體會巴黎的浪漫風情，可以在天幕低垂之際登上艾菲爾鐵塔，等待星辰交替的城市夜景，欣賞巴黎沉靜之美，或是將艾菲爾鐵塔當成主角，無論是從夏佑宮或戰神公園兩地取景，這個當地人口中的「巴黎貴婦」(La Grande Dame de Paris)，都是極為經典的明信片畫面。

除了凱旋門和艾菲爾鐵塔，這一區的香榭麗舍大道亦是巴黎的代名詞，今日街上掩映於法國梧桐樹和栗樹綠蔭下的名牌旗艦店、國際連鎖服飾、百年甜點店，更賦予遊客不得不造訪的極大誘因。

Where to Explore Entre l'Arc de Triomphe - la Tour Eiffel
賞遊凱旋門和艾菲爾鐵塔

MAP ▶ P.97C3D3

香樹麗舍大道 Avenue des Champs-Élysées

MOOK Choice

巴黎大道的代名詞

搭地鐵1、2、6號線或RER A線於Charles de Gaulle-Étoile站下，或搭地鐵1號線於George Ⅴ站下，或搭地鐵1、9號線於Franklin D. Roosevelt站下，或搭地鐵1、9號線於Franklin D. Roosevelt站下，皆出站即達。 各店不一，約週一～週六10:00~19:00

從凱旋門到協和廣場之間的香榭麗舍大道全長約3公里，如從協和廣場這頭看，它有點微微隆起，最高點就是凱旋門。

巴黎在16世紀拓建香榭麗舍大道時，中間是12線行車道，之外是兩線安全島，然後是兩線慢車道，再之外是各寬21公尺的人行道，足堪降落世界最大的飛機，1980年真的有一架727飛機降下來，但那是法國政府搞觀光宣傳而已。

今日的香榭麗舍大道是觀光客眼中巴黎大道的代名詞，掩映於法國梧桐樹和栗樹綠蔭下，是一家家的精品、服飾店、咖啡店和餐廳，來這裡壓壓馬路也成為每位來巴黎的人必做的事。

全世界最貴的黃金地段！

香榭麗舍大道上每天都是川流不息的觀光客，商機無限，因此寬廣的林蔭大道開滿了精品和各大品牌的旗艦店，商用租金也居高不下。據統計2023年香榭麗舍大道的店面租金在全球最貴零售區榮獲第5，可以說是寸土寸金。

凱旋門、艾菲爾鐵塔
馬約門廣場
Pl. de la Porte Maillot
Porte Maillot
Neuilly - Porte Maillot
Argentine
Ternes
Courcelles
Monceau
蒙梭公園
Parc Monceau
Charles de Gaulle - Étoile
凱旋門 Arc de Triomphe
戴高樂廣場
Pl. Charles de Gaulle
St-Philippe-du-Roule
George V
Kléber
Victor Hugo
Ladurée
巴黎半島酒店
Hôtel The Peninsula Paris
莉莉餐廳
Lili Restaurant
香榭麗舍大道
Franklin D. Roosevelt
巴黎喬治五世四季酒店
Four Seasons Hôtel George V, Paris
Boissière
La Pâtisserie des Rêves
法蘭斯瓦一世廣場
Pl. François 1er
迪奧藝廊
Galerie Dior
吉美亞洲藝術博物館
Musée National des Arts Asiatiques-Guimet
時尚與服飾博物館
Musée de la Mode et du Costume
Iéna
Alma - Marceau
投卡德候廣場
Pl. du Trocadéro-et-du-11-Novembre
東京宮
Palais de Tokyo
巴黎近代美術館
Musée d'Art Moderne de la Ville de Paris
Bateaux Mouches
乘船處
塞納河 Seine
Trocadéro
建築與遺產之城
La Cité de l'Architecture et du Patrimoine
夏佑國家劇院
Théâtre National de Chaillot
夏佑宮
Palais de Chaillot
投卡德候花園
Jardins du Trocadéro
Pont de l'Alma
布萊利碼頭藝術博物館
Musée du Quai Branly
人類博物館
Musée de l'Homme
海洋博物館
Musée National de la Marine
Safeaux Parisiens
乘船處
艾菲爾鐵塔
Tour Eiffel
Passy
La Tour-Maubourg
戰神廣場
Pl. de Champ de Mars
Champ de Mars - Tour Eiffel
巴爾札克紀念館
Maison de Balzac
École Militaire
Bir-Hakeim
巴黎軍事學院
École Militaire
Av. du Président-Kennedy
圖例
地鐵1號線
地鐵2號線
地鐵6號線
地鐵8號線
地鐵9號線
RER A
RER C

MAP ▶ P.97B6

艾菲爾鐵塔

MOOK Choice

Tour Eiffel

擁抱巴黎最浪漫的景色

搭地鐵6號線於Bir-Hakeim站下，搭RER C線於Champs de Mars-Tour Eiffel站下，步行約5分鐘，或搭地鐵6、9號線於Trocadéro站下出來是卡德侯花園，可於此地拍照。 0892 70 12 39 9:00~00:00，開放時間會變更，請上網查詢最新資訊。 電梯至第2層(2ème étage)全票€22.6、優待票€5.7~11.3，頂層(Sommet)全票€35.3、優待票€8.9~17.7；樓梯至第2層(2ème étage)全票€14.2、優待票€3.6~7.1；樓梯至第2層(2ème étage)加上電梯至頂層(Sommet) €26.9、優待票€6.8~13.5。4歲以下免費 www.toureiffel.paris/en

為萬國博覽會而建的艾菲爾鐵塔高320公尺，自1887~1931年紐約帝國大廈落成前，保持了45年世界最高建築物的地位，目前仍是巴黎最知名的地標，以防範強風吹襲的對稱鋼筋設計著稱，兼具實用與美感考量。艾菲爾鐵塔在2024年巴黎奧運期間再次成為焦點，掛上五環的鐵塔不僅見證了傳奇歌后席琳·狄翁在開幕典禮上的華麗復出，還為在戰神廣場舉辦的沙灘排球賽提供壯麗的背景。無論是透過電視轉播還是親臨現場，都讓人格外震撼、目不轉睛！

艾菲爾鐵塔共分3層，第2層可以爬樓梯或搭電梯的方式抵達，這裡的高度還不算太高，可以清楚辨識出巴黎的其他主要地標物。頂層只能搭乘電梯前往，如果打算繼續「攻頂」，最好在抵達2層時就先加入排隊等電梯的隊伍，一邊排隊一邊欣賞風景以節省時間，畢竟旺季時排上1~2個小時的隊伍稀鬆平常。

在抵達274公尺高的頂層後，就可以慢慢欣賞巴黎的景物了，白天視野佳時，可遠眺72公里遠處。不過最好的觀賞時機當然是趕在黃昏前爬上鐵塔，可同時欣賞白天與夜晚時截然不同的景色！

別忘了參觀頂層的神秘房間！

在艾菲爾鐵塔的頂層有個小房間，原先為建築師艾菲爾的房間，1899年9月大發名家愛迪生還來拜訪過呢！如今屋內放有艾菲爾、女兒克萊兒和愛迪生的蠟像重現當時的場景。

鐵塔自己會移動？

別擔心，這不是靈異事件！由於艾菲爾鐵塔採用7,300公噸的熟鐵建構，因為熱脹冷縮的原理，所以鐵塔靠近太陽的那一面，不時會往遠離太陽的方向移動，最多不超過18公分。

MAP ▶ P.97B2

凱旋門

MOOK Choice

Arc de Triomphe

拿破崙的榮光

搭地鐵1、2、6號線或RER A線於Charles de Gaulle-Étoile站下，出站即達。 Pl. Charles de Gaulle, 75008 Paris 凱旋門24小時；頂樓觀景台4 ~9月10:00~23:00、10~3月10:00~22:30；售票至關閉前45分鐘 休1/1、5/1、5/8上午、7/14上午、7/24、11/11上午、12/25 凱旋門免費，頂樓觀景台全票€16 www.paris-arc-de-triomphe.fr

身為巴黎重大慶典的遊行起點，凱旋門最令人嘆為觀止的，並非拱門上壯麗的雕刻，而是拿破崙(Napoléon Bonaparte, 1769~1821)誕辰景觀！所謂拿破崙誕辰景觀，指的是每年10月12日拿破崙生日當天，不偏不倚從凱旋門正中央落下的太陽。

CELINE的商標靈感來自凱旋門？

想要品牌成功，行銷得要搶先機！當年CELINE創辦人Celine Vipiana行經凱旋門時，發現阻車的鏈子圖案，近似品牌字母「C」，於是即刻向政府申請將鎖鏈圖形作為他們的品牌識別，讓所有來到凱旋門的遊客，都能看到CELINE。

凱旋門原本是為了紀念拿破崙一連串軍事勝利而建，讓軍隊凱旋歸來時能在此接受民眾的歡迎，當時委任建築師尚・夏勒格林(Jean Chalgrin)設計，其靈感來自羅馬的康斯坦丁凱旋門(Arco di Costantino)。

然而，在1806年奠定凱旋門的首座基石後，卻因拿破崙於1815年失勢，使得凱旋門的建設工程延滯不前，直到1836年路易－菲利浦(Louis-Philippe,1773~1850)在位時期，才完成了這座高50公尺、寬45公尺的宏偉拱門，拿破崙的遺體和軍隊也終於在1840年通過這道凱旋門。

悲壯的凱旋門背後其實還有一段小插曲，拿破崙因元配約瑟芬(Joséphine de Beauharnais, 1763~1814)不孕，同時在締結外交關係的考量下，另娶奧皇女兒瑪麗・路易絲(Marie Louise, 1791~1847)為妻，拿破崙計畫讓新娘穿過凱旋門後前往羅浮宮舉行婚禮，因而下令建造凱旋門。

裝飾於凱旋門上方的雕刻是不能錯過的欣賞重點，內容多在描繪拿破崙帝國出征勝利事蹟，拱門內部的牆壁上則記載了所有帝國軍隊將領的姓名。此外，凱旋門所在的戴高樂廣場，是巴黎12條大道的交叉衢口，其中部份大道便是以法國知名將領為名。

頂樓觀景台 La Plate-forme

買票可登上284階的凱旋門頂樓，從這裡可眺望整個巴黎市區，包括從東邊香榭麗舍大道(Avenue des Champs-Élysées)望至羅浮宮(Musée du Louvre)，西邊則可以遠眺至拉德芳斯(La Défense)的新凱旋門(Grande Arche)。

三十盾牌 Les Trente Boucliers

頂端下方有30個盾牌，盾牌上分別是拿破崙在歐洲和非洲大獲全勝的每個戰役名字。

阿布基戰役雕刻 La bataille d'Aboukir

歌頌拿破崙1799年在阿布基(Aboukir)這個地方大敗土耳其，為藝術家Seurre之作。

拿破崙凱旋雕刻 Le Triomphe de 1810

位於立面左方的大型雕像，慶祝拿破崙王朝的全盛時期重要功績──1810年維也納和平條約的簽署。此為雕像家Cortot的作品，雕像中勝利女神正將桂冠賜予拿破崙。

簷壁雕刻 La Frise

位於簷壁下的長形雕飾描述戰爭場景，東側描述法軍英勇出征，西側則是凱旋而歸。

奧斯特利茲戰役雕刻 La bataille d'Austerlitz

北側這座雕像描述拿破崙在奧地利奧斯特利茲的破冰之役，當時造成上萬敵軍溺斃，法軍成功凱旋。

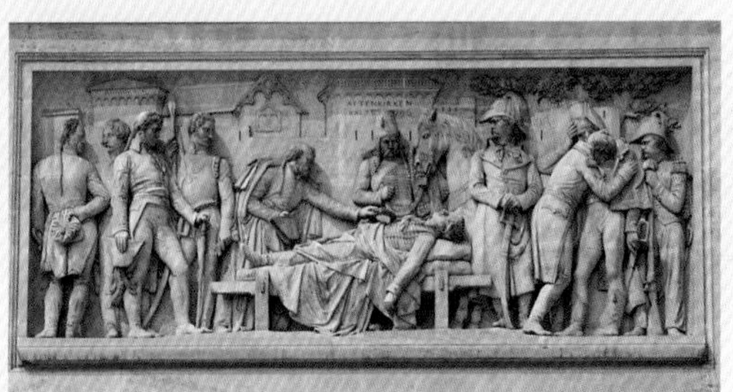

馬梭將軍葬禮雕刻 Les Funérailles du Général Marceau

馬梭將軍(Général Marceau)是拿破崙的大將之一，他於1795年成功擊敗奧地利軍隊，然而卻在隔年一場戰役中犧牲，這片浮雕描述出他葬禮的情景。

1972年志願戰士役雕刻 Le Départ des Volontaires de 1792

這塊位於立面右方的大型雕塑是法國大雕刻家法蘭斯瓦・路德(François Rude)的經典作品(又名「馬賽曲」，後來法國國歌便是以此為靈感)，它描述市民勇敢組成志願軍，出兵抵抗奧地利和普魯士的侵略，是凱旋門的雕刻作品中最知名的一件。

無名戰士墓 Tombe du Soldat Inconnu

凱旋門拱廊下方，埋葬了在一次世界大時期犧牲陣亡的無名戰士，從1920年至今，紀念火焰和鮮花花束從未間斷。

MAP ▶ P.97D4

迪奧藝廊

MOOK Choice

La Galerie Dior

讓大家流連忘返的七彩時尚牆

搭地鐵1、9號線於Franklin-D.-Roosevelt站下，步行約5分鐘。 11, rue François Ier 01 82 20 22 00 11:00~21:00；最後入場17:30 休週二、1/1、5/1、12/25 www.galeriedior.com 建議事先上網預約參觀時段

迪奧蒙田大道總店修繕後新增了迪奧藝廊，於2022年3月隆重開幕。迪奧藝廊呈現了迪奧從1947年發展至今的演變，公開創辦人Christian Dior和歷屆創意總監的設計手稿和作品，不僅展示迪奧設計的精髓，也反映了巴黎高級訂製文化的發展，其中許多作品更是首次對外亮相。

畫廊內不只是陳列迪奧的經典設計、歷屆畫報攝影、飾品香水的研發，也能一睹迪奧設計的幕後花絮，像是Christian Dior的辦公室和工作室、模特兒的試衣間等空間。

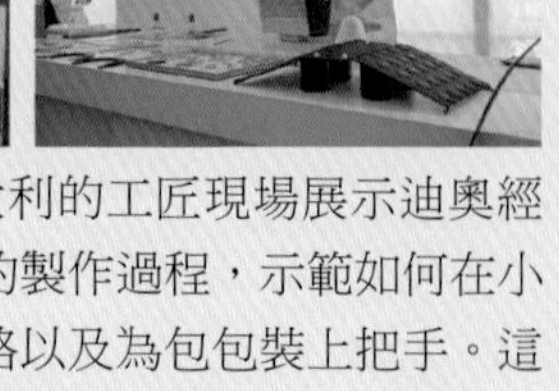

此外，還有來自義大利的工匠現場展示迪奧經典包包Lady Dior的製作過程，示範如何在小羊皮上刻上紋路以及為包包裝上把手。這款包包因黛安娜王妃風靡全球，推出以來一直是迪奧的標誌包包。

進入迪奧藝廊後映入眼簾的，是三層樓高的七彩時尚牆，掛滿迪奧的裙子、帽子、包包、鞋子，中間還有一道螺旋樓梯，是完美的拍照打卡點。這個色彩繽紛的空間，展現了迪奧品牌的時髦風采，將訪客帶入生動的時尚世界。2樓也開設迪奧咖啡廳(Café Dior)，供應簡餐、甜點和咖啡飲料。需要留意的是，咖啡廳只對迪奧藝廊的訪客開放。

MAP ▶ P.97C5

布萊利碼頭藝術博物館

Musée du Quai Branly

建築與館藏同樣驚艷

搭地鐵9號線於Iéna站下，步行約8分鐘；或搭RER C線於Pont de l'Alma站下，步行約3分鐘。 37 Quai Branly, 75007 Paris 01 56 61 70 00 週二~週日10:30~19:00，週四10:30~22:00 休週一 永久展和特展套票全票€12、優待票€9 www.quaibranly.fr

坐落於塞納河畔的布萊利碼頭藝術博物館，占地約四萬平方公尺，落成於2006年，館藏以非洲、美洲、大洋洲和亞洲原住民藝術為主，風格迥異於西方國家常見的文物收藏，因此，它的開幕讓巴黎人眼睛為之一亮，迅速成為熱門新景點。

事實上，這座博物館不論就館藏或規模、創新度來說，都是巴黎最具代表性的博物館之一，也被視為前法國總統席哈克(Jacques René Chirac)任內的重要政績之一。

布萊利碼頭藝術博物館光是外觀就能引起新話題，而館內藏有近30萬件來自非西方國家的藝術產物，在動線流暢的主展場，以地區分門別類展示，而除了靜藏展覽，也有影音導覽、舞蹈、戲劇和音樂表演等，讓遊客能以更生動活潑的方式，了解這些原住民精采的藝術文化遺產。

拍攝艾菲爾鐵塔全貌的好選擇

由於博物館距離艾非爾鐵塔非常近，從博物館內部可以看到高聳的艾非爾鐵塔，建議可來此取景，搭配設計感十足的博物館，讓畫面更加豐富。

獨特的建築設計

法國建築師Jean Nouvel以充滿現代感的設計賦予它獨特的面貌，包括一面爬滿藤蔓蕨類的植生牆，以及足以映射周邊塞納河和艾菲爾鐵塔風光的玻璃幃幕建築。

藏品質量均豐

藏品種類涵括了雕刻、面具、生活器具、宗教祭器、樂器，各種過去生活在這些土地上的原始文物，一一重現於世人眼前，充滿質樸的趣味。

特殊的造景

綠意盎然的花園造景，結合環保與現代化的時尚設計，和內部的原始藝術典藏產生強烈的對比，一時間掀起一股仿傚風潮。

MAP ▶ P.97B5

夏佑宮

MOOK Choice

Palais de Chaillot

欣賞鐵塔的獨特地點

搭地鐵6、9號線於Trocadéro站下，步行約1分鐘。 Place du Trocadéro 75016 Paris 單人票€30，雙人票€50 24小時 www.citedelarchitecture.fr/fr

為了迎接1937年的萬國博覽會，巴黎興建立了夏佑宮，建築主體分為東西兩翼兩座近200公尺長的弧形建築，其以張開雙臂之姿擁抱著投卡德候花園(Jardins du Trocadéro)，往前則是塞納河，再往前艾菲爾鐵塔高聳矗立，如此巧奪天工的視野和設計，讓夏佑宮在博覽會結束後，仍成為遊客不可錯過的參觀焦點。而這棟宏偉的建築，後來也改設成多座博物館的家，有興趣的人，除了賞景拍照外，也可進行一場精采的博物館巡禮。

西翼

海洋博物館

17 Place du Trocadéro 75116 Paris　01 53 65 69 69　11:00~19:00(週四至22:00，8/15除外)；最後入場閉館前1小時　週二、1/1、5/1、7/14、12/25　全票€11，優惠票€9　www.musee-marine.fr

人類博物館

17 Place du Trocadéro 75116　01 44 05 72 72　10:00~19:00；最後入場18:15　週二、5/1、7/14、12/25　全票€15、25歲以下€12　www.museedelhomme.fr

在夏佑宮的西翼擁有海洋博物館(Musée National de la Marine)和人類博物館(Musée de l'Homme) 兩間大型博物館，海洋博物館於1827年創立，陳設各種與海洋有關的文物，像是船隻模型、遺骸、雕刻、繪畫和造船演進、技術和歷史事件，尤其是法國的海事發展，不論就戰爭或是商業考量，都曾在歷史上占有重要的地位，從這座博物館，也很容易窺知一二；人類博物館以人類學和考古學為主題，館內以豐富的文獻和收藏品，探究人類的演進和發展，然目前有部份文物已移至布萊利碼頭藝術博物館。

東翼

建築與遺產之城

1 Place du Trocadéro　01 58 51 52 00　11:00~19:00(週四至21:00)；最後入場閉館前40分鐘　週二　常設展全票€9、優待票€6，特展門票視展覽而異；常設展＋特展聯票€12；，每個月第一個週日免費　www.citechaillot.fr

夏佑國家劇院

1 Place du Trocadéro　視表演而異　視表演而異

建築與遺產之城(La Cité de l'Architecture et du Patrimoine)和夏佑國家劇院(Théâtre National de Chaillot)位於東翼，前者於2007年成立，近一萬平方公尺的展區展示了法國從12世紀至現代有關歷史古蹟、建築和城市設計的文物和作品，後者是法國文化部指定作為巴黎4個國家劇院的其中之一，在此可以欣賞到一流的戲劇、舞蹈和時尚秀等各式藝文表演。

投卡德候花園
Jardins du Trocadéro

24小時　免費

有著美麗的草坪、花園和噴泉，這片朝著塞納河延伸的綠地風景優美，是1937年時Expert建築師為萬國博覽會改建的結果，原本聳立於其中的犀牛和大象雕刻已於1986年時搬到奧塞美術館入口前的廣場。

MAP ▶ P.97B4

吉美亞洲藝術博物館

Musée National des Arts Asiatiques-Guimet

MOOK Choice

亞洲藝術的菁華

搭地鐵9號線於Trocadéro ou léna站下，出站即達；或搭RER C線於Pont de l Alma站下。 6 Place d'léna 75116 Paris 01 56 52 54 33 10:00~18:00；最後入場時間17:30 休週二、1/1、5/1、12/25 全票€13、優待票€10；每月第一個週日免費 www.guimet.fr

身為西方世界中最大的亞洲藝術博物館，吉美在歐洲幾乎可說是亞洲藝術收藏界中的指標！

這間博物館於1879年創立時原本位於里昂，因其創辦人Émile Étienne Guimet為里昂當地的實業家，熱愛旅遊的他更是一名藝術行家，這樣的身份使他1876年時受公共教育部部長的委任，對遠東的各個宗教進行研究，在透過一段段前往埃及、日本、中國、印度等遠東國家的大旅行後，其成果充分展現於今日的吉美博物館中。

1885年時，Émile Étienne Guimet將他的個人收藏捐給了法國政府並運往巴黎，後來連同羅浮宮以及原本位於投卡德侯(Trocadéro)的前印度支那博物館中的收藏，共組今日的吉美博物館，這處位於16區的「新」博物館開幕於1889年，並於2001年時在歷經6年大規模整修後重新開放。

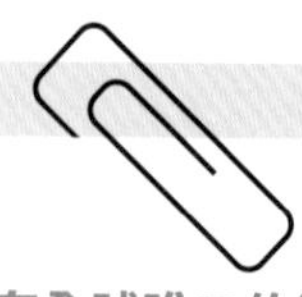

這裡有全球唯二的法語版《論語導讀》！

法國人弗朗索瓦貝耶在1688年出版了法國首部《論語導讀》，目前原著僅存兩本。一本收藏在吉美亞洲藝術博物館，另一本在2019年由法國總統馬克宏親手送給中國國家主席習近平。

中國展品豐富

在分布於3個樓層的展場中，以中國文物最為豐富，其中包括商周時代的青銅器、以西域異族為主題的唐三彩、明朝的瓷器。

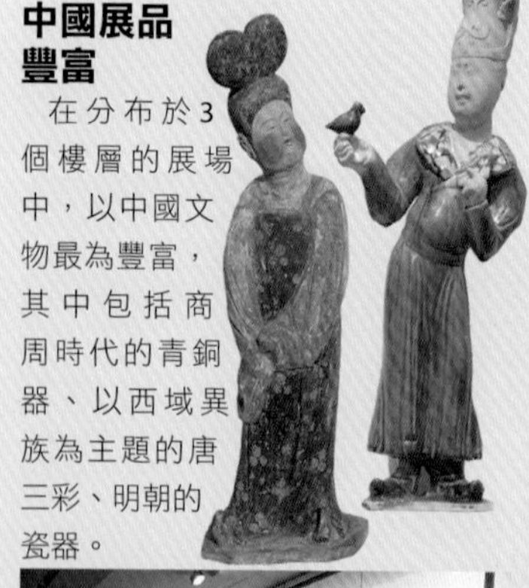

館藏項目多樣

館藏還包括阿富汗的聖物、西藏的神像、日本的武士盔甲等，館藏幾乎可說橫越絲路、遠達佛教發跡之地，甚至直抵古埃及和希臘。

印度及吳哥、占婆文物

印度早期各類佛陀雕刻和18~19世紀的細密畫(les miniatures)也可見，此外，大量吳哥和占婆文物更是該博物館的一大亮點。

MAP ▶ P.97C5

巴黎近代美術館

Musée d'Art Moderne de la Ville de Paris

匯集20世紀大師的藝術殿堂

搭地鐵9號線於Iéna站或Alma Marceau站下，皆步行約3~5分鐘。 11 Avenue du Président Wilson Paris 01 53 67 40 00 週二～週日10:00~18:00(週四至21:30)，售票至閉館前45分鐘。 週一 永久展免費、特展視展覽而異。 www.mam.paris.fr

巴黎近代美術館收藏了20世紀美術巨匠的作品，是1937年巴黎博覽會的展覽館之一，其中最有名的，是達達主義中最「反藝術」的杜布菲(Jean Dubuffet)，為電氣館所畫的大作以禮讚科學文明的《電氣神怪》，此外還有莫迪利亞尼(Amedeo Modigliani)的《藍眼的女人》、馬諦斯的《舞蹈》等。由於永久展覽不收費，喜愛近代美術的人千萬別錯過這座藝術聖殿。

杜飛(Raoul Dufy)的《電氣神怪》La Fée Electricité

5幅畫作下落不明

法國蜘蛛大盜托米奇曾經從這座美術館中偷走了雷赫爾《靜物與燭台》、畢卡索《乳鴿與青豆》、馬蒂斯《田園畫》、布拉克《艾思塔克附近的橄欖樹》、莫迪利亞尼《持扇的女人》等5幅名畫，儘管托米奇落網被抓，並且判刑8年與罰鍰1.1億美元，但是畫作不知所蹤。

德勞內(Robert Delaunay)的《巴黎市》La Ville de Paris

莫迪利亞尼的《藍眼的女人》The woman with blue eyes

MAP ▶ P.97C5

東京宮

Palais de Tokyo

法國當代藝術指標

搭地鐵9號線於Iéna站或Alma Marceau站下，皆步行約3~5分鐘。 13 Avenue du Président Wilson 75116 Paris 01 81 97 35 88 12:00~21:00 週二、1/1、5/1、12/25 全票€12、優待票€9 www.palaisdetokyo.com

與時尚與服飾博物館隔著威爾森總統大道對望的ㄇ字型建築，其西翼稱之為東京宮，該建築於1937年開幕時正值「國際現代生活藝術科技展」期間，當時這棟被當成創意、建設計畫空間的建築，曾容納藝術博物館、攝影和電影中心等，直到2002年才以東京宮的名義對外開放，並展出各色與現代藝術相關的特展，由於主題豐富多元，相當受巴黎人喜愛。

巴士底
和瑪黑區

巴士底和瑪黑區

Entre la Bastille - le Marais

昔日巴士底廣場上的巴士底監獄，已被象徵自由的「七月柱」所取代，這裡是法國大革命的起點，如今成為許多遊行活動的集合地點，傳承著法國人最引以為傲的自由開放精神。

緊鄰巴士底西側的瑪黑區，名稱原意為「沼澤」，打從13世紀中葉到17世紀間一直都是貴族聚集的區域，許多像是蘇利府邸之類的豪宅見證著這段歷史，不過後來卻成為勞工階級的住宅區，洋溢著敗破的氣氛，直到20世紀下半葉經過重整後再現美麗風貌，吸引餐館、畫廊、服裝店、同志酒吧入駐，成為巴黎新興的藝文熱區。

Where to Explore entre la Bastille - le Marais
賞遊巴士底和瑪黑區

身分多重又多情的西蒙波娃

身為女權主義先驅的西蒙波娃，同時也具有政治家、哲學家和作家等等的身分，她在這些領域裡都有很大的影響力，是法國近代最偉大的女性之一。同時她的感情世界也相當精彩，除了終生以和另一位知名作家沙特維持開放性的情人關係外，另外還和美國作家納爾遜·艾格林、新聞記者克羅德·朗茲曼戀愛。

MAP ▶ P.109C6

西蒙波娃橋

Passerelle Simone-de-Beauvoir

弧度優雅曲線橋

搭地鐵6號線於Quai de la Gare站下，步行約6~10分鐘。

這條用來紀念法國知名女作家西蒙波娃的橋，於2006年正式啟用，是塞納河最後落成的橋。

全長304公尺的它分為上下兩層，猶如兩道上下倒置的弧線彼此交錯，通往不同高度的堤道。橋中央則設計了一個讓行人可以休息、躲雨的區域，相當特殊。

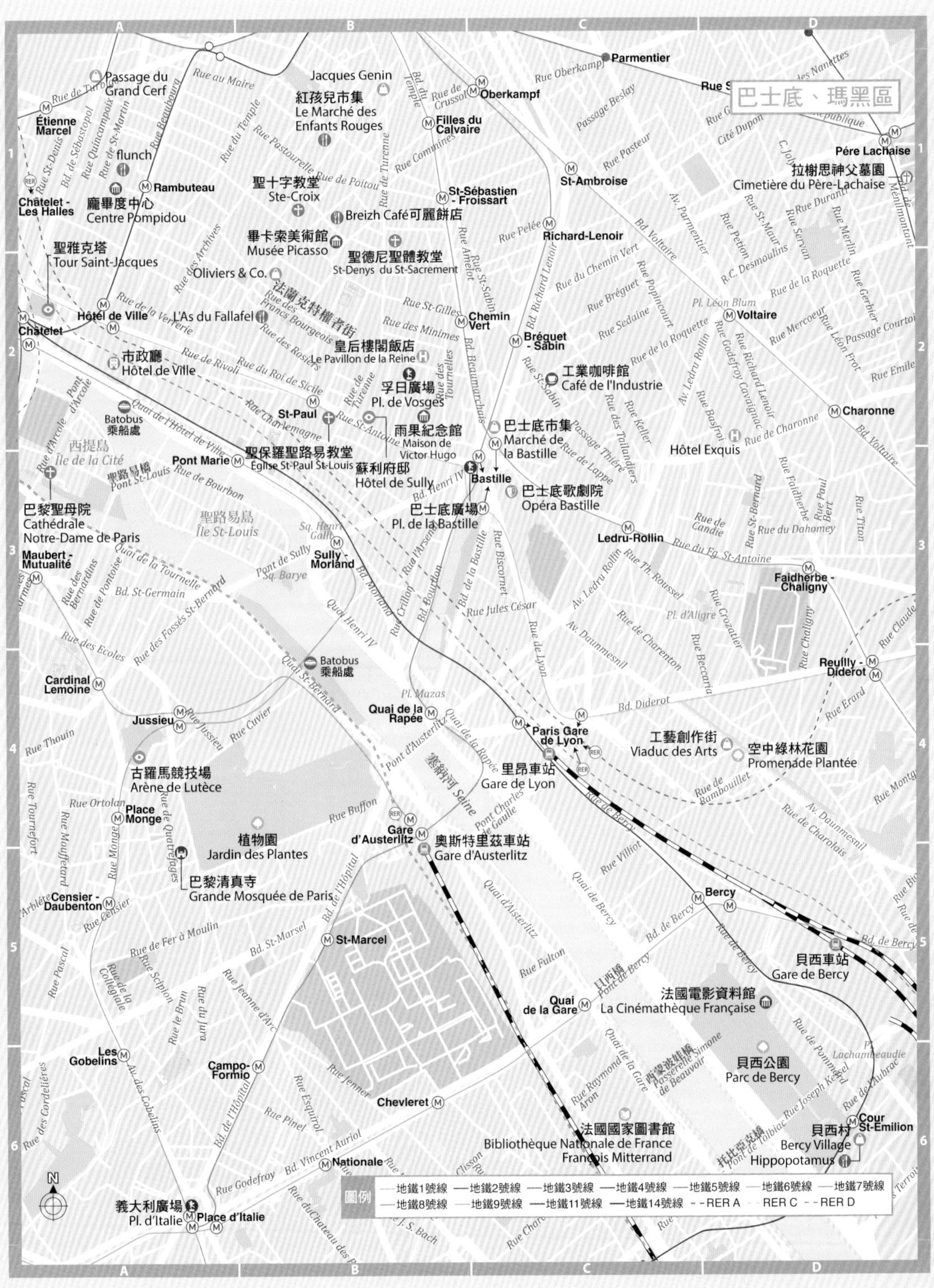
巴士底、瑪黑區
Passage du Grand Cerf
Jacques Genin
紅孩兒市集
Le Marché des Enfants Rouges
Étienne Marcel
flunch
Rambuteau
Châtelet - Les Halles
龐畢度中心
Centre Pompidou
聖十字教堂
Ste-Croix
Breizh Café可麗餅店
畢卡索美術館
Musée Picasso
聖德尼聖體教堂
St-Denys du St-Sacrement
聖雅克塔
Tour Saint-Jacques
Oliviers & Co.
法蘭克特權者街
Hôtel de Ville
L'As du Fallafel
Châtelet
市政廳
Hôtel de Ville
皇后樓閣飯店
Le Pavillon de la Reine
孚日廣場
Pl. de Vosges
雨果紀念館
Maison de Victor Hugo
Batobus
乘船處
St-Paul
西提島
Île de la Cité
聖路易橋
Pont St-Louis
Pont Marie
聖保羅聖路易教堂
Église St-Paul St-Louis
蘇利府邸
Hôtel de Sully
巴黎聖母院
Cathédrale Notre-Dame de Paris
聖路易島
Île St-Louis
Maubert - Mutualité
Sully - Morland
巴士底廣場
Pl. de la Bastille
Bastille
巴士底市集
Marché de la Bastille
巴士底歌劇院
Opéra Bastille
工業咖啡館
Café de l'Industrie
Parmentier
Oberkampf
Filles du Calvaire
St-Sébastien - Froissart
St-Ambroise
Richard-Lenoir
Chemin Vert
Bréguet - Sabin
Voltaire
Charonne
Hôtel Exquis
Ledru-Rollin
Faidherbe - Chaligny
Père Lachaise
拉榭思神父墓園
Cimetière du Père-Lachaise
Reuilly - Diderot
Cardinal Lemoine
Jussieu
Quai de la Rapée
Paris Gare de Lyon
里昂車站
Gare de Lyon
工藝創作街
Viaduc des Arts
空中綠林花園
Promenade Plantée
古羅馬競技場
Arène de Lutèce
Place Monge
植物園
Jardin des Plantes
巴黎清真寺
Grande Mosquée de Paris
Gare d'Austerlitz
奧斯特里茲車站
Gare d'Austerlitz
塞納河 Seine
Censier - Daubenton
St-Marcel
Bercy
貝西車站
Gare de Bercy
Quai de la Gare
法國電影資料館
La Cinémathèque Française
貝西公園
Parc de Bercy
西蒙波娃橋
Passerelle Simone de Beauvoir
Les Gobelins
Campo-Formio
Chevleret
法國國家圖書館
Bibliothèque Nationale de France François Mitterrand
托比亞克橋
貝西村
Bercy Village
Hippopotamus
Cour St-Emilion
Nationale
義大利廣場
Pl. d'Italie
Place d'Italie
圖例
地鐵1號線 地鐵2號線 地鐵3號線 地鐵4號線 地鐵5號線 地鐵6號線 地鐵7號線
地鐵8號線 地鐵9號線 地鐵11號線 地鐵14號線 RER A RER C RER D

MAP ▶ P.109A1

龐畢度中心

MOOK Choice

Centre Pompidou

建築本身就是藝術

搭地鐵11號線於Rambuteau站下，步行約2分鐘。 Place Georges Pompidou 75004 Paris 01 44 78 12 33 11:00~21:00(6樓藝廊週四至23:00)，售票至閉館前1小時 休 週二、5/1 $ 全票€15、優待票€12，特展門票依展覽而異。 www.centrepompidou.fr

即使以現代的眼光來看，龐畢度中心的風格依舊十分前衛和後現代，令人不得不佩服兩位建築師，在1970年代聯手打造的勇氣。

龐畢度中心能在巴黎誕生，得歸功於法國已故總統喬治・龐畢度(George Pompidou)於1969年提出的構思。在興建一座全世界最大的當代藝術中心的願景下，從681件知名建築師設計圖中，選出藍佐・皮亞諾(Renzo Piano)與理查・羅傑斯(Richard Rogers)的設計圖，並於一片爭議聲中，在1971年開始動工。龐畢度中心於1977年1月正式啟用，不幸的是，喬治・龐畢度已在這段期間過世，無緣看到文化中心的成立，為紀念他，此文化中心便以他命名。

龐畢度中心平均每年都會更新各樓層的展覽，以現代及當代的重要藝術作品為主，內容涵蓋畫作、裝置藝術、影像及雕塑等。現代藝術作品的蒐羅重點包括馬諦斯(Henri Matisse)、畢卡索(Pablo Picasso)和夏卡爾(Mare Chagall)等大師的作品，龐畢度文化中心曾於2000年大幅整修後重新開幕，展示空間也更為摩登。

正面建築

正面建築和廣場相連，是美術館的入口，廣場上最引人注目的是那幾根像是大喇叭的白色風管，建築師刻意把廣場的高度降到街道地面下，因此即使這麼前衛風格的造型，也不會和四周的19世紀巴黎公寓格格不入。

正面建築另一令人印象深刻的，則是造型如透明水管的突出電扶梯，沿著正面的立面一階階往上，搭著電扶梯的人群就像是管子裡的輸送物，被分送到各自前往的樓層。龐畢度中心1樓為大廳及書店，2樓和3樓是圖書館，4~5樓是當代和現代藝術博物館。

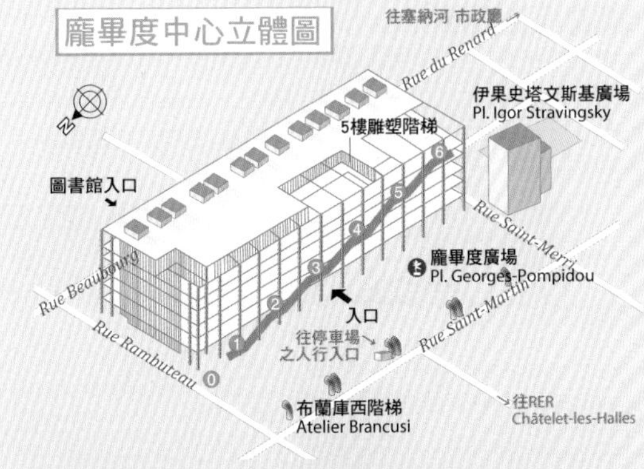

逐漸消失的設計創意

龐畢度中心設計上一反傳統，外露的管線系統被反對人士稱為「市中心的煉油廠」。而最初設計中，黃色線管包覆電子線路，水管則漆成綠色，空調管是藍色，自動扶梯和其他安全設施是以紅色為代表，如此造就鮮豔的色彩視覺。不過，後來顏色編碼被移除，不少結構轉漆成白色，讓舊有的創意，逐漸消退。

背面建築

外觀看起來就像是座大型機器的龐畢度中心，建築的三向立面也就是正面、背面及底座，各有不同的設計基調，但一致的語言就是「變化」和「運轉」。

背面建築作為圖書館的入口，各種顏色鮮豔的管子是這一面的特色，代表不同的管路系統，空調系統為藍色，電路系統為黃色，水管為綠色，電梯和手扶梯為紅色，五顏六色的水管顯露在外，成為龐畢度主要的識別面貌。

4樓當代藝術館

龐畢度中心平均每年都會更新各個樓層的展覽，這一樓以1965~1980年的當代重要藝術創作為主，約集結了東西方55個國家、180位藝術家的作品，內容涵蓋畫作、裝置藝術、影像及雕塑。

5樓現代藝術館

這裡的收藏以1905~1965年代的現代藝術為主，在41間展示不同藝術家作品的房間裡，畢卡索(Picasso)和馬諦斯(Matisse)兩位大師，可說是本區的主將。

5樓雕塑露台

由米羅(Miro)、Richier、Ernst三位藝術家創作的戶外雕塑及露天水池，是摩登的龐畢度中心開闢的清新空間，由於樓層甚高，中心旁又無高建物遮蔽，因此可以眺望到聖心堂和鐵塔，景色優美。推開玻璃門走近水池旁，似乎能頃刻置身於巴黎之上，在黃昏的光線下，方形的水面折射出雕塑的倒影，呈現極為美麗的視覺效果。

伊果史塔文斯基廣場 Place Igor Stravingsky

位於龐畢度中心後方，後有聖梅希教堂(Église Saint-Merri)，介於兩座前衛和古典的建築之前，這個廣場以其彩色活動的噴水池聞名。

廣場上色彩豐富的動態噴泉，由Jean Tinguely及Niki de Saint-Phalle夫妻檔所設計，也是巴黎第一個動態噴泉，吸引許多人駐足觀賞，假日廣場前也是街頭藝人喜愛表演的場地之一。

MAP ▶ P.109B2

孚日廣場

Place de Vosges

歷史悠久的皇家廣場

搭地鐵1、5、8號線於Bastille站下，或搭地鐵8號線於Chermin Vert站下，皆步行約5分鐘。 Place de Vosges 75004 Paris

廣大的草坪、四周的藝廊及咖啡館，使得孚日廣場成為人們假日休閒的重要場所。1800年法國大革命後，為了向第一個繳清其稅金的省分致敬，而命名為「孚日廣場」，這處廣場是巴黎最古老的皇家廣場，由法王亨利四世興建於1605~1612年間，它取代了昔日亨利二世的宅邸Hôtel des Tournelles，也拆除了凱薩琳・梅迪奇(Catherine de'Medicis)搬進羅浮宮前林立於此的哥德式建築。1612年，為了慶祝法王路易十三和奧地利的安(Anne of Austria)的婚禮，在孚日廣場上舉辦了為期3天的比武大會。

曾居住於孚日廣場四周的名人也不少，包括以書信反映路易十四時代社會風氣的女文學家塞維涅夫人(Madame de Sevigné)、路易十三的宰相黎塞留主教、以《鐘樓怪人》流芳的雨果(Victor Hugo)等，可說是人文薈萃之地。

法國最重要的「巴士底日」

法國的國慶是7月14日，巴黎民眾就在1789年的這天攻陷了巴士底監獄，開啟法國大革命，因此這天又稱為「巴士底日」。2016年法國尼斯遭受恐怖攻擊，也是選擇這天，重重打擊法國人的心。

MAP ▶ P.109C3

巴士底廣場

Place de la Bastille

法國大革命的象徵

搭地鐵1、5、8號線於Bastille站下，出站即達。

昔日的巴士底廣場，14世紀時原為堡壘，之後被法王路易十一世(Louis XI)改建為皇室監獄。1789年法國大革命期間，人民攻占了巴士底監獄，摧毀了這處皇權的象徵，堡壘的石頭被分送到法國各地，紀念當時曾遭受皇室迫害的人。

巴士底早期屬於巴黎近郊，周遭充斥著工廠及倉儲，氣氛冷清。1950年代後因都市規畫，這些工廠逐漸移往郊區，藝廊、爵士酒吧、小酒館開始紛紛進駐。現在的巴士底是夜生活重要據點，各種風格的酒吧穿插新興的設計師商店，其中以歌劇院區左側的侯葛特路(Rue de la Roquette)、行人徒步區的拉普小巷(Rue de Lappe)、夏洪尼路(Rue de Charonne)，以及奧貝康普普路(Rue Oberkamf)最為熱鬧。

七月柱

廣場中央聳立的七月柱(Colonne de Juillet) 高51.5公尺，是為了紀念法國大革命200週年所建，最上方有一尊金色的自由守護神(Génie de la Liberté)雕像。

MAP ▶ P.109B2

雨果紀念館

MOOK Choice

Maison de Victor Hugo

走入大文豪的生活

搭地鐵1、5、8號線於Bastille站下，或搭地鐵8號線於Chermin Vert站下，皆步行約5分鐘。 6 Place des Vosges 75004 Paris 01 42 72 10 16 10:00~18:00；售票至17:40 休週一、1/1、5/1、12/25 永久展免費，特展視展覽而異。 www.maisonsvictorhugo.paris.fr

雨果紀念館位於孚日廣場的東南隅，這位寫下《鐘樓怪人》(Notre-Dame de Paris，原名為《巴黎聖母院》)等多部膾炙人口作品的19世紀法國著名文學家，曾帶著妻子和4個小孩在此居住長達16年(1832~1848年)的時間，並於此期間完成大部分《悲慘世界》(Les Misérables)的手稿。

這棟宅邸是孚日廣場上最大的建築，1902年時才改建為雨果紀念館，如今館內規畫為3層空間對外開放，1樓為書店、2樓為特展空間，不定期舉辦與雨果相關的主題展。

飯廳

飯廳(Le Salon à Manger)別出心裁的家具和擺設都出自雨果的設計。

中國廳

中國廳(Le Salon Chinois)展現了他對東方文化和裝飾的熱情。

工作室

工作室(Cabinet de Travail)勾勒成年後的雨果生活，他就是在這個房間完成了《悲慘世界》的創作。

臥室

臥室(La Chambre)說明雨果的人生如何走向終點，他在這裡度過了人生最後一個階段。

雨果不僅僅只是一位文豪

雨果是法國最偉大的作家之一，同時也是個思想家，引領了法國19世紀的浪漫主義文學運動，他的代表作品《悲慘世界》和《巴黎聖母院》都是家喻戶曉的經典，他也十分關心社會和時事，積極參加社會運動。因為他在法國人心目中的崇高地位，死後被葬在萬神殿。

前廳

首先進入的前廳(L'Antichambre)是雨果度過青少年時期的地方。

紅廳

紅廳(Le Salon Rouge)展出了雨果家庭成員的畫像和一些他的收藏。

三樓展間

三樓的永久展，重現雨果一家人居住於此的模樣，並以素描、文學作品、照片畫像和雕像等，展示雨果不同時期的生活。

畢卡索其實不叫畢卡索

其實畢卡索的真正全名叫作Pablo Diego José Francisco de Paula Juan Nepomuceno María de los Remedios Cipriano de la Santísima Trinidad Martyr Patricio Clito Ruíz y Picasso，據說這是他受洗後的教名，一連串字彙中包含多位聖徒和親戚。

MAP ▶ P.109B1

畢卡索美術館

MOOK Choice

Musée Picasso

畢卡索的畫作與收藏

搭地鐵1號線於St-Paul站下，或搭地鐵8號線於St-Sébastien Froissart、Chermin Vert站下，皆步行約6~8分鐘。 5 Rue de Thorigny, 75003 Paris 01 85 56 00 36 09:30~18:00 休週一、1/1、5/1、12/25 全票€16、優待票€12，每月第一個週日免費 www.museepicassoparis.fr/

在巴黎度過大半生的西班牙畫家畢卡索，後代為抵其遺產稅而將其一大部分的畫作贈予法國政府，促成了這間畢卡索博物館的誕生。

博物館內收藏了超過五千件以上畢卡索的作品，領域橫跨畫作、雕塑、素描、陶器、詩作，包括1904年創作的《賽樂絲汀娜》(La Célestine)、1907年的《舉起雙手的全裸亞維儂少女》(Les Demoiselles d'Avignon": nu de face aux bras levés)等，主要展場在1樓，2樓有特展，3樓則是圖書館和檔案室。館藏還包括畢卡索的個人收藏，包括塞尚(Paul Cézanne)、布拉克(Georges Braque)、盧梭(Henri Julien Félix Rousseau)、米羅(Joan Miró)及雷諾瓦(Pierre-Auguste Renoir)等人的畫作。

MAP ▶ P.109D1

拉榭思神父墓園

Cimetière du Père-Lachaise

名人的最後落腳處

搭地鐵2號線於Philippe Auguste站下(主入口)，或搭地鐵2、3號線於Père Lachaise站下(側入口)，皆步行約2~3分鐘。 8 Boulevard de Ménilmontant, 75020 Paris(正門)、16 Rue du Repos 75020 Paris(主入口) 3月中~10月週一~週五8:00~18:00、週六8:30~18:00、週日和國定假日9:00~18:00，11~3月中週一~週五8:00~17:30、週六8:30~17:30、週日和國定假日9:00~17:30 www.pere-lachaise.com

這片土地原本屬於路易十四的告解神父拉榭思神父所有，1803年拿破崙下令買下後開始建造墓園，由於這塊墓園綠樹圍繞、環境清幽，再加上各種造型特異的墓碑，經常成為法國電影的場景。長眠於此的名人不計其數，包括《追憶似水年華》(À la Recherche du Temps Perdu)的作者普魯斯特(Marcel Proust)、劇作家莫里哀(Molière)、作曲家蕭邦(Frederick Chopin)、名歌手皮雅芙(Édith Piaf)等，而其中最後歡迎的要屬英國詩人王爾德(Oscar Wilde)， 印滿了愛慕者的唇印。

The Doors主唱葬在這裡

The Doors主唱摩里森(Jim Morrison)的墓地也是粉絲造訪比率最高的墓地之一，貼滿了一塊塊的口香糖，和王爾德墓地形成有趣的對比。

MAP ▶ P.109D6

貝西公園

Parc de Bercy

專屬巴黎的綠意閒適

搭地鐵6號線Dugommier站下，或搭地鐵6、14號線於Bercy站下，皆出站即達。 128 Quai de Bercy, 75012 Paris 24小時 免費

昔日因地理環境的優勢，這處位於塞納河岸的區域有利當時的船運，因此貝西公園前身是一座批發市場，以販售各類酒品為主。隨著其他交通事業的發展，這座市場逐漸遭到淘汰，於是在市政府的重新規畫下，這一片占地13.5公頃的土地，於1994年化身成為由一座座弧形天橋串連而成的大型公園，其中包含廣闊的草地、繽紛花圃環繞溫室的園藝花園，以及一座環繞水塘的浪漫花園，是當地居民日常生活重要的活動綠地。

造型趣味的雕塑作品

公園的西北部有21件雕塑作品，它們的名字是《世界的兒童》，創作於2001年，為了紀念兒童的權利。

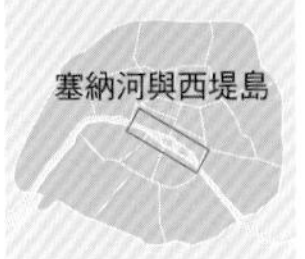

塞納河和西堤島
Autour de la Seine – l'Île de la Cité

塞納河貫穿巴黎的中央地帶，為了連結兩岸，跨越河川的橋梁多達37座，巴黎人賦予其不凡的意義，更增添無窮的浪漫想像。河上的西堤島是巴黎建城發源地，至今依舊可以從考古地穴博物館追憶一路以來的發跡歷史，島上的聖母院和聖禮拜堂，更是巴黎著名的景點，緊緊抓住遊客的目光；充滿貴族氣息的聖路易島，自古以來就是貴族、富商的別館所在地，猶如塞納河中一顆閃亮的珍珠，以舒適怡人的氣氛吸引人們前來漫步。

MAP ▶ P.117

塞納河

MOOK Choice

La Seine

領略最巴黎的風情

海明威曾說：「假如你夠幸運，在年輕時待過巴黎，那麼不論未來你在哪裡，巴黎將永遠跟著你，因為巴黎是一席流動的饗宴」。而塞納河，穿越巴黎的過去、現在和未來，正是這饗宴的流動泉源。

自1853年，拿破崙三世時代的塞納省長奧斯曼男爵(Baron Georges Eugène Haussmann)推動為期17年的都市計畫，以現代化的下水道與排水設施，將有如貧民窟的巴黎改造成摩登大都會後，塞納河搖身變成優雅的仕女。而2024年的巴黎奧運將盛大的開幕典禮首次搬出體育館，各國的選手以坐船的方式入場，精彩的表演在周邊的經典建築和橋樑上演，讓全世界重新認識了這個美麗城市。

想要欣賞塞納河風貌，除了穿梭於聯繫左右兩岸大大小小的橋樑之外，也可搭船沿河遊覽，近距離欣賞塞納河之美。

漫遊塞納河

想飽覽巴黎和塞納河風光最輕鬆的方式莫過於搭乘觀光船，迎著涼風，瀏覽兩岸經典建築，包括艾菲爾鐵塔、夏佑宮、大小皇宮、巴黎傷兵院、亞歷山大三世橋、奧塞美術館、羅浮宮、新橋、聖母院、聖路易島等風光，都能盡收眼底。

各家遊船公司基本上皆有塞納河遊覽行程，並提供中文或英文多種語言導覽，高檔一點的則供應豪華午餐或晚餐，雖然價格昂貴，但遊客仍趨之若鶩，記得要預先訂位。

河上餐廳Cruises on the Seine restaurants

搭地鐵12號線於Solférino站下，步行約6~8分鐘；或搭RER C線於Musée d'Orsay站下，出站即達。集合點：奧塞美術館前Port Solferino 12:30~14:00、18:45~23:15，全程約1小時15分鐘~2小時 12:30€49起、18:45€70起，21:15€125起 www.marina-de-paris.com/en

白色的遊船內擺著一張張漂亮的餐桌，所有的乘客準時優雅進入船艙，像是要參加一場宴會般令人期待；坐定後，先是點餐服務，不像一般晚宴遊船僅提供簡餐，這裡供應正統的西式料理，菜單不但分前菜、主菜和餐後甜點、飲料，而且每一種類還有兩種以上的選擇，甚至也供應素食；更重要的是菜色頂級、擺盤精緻，就像是品嘗法式料理般令人驚喜。

遊船從Port of Solférino碼頭出發後，先向東南行，到聖路易島後折返往西北行，接下來至Pont de Grenelle的自由女神像(Statue of Liberty)後再返回碼頭；一路船行穩定，大家一邊品嘗著美食，一邊透過明亮的玻璃窗欣賞河岸美景，船公司也會隨著眼前的景致變換音樂，氣氛營造的輕鬆浪漫。

河上巴士Batobus

沿岸設有9個停靠站，在船票有效期限內，從各停靠站隨時上下船參觀景點，等於把遊船當成交通工具，輕鬆暢遊巴黎。

www.batobus.com

蒼蠅船Bateaux-Mouches

昔日河岸居民搭乘的交通渡輪，就是「蒼蠅船」的前身，乘坐蒼蠅船是瀏覽巴黎最經濟的選擇。

www.bateaux-mouches.fr

新橋遊船Bateaux-Les Vedettes du Pont-Neuf

無法任意上下站，但在1小時遊程裡，可以欣賞到塞納河畔多個重要建築。

www.vedettesdupontneuf.com/home/

巴黎人遊船Bateaux Parisiens

推出一般遊船行程，提供13種耳機語言導覽。對花都懷抱浪漫想像的人，建議參加晚宴遊程。品嘗精緻法式料理的同時，邊欣賞美景、聆聽美妙樂音。

www.bateauxParisiens.com

MAP ▶ P.117C2

巴黎聖母院

MOOK Choice

Cathédrale Notre-Dame de Paris

拜訪鐘樓怪人的家

搭地鐵4號線於Cité站下，步行約5分鐘。 6 Parvis Notre-Dame-Place Jean-Paul II 75004 Paris 聖母院關閉修復中，預計2024年12月初開放 www.notredamedeparis.fr

巴黎聖母院的自1163年開始建造，直至1334年才完成這座哥德式建築，近600年命運多舛，因政治因素如英法百年戰爭、法國大革命和兩次世界大戰，都帶來或多或少的破壞。19世紀時維優雷．勒．杜克(Viollet-le-Duc)曾將它全面整修，並大致維持今日的面貌。

聖母院不僅以莊嚴和諧的建築風格著稱，更因與聖經故事相關的雕刻繪畫蜚譽全球，其耳堂南北側的彩繪玻璃玫瑰花窗，直徑達13公尺，增添藝術風采。長130公尺的聖母院，除了寬大的耳堂和深廣的祭壇外，西面正門還聳立著兩座高達69公尺的方塔，雨果筆下《鐘樓怪人》卡西莫多(Quasimodo)，敲的就是塔樓裡重16公噸的巨大銅鐘。

2019年4月15日，聖母院發生大火，焚毀屋頂、尖頂，所幸，主體建築結構、正殿的十字架祭壇、知名的彩繪玫瑰花窗、立於尖塔之頂的「神聖風向雞」及信仰聖物「耶穌荊冠」等都安然倖存，漫長的修復計畫業已逐步展開。巴黎奧運的開幕式上也有一段結合《鐘樓怪人》與巴黎聖母院的演出，預告著著聖母院修復工程即將完工，並將再次向世人開放。

聖母院見證過這些歷史事件

1. 英國國王亨利六世在英法百年戰爭後，在此舉行加冕儀式。
2. 聖女貞德的平反訴訟。
3. 英國國王亨利八世在此加冕。
4. 拿破倫一世在此加冕。
5. 法國前總統戴高樂追思彌撒。
6. 法國前總統密特朗追思彌撒。

正門石雕

位於「眾王廊」下方的正是著名的大小不一的三座正門，門上繁複的石雕為當時不識字的信徒講述聖經故事以及聖徒的一生，由左向右，分別為《聖母門》(Portail de la Vierge)、《最後審判門》(Portail du Jugement Dernier)和《聖安娜門》(Portail Sainte-Anne)。

滴水嘴獸

滴水嘴獸(Gaorgouille)在建築學上叫「雨漏」，作用是讓雨水能順勢留下，防止雨水侵蝕建築。聖母院的滴水嘴獸數量多且造型多元，從怪獸、動物到人像都有，也成為其一大特色。

MAP ▶ P.117B1

新橋

Pont Neuf

塞納河畔最古老的橋樑

搭地鐵7號線於Pont Neuf站下，出站即達。

雖然名為「新橋」，卻是塞納河上歷史相當悠久的一座橋。雖然早在1556年亨利二世任內就已計畫建造，但受到附近商人及攤販的反對而遲遲未建，直到1578年亨利三世在位時，才開始動工並於1603年落成，成為巴黎中世紀建築的象徵。

新橋跨越塞納河兩岸，同時連接起河中的西堤島，橋中央則有一座亨利四世的雕像。1985年時，保加利亞籍現代藝術家克里斯多(Christo)曾以帆布包裹整座新橋，完成一項特殊的地景藝術創作。

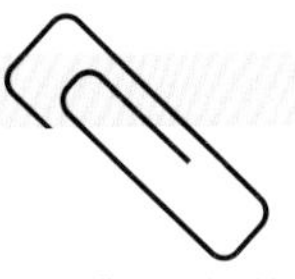

永恆「新橋」帶來新的建築意義

據說，以前巴黎人很喜歡在橋上蓋建築，但這種建築需要複雜的技術，一旦橋體撐不住就會造成崩蹋。於是，在興建新橋時，就設定只給行人和馬車通過，禁止興建任何建築物，因為這樣的有別以往的新規定，讓這座橋有了「新橋」之名。

MAP ▶ P.117B2

考古地穴博物館

Crypte Archéologique de l'île de la Cité

潛入高盧人的巴黎

搭地鐵4號線於Cité站下，步行約3~5分鐘。 7 Parvis Notre-Dame-Place Jean Paul II 75004 Paris 01 55 42 50 10 10:00~18:00；最後入場時間17:15 週一、1/1、5/1、12/25 全票€9、優待票€7，18歲以下免費 crypte.paris.fr

想要探知巴黎起源的入口藏在這裡！

聖母院廣場前方有一道不起眼的小階梯，是揭開巴黎起源謎底的鑰匙！這是前往地下考古遺跡的入口，遊客可一探巴黎的原始面貌。

1965~1972年間，為了興建一座地下停車場，進而挖掘出這座考古遺跡，從它遺留的大量物件中，發現不少2,000年前的高盧羅馬時期元素，像是一段魯特西亞(Lutetia)時期的舊港口堤道牆、羅馬公共浴池建築，以及部分4世紀開始興建的圍牆，此外還有中世紀的地下禮拜堂、昔日新聖母院路(Rue Neuve Notre-Dame)的住家噴泉等，讓人彷彿瞬間穿梭於高盧羅馬時期到18世紀。

MAP ▶ P.117B2

花市

Les Marchés de Fleur

參與當地人的消遣

搭地鐵4號線於Cité站下，出站即達。 Place Louis Lépine, Quai de la Corse 75004 Paris 8:00~19:30

想要親近巴黎人的日常生活，就必須來一趟花市。花市全年開放，除了新鮮的花、乾燥花，舉凡和花有關的花藝用具都可在此找到，是巴黎最著名也是碩果僅存的幾個花市之一。

像溫室般的花市

花市使用玻璃當天花板，讓陽光可以透進來，像是大型溫室一般。

MAP ▶ P.117B1

巴黎古監獄和司法大廈

MOOK Choice

Conciergerie et Palais de Justice

惡名昭彰的監獄

搭地鐵4號線於Cité站下，步行約3分鐘；或搭地鐵7號線於Châtelet站下，步行約8分鐘。 2 Boulevard du Palais 75001 Paris 01 53 40 60 80 9:30~18:00 休1/1、5/1、12/25 全票€13，聖禮拜堂＋巴黎古監獄聯票€20，18歲以下免費；建議上網購票及預約時段 conciergerie.monuments-nationaux.fr

和聖禮拜堂相連的司法大廈，同時是巴黎古監獄所在地，在法國大革命期間曾囚禁4,000多人，其中包括2,600名的貴族，最有名的要屬路易十六的妻子──瑪麗・安東奈特(Marie Antoinette)皇后。巴黎奧運的開幕式也大膽呈現這段歷史，歌手及演員們扮演著被砍頭後的瑪麗皇后，手裡抱著頭顱唱歌，搭配血紅色的煙霧和彩帶，營造出強烈的視覺衝擊。

血腥的巴黎古監獄，最早是官員的住所，法國大革命期間成為拘留人犯之處，當時許多革命領袖都曾是這裡階下囚。哥德式建築的監獄，保留有11世紀的行刑室以及牢房，而當年那位沒有麵包卻想吃蛋糕的瑪麗・安東奈特皇后，被囚禁的牢房現在則開放參觀。

超有趣的互動性參訪

巴黎古監獄的門票包含一台Histopad，透過AR擴增實境的技術，重現中世紀和法國大革命時期的古監獄，讓你穿過時光的迴廊，探索已經消失的空間和人事物。在深入體驗這個地方的歷史和建築演變的過程中，還隱藏了一場尋寶遊戲，你能找到隱藏在監獄裡的所有寶藏嗎？

MAP ▶ P.117B2

聖禮拜堂

MOOK Choice

Sainte Chapelle

卡佩皇宮的最後遺跡

搭地鐵4號線於Cité站下，步行約3~5分鐘。 8 Boulevard du Palais 75001 01 53 40 60 80 10~3月9:00~17:00，4~9月9:00~19:00 休1/1、5/1、12/25 全票€13，聖禮拜堂+巴黎古監獄聯票€20，18歲以下免費 www.sainte-chapelle.fr/

以巧奪天工的彩色玻璃窗著稱的聖禮拜堂，是西堤島上另一處亮點，也是昔日西堤島上卡佩皇宮唯一保存下來的建築。興建於法王路易九世任內，用以安置耶穌受難聖物「荊冠」，也因此在教堂方門楣上裝飾著捧著耶穌荊冠的天使雕刻。

雖和聖母院同以玫瑰玻璃窗聞名，但建築風格迥異，內部以鍍金與大理石裝飾，呈現巴洛克風格。黃昏時是欣賞彩色玻璃窗最好時機，因光線、角度關係，效果最好。

五彩玻璃窗

聖禮拜堂的玻璃窗只有5種顏色(藍、紅、黃、綠、紫)，一共15扇彩色玻璃窗以及1扇玫瑰窗。禮拜堂中殿(nave)兩側的窗戶高達15.5公尺，而祭壇(apse)的5面窗戶高度為13.5公尺。前14扇訴說1,113個新約與舊約的宗教故事，包括了《聖物移送》、《耶穌最後晚餐》、《出埃及記》、《以賽亞》等；第15扇描述的則是耶穌受難時的遺物。目前所看到的玻璃窗有70%可追溯到1242~1248年。

觀賞玻璃窗的順序從玫瑰窗的右側開始，沿順時針方向繞行一圈；窗上的故事則是從下往上、從左到右的方式排列，但只有第15扇窗(玫瑰窗正左側)採用了「牛耕式轉行書寫法(boustrophedon)」，閱讀方式如蛇形般由下往上，先左至右，再右至左，依此類推。

玫瑰窗

直徑9公尺長的玫瑰窗建於15世紀，以哥德式建築裡的火焰風格(flamboyant)打造，描繪了聖約翰的啟示錄(Apocalypse)：面對著西方和日落的異象，象徵了末日的到來。玫瑰窗也是對君王的警誡，提醒他們在「最後的審判」中引領與保護人民的使命。

MAP ▶ P.117C1

塞納河畔舊書攤

Les Bouquinistes de la Seine

巴黎的文藝小角落

搭地鐵7號線於Pont Neuf站下，或搭地鐵1、4、7、11、14號線於Châtelet站下，皆出站即達；或搭地鐵4號線於St-Michel站下，步行約1分鐘。 約11:30～日落

隨著印刷和出版工業的發展，早在15世紀末，巴黎皇宮前的小廣場上已陸續出現一些流動的舊書攤，廉價出售舊書和古詩畫。路易十六(Louis XVI)到拿破崙三世之時，經政府有關部門批準的一百多家舊書商，在市中心的塞納河畔依次設立「綠色書箱」，晨開暮閉，生意十分興隆。

如今數百個綠色書箱從蘇利橋(Pont de Sully)延伸於卡胡塞爾橋(Pont Carrousel)的左右兩岸堤道，猶如駁船隊似地綿延了三公里以上，可稱得上是世界最長的圖書館了。它們出售各國小說、詩畫以及歷史、地理、天文、考古、藝術等書籍，也兼營郵票、硬幣和小骨董，可謂是一處綜合性的古典圖書館或博物館。

MAP ▶ P.117

聖路易島

Île Saint Louis

迷你小島的美好小旅行

搭地鐵7號線於Pont Marie站下，步行約3~5分鐘。

充滿貴族氣息的聖路易島，猶如塞納河中一顆閃亮的珍珠，此小島有賴17世紀宮廷建築師的規畫，再加上這裡自古就是貴族別墅、別館聚集的地方，出入對象包括富商、藝人，因此，島上的建築很有看頭，包括音樂家華格納曾暫居的洛桑府(Hôtel de Lauzun)，不僅內部裝飾華麗，外觀顯眼的鍍金雕花鐵欄杆、造型可愛的魚樣出水管，便是宮廷建築師的設計，後來被洛森伯爵(Comte de Lauzun)買下，因而得名。

另外，號稱島上最美的蘭貝爾別館(Hôtel Lambert)亦是品味十足，就連文學家左拉都曾在小說中描繪此島之美。

貫穿全島的島上聖路易路(Rue Saint-Louis-En-l'Île)是聖路易島的主要道路，這條路上的個性小店、服飾店、骨董家私店和美味小館店比比皆是，路旁有座島上聖路易教堂(Eglise Saint-Louis en l'Île)，是座根據勒沃的設計圖興建的典型17世紀法國巴洛克建築，教堂內部明亮無比，尤其在白石的映照下，更現金碧輝煌。

聖路易島的規模是他奠基的！

此小島多歸功於17世紀時期路易十四的宮廷建築師勒沃(Le Vau)的規畫，至今島上仍存留不少出自勒沃的經典之作。

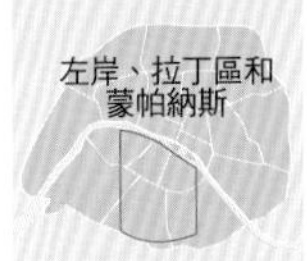

左岸・拉丁區和蒙帕納斯
Autour de la Rive Gauche - du Quartier Latin - du Montparnasse

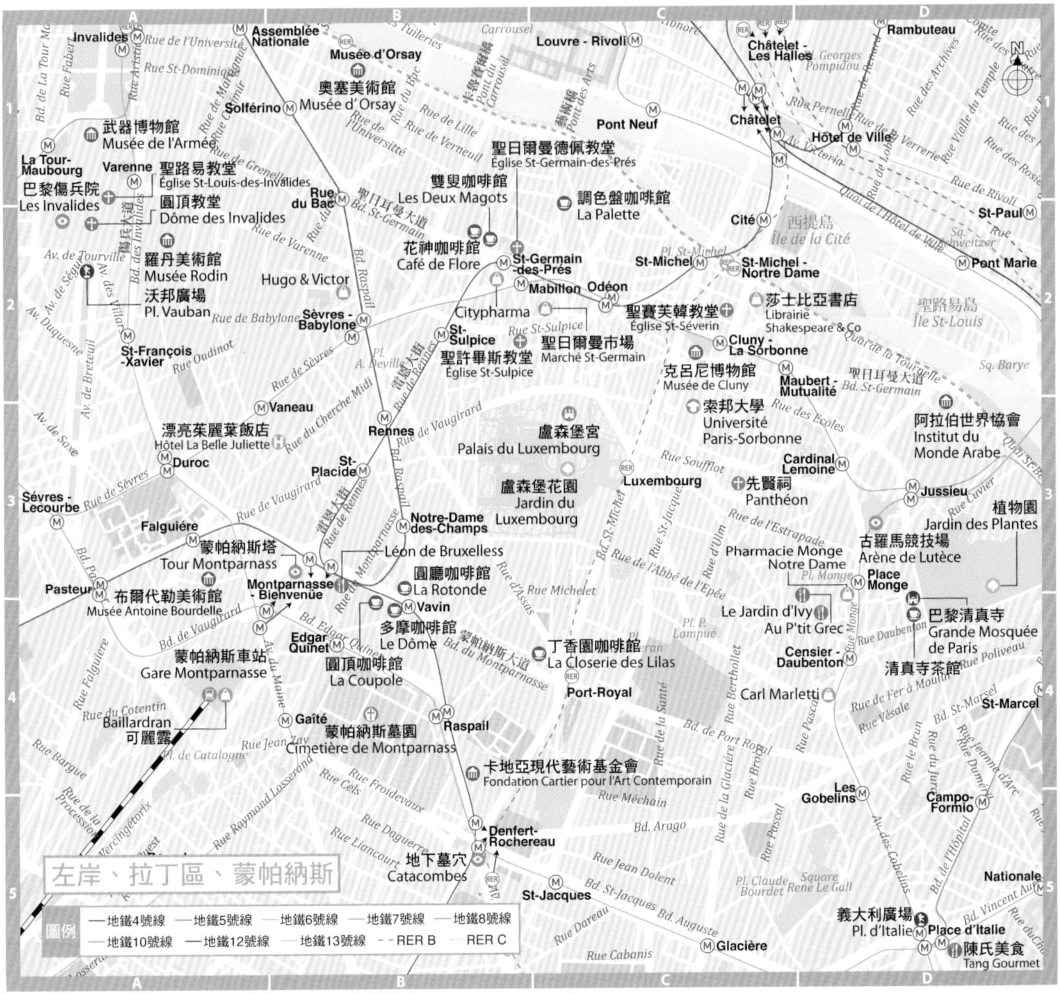

左岸、拉丁區、蒙帕納斯

圖例
—地鐵4號線 —地鐵5號線 —地鐵6號線 —地鐵7號線 —地鐵8號線
—地鐵10號線 —地鐵12號線 —地鐵13號線 - - RER B - - RER C

左岸指的是塞納河以南、以拉丁區為核心的區域，是歷史發展較早、擁有豐富文化的一區，並扮演著巴黎甚至全法國學術中心的角色，此區林立著學校、書店和咖啡館，洋溢著生氣蓬勃卻也清新的氣質；奧塞美術館、先賢祠、巴黎傷兵院、羅丹美術館和盧森堡公園……都是知名景點。

蒙帕納斯以古希臘人獻給阿波羅及繆思的帕納斯山(Mount Parnassus)為名，是17世紀時一群到此背誦詩歌的學生，為當時這片位於近郊的山丘地所取的暱名。此區於1940年代進入全盛時期，成為作家與藝術家聚集地，畢卡索、海明威、考克多(Jean Cocteau)都曾居住於此。不過隨著現代化開發，這裡漸轉成以商業、辦公大樓為主的都會區。

Where to Explore Autour de la Rive Gauche - du Quartier Latin - de Montparnasse
賞遊左岸．拉丁區和蒙帕納斯

MAP ▶ P.125B1

奧塞美術館

MOOK Choice

Musée d'Orsay

集印象派畫作之大成

搭地鐵12號線於Solférino站下，步行約6~8分鐘；或搭RER C線於Musée d'Orsay站下，出站即達。 Esplanade Valery Giscard d'Estaing 75007 Paris 9:30~18:00(週四至21:45；售票至閉館前1小時 休週一 全票€16、優惠票€13、夜間票(週四18:00~21:45) €12；每月第一個週日和18歲以下免費 www.musee-orsay.fr

1986年時，法國政府將廢棄的火車站改建為奧塞美術館，館藏作品來自羅浮宮與印象派美術館，範圍橫跨1848~1914年間的多種畫作，是欣賞19、20世紀印象派畫作的好去處，包括以德拉克洛瓦(Eugène Delacroix)為首的浪漫派(Romamticism)，安格爾(Jean-Auguster-Dominique Ingres)的新古典主義(Neoclassicism)，米勒(Jean-François Millet)、盧梭(Pierre Étienne Théodore Rousseau)的巴比松自然主義(Barbizon, Naturalism)，庫爾貝(Gustave Courbet)的寫實主義(Realism)，一直到描繪感覺、光線、倒影的印象派，舉凡雷諾瓦的《煎餅磨坊的舞會》、梵谷的《自畫像》以及莫內的諸多作品等，都是這裡的鎮館之寶。

2011年底，徹底翻修的奧塞美術館再度開放，除展覽區重新調整，更擴展了亞蒙館(Pavillon Amont)約400平方公尺的面積。在亞蒙館分為5樓的空間中，由下往上分別展出庫爾貝的大型作品、1905~1914年的現代裝飾以及Pierre Bonnard和Jean-Édouard Vuillard等畫家的作品、中歐和北歐以及斯堪地那維亞的新藝術(Art Nouveau)作品、奧地利和英國以及美國的新藝術作品、書店和圖書館。

關於印象派你了解多少？

「印象派」(Impressionnist)或「印象主義」(Impressionnisme)這字眼起源於1874年的第一屆印象派畫展，當時的官方沙龍排擠不受歡迎的畫家及畫作，莫內和雷諾瓦等人又不願意參加「沙龍落選展」，於是決定聯合舉行畫展，莫內在這次畫展中展出《印象‧日出》(Impression, Soleil Levant)，引起了嘲諷輿論，到了1920年，「印象主義」成為畫界藝評嘲諷這一群反動畫家的代名詞。

印象派畫家大致分為前後期，初期代表者有莫內、雷諾瓦、竇加，後期代表者則如塞尚、梵谷、高更等人。他們有的熱衷於追逐光影，有的沉醉於美好事物，但他們的共同點，也是印象派畫作的特色，就是注重光線色彩、忽視物體的具體形象。在主題方面，從描繪自然風景延伸到真實生活裡的所見所聞，充滿了歡樂、隨興氣氛。

《奧林匹亞》

在奧塞陳列的作品中，可追溯從古典的浪漫主義畫派過渡到新畫派的演進，當中首推馬內(Manet Edouard)於1863年時的作品《奧林匹亞》(Olympia)。

《草地上的午餐》

這幅馬內創作於1865~1866年間的《草地上的午餐》(Le Déjeuner sur l'Herbe)，構圖來自一張拉斐爾的版畫，它在藝術史中占有極為重要的地位，說明了畫家所具有的自由宣言：畫家有權為了美感的效果，而在畫中選擇他所認定的標準及喜好來自由作畫，這樣的態度即是往後「為藝術而藝術」主張的由來。

馬內的親人想必思想也開放，這幅《草地上的午餐》內的主角，除了裸女是馬內的麻吉維多利安．莫涵，另外兩位男士則是馬內弟弟古斯塔夫和妹婿費迪南德．里郝夫。

《拾穗》

《拾穗》(Des Glaneuses)是19世紀法國大畫家米勒(Jean-François Millet)的作品，完成於1857年，在落日餘暉中，三位農婦彎著腰，揀拾收割後的殘穗，光線柔和，氛圍溫暖，展現樸實農家生活的一面。

這幅畫作以《舊約》聖經《路得記》中的路得和波阿斯的記載為背景，畫中敘述路得在波阿斯的田裡撿拾麥穗給婆婆，反應貧窮農家在收割麥田後，還要撿拾地上殘餘的穗粒，絲毫不可以浪費。

《自畫像》

在所有新、後印象派畫作中，梵谷(Vincent Willem van Gogh)這幅約創作於1890年的《自畫像》(Portrait de l'Artiste)一直受到最大注目。

《大溪地女人》

《大溪地女人》(Femmes de Tahiti)是保羅・高更(Paul Gauguin)，在1891年初次來到大溪地，描繪兩位坐在沙灘上的當地女子。當時，他正為自己的財務問題感到困擾，但是來到這個原始島嶼，他被單純的氣息所感染，意外獲得了人生的平靜與快樂；而這種心情也投射在他的畫作上，高更將他著迷於大溪地女子身上黝黑健康的膚色，與純樸慵懶的野性美，直接表現於作品上。

《煎餅磨坊的舞會》

法國印象派大師雷諾瓦的第一個群像傑作，就是這幅《煎餅磨坊的舞會》(Bal du Moulin de la Galette)，創作於1876年，在此之前，他都是以簡單的人物為主題。在這幅作品中，雷諾瓦靈活運用光線和色彩，生動活潑表現了巴黎人快樂幸福的生活面貌。

這幅畫描述場景是是蒙馬特區的一家露天舞廳，據說就在兩家磨坊之間，而舞廳裡還有販售煎餅點心，因而得名。話說因為雷諾瓦經濟狀況不好，請不起模特兒，所以只好求助朋友，畫中那位穿條紋衣服的女主角，就是他的朋友愛斯塔拉。

《隆河上的星夜》

《隆河上的星夜》(Starry Night over the Rhône)是梵谷的代表作之一，他用豐富的層次表現出星空的迷人，獨特的筆觸賦予了滿天的星星生命力，卻也流露出他內心的孤獨。

《舞蹈課》

竇加(Edgar Degas)最為人所熟知的作品便是芭蕾舞者，他以一系列優美線條、動人表情描繪出正在練習、上台演出，以及接受獻花鞠躬中的舞者，將舞者的身段完美呈現，這張完成於1873~1876年間的《舞蹈課》(La Classe de Danse)，屬於該系列題材的知名作品之一。

《刨地板的工人》

1875年由卡勒波特(Caillebotte Gustave)參考相片畫成的《刨地板的工人》(Raboteurs de Parquet)，是印象派中最接近寫實主義的作品，工人的雙手和刨出的曲線使畫面充滿活力和臨場感。這幅畫栩栩如生的程度猶如相片，是照相寫真的先驅。

《彈鋼琴的少女》

《彈鋼琴的少女》(Young Girls at the Piano)透過兩個少女描繪出中產階級生活的美好氛圍，讓人怡然神往。背景用色豐富，但各自互補，形成和諧的視覺感受，是雷諾瓦晚年的特色。

《鞦韆》

《鞦韆》(The Swing)是雷諾瓦在1876年繪製的油畫，畫面上的場景在在一個繁花盛開的森林裡，站在鞦韆上、正在跟男子説話的女人顯然是全畫的焦點，特別是身上穿的衣服和地面，在白色畫筆的渲染下顯得閃閃發光。整幅畫以明媚的光影、溫暖的色調呈現溫馨的感覺。

《地獄之門》

在自然主義和各國新藝術作品展覽廳前，有一片展出1880年~1900年雕塑的平台，其中包括法國雕塑家羅丹(Auguste Rodin)鼎鼎大名的作品《地獄之門》(La Porte de l'Enfer)，以及1905年的《走路的男人》(L'Homme qui Marche)。

MAP ▶ P.125C2

莎士比亞書店

Librairie Shakespeare & Co

文青書蟲的愛店

搭地鐵4號線於St-Michel站下，或搭RER B、C線於St-Michel Notre-Dame站下，皆步行約2~5分鐘。 37 Rue de la Bûcherie 75005 Paris 01 43 25 40 93 週一～週六10:00~20:00，週日12:00~19:00 www.shakespeareandcompany.com

莎士比亞書店不僅僅是一間單純的書店，它代表一種人文精神，早期的老闆席維亞・畢區(Sylvia Beach)曾幫助艾略特(T. S. Eliot)、費茲傑羅(Fitzgerald)和海明威(Hemingway)等作家，在編輯和財務上提供協助，使作家們能在日後發揮才華。愛爾蘭作家喬伊思(James Joyce)的重要著作《尤里西斯》(Ulysses)，也是在席維亞的贊助下才能順利出版，但遺憾的是，該書店後於1941年結束營業。

直到George Whitman於1951年時在河左岸開了另一家名為Le Mistral的書店，為了紀念畢區，它在1964年更名為今日的莎士比亞書店。該書店依舊延續傳統，如今仍收留可能成為明日文壇閃亮之星的作家，只要你說得出自己作品的優點，並把作品給老闆閱讀，就能在這兒借宿，如果你只是個單純的讀者，也歡迎你來這兒尋寶。

MAP ▶ P.125C3

盧森堡宮和盧森堡花園

Palais du Luxembourg et Jardin

義大利皇后的回憶

搭地鐵12號線於Rennes站、4號線於Saint Sulpice站、10號線於Mabillon站下，皆步行約8~10分鐘；或搭RER B線於Luxembourg站下，出站即達。 15 Rue de Vaugirard 75006 Paris 博物館01 40 13 62 00 公園開放時間不定，博物館10:30~19:00(週一至22:00) 休博物館5/1、12/25 公園免費；博物館全票€14，優惠€10 www.museeduluxembourg.fr

盧森堡宮是法國國王亨利四世(HenriⅣ)為出身義大利的皇后瑪麗・梅迪奇(Marie de Médicis)所建造的皇宮，為一解她的思鄉之情，建造靈感取自佛羅倫斯彼堤宮(Palais Pitti)。不過，法國大革命時盧森堡宮曾遭破壞，今日的面貌是重建後的成果，除了部分作為法國國會使用外，其餘改建成博物館，內部展示文藝復興和現代藝術，以及有關這位來自義大利皇后的紀念文物。

環繞著盧森堡宮的盧森堡公園，占地百頃，裡頭除了芳草綠蔭之外，還有雕像、噴泉、露天咖啡座、網球場、音樂台，是巴黎人休憩、漫步的好去處。

MAP ▶ P.125A3

蒙帕納斯塔

Tour Montparnasse

市區的登高望遠首選

搭地鐵4、6、12、13號線於Montparnasse-Bienvenüe站下，步行約1分鐘。 33 Avenue du Maine 75015 Paris (入口在Rue de l'Arrivée) 10~3月9:30~22:30、4~9月9:30~23:30；售票至閉館前30分鐘 一般票€25起、門票+香檳€38起、日夜票(48小時內可入場2次) €42起；官網線上購票可享有優惠 www.tourmontparnasse56.com/fr/

蒙帕納斯塔樓高210公尺，塔頂擁有極佳的視野，最遠可達40公里，甚至連北郊的蒙馬特聖心堂(Basilique du Sacré-Coeur)，都能盡入眼簾。

想要登頂望遠，只需搭上高速電梯，就能輕鬆登上標高196公尺蒙帕納斯塔的56樓，這裡不僅附設各種簡介，清楚指示遊客眼前景觀的詳細資料，還展示了當年艾菲爾鐵塔建造時的珍貴歷史照片。轉身上樓，遊客還可以來到頂樓的露天觀景台，尤其是夕陽西下時分，華燈初上，花都風華盡在遊人懷抱之中，更添浪漫。

曾經是巴黎第一高建築

蒙帕納斯塔建成後備受批評破壞巴黎的市容，當地人經常取笑說；「蒙帕納斯塔提供巴黎最美的視野，因為在這裡看不到巴黎唯一摩天大樓。」啟用當時是歐洲第一高樓，如今已經是第19名了，甚至在巴黎也被拉德芳斯區的新大樓 Tour First超越了。

MAP ▶ P.125C3

先賢祠

Panthéon

先賢安息的聖殿

搭地鐵10號線於Maubert-Mutualité站下，步行約5分鐘；或搭RER B線於Luxembourg站下，步行約6~8分鐘。 Place du Panthéon 75005 Paris 01 44 32 18 00 10~3月10:00~18:00，4~9月10:00~18:30；售票至閉館前45分鐘 全票€13，語音導覽€3(需16:45前領取，有中文)；16歲以下免費 www.paris-pantheon.fr/en/

先賢祠是新古典主義建築的早期典範，其立面仿照羅馬萬神殿，故又譯為巴黎萬神殿。正面聳立著22根宏偉的科林斯式 (Corinthian) 柱，入口上方則裝飾著巴黎守護聖人聖潔維耶芙(Sainte Geneviève)為偉人戴上桂冠的浮雕。

1744年法王路易十五重病時許下承諾，只要病癒便發願建座教堂，後來路易十五的病奇蹟似的好轉，於是他將原已毀壞不堪的聖潔維耶芙修道院(Abbaye Sainte-Geneviève de Paris)重建成教堂，直到法國大革命時才重新命名，成為安置國家重要人物骨灰的先賢祠。法國的雄辯家米哈伯(H. Mirabeau)是首位安葬於此的名人，伏爾泰(Voltaire)、盧騷(Rousseau)、雨果(Victor Hugo)、左拉(Émile Zola)等名人也都安息於地下墓室中。

似曾相識的建築？

來到先賢祠，是否覺得建築本身很像在哪看過？別懷疑！正面入口是仿自羅馬的萬神殿，至於建築的圓頂，則拷貝自倫敦的聖保羅大教堂。

傅科擺

大堂內的傅科擺是為了紀念法國物理學家傅科(Léon Foucault)證明地球自轉的實驗。

壁畫

先賢祠內的牆上佈滿了壁畫，大部分描寫的是法國的歷史和傳說故事，十分有趣。

地下室墓室

埋葬古聖先賢的墓室在地下室，許多人來這裡緬懷心中景仰的偉人，參觀之餘，可以去地下室的墓室表達自己的仰慕。

法國大革命的雕像

先賢祠內紀念法國大革命的雕像，中間的是瑪麗安娜(Marianne)，共和國的精神象徵。

MAP ▶ P.125A2

巴黎傷兵院

MOOK Choice

Les Invalides

細數歐洲的戰爭和武器歷史

搭地鐵8號線於La Tour-Maubourg站下，或搭地鐵8、RER C線於Rue de l'Université站下，或搭地鐵13號線於Varennes站下，皆步行約6~8分鐘。 129 Rue de Grenelle 75007 Paris 0810 11 33 99 博物館10:00~18:00，售票至閉館前30分鐘；開放時間時有變動，詳見官網公告 休1/1、5/1、12/25 全票€15、優待票€12 www.musee-armee.fr/en/your-visit.html

法國路易十四時期戰爭頻仍因而傷兵不斷，於是興建於1671~1674年間的巴黎傷兵院，成為專門醫治傷兵和安置退伍傷殘軍人的地方。10年後，又擴建了聖路易教堂(Église Saint-Louis-des-Invalides)和圓頂教堂(Dôme des Invalides)；到了拿破崙時期，已是全巴黎規模最大的醫院了。

巴黎傷兵院今日不再具有醫療的功能，而是由法國國防部掌管，闢為重要的軍事觀光景點，南北兩個入口分別是從沃邦廣場(Place Vauban)或傷兵大道(Esplanade des Invalides)進入，後者的綠色草坪可以廣寬的角度欣賞整個傷兵院面貌，特別是正中央的圓頂教堂閃閃發亮的金色大頂，氣勢凌人。圓頂教堂是傷兵院中的禮拜堂，也是拿破崙陵寢(Tombeau de Napoléon I)的所在地， 此外，傷兵院內還有Armes et Armures Anciennes、Deux Guerres Mondiales、De Louis XIV à Napoléon III、Historial Charles de Gaulle等多間博物館可參觀。

Armes et Armures Anciennes

展出13~17世紀古代兵器與盔甲。

Deux Guerres Mondiales

展出兩次世界大戰相關文物與照片。

De Louis XIV à Napoléon III

展出17~19世紀武器和制服。

Historial Charles de Gaulle

Historial Charles de Gaulle以投影和影片等現代影音設備介紹戴高樂總統的生平。

花園廣場

花園廣場存放著在戰役獲勝之大砲兵器，供遊客參觀、追憶。

拿破崙身後事曲折無比

拿破崙這位軍事奇才死於法國南部外海的聖海倫島(Ile de Sainte-Hélène)，其遺骨於1840年時迎回傷兵院，1842年時路易－菲利浦國王(Roi Louis-Philippe)委任建築師Visconti打造了今日這座富麗堂皇的陵寢，拿破崙直到1861年時才得已長眠於這座金色的圓頂下。

MAP ▶ P.125A2

羅丹美術館

MOOK Choice

Musée Rodin

迷人的露天博物館

搭地鐵13號線於Varenne站下，步行約3分鐘。 77 Rue de Varenne, 75007 Paris 01 44 18 61 10 10:00~18:30；最後入場17:45 週一、1/1、5/1、12/25 €14 www.musee-rodin.fr

羅丹博物館位於一棟獨立的雙層建築中，前身為畢洪府(Hôtel Biron)，羅丹(Augeuste Rodin)於1908~1917年曾在此從事創作，1911年法國政府買下了這幢房子，在民意的推動及羅丹於1916年決定捐出他的所有作品下，該美術館於1919年正式開放。

有別於大多數的博物館，羅丹美術館將這位20世紀最偉大的雕塑家大部份的大型作品放置於前後露天庭院展出，在這100多件作品中，包括最有名的《沈思者》(Le Penseur)、、《巴爾札克》(Balzac)；另外還有《地獄門》(Porte de l'Enfer)、《加萊市民》(Les Bourgeois de Calais)等名作，都可在這優美的花園中一一親見。

室內則以小型雕塑為主，名作《吻》(Le Baiser)、《夏娃》(Eve)都在其中，此外還有卡蜜兒(Camille Claudel)著名的作品《浪》(La Vague)等。

到底有幾座沉思者？

沉思者最早是出現在羅丹的群雕作品《地獄門》中的人物，之後他針對這個雕像人物重塑，成為了最早的沉思者。後來羅丹分別用大理石、石膏和銅等材料創作出不同大小的沉思者，如今全世界共有51座沉思者雕像，有25座是出自羅丹之手，其他26座是由羅丹基金會所翻製。

《沈思者》

羅丹最有名的作品是《沈思者》(Le Penseur)，這位深陷於痛苦思索中的雕像，據說是結合了亞當和普羅米修斯的綜合體。

室內展廳

室內以小型雕塑為主，以創作年代區分展覽，共約有300多件作品。

MAP ▶ P.125B4

蒙帕納斯墓園

Cimetière du Montparnasse

拜訪法國文學巨擘的安息地

搭地鐵4號線於Vavin站下，或搭地鐵6號線於Edgard Quinet站下，皆步行約5分鐘。 3 Boulevard Edgard Quinet Paris 週一~週五8:00~18:00，週六8:30~18:00，週日9:00~18:00 免費

這座1842年啟用的墓園，因拿破崙指示將舊城內的小墓園遷至城外而建，成為巴黎許多名人的最後安息地，也因為它的名聲響亮，總吸引許多遊客慕名前來。占地19公頃的它，是巴黎城內第二大的墓園，和東方的墓園相較，蒙帕那斯墓園多了幾分整潔，也少了些陰森，墓園中央還裝飾著一座長眠守護天使的大型雕像。

長眠於此的名人包括法國文學史上著名的存在主義戀人沙特和西蒙・波娃、19世紀知名小說家莫泊桑(Guy de Maupassant)、《惡之華》作者波特萊爾(Charles Baudelaire)、《等待果陀》作者貝克特(Samuel Beckett)、紐約自由女神像的創作者巴透第(Frédéric Auguste Bartholdi)等。

MAP ▶ P.125B5

地下墓穴

Catacombes

來一場地下驚異之旅

搭地鐵4、6號線或RER B線於Denfer-Rochereau站下，出站即達；或搭地鐵4、6號線於Raspail站下，或搭地鐵6號線於Saint-Jacques站下，或搭4號線於Mouton-Duvernet站下，皆步行約6~8分鐘。 1 Avenue du Colonel Henri Rol-Tanguy 75014 Paris 01 43 22 47 63 9:45~20:30，參觀時間約45分鐘；最後入場19:30 休 週一、1/1、5/11、12/25 全票€29、優待票€23，包含語音導覽；需事先線上購票與預約時段 www.catacombes.paris.fr 參觀路線約為1.5公里，途中需上下階梯，包括上行112階、下行131階，請衡量自身體力。

打從古羅馬時代開始，巴黎人就有將亡者埋葬於城市邊緣的習俗，然而隨著城市的擴張和人口的膨脹，漸漸的墓地不敷使用，隨意下葬的情況進而引發水源汙染等環境衛生問題。1777年時，路易十六下令開始尋求廢棄的採石場當作地下墓穴，終於在1786年時尋得這處舊礦場，並花了將近30年的時間才將所有巴黎公墓中的遺骸搬遷至此。1859年時，因為奧斯曼男爵(Baron Georges Eugène Haussmann)的都市更新計畫，運來了最後一批出土的骨頭，如今地下墓穴的「居民」共高達600萬。

這座地下墓穴於2002年正式成為一座博物館，但早在1810~1814年間它就曾部分對外開放，如今這座地下墓穴博物館固定開放參觀，入內的遊客將深入地底20公尺，在全年維持14℃的溫度下，進行全長1.5公里的驚奇之旅。

地下墓地曾是地下基地？

由於內部遍布錯綜複雜的穴道系統，因此二次大戰期間，這裡還成為法國抵抗運動(La Résistance Française)成員名副其實的地下基地。

MAP ▶ P.125C2

克呂尼博物館

Musée de Cluny

中世紀的藝術巴黎結晶

搭地鐵10號線於Cluny La Sorbonne站下，步行約2分鐘。28 rue Du Sommerard, 75005 Paris 01 53 73 78 00 9:30~18:15 休週一 全票€12、優待票€10 www.musee-moyenage.fr

克呂尼博物館又稱「國立中世紀博物館」，收藏品以中世紀藝術品為主，在兩層樓的空間中，展出包括中世紀彩繪手稿、掛毯、貴重金屬、陶器等，其中最受人重視的還是占大部份比例的宗教聖物，如十字架、聖像、聖杯、祭壇金飾等，件件雕工精細。

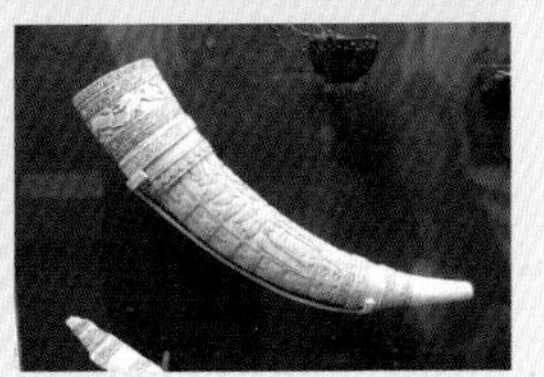

鎮館之寶在這裡

鎮館之寶當屬《仕女與獨角獸》(La Dame à la Licorne)掛毯，這6張年代回溯到15世紀的掛毯，分別代表了人類的五種感官和追求自由的意志。

《仕女與獨角獸》構圖高超

鮮明的色彩和高雅的人物表現是《仕女與獨角獸》不朽的原因，除了主角仕女和獨角獸外，點綴畫面的小動物如兔子、小狗和猴子等，模樣也可愛討喜。

國王廊

21座國王頭雕像的國王廊(La Galerie des Rois)也是參觀重點，收藏來自巴黎聖母院、聖潔維耶芙修道院和聖日爾曼修道院等的雕像遺跡。

公共浴池

羅馬浴池展現著古羅馬人卓越的建築技術，博物館外的建築遺跡是2,000年前的公共浴池，因遭蠻族破壞而殘破不堪；另一部分位於博物館中的公共浴池，則是興建於2世紀末的冷水池。

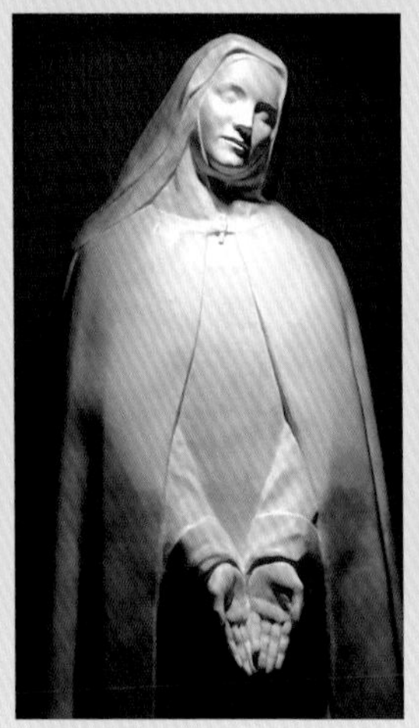

MAP ▶ P.125C2

聖賽芙韓教堂

Église Saint-Séverin

巴黎最美的宗教藝術殿堂

搭地鐵10號線於Cluny-La Sorbonne站下，或搭地鐵4號線於Saint-Michel站下；或搭RER B、C線於St-Michel Notre-Dame站下，皆步行約2~3分鐘。 3 Rue des Prêtres Saint-Séverin Paris 01 42 34 93 50 9:00~19:30；開放時間時有變動，詳見官網公告 免費 www.saint-severin.com

屬於哥德式建築的聖賽芙韓教堂裝飾繁複，堪稱巴黎最美的教堂之一，其中尤以雙迴廊最具美感。就算是沒有宗教信仰的人，只是站著欣賞眼前的這一切，都會產生一種平和靜謐的感受。雖然聖賽芙韓教堂沒有聖母院和聖禮拜堂的高知名度，但絕對是一個相當值得拜訪的經典教堂。

彩色玻璃

教堂內部周圍的彩色玻璃繪滿聖經宗教故事，賦予參觀者視覺上相當強烈的震撼力，特別在昏暗光線和宗教氣氛的襯托下，充滿了肅穆的神秘感。

雙迴廊

圍繞祭壇的雙迴廊最具建築美感。

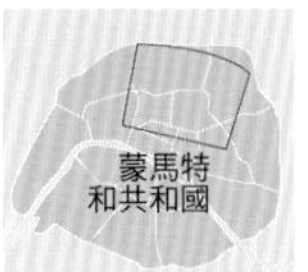

蒙馬特和共和國

Entre le Montmartre - la République

因為法國電影《艾蜜莉的異想世界》造成全球轟動，讓人們對於劇中女主角生活的蒙馬特和共和國一帶產生了濃厚的興趣；而這兩個位於巴黎北面的區域，確實也洋溢著迥異於巴黎市中心的風情，狹窄的石頭巷弄、可愛的購物小店、齊聚著畫家的廣場，早年的蒙馬特充斥著藝術家和酒館，瀰漫著放蕩不羈的氣息，如今這裡的夜生活也不遑多讓，紅磨坊、狡兔之家是其中的代表。

至於聖馬丁運河流經共和國區，有種遠離喧囂的愜意，兩旁的咖啡館和商店主人，許多是來自世界各地的移民。

蒙馬特、共和國

圖例：—地鐵2號線 —地鐵3號線 —地鐵4號線 —地鐵5號線 —地鐵7號線 —地鐵8號線 —地鐵9號線 —地鐵11號線 —地鐵12號線 - - RER A - - RER B - - RER D - - RER E

MAP ▶ P.137B1

聖心堂

MOOK Choice

Basilique de Sacré-Coeur

造型特殊的標的建築

搭地鐵2號線於Anvers站下，或搭乘地鐵12號線於Abbesses站下，步行約10分鐘。 35 Rue du Chevalier-de-la-Barre 75018 Paris 01 53 41 89 00 6:30~22:30 免費 www.sacre-coeur-montmartre.com

聖心堂是蒙馬特的地標，白色圓頂高塔矗立在蒙馬特山丘上，可以步行方式或搭乘纜車上山。這間興建於19世紀末的教堂，造型迥異於其他巴黎教堂，在當時被視為風格大膽的設計。1870年普魯士入侵法國，慘遭圍城4個月的巴黎戰況激烈，城內所有糧食都被吃得一乾二淨，後來巴黎脫離戰爭威脅，為了感謝耶穌，也為了紀念普法戰爭因而興建聖心堂，由Paul Abadie設計，於1875年開始興建，直到1914年才落成，並於一次世界大戰結束後才開光祝聖。

階梯廣場

聖心堂前方的階梯廣場，總是有許多街頭藝人在此表演，大部分觀光客也會坐在這裡休息。

眺景

聖心堂最吸引人的不只是教堂本身，而是那一望無際的巴黎風光，也難怪教堂前的廣場總是人滿為患。

小心不幸運的幸運繩！

許多觀光區多會充斥詐騙集團，當然聖心堂也不例外，遊客來到這裡，很容易會碰到一群黑人主動上前幫你綁上幸運繩，且還會表明可以許願、帶來幸運，但都價格不菲且多會被半脅迫地被掏腰包，不論許願會否心想事成，光是碰到被強迫消費就不覺得幸運吧！

奉獻耶穌

教堂正門最上方可見耶穌雕像，入口處的浮雕也描述著種種耶穌生平事蹟，因為這是間獻給耶穌「聖心」的教堂。

白教堂

建材使用的材料是白色石灰華岩，這種岩石所滲出的方解石，可以讓聖心堂免除風化與污染維持白色的外觀，所以又稱為「白教堂」。

搭乘纜車

除了步行，也可以搭乘纜車上山。

MAP ▶ P.137A1

紅磨坊

Moulin Rouge

色藝驚人的感官饗宴

搭地鐵2號線於Blanche站下，步行約1分鐘。 82 Boulevard de Clichy 75018 Paris 01 53 09 82 82 19:00(晚餐+表演秀)、21:00、23:00各一場 19:00(晚餐+表演秀)€245起、21:00€190起、23:00€99起 www.moulin-rouge.com

小心別誤闖紅燈區

紅磨坊兩旁則延伸著巴黎著名的紅燈區，可說愈晚愈熱鬧，但建議遊客不要獨行。

蒙馬特有一項有名的「特產」，就是舉世聞名的康康舞，地點就在紅磨坊，而門口的紅色風車更成為大家耳熟能詳的招牌。

蒙馬特的全盛時期最多有30多座風車在此運轉，它們都成為雷諾瓦的《煎餅磨坊的舞會》或是尤特里羅畫中蒙馬特街景的背景，如今寥寥無幾，而紅磨坊這座已有百年以上的歷史。

夜總會上演的是著名的康康舞，搭配穿著鮮豔的上空舞孃，以及聲光效果一流的表演場地，為觀賞者提供一場充滿感官的饗宴。

MAP ▶ P.137A1

狡兔酒館

Le Lapin Agile

蒙馬特的藝術輝煌年代

搭地鐵12號線於Lamarck-Caulaincourt站下，步行約3分鐘。 22 Rue des Saules 75018 Paris 01 46 06 85 87 週二、週四、週五、週六21:00~1:00 入場費成人€40、學生€25(皆含1杯飲料) au-lapin-agile.com/reservation/

狡兔酒館打從1860年就展開它風光的歷史，如同它斑駁而又鮮豔的外觀一般，酒館的光鮮歷史故事也總是為人所稱道。這裡一直以來以詩、歌等法國民謠表演著稱，過去可是作家、畫家們群聚出沒的重要場地，包括畢卡索、尤特里羅、莫迪里亞尼(Amedeo Modigliani)、詩人魏爾倫(Paul Verlaine)、都曾是這裡的常客，也因此讓酒館成了不少畫家的筆下素材。

直到今天，酒館還是維持一貫的傳統，每晚上演精采的音樂表演，也讓這個酒館成了體驗舊日美好氣氛的最佳去處。

酒館的名字由來

據說因為有名殺手破門而入殺了主人的兒子，所以起初這家酒館以「殺手」(Cabaret des Assassins)為名，直到1880年畫家吉勒(André Gillh)在這裡畫了一幅兔子手持酒瓶跳出煎鍋的畫作，因「吉勒的兔子」(Le Lapin à Gillh)在法文中與「狡兔」(Lapin Agile)諧音，故從此改名為狡兔酒館，至今酒館外牆上都還看得到這幅畫作的複製品。

MAP ▶ P.137A1

達利美術館

MOOK Choice

Espace Dalí Montmartre

超現實的藝術夢境

搭地鐵12號線於Lamarck-Caulaincourt站下，或搭乘地鐵2號線於Abbesses站下，步行約5~8分鐘。 11 Rue Poulbot 75018 Paris 01 42 64 40 10 10:00~18:00 全票€16、優待票€13；8歲以下免費 www.daliParis.com

達利(Salvadore Dalí)是超現實主義的領袖，這座美術館由達利親手設計，收藏了約300多件個人作品，包括雕塑和版畫，充滿了不可思議的風格，其中又以《愛麗絲夢遊仙境》(Alice in Wonderland)、《太空象》(Space Elephant)、《燃燒中的女人》(Woman Aflame)、《時間》(Time)等備受矚目。這些位於藝廊地下室展覽廳中的作品，全都是待價而沽的真蹟，也是全法國唯一一處專設達利永久展的場所，就連博物館中的配樂也經特別設計。

達利擅長的3D藝術表現絕對讓你不虛此行，一個利用鏡子反射的創作，令人回味無窮。

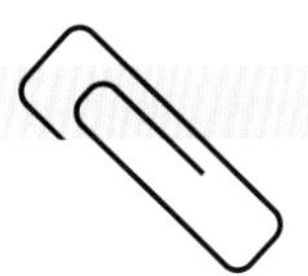

狂妄的達利

達利不但是超現實主義的領袖，也是本世紀最受爭議的藝術家，畫中的意境難測，常常大膽使用有爭議性的元素；個人行事乖張，甚至與父親決裂。

不過作風狂妄的達利，與妻子卡拉情深義重，許多作品也多以卡拉為創作原型，甚至毫不掩飾地將卡拉描繪成聖母的形象，他們的感情也成為一段佳話。

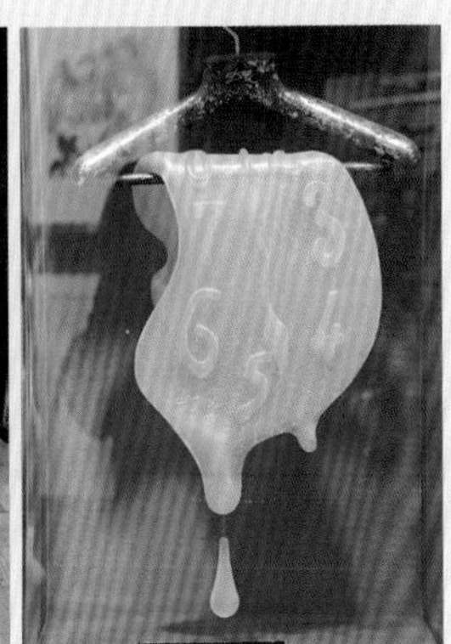

「時間」作品

達利的超現實藝術在這處想像空間中一覽無遺，特別是達利常用的「時間」主題，都可在各種雕塑、繪畫作品中發現。

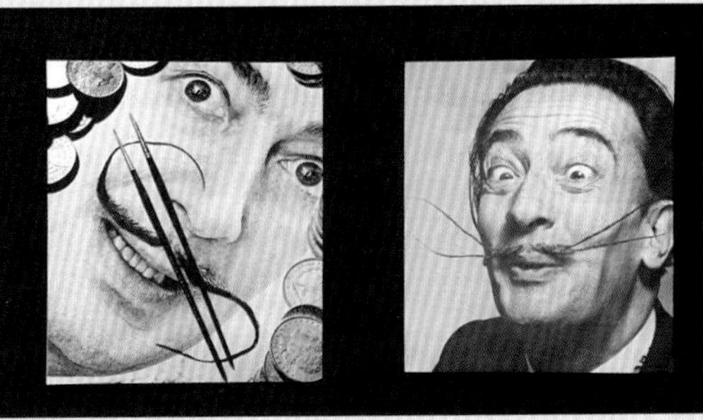

兩撇翹鬍子創作

結束參觀重返出口時，不要忘了欣賞沿途階梯旁的趣味照片，向來以兩撇翹鬍子為招牌的達利，利用各種有趣的鬍子造型創作出另類的藝術作品。

MAP ▶ P.137A1

蒙馬特聖尚教堂

Église Saint-Jean de Montmartre

風格現代的個性教堂

搭地鐵12號線於Abbesses站下，出站即達。 19-21 Rue des Abbesses 75018 Paris 01 46 06 43 96 免費 www.saintjeandemontmartre.com

來到Abbesses地鐵站，體力好的人不妨不坐電梯改走樓梯，這裡的樓梯牆面彩繪著可愛的圖畫，非常有趣。離開Abbesses地鐵站時，也別忘了欣賞這座由新藝術大師Hector Guimard設計、造型特殊造型的出口，其以鑄鐵打造而成，充滿裝飾風格。

正對著出口的蒙馬特聖尚教堂，由設計師Anatole de Baudot於1904年完成，不同於其他教堂的古典風格，它是巴黎第一座以鋼筋混凝土建造的現代教堂，並使用磨光原色寶石加以裝飾，帶有世紀末的頹廢氣息，卻又不失莊重。

MAP ▶ P.137A1

小丘廣場

MOOK Choice

Place du Tertre

畫家聚集的熱鬧園地

搭地鐵2號線於Anvers站下，或搭地鐵12號線於Abbesses站下，皆步行約8~10分鐘。

約莫兩個籃球場大的小丘廣場，堪稱蒙馬特最擁擠的地方，聚集著眾多畫家，吸引遊客到此一遊。出現於這座小型畫家市集的大部分是人像畫家，可以立即畫出一幅寫真或漫畫素描，也有部分是巴黎風景寫生或純粹展售自己的創作。

儘管幾百年來蒙馬特是不少知名畫家的搖籃，大名鼎鼎的畢卡索就是其一，但根據巴黎市政府曾做過的一項統計，近數十年來在小丘廣場擺攤的畫家，竟沒有一位成名，成為有趣的對比。

哪些知名藝術家曾經在這裡創作？

畫家在小丘廣場展售自己的作品，價格大部分都平易近人，幾百年來，有不少知名藝術家曾在此創作：

1. 薩爾多瓦·達利（西班牙）
2. 阿梅代奧·莫迪利亞尼（義大利）
3. 克勞德·莫內（法國）
4. 巴勃羅·畢卡索（西班牙）
5. 文生·梵谷（荷蘭）

MAP ▶ P.137A1

蒙馬特美術館

Musée de Montmartre

波希米亞畫家的寫照

搭地鐵12號線於Lamarck-Caulaincourt站下，步行約5~8分鐘。12 Rue Cortot 75018 Paris 10:00~19:00；最後入場18:15 全票€15、優待票€8~10，10歲以下免費 www.museedemontmartre.fr

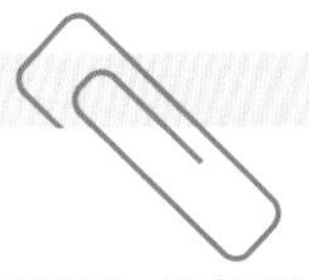

知名畫作《鞦韆》的場景在這裡？

據說館內庭院還是雷諾瓦知名畫作《鞦韆》的場景，雖然現在的庭院已不若當年綠樹參天，但卻仍不改其清幽愜意的氣息。

這棟蒙馬特最古老的的旅館，完整保存了蒙馬特與藝術家們之間的繽紛歷史！1680年代，曾被當時的演員Claude Roze買下它當成住宅。19世紀開始，這棟房舍整修為藝術家的工作室，成為雷諾瓦在巴黎的第一個落腳處，從此便展開它與藝術圈的不解之緣。不少藝術家都曾在此租屋創作，其中還包括誕生於蒙馬特的城市景觀畫家尤特里羅(Maurice Utrillo)和他的母親。

目前美術館中展出了記錄蒙馬特歷史及風景的畫作，而過去藝術家們留下的紀念物品，也讓這個小小美術館每年都吸引上萬遊客前來朝聖。

MAP ▶ P.137C4

共和國廣場

Place de la République

重現法國歷史場景

搭地鐵3、5、8、9、11號線於République站下，出站即達。

這座位於四通八達的大道中央的圓形場地稱之為「共和廣場」，於1854年由奧斯曼男爵(Baron Georges Eugène Haussmann)建造，之後又於1883年由Dalou打造了一尊聳立於今日廣場中央的聖母雕像，該雕像高約10公尺，以嚴肅的表情望向天空舉著火炬。雕像下方的底座是為宣告第三共和時代的到來所建，出自Morice兄弟之手，裝飾四周的嵌板，以浮雕描繪法國的歷史場景。

這樣玩共和國廣場才盡興！

日落後的共和國廣場和運河沿岸是巴黎年輕人殺時間的好地方，因為這裡有許多風格獨特咖啡館和酒吧，別錯過！

搭船賞景

搭上遊船能沿途欣賞運河風光，成為這一區的觀光特色

磅礡水流

遊船接近水門時，閘口就會立即注水，調解水位落差以方便遊船通行，磅礡水流所形成的氣勢和聲響非常壯觀，比起單純遊河更為有趣，也成為它的一大特色。

悠閒氛圍

不論是觀光客或當地人，都會坐在運河邊感受悠閒舒適的氛圍。

MAP ▶ P.137C2,C3

MOOK Choice

聖馬丁運河

Canal Saint-Martin

水上漫遊的悠然風情

搭地鐵2、5號線於Jaurès站下，出站即達。

遊船資訊

◎Canauxrama遊船公司

13 Quai de la Loire 75019 Paris　01 42 39 15 00　船程約2~2.5小時；出發時間、地點各航程不同，詳見官網公告　€23~47　www.canauxrama.com

◎Paris Canal遊船公司

19/21 Quai de la Loire 75019 Paris　01 42 40 29 00　10:00從奧塞博物館出發、14:30從維萊特公園出發，船程約2.5小時；出發時間、地點各航程不同，詳見官網公告

全票€23、優待票€15~20　www.Pariscanal.com

長4.5公里的聖馬丁運河建造於1825年，是當年拿破崙建設巴黎城市水利系統的計畫之一，共設有9個閘口。

今日的它則是巴黎的熱門旅遊路線之一，搭上遊船，即能沿途欣賞運河風光， 此外，聖馬丁運河也是電影《艾蜜莉的異想世界》中的主要拍攝場景之一，小妮子在此打水漂兒一幕令人印象深刻，不妨學學她在這裡丟丟小石、喃喃自語，體驗另一種法式浪漫。

MAP ▶ P.137D4

美麗城

Belleville

在迷宮般巷弄發現驚喜

搭地鐵2、11號線於Belleville站下，出站即達。

在拉榭思神父墓園北邊、有一塊稱之為「美麗城」的區域，過去，它是聚集勞工階級的小山丘，到了20世紀初，這裡已然成為德國猶太人甚至許多阿爾及利亞、突尼斯等移民的新家，其今日位於山丘上的中國城，更讓它成為一處多元種族交融的區域。

在它的主要道路上林立著異國餐廳和雜貨店。這裡或許沒有聖心堂這類著名景點，不過卻幾家特色小店和藝廊增添它的藝術氣息，就連路邊的花盆也貼滿馬賽克裝飾，在美麗城這些迷宮般的街道中隨意穿梭，經常能發現驚喜。

絕佳眺景地點在這裡！

位於山丘上的美麗城公園(Parc de Belleville)，則是另一處適合俯瞰巴黎城市景觀的角落，金色的圓頂教堂、聖母院的雙方塔、猶如大寫A的艾菲爾鐵塔錯落於眼前，比起聖心堂前方的階梯廣場，視野毫不遜色！

依勢盤山而上

美麗城給人的感覺有點像尚未觀光化的蒙馬特，蜿蜒的街道隨山丘爬行。

市集

週末美麗城大道上有市集，是前往此區最合適的時機，但由於人口較複雜，因此不建議天黑後前往，也盡量不要攜帶貴重財物。

彩繪街景

美麗城有著彩繪塗鴉的街道，其中特別是Rue Dénoyer短短的幾百公尺，幾乎沒有一處牆面留下空白，相當特殊吸引人。

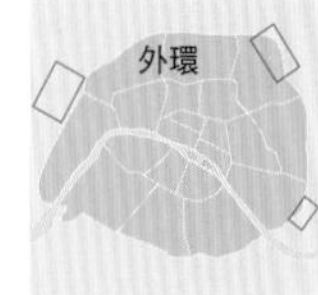

外環
Autour du Périphérique

全長約35公里的巴黎環城道路(Le Boulevard Périphérique de Paris，簡稱為Le Périphérique)，包圍著市中心的20個行政區，也將最重要的觀光景點圈圍於其中。

就在這條全巴黎最繁忙的道路之外或周邊，也有不少值得探訪的重要景點，像是洋溢現代風情並以新凱旋門著稱的拉德芳斯、密特朗大巴黎計畫中「21世紀都會公園」的拉維特園區、昔日法王獵場的文生森林、甚至全球重量級名牌LV也在2014年在布隆森林(Bois De Boulogne)開了間藝術基金會，在拜訪完這些地方後，會對巴黎的面貌有更完整的認識。

Where to Explore Autour du Périphérique
賞遊外環

MAP ▶ P.69G2

拉維特園區
Parc de la Villette

寓教於樂的公園城市

搭地鐵5號線於Porte de Pantin站下，或搭地鐵7號線於Porte de la Villette站下，皆出站即達。 211 Avenue Jean Jaurès 75019 Paris 01 40 03 75 75 www.lavillette.com

這個昔日遍布酒館、屠宰場的區域是大量移民人口聚集地，不但治安不佳也影響市容，因此在1980年代的「總統工程」計畫中是重點改造項目，改造後脫胎換骨成為最有活力的文化教育重鎮，也是巴黎綠地面積最大的公園之一，園區主要分成公園、音樂城和科學城三個部分。

音樂城

01 44 84 44 84 博物館週二～週五12:00~18:00、週六～週日10:00~18:00 休週一、1/1、5/1、12/5 $視表演內容而異。 philharmoniedeparis.fr/fr

位於一端入口的音樂城(Cité de la Musique)，弧形的屋頂、方型的對外開孔，頗有柯比意(Le Corbusier)設計的弘香教堂(Ronchamp)的影子；右邊則是音樂城的演奏廳，巴黎國家高等音樂舞蹈學院就位在音樂城中，另有樂器博物館、演唱會場、大型會議廳等。

科學城

01 40 05 80 00 科學城週二～週六10:00~18:00、週日10:00~19:00 休週一、1/1、5/1、12/5 $全票€13、優待票€10 www.unjourdeplusaparis.com/paris-culture/cite-des-sciences-la-villette

科學城(Cité des Sciences et l'Industrie)是一個象徵未來世界的巨大平行六面體，採光由兩個17公尺的大圓頂構成，裡頭是一個寓教於樂的科普知識殿堂。

看似從水中浮出，也像太陽升空的閃亮大圓球即是晶球電影院(Géode)，擁有一個直徑長36公尺的圓形螢幕，觀眾席依與螢幕的角度不同而傾斜。最特別的是螢幕可瞬間分裂或合併任意個，讓人可重新認識光與影的關係。

文森城堡曾經作為十字軍東征的起點

文森城堡原來只是狩獵屋，後來歷經腓力二世和路易九世擴建為小城堡，而且被稱為「聖路易」的路易九世還從這裡出發進行十字軍東征，但沒想到就此一去不返。

MAP ▶ P.69H7

文森森林

Bois de Vincennes

景色優美的花園綠地

搭地鐵8號線於Porte Dorée站下，步行約15分鐘。

位於巴黎市區東南方的文生森林，面積廣達2,458英畝，過去是法王的狩獵場，法國大革命後變身為軍事演習場，到了1860年時，拿破崙三世才將它改建成一座花園。在森林東南方則有賽馬場和賽車場，遊客可就地租輛單車，沿著森林周邊慢慢悠行。

巴黎花卉公園

每日9:30~ 20:00，時間依季節而略有異動。 全票€2.6、優待票€1.5

森林的東邊和西邊分別有熱帶植物園和動物園，不過，最吸引人的，是位於文森城堡南邊的巴黎花卉公園(Parc Floral de Paris)，公園花開燦爛、綠意盎然，內部還有假山、湖泊、噴泉等造景，景色相當宜人。

文森城堡

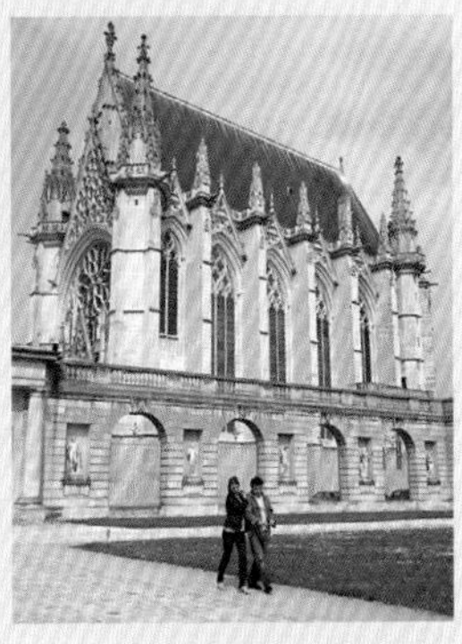

1 avenue de Paris, 94300 Vincennes 01 48 08 31 20 5/21~9/22每日10:00~18:00，9/23~5/20每日10:00~17:00 休 1/1、5/1、12/25 全票€13，優待票€11.5；18歲以下、11~3月每月第一個週日免費 chateau-vincennes.fr

現在文生森林分成好幾區，最有名的就是位於北邊的文森城堡(Château de Vincennes)，它曾是14世紀時是多位法王鍾愛的行宮，對它也多所建設，今日來到城堡，依舊可見當時的城堡形貌，包括典雅的哥德式禮拜堂。

MAP ▶ P.149

拉德芳斯

MOOK Choice

La Défense

挑高巴黎的天際線

搭地鐵1號線或RER A線於La Défense-Grande Arche站下，出站即達。

1950年開始進行開發的拉德芳斯是巴黎的新都心，經過精密的設計，區內的建築物及方舟建築的位置必須依據中軸線整出中間的空地，使視線不受任何建築物的干擾，所有地鐵、郊區快線、鐵路等交通則重整於環城公路或隱藏於建築物之下，整個拉德芳斯區的人造平台上，全是行人徒步區，沿途裝飾了不少藝術品，如米羅的大型雕塑，一直延伸到塞納河畔。

在當時，這個計畫方案是全球最大的城市建造工程，對當時的科技也是一大考驗。其中最有名的便是新凱旋門(Grande Arche)，此外，其他超高商業大樓在建築師的默契之下，全都採用和拉德芳斯區類似的反射材質，具有穿透及折射的效果，形成極為摩登的地景。

新凱旋門Grande Arche

搭地鐵1號線或RER A線於La Défense Grande Arche站下，步行約1~2分鐘。 1 Parvis de la Défense Paris 01 49 07 27 55 瞭望台4~8月10:00~20:00、9~3月10:00~19:00 線上購票瞭望台全票€15、優待票€7 www.grandearche.com

由丹麥籍設計師馮．史派克森(Johann-Otto von Spreckelsen)負責建造，但因身體狀況不佳而半途解約，甚至還沒機會看到它完工就過世了。之後的工程由歐文．蓋瑞普顧問公司接手，並由彼得．萊斯(Peter Rice)協助設計，萊斯在26歲時接下的第一份正式工作是雪梨歌劇院，而新凱旋門則是他過世前的最後作品之一。

馮．史派克森設計的新凱旋門走極簡風格，接近完美的白色正方形，刻意在「門」和「窗」的視覺定義上，做了模糊的處理。他假想新凱旋門是一塊永恆的巨石，周圍環繞著轉瞬即逝的東西，依據這個概念，萊斯發展出「雲」的造型。「雲」以纖維、鋼、和玻璃作為結構，懸掛在新凱旋門的低處，似乎流動著卻又靜止著，和背後的藍天白雲融為一體。

新凱旋門並不全然是個裝飾品，門的兩側分屬公家機關及辦公大樓，而頂部則有餐廳及瞭望台，可購買門票搭玻璃電梯前往。完工後的新凱旋門，成為巴黎新商業區新凱旋門的地標，不過由於部分施工問題，新凱旋門面對的不是正北，而是北偏了6.5度。

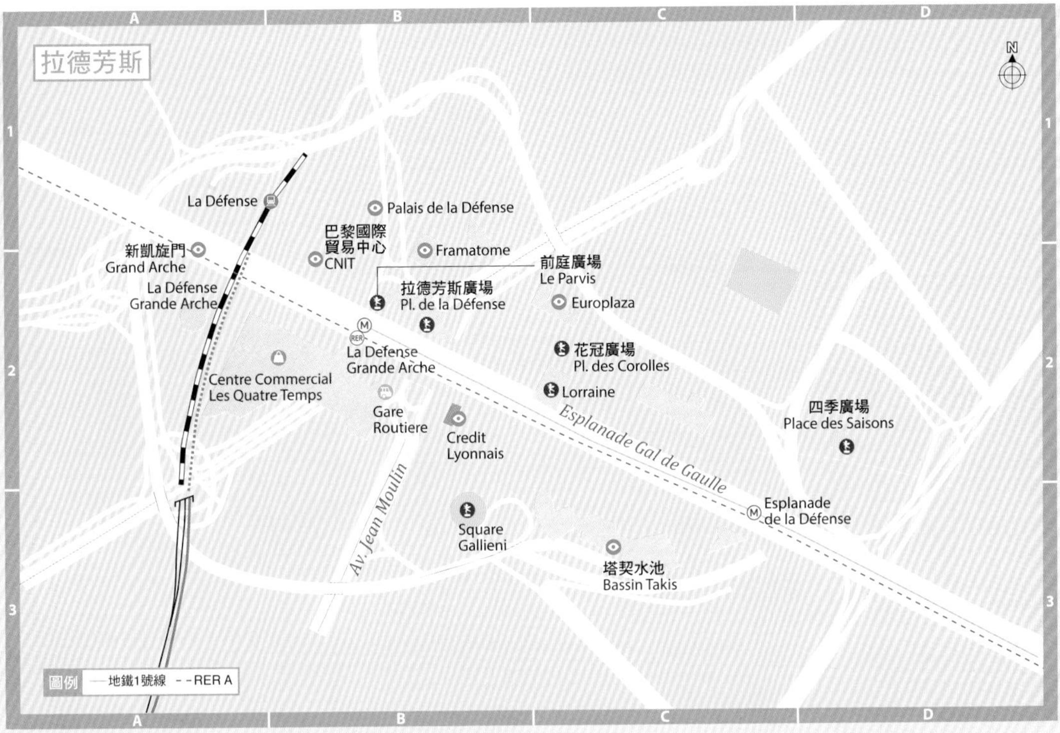

拉德芳斯

La Défense
新凱旋門 Grand Arche
La Défense Grande Arche
Palais de la Défense
巴黎國際貿易中心 CNIT
Framatome
前庭廣場 Le Parvis
拉德芳斯廣場 Pl. de la Défense
Europlaza
La Defense Grande Arche
花冠廣場 Pl. des Corolles
Centre Commercial Les Quatre Temps
Lorraine
四季廣場 Place des Saisons
Gare Routiere
Credit Lyonnais
Esplanade Gal de Gaulle
Av. Jean Moulin
Esplanade de la Défense
Square Gallieni
塔契水池 Bassin Takis

圖例 —地鐵1號線 - - RER A

塔契水池Bassin Takis

搭地鐵1號線或RER A線於La Défense Grande Arche站下，步行約10分鐘。

沿著新凱旋門前的大道往下走，地勢也越來越低，沿途均是不同藝術家創作的雕塑品，最靠近下一個地鐵站的作品是由塔契(Vassilakis Takis)設計的交通號誌燈，又長又細的號誌燈人物或雕塑，豎立在水池上，不時閃燈像是做表情，又從水面反射出另一種風貌，十分趣味。

拉德芳斯的由來

《保衛巴黎》「La Défense de Paris」這尊雕像立在拉德芳斯的廣場上，是在紀念普法戰爭中犧牲的巴黎市民。當時普魯士軍隊包圍巴黎，戰況激烈，連許多巴黎市民都參與了守城，這也是拉德芳斯名字的由來。

巴黎國際貿易中心CNIT

搭地鐵1號線或RER A線於La Défense Grande Arche站下，出站即達。

拉德芳斯是高級商業辦公區，無數大公司的總部皆設於此。新凱旋門左前方是巴黎國際貿易中心，其引人之處在於在於長達238公尺的白色水泥拱頂。

羅浮宮和歌劇院

MAP ▶ P.74B3 **Camélia**

搭地鐵8、12、14號線於Madeleine站下，或搭地鐵1、8、12號線於Concorde站下，皆步行約3~6分鐘。 251 Rue Saint-Honoré 75001 Paris 12:30~0:00(最後點餐22:00)，早餐7:00~12:00 01 70 98 74 00 午、晚餐主食€35起 www.mandarinoriental.com/en/paris/place-vendome/dine/camelia

面對著美麗的庭園，這間氣氛怡人的餐廳位於巴黎東方文華酒店的底層和庭園，以夏日送來陣陣香氣的山茶花命名，室內裝飾簡單清爽，洋溢著大自然的色調，並以大片玻璃結合戶外造景。擁有米其林二星加持的行政主廚Thierry Marx，特別為忙碌的現代人打造「簡單」卻精緻的美味食物，以他對亞洲食物的熱愛，巧手轉變法式傳統料理，呈現食物令人充滿驚喜的味道。

羅浮宮和歌劇院

MAP ▶ P.74D2 **夏提爾工人餐廳 Le Bouillon Chartier**

搭地鐵8、9號線於Grands Boulevards站下，步行約2分鐘。 7 Rue du Faubourg Montmartre 75009 Paris 01 47 70 86 29 11:30~0:00 主餐€7起 www.bouillon-chartier.com/

由兩兄弟攜手開業於1896年的Le Bouillon Chartier，由於價格實惠食物也不錯，當時就常吸引附近的工人來此用餐，因此又有「工人餐廳」的別稱；後來名氣愈來愈大，連遊客也陸續上門了，由於不提供訂位，現今來夏提爾用餐，排隊等候是免不了的。

夏提爾餐廳其實不小，大大的柱子撐起高聳的天花板，穿著白色長圍裙服加黑背心的服務生來往穿梭，呈現一種老巴黎美好時代的氛圍。這裡的菜單只有簡單的一張，而且是以法文書寫，如果看不懂，可以請服務生推薦。幾乎人人都點的酪梨蝦沙拉(Avocat Sauce Crevettes)，軟嫩的酪梨搭配秘製沙拉醬和甜蝦一起入口，口感非常相合；焗烤蝸牛(Escargots)加了大蒜和菠菜橄欖油焗烤而成，蝸牛吃起來柔軟Q彈，搭配橄欖油一起入口更是加分，吃完了，還可拿麵包蘸油醬；馬鈴薯油封鴨腿(Confit de Canard Pommes Grenailles)是將鴨腿在低溫的鴨油中烘烤數小時而成，鴨肉雖然有些油膩，但肉質軟嫩，而做為配菜的馬鈴薯帶著鴨油香氣，也沒有讓人失望。

結帳時，帥氣的服務生會把價格直接寫在鋪桌子的白紙上，這也成為這家餐廳另一個特色。

巴士底和瑪黑區

MAP ▶ P.109D6 Hippopotamus

搭地鐵14號線於Cour St-Emilion站下，出站即達。 28 Rue François Truffaut, 75012 Paris 01 44 73 88 11 週日～週四11:00~23:30、週五～週六11:00~24:30 www.hippopotamus.fr

以「河馬」為名，這間法國知名的連鎖牛排館，提供原始的碳烤美味，它在法國各大城小鎮都能找到蹤跡，其中光是在巴黎就有數十間分店，而這間位於貝西村中的分店，擁有寬敞的室內座位和舒適的露天座位，特別是天氣晴朗時，在戶外用餐更是令人心情愉快。如果你想以合理的價格大啖牛排、漢堡等食物，Hippopotamus會是不錯的選擇，除了單點食物外，還提供組合套餐(Formule)，可以任憑你的食量需求和荷包深度選擇。

巴士底和瑪黑區

MAP ▶ P.109B1 紅孩兒市集 Le Marché des Enfants Rouges

搭地鐵8號線於Filles du Calvaire站下，步行約5分鐘。 39 rue de Bretagne, 75003 Paris 01 40 11 20 40 週二～週六8:30~22:30、週日8:30~17:00 週一 www.parisinfo.com/shopping/73876/Marche-couvert-les-Enfants-Rouges

建立於17世紀的紅孩兒市集，是巴黎現存最古老的室內市集，紅孩兒的名字是源自這附近曾有一座孤兒院，裡頭的小孩都穿著由慈善人士捐助的紅衣裳，市集以紅孩兒為名既響叮噹又好記。這座市集販賣水果、蔬菜、花卉，也賣各種冷盤、熟食，因此，不管是想買料理食材，或是想來飽餐一頓的人，都可以來這裡晃晃。

這裡有點兒像台灣的美食街，一攤一攤賣著各種不同料理，而且種類多元，從美式、義大利，到黎巴嫩、摩洛哥、墨西哥、非洲和日本、韓國美食甚至素食都嘗得到；點完菜帶著自己的餐盤找個位子坐下，就可以舒服地用餐，而且價格親民，準備€10~15就能飽餐一頓。

Le Traiteur Marocain

週二～週六09:00~19 :00，週日09:00~17:00 週一

異國美食是紅孩兒市集的特色，這間摩洛哥餐廳就以北非的傳統食物出名，一樣是市集中的排隊名店。北非料裡的主食是小米，配上肉類、蔬菜再淋上醬汁，異國風味十足，主食也是米飯的我們很容易就能喜歡上。

Chez Alain Miam Miam

9:00~17:00 週一、週二

來到紅孩兒市集很難不注意到這間三明治專賣店，這裡的人朝總是市集裡最多的，老闆一邊製做三明治一邊會和排隊的客人們互動，十分活潑有趣。這裡的三明治被稱作巴黎最美味的三明治，新鮮的起司、蔬菜和肉品夾在浸過橄欖油的麵包中再烤過，香氣四溢，層次感十足，難怪吃上一份要排至少一個小時。

巴士底和瑪黑區

MAP ▶ P.109A1 **flunch**

搭地鐵11號線於Rambuteau站下，步行約2分鐘。 21 Rue Beaubourg 75003 Paris 01 40 29 09 78 11:00~22:00 前菜€2.59起、主菜€6.99起 www.flunch.fr

一進去flunch，最先看到自助吧台，裡頭有各式前菜冷盤、生菜沙拉、甜點小食，這裡的食物有的是以盤計價，盤子分大中小3種不同尺寸，不管拿什麼都盡量裝，價格都依你選擇盤子的大小而定；另一種就是整份(盤)食物寫明價格了，喜歡就直接取走，再去結帳。

flunch真正讓人覺得物超所值的是它的主菜和附餐區，這裡的主餐必須到櫃檯點選，有炸雞、排骨、牛肉、漢堡、海鮮可以選擇；點完後再去取主餐，而一旁的附餐區裡的配菜，如薯條、薯泥、青菜、水煮豆、紅蘿蔔、飯麵、水都可以任意取用而且「吃到飽」，所以許多內行人不會到自助吧消費前菜冷盤或點心，而是把重點放在這一區；畢竟來這裡的人都知道，flunch的食物不見得多美味，但無限供應的附餐，一定都能讓人吃很飽。

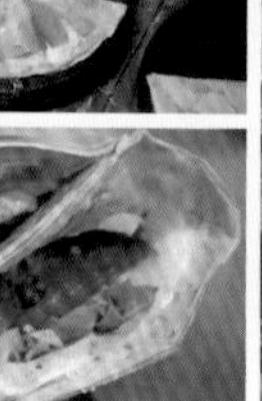

左岸 · 拉丁區和蒙帕納斯

MAP ▶ P.125D3 **Au P'tit Grec**

搭地鐵7號線於Place Monge站下，步行約1分鐘。 68 Rue Mouffetard, 75005 Paris 06 50 24 69 34 10:00~2:00 auptitgrec.com

這家輕食小吃店總是在大排長龍，充滿了大學生和觀光客，一邊排隊一邊看著爐子上被餡料滿滿覆蓋的可麗餅皮。店家位在熱門景點萬神殿附近，店裡有可麗餅、三明治、沙拉等等輕食選擇，最受歡迎的就是可麗餅了，鹹的、甜的加起來有幾十種口味，還可以依自己喜好搭配不同的餡料，價格十分實惠。

巴士底和瑪黑區

MAP ▶ P.109B2 **l'As du Fallafel**

搭地鐵1號線於Saint-Paul站下，步行約3~5分鐘。 34, Rue des Rosiers, 75004 Paris 01 48 87 63 60 週日~週四11:00~23:00、週五11:00~17:00 週六 素食Falafel €8、沙威瑪€11

法文Fallafel就是英文的Falafel，也就是所謂的「炸豆丸子」，這是一種以鷹嘴豆泥加上調味料做成的油炸鷹嘴豆餅，是中東國家一帶流行的庶民小吃。

菜單就貼在門口，等待的時間不妨輪流先去看想吃什麼，以節省點菜的時間；這裡的食物都會以英文加註解釋，像沙威瑪(Schawarma)就是將Fallafel和羊肉、火雞肉這3樣食物一起裝呈在一種稱Pita的麵餅裡，整個餡料滿滿的非常豐富，其中Fallafel吃起來有著多種香料混著咖哩的香氣，炸著酥酥的但不過乾，再蘸著一點酸黃瓜和店家特製的優格一起食用，超級美味；敢吃辣的人還可以加一點莎莎醬。這裡的肉類除了羊，還有雞和牛，另外還有素食選擇。

巴士底和瑪黑區

MAP ▶ P.109B1 **Breizh Café 可麗餅店**

搭地鐵8號線於Saint-Sébastien – Froissart站下，步行約5分鐘。 109 Rue Vieille Du Temple, 75003 Paris 01 42 72 13 77 09:00~23:00 可麗餅€5.8~€14.5 www.breizhcafe.com/

Breizh Café除了開在首都巴黎、布列塔尼的康卡爾(Cancale)和聖馬洛(Saint-Malo)、里昂、波爾多等，由於老闆娶了位日本老婆，在日本也有分店，而且一開就是10家；這家位於巴黎瑪黑區的分店，則被眾多美食導覽書或網站視為全市最好吃的可麗餅店，店內空間小小的位子也不太多，加上盛名遠播，如果不事先訂位，就得要有排隊的心理準備。除了可麗餅，店內來自布列塔尼的生蠔和蘋果酒，同樣被視為佐餐的最佳拍檔。

左岸 · 拉丁區和蒙帕納斯

MAP ▸ P.125B3 Restaurant Léon - Montparnasse

搭地鐵4、6、12、13號線於Montparnasse - Bienvenüe站下，或搭地鐵4號線於Vavin站下，皆步行約3分鐘。 82 BIS Boulevard Du Montparnasse 75014 Paris 01 43 21 66 62 週日～週四11:45~0:00、週五～週六11:45~0:30 淡菜€14.9起 www.restaurantleon.fr/

為法國知名連鎖餐廳的Léon de Bruxelles，是一間專門提供比利時淡菜的餐廳。一大鍋的淡菜，擁有7種不同的口味選擇，普羅旺斯鄉草搭配橄欖油、奶油加半鹽調以白酒，或佐以蘑菇和培根肉，甚至加入咖哩等料理方式，如果這些都不合你意，還可以選擇加上番茄醬和乳酪絲焗烤的淡菜，要不還有加上蝦子等海鮮一同在鐵板上快炒，無論你是不是淡菜迷，都應該來試試。

左岸 · 拉丁區和蒙帕納斯

MAP ▸ P.125D5 陳氏美食 Tang Gourmet

搭地鐵5、6、7線於Place d' Italy站下，步行約1~2分鐘。 188 Avenue de Choisy 75013 Paris 01 45 83 64 91 10:00~20:00 www.tang-freres.fr/supermarche-asiatique/tang-gourmet-place-italie-paris-13/

如果你的預算有限、或是懷念家鄉味，陳氏美食絕對是你不能錯過的首選！繼在巴黎中城國Place d' Italy開設大型亞洲食物超商後，陳氏更在地鐵站旁開設了這間快餐餐廳，現成的炒飯、炒麵、各類炒菜、沙爹、甚至春捲等點心，價格在€10上下，你可以點樣菜搭配炒飯或炒麵，或者點一份大到令人吃不完的燒臘便當，燒鴨、叉燒、油雞、三層肉，多種拼法，其中又以三層肉最為美味，表皮之脆令人驚艷。

蒙馬特和共和國

MAP ▸ P.137B3 Bouillon Julien

搭地鐵4、8、9線於Strasbourg Saint-Denis站下，步行約2分鐘。 16 Rue du Faubourg Saint-Denis, 75010 Paris 01 47 70 12 06 11:45~0:00 前菜€4.3起、主食€9.9起、甜點€3.6起 www.bouillon-julien.com/

Bouillon Julien成立於1906年，也是巴黎為數不多的工人餐廳之一，創辦人Edouard Fournier秉持著「這裡的一切都美好、美味及便宜」的經營理念。店內裝潢採用新藝術風格(Art Nouveau)，被認為是巴黎最美的餐廳之一。門口的「踏墊」是以馬賽克拼湊出店名和兩隻孔雀，踏入其中，青瓷綠(Céladon)的柔和色調、木製桌椅及吧台迎面而來，大面積的鏡子與彩繪玻璃天花板為整個空間增添了明亮與寬敞感。法國著名的玻璃工匠深受慕夏(Alfons Mucha)啟發，為餐廳設計了4幅絕美的「花神」，象徵春、夏、秋、冬。餐廳的招牌菜色是牛肉湯(Le Bouillon Julien)，還有以萊姆酒和葡萄乾為基底並淋上濃郁巧克力的蛋糕(Le dessert «Julien» au Rhum et Raisin)。

凱旋門和艾菲爾鐵塔

MAP ▶ P.68C3,D3 香榭麗舍大道 Avenue des Champs-Élysées

搭地鐵1、2、6號線或RER A線於Charles-de-Gaulle-Etoile站下，或搭地鐵1號線於George V站下，或搭地鐵1、9號線於Franklin D. Roosevelt站下，或搭地鐵1、13號線於Champs-Élysées-Clemenceau站下，皆出站即達。 各店不一，約週一～週六10:00~19:00

香榭麗舍大道除了是巴黎大道的代名詞，寬廣的林蔭大道兩旁有許多精品、服飾店，讓人可以好好的逛街購物，包括拉法葉百貨及LV巴黎最大的旗艦店就在這裡，另外還有像Zara、Lacoste、Sephora等平價品牌；大道上有不少的咖啡店、餐廳可供休息，坐在街頭看川流不息的遊客，也很有趣。

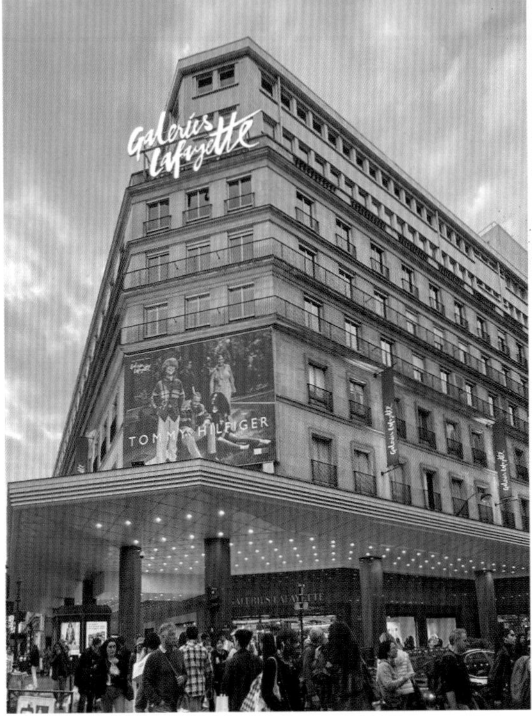

羅浮宮和歌劇院

MAP ▶ P.74C1

拉法葉百貨Galeries Lafayette

搭地鐵7、9號線於Chaussée d'Antin-La Fayette站下，出站即達。 40 Boulevard Haussmann 75009 Paris 01 42 82 34 56 週一~週六10:00~20:30，週日11:00~20:00 haussmann.galerieslafayette.com/zh-hant/

被暱稱為「老福爺」的拉法葉百貨，是最受觀光客青睞的百貨公司，匯集了所有世界知名品牌，不但跨足服飾、化妝品、家居用品，還設有酒窖和生鮮熟食超市。

拉法葉百貨在巴黎有兩家，位於歌劇院附近的總店至今歷史超過百年，占地約七萬平方公尺，為全歐洲最大的百貨公司之一，共分為主館(Lafayette Coupole)、男裝館(Lafayette Homme)和家居生活藝術商場(Lafayette Maison)。除購物外，該建築還有不少吸睛之處，包括已被列為巴黎古蹟之一新的拜占庭式雕花彩色玻璃圓頂、夏季開放可眺望歌劇院一帶風光的頂樓露台，和位於1樓免費對外開放的藝術展覽廳(Le Galeries des Galeries)等。

MAP▶P.69E5 莎瑪麗丹百貨La Samaritaine

搭地鐵7號線於Pont Neuf站下，出站即達。 9 Rue de la Monnaie 75001 Paris 01 88 88 60 00 10:00~20:30 www.dfs.com/en/samaritaine

坐落於塞納河畔的莎瑪麗丹百貨是巴黎最古老的百貨公司，在LVMH集團的精心修復下，於2021年以全新樣貌登場，重現了昔日的輝煌，成為巴黎時尚的新地標。

Ernest與Marie-Louie Cognacq-Jaÿ夫婦於1870年創立了莎瑪麗丹百貨，標誌性的口號「你能在莎瑪麗丹找到一切！」讓無數巴黎人為之著迷，也因此讓莎瑪麗丹百貨不僅僅是商場，更是巴黎人生活的一部分。全面翻新後的莎瑪麗丹百貨分成兩棟大樓：鄰近新橋(Pont Neuf)的主館，以及位於里沃利路(Rue de Rivoli)上的新館。

主館是莎瑪麗丹百貨的原始建築，巧妙地融合了新藝術風格(Art Nouveau)與裝飾藝術風格(Art Deco)。標誌性的玻璃穹頂，彷彿一座水晶宮殿，加上華麗的主樓梯以精緻的鐵藝欄杆與雕塑，還有頂層424平方公尺的孔雀壁畫，成為眾人矚目的焦點。百貨內匯聚了超過600家國際知名品牌，並設有歐洲最大的美妝專區。新館則由著名的日本建築事務所SANAA操刀設計，外觀是波浪狀的玻璃帷幕，更與周圍的古典建築形成有趣的對比，為這座歷史悠久的百貨公司注入現代活力。

羅浮宮和歌劇院

MAP ▶ P.74C1 春天百貨Printemps Haussmann

搭地鐵3、9號線於Havre-Caumartin站下，出站即達。 64 Boulevard Haussmann 75009 Paris 01 42 82 50 00 週一～週六10:00~20:30，週日11:00~20:00 www.printemps.com

創於1865年的春天百貨，占地45,000平方公尺，其洋溢著新藝術風格的建築，是1930年代世界博覽會的中心，至今依舊可以看見裝飾於牆面漂亮的馬賽克鑲嵌，以及美麗的玻璃工藝，是法國知名的歷史建築。春天百貨同樣分為三館，除男性和女性百貨商品各占一館外，另一館則以居家生活與美容化妝品為主；法國知名名牌，如Celine、CHANEL、Longchamp、Chloé……在這裡都有設櫃。

凱旋門和艾菲爾鐵塔

MAP ▶ P.97C4,D4 蒙田大街Avenue Montaigne

搭地鐵1、9號線於Franklin D. Roosevelt站下，或搭地鐵9號線於Alma-Marceau站下，皆出站即達。 各店不一，約週一～週六10:00~19:00

香榭麗舍大道對很多人來說稍嫌擁擠，如果拐個彎前往蒙田大街，同樣會發現Gucci、Dolce & Gabbana、Loewe、Christian Dior、Giorgio Armani、Prada、Chanel等世界頂級的精品名牌，在這條窄如大巷的路上比鄰而立。儘管氣氛悠閒許多，真正的奢靡在這裡卻嶄露無遺，站在路口，不消十幾分鐘，可能會看到侍從跟在某位戴著高帽子的貴婦後方，將十幾袋的送往飯店，發生在這裡的真實情節，比電影還像電影！

凱旋門和艾菲爾鐵塔

MAP ▶ P.97C3,C4

喬治五世大道 Avenue George Ve

搭地鐵1號線於George V站下，或搭地鐵9號線於Alma-Marceau站下，皆出站即達。 各店不一，約週一～週六10:00~19:00

從塞納河往香榭麗舍大道的方向看，它與喬治五世大道和蒙田大街正好形成一個倒三角形，恰巧這3條街上皆以名牌精品、服飾店吸引人潮，堪稱巴黎的購物黃金三角區。與香榭麗舍大道和蒙田大街相較，這條街上顯得更為靜謐，店家分布也沒有這麼密集，通常只有特別尋找某些特定品牌的人，才會熟門熟路的往這裡鑽。

羅浮宮和歌劇院

MAP ▶ P.74D3

薇薇安拱廊街Galerie Vivienne

搭地鐵1、7號線於Palais Royal - Musée du Louvre站下，步行約8分鐘。 4 Rue des Petits Champs 75002 Paris 各店不一，8:30~20:30 www.galerie-vivienne.com

薇薇安拱廊街因為擁有幾間有意思的老書店，感覺更加古風洋溢，書店老闆也像是歷經風霜似的，帶點老學究的形象。此外，這裡也找得到巴黎從古至今的經典明信片，幾間珠寶、首飾、配件和服裝等設計師專賣店也耐人尋味，讓人在時尚和書香間穿梭，別有一番趣味。

法國藥妝掃貨攻略！

無論是被譽為巴黎最便宜的藥妝店Citypharma，或是深受韓國遊客喜愛的Pharmacie Monge，都販售各大品牌的保養品，如理膚寶水La Roche-Posay、薇姿Vichy、貝膚黛瑪Bioderma、歐緹麗Caudalie、巴黎歐樹Nuxe……品項豐富價格實惠也時常打折，連當地人也愛來這裡補貨！

滿€100就可以現場辦理退稅，所以前往掃貨前務必記得攜帶護照。結帳後會拿到一張退稅單，到機場辦理登機前只要到退稅機器掃描單子即完成退稅手續。

Citypharma

搭地鐵4號線於Saint-Germain-des-Prés站下，步行約2分鐘。 26, Rue du Four 01 46 33 20 81 週一～週五8:30~21:00、週六9:00~21:00、週日12:00~20:00 pharmacie-citypharma.fr/fr/

Pharmacie Monge

搭地鐵7號線於Place Monge站下，出站即達。 1 Place Monge, 75005 Paris 01 43 31 39 44 8:00~20:00 notre-dame.pharmacie-monge.fr/

羅浮宮和歌劇院

MAP ▸ P.74B2,C2

瑪德蓮大道 Boulevard de la Madeleine

搭地鐵 8、12、14 號線於 Madeleine 站下，出站即達。

1966年時，英國搖滾團體The Moody Blues以瑪德蓮大道為名，發行了一首單曲，描述男子因對象失約而感到沮喪的心情，但這並不是這條道路和藝文界頭一次扯上關係，早在小仲馬(Alexandre Dumas fils)的小說《茶花女》(Dame aux Camélias)中，Marie Duplessis便是住在大道的11號且走完一生。不過今日的瑪德蓮大道是條購物商街，有許多平價時尚流行服飾店和家居用品店林立其中，街上漂亮的櫥窗也特別引人注目。

羅浮宮和歌劇院

MAP ▸ P.74D2

道具街Rue Montmartre

搭地鐵4號線於Les Halles站下，步行約3~5分鐘。

Mora

13 Rue Montmartre 75001 Paris 01 45 08 19 24 週一～週五9:45~18:30，週六10:00~13:00、13:45~18:30 休週日 www.mora.fr

TOC

36, Rue Montmartre 75001 Paris 01 42 36 09 99 10:00~19:00(週六至19:30) 休週日 toc.fr/

a.simon

48 & 52 Rue Montmartre, 75002 Paris 01 42 33 71 65 週一～週五9:00~19:00，週六10:00~19:00 休週日

E.Dehillerin

18-20 Rue Coquillière 75001 Paris 01 42 36 53 13 10:00~18:00 休週日 www.edehillerin.fr/en/

東京合羽橋有條道具街，其實在巴黎也有，對喜歡買料理、烘焙廚具、器材的人來說，是個值得採買的購物天堂。

不像東京道具街有上百家店家林立，巴黎道具街商家其實分布很零散，加起來也不到10家，但對想買廚房用品的人來說也算足夠，特別是對法國牌子情有獨鍾的人，會發現這裡的價格比在台灣買合算很多，加上在同家店購物達規定金額金額還能退稅，的確可以替荷包省下不少錢。

其中Mora以販賣烘焙器具為主， TOC以香料、刀具、餐具、裝飾品為大宗，這兩家也都買得到銅鍋和Le Creuset鑄鐵鍋；a.simon規模最大，兩家店面分別以紅和綠色不同門面比鄰而立，裡頭商品非常齊全，任何你想要的料理、烘焙器具幾乎都買得到，尤其是色彩繽紛、相疊堆高的Staub和Le Creuset鑄鐵鍋特別吸睛，價格也算合理。

另外，不位於Rue Montmartre上而落在相鄰一條街的E.Dehillerin，則被許多烹調達人視為必定朝聖的廚具店，店面老老的，裡頭鍋具、道具多到令人眼花撩亂，其中滿牆銅鍋最為吸睛，尤其是想買Mauviel這個許多米其林名廚愛用銅鍋的人，這裡可以看到最齊全的貨色。

羅浮宮和歌劇院

MAP ▶ P.74D4 | **Galerie Véro-Dodat**

搭地鐵1、7號線於Palais Royal-Musée du Louvre站下，或搭地鐵1號線於Louvre-Rivoli站下，皆步行約5分鐘。 19 Rue Jean-Jacques Rousseau 75001 Paris 各店不一，約週一～週六8:00~22:00 休週日

在巴黎為數眾多的廊街中，這條可追溯至1826年的廊街尤其散發著歷史的沉香，黑白菱形地磚、美麗的紅木嵌板、大理石廊柱和鍍金的壁畫，伴隨著舊書店、樂器修理店、傳統修鞋店，著實有種時光倒退的錯覺。

隨著時代的改變，許多充滿特色的老店或許都被精品店給取代，但是法國19世紀浪漫詩人Gérard de Nerval昔日經常出沒的時代咖啡館(Café de l'Époque)，至今依舊提供老巴黎氛圍。

巴士底和瑪黑區

MAP ▶ P.109D6 | **貝西村Bercy Village**

搭地鐵14號線於Cour St-Emilion站下，出站即達。 28 Rue François Truffaut, 75012 Paris 01 40 02 90 80 各店不一，約10:00~2:00 www.bercyvillage.com

貝西購物村又稱聖艾蜜莉中庭，是過去由酒倉改建而成的購物中心，在鋪設整齊的石頭路上，散發著明亮的氣氛，石頭路兩邊不是商店就是餐廳，多數餐廳都會把座位延伸到戶外，就這麼浩浩蕩蕩的一字排開，像極了舉辦嘉年華會的美食市集。購物村兩邊林立著各色商店，包括廚具專賣店Alice Délice、地中海橄欖油專賣店Oliviers & Co，以及紅到台灣的麵包店Eric Kayser，走逛其中樂趣無窮。

逛拱廊和廊街享購物樂趣

在巴黎若想體驗最具特色的購物之旅，就千萬不能錯過拱廊或廊街(Galleries et Passages)。這些大多建於19世紀前的有頂購物街，往往隱身於一般建築大樓之間，漂亮的玻璃帷幕之下，是充滿華麗典雅風情的商店店面，一家家精緻迷人的精品店或個性小店，沿著中間主道比鄰或對門而立，遊客就可以悠閒地漫步其間，而在這樣的地方逛街很容易就沈醉於一種優雅復古的風情之中，超有氣氛。

巴士底和瑪黑區

MAP ▶ P.109A1 | **Passage du Grand Cerf**

搭地鐵4號線於Étienne Marcel站下，步行約3分鐘。 145 Rue Saint-Denis 75002 Paris 各店不一，約週一～週六8:30~19:45 休週日

Passage du Grand Cerf約建於1835年，販售的商品以藝術家自己的作品為特色。Eric & Lydie是間銅器飾品店，裡頭有許多手工製的手環、項鍊、耳環等飾品，做工細膩令人愛不釋手。Rickshaw是一家充滿民族風情的個性小店，老板從印度引進許多家居用品，如果想將家中打造具有異國氣息又不失個人品味，來這裡可以尋到很多寶貝。

巴士底和瑪黑區

MAP ▶ P.109C2 巴士底市集 Marché de la Bastille

搭地鐵1、5、8號線於Bastille站下，或搭地鐵5號線於Bréguet Sabin站下，皆步行約2~4分鐘。 Boulevard Richard Lenoir 75011 Paris 01 48 85 93 30 週四、週日約7:00~13:30

這個歷史悠久的露天市集位於Bd. Richard Lenoir上，沿著巴士底廣場至聖莎班路(Rue Saint-Sabin)的交叉地段延伸，擁有各種的攤位。事實上，早年這裡就曾經是一年一度的知名跳蚤及火腿農產品市集，但該市集被迫遷往郊區後，如今只剩下這個每週四、週日舉辦的傳統市集了。

然而該市場可說是活力四射，特別是週日時往往被擠得水洩不通，各種蔬果、花卉、乳酪、麵包、肉類小攤，不僅產品新鮮、選擇多樣，而且價格便宜。

左岸・拉丁區和蒙帕納斯

MAP ▶ P.125B2,B3 雷恩大道Rue de Rennes

搭地鐵4號線於Saint-Sulpice、Saint-Placide站，或搭地鐵12號線於Rennes站下，皆出站即達。

筆直的雷恩大道路面寬闊，兩側除了有許多平價品牌服飾店，如Zara、Uniqlo、Etam、Brandy Melville等，另外也有販售一些日常雜貨的生活用品店，這些小店常藏有驚喜，有平實風格，也有色彩鮮豔作品。

左岸・拉丁區和蒙帕納斯

MAP ▶ P.125B2,C2,D2 聖日爾曼大道 Boulevard Saint-Germain

搭地鐵4號線於Saint Germain des Près站下，或搭地鐵10號線於Mabillon站下，皆出站即達。

聖日爾曼大道是河左岸最知名的購物街，許多國際知名品牌如LV、Emporio Armani、Hugo Boss、Diptyque等皆以明亮招搖的櫥窗和牌招，誘發觀光客的購買慾。如果逛累了，則可以到咖啡館歇歇腳，看人也被看。

外環

MAP ▶ P.68C8 旺福跳蚤市場 Marche aux Puces Vanves

搭地鐵13號線於Porte de Vanves站下，步行約3~5分鐘。 Avenue Georges Lafenestre et avenue Marc Sangnier 75014 Paris 週六~週日7:00~14:00

相較位於市區北部的聖圖安跳蚤市場，南部的這個旺福跳蚤市場規模較小，但相對人就少一點，治安也好些，而且一個個攤位就位於約1~2公里的人行道兩側，沿著街頭一路逛下去動線很清楚，不怕漏看了什麼寶貝。

這個市場賣鍋碗瓢盆是最多的，有價格€5起跳的銅鍋，也有聖圖安市集看不到的二手鑄鐵鍋攤位，其他像是玩具、相機、裝飾品、服飾、家具也不少，相似的東西價差很大，所以貨比三家和講價是必要的。這裡大概中午左右就會有人陸續收攤，因此建議早點前往。

外環

MAP ▶ P.69E1	**聖圖安跳蚤市場** **Les Puces de Saint-Quen**

搭地鐵4號線於Porte de Clignancourt站下，步行約5分鐘。週六～週日10:00~18:00，週一11:00~17:00 paris-flea-market.com/

聖圖安跳蚤市場是巴黎最大的跳蚤市場，大到如果不花個半天的時間，絕對逛不完。

從Porte de Clignancour地鐵站出來往北走，一路上可以看到不少賣著不確定真偽的名牌包包或休閒服飾的攤販，千萬別以為這就是目的地了，真正的聖圖安跳蚤市場是由14個小市集組成的，它們彼此未必相連，而是散落在Ave. Michaelet、Rue des Rosiers、Rue Paul Bert、Rue Jules Vallès、Rue Lécuyer和Impasse Simon間，因此建議先在路口看好位置圖，規畫好路線，才不會一直在同一區打轉。

遊客第一個看到的是Vernaison這一區，它成立於1920年，是聖圖安最早出現的市集，其占地達2,700多坪集結了300多攤，而且一間小屋挨著一間開著，很像是個小村落，走來走去頗有尋寶的樂趣；這裡販賣各種二手商品，從餐具、杯盤、瓷器、玻璃器皿、鑰匙圈、玩具、銅鍋、相機、裝飾品、服飾、家具等各種骨董古物都看得到，非常好逛；而與它相連的Antica規模小一點，以掛毯、服飾、裝飾品為主。

這兩區的對面就是Dauphine &Malasis，這裡看得到一些17~18世紀的家具、19~20的藝術品，還有二手書籍，而一整棟專賣家具的大樓，商品有些頗具設計感，可惜以大型

商品居多；事實上，接下來幾個小市集也多半以這類的家具為主，如果考慮運送問題，可以直接跳過，往Paul Bert Serpette市集前進，這裡和Vernaison比較相仿，有不少小件的二手商品可以挑選。在跳蚤市場購物講價是必要的，能否買到便宜又喜歡的商品，就看運氣了。

巴黎近郊

MAP ▶ P.166C2	**河谷Outlet購物村** **La Vallée Village Outlet**

La Vallée Village Outlet提供每日兩班往來巴黎市中心和購物村之間的Shopping Exptress專車，半日來回全票€30、優待票€15，一日來回全票€25、優待票€20，需先上網預約。或搭RER A4線(往Marne-la-Vallée-Chessy-Parcs Disney方向)於Val d'Europe站下(如從Nation站上車，車程約30分鐘)，下車後循Centre Commercial Val d'Europe指標出站，出站後往右手邊方向走，步行穿過Centre Commercial Val d'Europe即達，步行約10分鐘。3 Cours de la Garonne 77700 Serris 01 60 42 35 00 10:00~20:30 休5/1、12/25 www.lavalleevillage.com

這座購物村就位於巴黎近郊，集合了110個世界名牌，除Armani、Burberry、Givenchy、Tod's等精品外，還有Calvin Klein、Diesel、Furla、Kenzo、Maje、Sandro、Timberland等平價品牌。雖然是Outlet，但過季商品並不多，所以價格約在一般專櫃的8~9折，不過同日同店購物達規定金額，同樣可享退稅。此外，如果遇上巴黎12~1和6~7月的折扣季，一樣會大打折，此時的價格就很讓人心動了。

凱旋門和艾菲爾鐵塔

MAP ▶ P.97B3

巴黎半島酒店
Hôtel The Peninsula Paris

搭地鐵6號線於Kléber站下，步行約1分鐘。 19 Avenue Kléber, Paris 01 58 12 28 88 www.peninsula.com/en/paris/5-star-luxury-hotel-16th-arrondissement

巴黎半島酒店本身的建築出身不凡，早在1908年，它就是一座具古典法式風格的頂級酒店，到了1946年後，這裡陸續改成聯合國教科文組織總部和外交部的國際會議中心，直到巴黎半島酒店的入駐。半島集團邀請了法國最優秀的工藝團隊，展開浩大的復修工程，希望能保有原有的建築布局，回復原有的光采。讓人遙想巴黎在那個「美好時代」曾有過的絕美風華。

從克貝爾大道進入的大廳，門前有著象徵半島的一對石獅，在門僮的引領下，便可踏入大理石板的廳堂，高聳的穹頂、優美的家私、華麗的帳幔，展現富麗堂皇的氣息，這裡的咖啡廳全日供應美食，包括全球聞名的半島下午茶。

房內以淡灰和米白色調與光面焗漆為裝潢元素，再結合美藝時尚的概念，設計擺設總以旅人的實用性和舒適度為考量，讓人自然對住宿產生了依賴與眷戀。

巴士底和瑪黑區

MAP ▶ P.109D2

Hôtel Exquis Paris

搭地鐵9號線於Charonne站下，步行約5分鐘。 71 Rue de Charonne, 75011 Paris 01 56 06 95 13 hotelexquisparis.com/en/

前身為一座日式飯店，經過一番改裝後，於2015年9月重新開幕的Hôtel Exquis，搖身一變成為極具設計感的精品酒店。像是通往客房的電梯，三面牆塗滿了彩色貓的繪畫，可愛的模樣令人會心一笑；進入房間更是讓人驚喜，同一層的每間房格局和布置都不同，特別是在牆面的設計上極具巧思，所以你有可能在這裡遇見一隻紅色的兔子、看到躲在山後面的日落、撞見一隻飢餓的猴子，也有可能悠遊於奇幻的海洋世界，或在月光下的花園裡沈沈入眠……這樣充滿夢幻、詩意的天馬行空異想，讓住宿不僅只是獲得一夜好眠，也充滿了新鮮感與趣味性。

羅浮宮和歌劇院

MAP ▶ P.74B2

巴黎法布格索菲特酒店
Sofitel Paris le Faubourg

搭地鐵1、8、12號線於Concorde站下，步行約5分鐘。 15 Rue Boissy d'Anglas 75008 Paris 01 44 94 14 14 sofitel.accor.com/zh/hotels/1295.html

以過去拿波里皇后的府邸和《Marie Claire》雜誌的總部改建而成的巴黎富柏索菲特酒店，2012年初由Didier Gomez重新裝潢後開幕，豐富的採光搭配淺灰色的基調，在大量黑白女性照片的陪襯下，呈現既現代又藝術的時尚符號。

101間的客房獨一無二，13世紀的椅子搭配路易十六時代的書桌，一件來自亞洲的紀念品隱身於漂亮的藝術書籍間，儘管如此，織品構成它們最大的共通特色：從床罩到抱枕、從地毯到窗簾，各色不同材質的織品，展現出「高級訂製」(Haute Couture)的奢華意念。

羅浮宮和歌劇院

MAP ▶ P.74B3

巴黎東方文華酒店
Mandarin Oriental, Paris

搭地鐵8、12、14號線於Madeleine站下，或搭地鐵1、8、12號線於Concorde站下，皆步行約3~6分鐘。 251 Rue Saint-Honoré 75001 Paris 01 70 98 78 88 www.mandarinoriental.com

坐落於巴黎最知名的時尚街區聖歐諾黑路，巴黎東方文華在室內設計師Sybille de Margerie的打造下，成了一處水晶蝴蝶、漆飾、石榴紅貼面、絲質抱枕、大理石地面，交織而成的夢幻空間。高達8層樓的建築裡安置著138間客房，它們全擁有俯瞰中庭的大片玻璃窗，位於頂層的總統套房Royal Mandarin更擁有環顧巴黎鐵塔、加尼葉歌劇院、蒙馬特等知名景點的全景視野。至於以大理石和馬賽克鑲嵌等元素共組的客房浴室中，提供的是法國最頂級的沐浴用品。

羅浮宮和歌劇院

MAP ▶ P.74B2

New Hotel Roblin

搭地鐵8、12、14號線於Madeleine站下，步行約2分鐘。 6 Rue Chauveau Lagarde 75008 Paris 01 44 71 20 80 www.new-hotel.com

New Hotel Roblin屬於法國Newhotel飯店集團所有，在近年的重新整修後，呈現了一個優雅卻不失舒適的空間，在分為4種房型的77間客房中，標準客房洋溢著拉丁區的知性風格；高級客房以銀色色調搭配印滿花朵的壁紙，令人聯想起瑪黑區的藝術氣息；頂級客房給人重返帝國時期華宅的印象。

而眾多房間中最精采的，要屬僅有兩間的套房，位於閣樓的它們，採用黑白兩色點綴未經加工的木頭家具，斜斜的屋頂搭配造型極簡卻充滿個性的擺設，彷彿來到聖馬丁運河畔的藝術家工作室。

羅浮宮和歌劇院

MAP ▶ P.74C2 巴黎洲際大飯店 InterContinental Paris Le Grand

搭地鐵3、7、8號線於Opéra站下，出站即達。 2 Rue Scribe 75009 Paris 01 40 07 32 32 www.ihg.com/intercontinental/hotels/gb/en/paris/parhb/hoteldetail

巴黎洲際大飯店的歷史，和加尼葉歌劇院息息相關，當初為了讓欣賞歌劇的皇室與貴客能擁有休息、聚會的場所，1862年時，誕生了今日飯店前身的和平大飯店(Grand-Hôtel de la Paix)。儘管已經過了一個半世紀，該飯店依舊展現了法國輝煌的黃金時代，以黑白大理石打造的大廳搭配著木頭護壁板和吊燈，鋪設花紋地毯、保留昔日貴婦身著篷裙依舊能輕鬆穿行的寬敞距離的走道，繡著象徵法國皇室百合花徽章的抱枕，雙色花紋交織的地毯、壁紙和床罩寫下了大飯店的傳奇。

巴士底和瑪黑區

MAP ▶ P.109B2 皇后樓閣飯店 Le Pavillon de la Reine

搭地鐵1、5、8號線於Bastille站下，或搭地鐵8號線於Chermin Vert站下，皆步行約3~5分鐘。 28 Place des Vosges 75003 Paris 01 40 29 19 19 www.pavillon-de-la-reine.com/

這間緊鄰孚日廣場旁的飯店，低調地隱身於一座迷你中庭的後方，一棟爬滿長春藤的石砌建築。通往接待大廳的中央走道，率先將最前方的空間區分為左右兩處「壁爐廳」和「圖書室」，它們既是餐廳也是Lounge，洋溢濃厚的古典氛圍。客房巧妙利用這棟17世紀古宅的空間，以不同的元素和物件將它們裝飾成非常巴黎的風格，像是原始建築裸露於外的木樑與支架，搭配華麗的復古家具和手工精細的木頭桌椅，讓整間飯店散發雅緻而迷人的氣氛。

左岸・拉丁區和蒙帕納斯

MAP ▶ P.125B3 漂亮茱麗葉飯店 Hôtel La Belle Juliette

搭地鐵12號線於Rennes站下，步行約8分鐘。 92 Rue du Cherche Midi 75006 Paris 01 42 22 97 40 www.hotel-belle-juliette-paris.com

19世紀時，在巴黎的文學圈和政治圈中有一位廣為人知的社交名媛Juliette Récamier，她充滿話題性的一生，引發了Corinne和Pascal Moncelli夫婦在河左岸這處帶點郊區悠閒氣氛的聖日爾曼區，打造以她一生為縮影的飯店。

4個樓層按照茱麗葉的生平紀事各以不同風格裝飾，像是獻給Juliette及其密友的1樓充滿女性化的細節，2樓以茱麗葉的義大利之旅為主題，3樓訴說的是茱麗葉和作家夏多布里昂之間的愛戀，至於4樓則是以茱麗葉的文學沙龍、舞會等社交活動為主題，一段段有趣的故事等著旅客親自發掘。

大巴黎地區

Île-de-France

文●墨刻編輯部
圖●墨刻攝影組

今日的巴黎，指的是位於環城道路內的20個區域，然而隨著城市的蓬勃擴張，巴黎與其周邊的Seine-et-Marne、Yvelines、Essonne、Hauts-de-Seine、Seine Saint-Denis、Val-de-Marne和Val-d'Oise共7個省並稱為大巴黎地區，許多知名的城堡像是凡爾賽宮、楓丹白露或市香提伊都位於此區，並且可以從巴黎搭乘RER火車前往。

◎巴黎
凡爾賽宮

凡爾賽宮
Château de Versailles

這是法國有史以來最壯觀的宮殿，早在路易十三(Louis XIII)時期還只是座擁有花園的狩獵小屋，直到路易十四(Louis XIV)繼位，他有意將政治中心移轉至此，遂展開擴建計畫，耗費50年才打造完工，其規模包括宮殿(Le Château)、花園(Jardins de Versailles)、特里亞農宮(Trianon Palaces)、小特里亞農宮(Petit Trianon)和大馬廄(La Grande Ecurie)等，建築面積比原來增加了5倍。

隨著路易十四的去世，這種宮廷般的大肆排場與崇尚君主權力的生活，在路易十五(Louis V)和路易十六(Louis XVI)掌政期間並未改變，王公貴族們依然奢靡無度，日夜縱情於音樂美酒的享樂中。沒想到卻引發法國大革命，路易十六被送上斷頭台，凡爾賽宮人去樓空，直到路易菲利浦(Louis-Philippe)與各黨派協商之後，1837年，將凡爾賽宮改為歷史博物館。在這裡，看到的不僅是一座18世紀的宮殿藝術傑作，同時也看到了法國歷史的軌跡。

INFO

如何前往

◎RER

搭RER C線於終點站Versailles-Rive Gauche站下，車程約30分鐘，下車後步行約10分鐘。

◎火車

從巴黎蒙帕納斯火車站(Gare Montparnass)搭火車於Versailles Chantiers站下，車程約20分鐘，班次頻繁，下車後步行約15~20分鐘可達；或從巴黎聖拉薩火車站(Gare Saint Lazare)搭火車於Versailles Rive-Droite站下，車程約30分鐘，班次頻繁，下車後步行約15~20分鐘可達。

班次、時刻表及票價可上網或至火車站查詢，車票可上網、至火車站櫃台購買，或先在台灣向飛達旅遊購買法國火車通行證(France Rail Pass)。

飛達旅遊

台北市中山區南京東路三段168號10樓之6
(02) 8161-3456分機2
線上客服：@gobytrain
www.gobytrain.com.tw

法國國鐵

www.sncf.com

◎地鐵＋巴士

搭地鐵9號於Pont de Sèvres站下，轉搭巴士171號於Château de Versailles站下，車程約40分鐘，下車即達。

旅遊諮詢

◎凡爾賽宮遊客服務中心

從RER的Versailles-Rive Gauche站往城堡方向步行約5分鐘。 2 bis avenue de Paris 78000 Versailles
01 39 24 88 88 www.versailles-tourisme.com

凡爾賽宮資訊

RP 834 Versailles Cedex 78000 VERSAILLES 01 30 83 78 00 www.chateauversailles.fr

◎城堡

09:00~18:30(售票至17:45) 休週一、5/1
全票(限城堡)€21，套票(包含城堡、花園、特里亞農宮)€32

◎花園

07:00~20:30 噴泉表演€10.5、優待票€9，音樂花園全票€10、優待票€9

◎特里亞農莊園

從凡爾賽宮步行約30分鐘；或搭小火車前往，全票€9、優惠票€7
12:00~18:30，7~8月10:00~18:30
休週一、5/1 全票€12

MAP ▶ P.166B2

凡爾賽城堡

Château de Versailles

太陽王的如日顛峰

城堡是凡爾賽宮的參觀重點，前方大廣場經常大排長龍，來自各地的遊客等著參觀這座法國最有名的皇宮。延伸於石頭廣場後方的宏偉建築即是城堡，由下往上觀望，讓人更增添幾分崇敬，至於裝飾於大門的路易十四太陽神標誌，則象徵他的偉大功績。

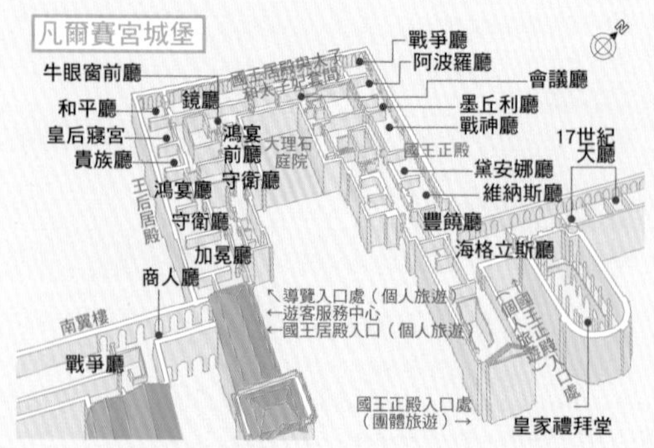

國王正殿 Le Grands Appartement du Ro

國王正殿是國王處理朝廷大事與政績的地方，同時也是國王召見大臣的場所，特別是每週舉辦正殿晚會的地點。這裡有和平、維納斯、阿波羅等共9座廳房，其精緻的壁畫與華麗的擺飾十分氣派。

海格力斯廳Le Salon d’Hercule

這間獻給希臘神話中英雄人物海格力斯神的廳堂，位於2樓東北角，為連接國王正殿中路和皇家禮拜堂的大廳，為國王接待賓客官員的場所。此廳以大量的大理石和精美的銅雕為裝飾，天花板上的巨幅壁畫《海格力斯升天圖》(L’Apothéose d’Hercule)為法國知名畫家François Le Moyne完成於1733年的作品，戰無不勝的海格力斯位居中央，英勇地站在戰車上，象徵路易十四的功績足以與海格力斯媲美。

豐饒廳Salon de l'Abondance

打開海格力斯廳西面的一扇大門，就來到富饒廳，它主要用來陳列路易十四的珍貴收藏，包括許多徽章及藝術品，目前這些珍藏已移至羅浮宮展覽，只留下幾座精緻的漂亮櫃子。豐饒廳兩側，還有如路易十五等國王和皇室成員的肖像。

維納斯廳Le Salon de Vénus

維納斯廳在過去是皇家享用點心的廳房，壯觀的大理石柱和富華堂皇的裝飾，讓人感受非凡氣勢。西側牆上那幅虛構遠景圖，讓廳房產生更深更長的錯覺，此畫出自法國藝術大師Jacques Rousseau之手，大廳內的希臘神話人物雕像也是他的作品。天花板上則是法國畫家René-Antoine Houasse 所畫的《施展神力的維納斯使帝國強盛》，圖中可以看到3位女神正在為維納斯戴上花冠，周圍還環繞著希臘眾神。

黛安娜廳 Le Salon de Diane

亦稱月神廳，在路易十四時期，當正殿舉行晚會時，這裡就會改成台球室，天花版上的壁畫《主宰狩獵和航海的黛安娜之神》是出自Gabriel Blanchard之手，面對窗戶的是路易十四27歲時的半身塑像。

戰神廳Le Salon de Mars

原是守衛房間，1684年之後，才改為正殿舉辦晚會時的音樂廳，廳內鍍金的浮雕壁畫、華麗的水晶燭燈，將戰神廳裝飾得金碧輝煌。天花板中央是Claude Audran所繪的《站在由狼駕馭的戰車上的戰神瑪斯》(Mars Sur un Char Tiré par des Loups)，大廳側牆的兩幅肖像分別是路易十五及其夫人瑪麗．勒捷斯卡(Maria Leszczyńska)。

墨利丘廳Le Salon de Mercure

亦稱水星廳，過去因曾用來展示國王華麗高貴的大床，又稱為御床廳，現在的床是路易・菲利浦時期重新放置的。床旁的公雞座鐘是早期原物，它是1706年由設計師Antoine Morand製作贈予路易十四，特色是每逢整點公雞便會出現且唱歌報時，路易十四小雕像則會從宮殿中走出，在當時，這是一件讓人嘖嘖稱奇的寶物。大廳天花板的壁畫出自Jean-Baptiste de Champaigne之手，描繪《坐在雙公雞拉著的戰車上的墨丘利》(Mercure Sur Son Char Tiré par Deux Coqs)，廳內同樣高掛著路易十五和夫人的肖像。1715年路易十四過世時，其遺體便是停放在墨利丘廳。

阿波羅廳Le Salon d' Apollo

這個國王的御座廳又稱為太陽神廳，是國王平時召見內臣或外賓的地方，不論排場或裝潢都顯得尊貴奢華，紅色波斯地毯高台上的國王寶座，是後來放置的替代品。

大廳天花板的壁畫出自Lafosse之手，以圓形鍍金浮雕環繞的油畫中，清楚看到阿波羅坐在由飛馬駕馭的座車上，廳內兩幅身著皇袍的人物肖像，則分別為路易十四和路易十六。

戰爭廳Le Salon de la Guerre

這間由大理石、鍍金浮雕和油畫裝飾而成的廳房，從1679年由Jules Hardouin Mansart開始打造，主要獻給羅馬女戰神Bellona，稱之戰爭廳。牆上有幅橢圓形的路易十四騎馬戰敵浮雕像，出自路易十四御用雕刻家Coysevox Antoine之手，天花板上是勒布朗的作品，描繪法國軍隊征戰勝利、凱旋而歸。

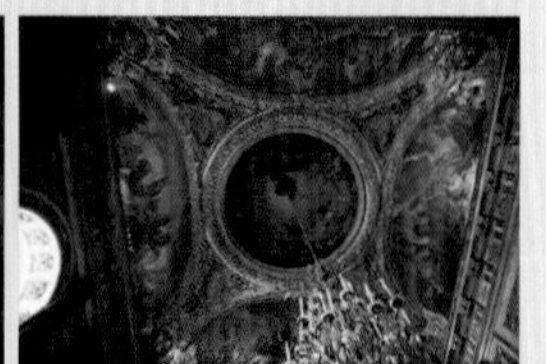

鏡廳La Galerie des Glaces

國王正殿最令人驚豔的莫過於鏡廳，長76公尺、高13公尺、寬10.5公尺，一側是以17扇窗組成的玻璃落地窗牆，面向凡爾賽花園，可將戶外風光盡收眼底；一面則是由17面四百多塊鏡子組成的鏡牆，反射著鏡廳內精緻的鍍金雕像、大理石柱、水晶燈和壁畫，讓這裡永遠閃耀著華麗風采。1919年結束第一次大戰的《凡爾賽條約》就是在此簽訂。

王后居殿 Le Grand Appartement de la Reine

王后居殿與國王正殿形成相對的結構，18世紀時屢次修改其裝飾。

王后只在王后寢宮中支配所有的事情，白天她可在此接見朋友，夜晚這裡則是她與國王共度良宵的地方，此外這裡也是末代皇后瑪麗・安東奈特(Marie Antoinette) 在凡爾賽宮度過最後一夜之處。除了皇王后寢宮，這裡還有貴族廳(Le Salon des Nobles)、鴻宴廳(L'Antichambre du Grand Couvert)、加冕廳。

國王居殿與太子和太子妃套間 L'Appartement du Louis XIV et les Appartements du Dauphin et de la Dauphine

這裡是路易十四的日常生活實際場所，國王居殿的設計理念是極盡表現路易十四的君主身份，因此無時無刻都得遵守各種禮儀。然而其後代將此處轉變成私人的安樂窩。太子和太子妃的起居室，許多皇室近親皆在此居住過，目前仍保持著18世紀的樣子，路易十四與路易十五之子皆在此居住過。

皇家禮拜堂 La Chapelle Royale

皇家禮拜堂在路易十四去世前5年、落成於1710年，是凡爾賽宮中的第5座禮拜堂，也是唯一以獨立結構方式興建的禮拜堂。上層為國王和皇室專用，下層歸公眾和官員使用。彌撒是宮廷日常生活中的一個重要環節，在1710~1789年之間，禮拜堂還舉辦了一些皇家子女的洗禮和婚禮。

MAP ▶ P.166B2

凡爾賽花園

Jardin de Versailles

噴泉與綠地的完美結合

花園是拜訪凡爾賽宮的重點之一，這裡包含了噴泉、池塘、林道、花床、運河等，其中光是噴泉就有32座，要慢慢欣賞這偌大的花園得花上至少半天的時間。天氣晴朗的日子裡，漫步在法式花園中是件極為享受的事情，尤其是碰到難得的噴泉表演，此時宮廷音樂在耳邊響起時，真的有置身在18世紀的凡爾賽宮的感覺！這裡也是巴黎奧運舉辦馬術和部分現代五項賽事的地方，花園裡搭建了臨時場地，延續了凡爾賽宮歷史悠久的馬術傳統。

正殿的花園僅能徒步，所以穿著輕便的鞋子是必要的，視個人時間許可選擇最壯觀的幾座噴泉參觀即可。穿過正殿花園抵達運河區時，可在這裡從事多種活動，像是租船遊運河或是租腳踏車在附近的林區遊玩；此外，這裡也有販賣輕食的小攤和餐廳供旅客享用午餐或下午茶，或是自己攜帶三明治、麵包，在運河區的草坪上愉快用餐。至於在翠安農宮的花園，就得看是不是有時間參觀小特里亞農宮來決定了。

大運河Grand Canal

大運河建於1668~1671年，長1,500公尺、寬62公尺，做為舉行水上慶典、供貴族們划船享樂的場地，因大運河地勢較低，凡爾賽花園內的排水都會導至大運河。現在的大運河提供小船出租，可以體驗當時貴族的閒情逸致。

水壇 Le Parterre d'Eau

凡爾賽宮正殿前方的兩座水壇，歷經多次修改後於1685年定形，每座池塘設有四尊象徵法國主要河流的臥式雕像，還包含了「猛獸之戰」兩個噴泉，位於通往拉朵娜噴泉大台階的兩側。

拉朵娜池 Le Bassin de Latone

拉朵娜池的靈感來自奧維德名作《變形》，展現阿波羅和狄黛娜之母的神話傳說。拉朵娜與她的孩子雕像站在同心大理石底座上，前方的兩個雷札爾德池形成的花壇是拉朵娜池的延伸體。

海神池Le Bassin de Neptune

海神池興建於1679~1681年間，也稱為「龍腳下」的池塘或「冷杉池」。1740年時，海神池右臂加上了裝飾雕塑，這3組雕像分別為出自亞當的《海神和昂菲特利埃》、布夏東的《普柔迪》和勒穆瓦納的《海洋之帝》。這裡有99種噴泉，當噴泉在瞬間起舞時，其氣勢十分磅礡、壯觀。

舞廳 Le Bosquet de la Salle de Bal

這個勒諾爾特興建於1680~1683年之間的舞廳也稱為「洛可可式庭園」，其假山砂石和貝殼裝飾全由非洲馬達加斯加運來。涓涓的流水順著階梯流下，昔日音樂家在瀑布上方表演，觀眾就坐在對面的草坪階梯欣賞。

阿波羅池 Le Bassin d'Apollon

自1636年的路易十三時期起，這裡就有天鵝池了，路易十四將它加寬，並配上豪華的鍍金鉛製雕像組，池中駕馭馬車的阿波羅是蒂比根據勒布倫的繪畫雕製而成。阿波羅池的前方是大水渠，其建造時間長達11年之久，這裡曾經舉辦過多場水上活動。

柱廊 La Colonnade

柱廊自1658年便開始修建，取代了1679年的泉之林。列柱廊的直徑為32公尺，64根大理石立柱雙雙成對，支撐著拱廊和白色大理石的上楣，上楣的上方則有32只花瓶，拱廊之間三角楣上的浮雕代表著玩耍的兒童，弓形拱石上雕飾著美女和水神人頭像。

圓頂林園 Le Bassin d'Encelade

圓頂林園自1675年來歷經了幾次的修改，不同的裝飾皆有不同的名稱。1677~1678年時，池塘中心安置吹號噴泉的信息女神雕像，1684~1704年時，又增阿波羅洗浴雕像，1677年增放兩座白色大理石圓頂的亭子，故名圓頂林園，但這些建築物已在1820年時被摧毀。

MAP ▶ P.172

特里亞農莊園

Trianon Palaces & Petit Trianon

凡爾賽宮外的秘密花園

從凡爾賽的正殿步行到特里亞農莊園需30多分鐘，碰上天氣晴朗的日子裡，漫步在偌大的公園林區中，是段愉快的路程。

大特里亞農宮過去是宮廷舉辦音樂會、慶典節日或品嘗糕點的場所，同時也是路易十四與宮廷夫人約會的私人宮殿。小特里亞農宮則是瑪麗・安東奈特路易十六妻子的離宮，她生前最喜歡這裡，在此也留下不少文物。

小特里亞農宮Petit Trianon

小特里亞農宮建於1762~1768年間，是供路易十五和德・蓬帕杜夫人使用的行宮。在1768年增建了植物園、動物園和法式閣樓。到了1774年時，路易十六在執政的第一年把小特里亞農宮送給了他的妻子瑪麗・安東奈特(Marie Antoinette)，並想藉此遠離宮廷享有寧靜的生活。

小特里亞農宮因此成了瑪麗・安東奈特的最愛，同時在也留下了許多皇后的遺跡，在她居住在此期間，將部分的花園改建成英式花園並增建了一個農莊，這個有12間房間的農舍，其外觀和平民百姓住所無異，與內部精美的裝飾形成強烈的對比。由於她很喜歡演戲扮演劇中的角色，因此在1778年又增建了一座劇院。小特里亞農宮包括有大、小型餐廳、聚會沙龍、接待室等，但參觀的重點在周遭的花園及劇院等建築。

特里亞農宮Trianon Palaces

特里亞農宮建於1670年，是由路易十四指派建築師勒沃在特里亞農村莊上建一座「陶瓷特里亞農宮」，其牆壁上全鋪著藍白色的彩釉瓷磚，不過在1687年時被摧毀，第二年由朱爾另建一座取代，即是今日所見的特里亞農宮。這裡是宮廷舉辦節慶、音樂會的場所，也是路易十四與夫人約會的秘密花園，雖然不及正殿的華麗，但宮內有皇帝、皇后的臥室鏡廳、貴人廳、孔雀石廳、高戴樂廊、花園廳、列柱廊、禮拜堂等房間，外圍也有個很大的花園，種植了各式各樣的花草。

特里亞農宮最值得令人稱讚的是面對花園的列柱廊，這是由建築師羅貝爾・德・科特的設計，也曾得到路易十四的讚許，此外這裡是供人享受點心和甜點的地方。

楓丹白露 Fontainebleau

楓丹白露(Fontainebleau)，名稱源自Fontaine Belle Eau，意謂著「美麗的泉水」。12世紀，法王路易六世(Louis VI)下令在此修建城堡和宮殿，做為避暑勝地，自此為歷代國王行宮、接待外賓，留有重要的皇室文物及建築風格，深具藝術遺產價值。

眾多國王中，以法蘭斯瓦一世(François I)的修建計畫最龐大，除了保留中世紀的城堡古塔，還增建了金門、舞會廳、長廊，並加入義大利式建築裝飾。這種結合文藝復興和法國傳統藝術的風格，在當時掀起一陣仿效浪潮，也就是所謂的「楓丹白露派」。

路易十四(Louis XIV)掌政後，每逢秋天便至楓丹白露狩獵，這項傳統延續到君主專制末期。17世紀，法國皇室搬移至凡爾賽宮，楓丹白露光采漸漸黯淡，甚至在法國大革命時，城堡的家具遭到變賣，整座宮殿宛如死城。直到1803年，經由拿破崙的重新布置，楓丹白露才又重現昔日光彩。

INFO

如何前往

◎火車

從巴黎里昂火車站(Gare de Lyon)搭火車於Fontainebleau Avon站下，車程約40分鐘，在於出站前方的巴士總站搭乘1、A線Château站下車，步行3分即可到達。

班次、時刻表及票價可上網或至火車站查詢，車票可上網或至火車站櫃台購買，或先在台灣向飛達旅遊購買法國火車通行證(France Rail Pass)。

飛達旅遊

台北市中山區南京東路三段168號10樓之6
(02) 8161-3456分機2　線上客服：@gobytrain
www.gobytrain.com.tw

法國國鐵 www.sncf.com

火車站至楓丹白露交通

從Gare de Fontainebleau-Avon火車站前，轉搭巴士1、A線於Château站下，車程約15分鐘，車資為€2.5，步行3分即可到達。

旅遊諮詢

◎楓丹白露遊客服務中心Tourist Fontainebleau

4 bis place de la République 77300 Fontainebleau
(0)1 60 74 99 99　週一～週六10:00~18:00；週日和國定假日4~10月10:00~13:00、14:00~17:30，11~3月10:00~13:00　www.fontainebleau-tourisme.com

◎楓丹白露資訊

Château de Fontainebleau 77300 Fontainebleau
01 60 71 50 70　城堡10~3月9:30~17:00、4~9月9:30~18:00；庭園與花園11~2月9:00~17:00，3~4月及10月9:00~18:00，5~9月9:00~19:00；開放時間每年不一，詳見官網公告　城堡週二、5/1、12/25　大殿建築全票€14、優待票€12　www.chateaudefontainebleau.fr/、www.fontainebleau-tourisme.com/en/fiche/670011/palace-of-fontainebleau/

MAP ▶ P.166C3

楓丹白露城堡1樓和花園

Le Raz-de-Chaussée et Les Jardins du Château de Fontainebleau

收藏拿破崙的回憶

楓丹白露的1樓主要分為四部分，一是拿破崙一世紀念館，二是小殿建築，三是分布大殿建築前後數個美麗的庭園，最後還有歐仁妮皇后的中國博物館。小殿建築和拿破崙一世紀念館必須參加導覽行程才能參觀。因此天氣好的時候，不妨以庭園和花園為參觀重點，或是進入中國博物館，看看這些曾屬於中國圓明園中的珍貴文物。

庭園與花園Les Cours et Les Jardins

榮譽庭園La Cour d'Honneur

從裝飾著拿破崙徽章的「榮譽之門」的大柵欄門就進入榮譽庭園，原名為「白馬庭園」(Le Cour du Cheval Blanc)，1814年拿破崙宣布退位，在此與侍衛軍隊告別，這裡又有「訣別庭園」(Cour des Adieux)的別稱。廣場長152公尺、寬112公尺，中間有4塊矩型草坪，漫步其間，別有一種詩情畫意。

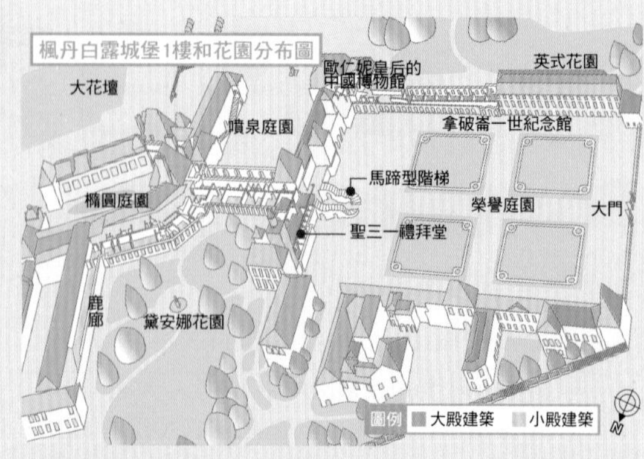

馬蹄型階梯L'Escalier en Fer-à-Cheval

位於白馬庭園前方這座造型優美的馬蹄型階梯，是拿破崙宣布退位時，在此發表演講的地點。階梯興建於1634年，是亨利二世任命建築師Jean Androuet du Cerceau所建，不但做為宮殿的主要入口，階梯下的拱門還可供馬車經過，是件極具巧思的設計，不過，原先的馬蹄型階梯已遭毀壞，現在看到的是由安德胡·杜賽索重建的。

噴泉庭園La Cour de la Fontaine

雖然稱為噴泉庭園，真正的主角卻是廣大的鯉魚池(L'Etang aux Carpes)，它從16世紀起就是城堡內舉辦水上活動的場所，中央的亭子則是休憩、觀賞表演和用膳之處。今日的鯉魚池水面澄澈如鏡，天鵝和雁鴨悠游其間，瀰漫清靜幽然之情。

橢圓庭園La Cour Ovale

這座宮殿中歷史最悠久的建築，內有一座興建於12世紀的方形鐘塔，是法蘭斯瓦一世對楓丹白露進行整修改建的原始建築。前往這裡需由太子門(La Porte Dauphine)進入，1616年路易十三的加冕儀式便是由此展開，所以又稱加冕門(La Porte du Baptistère)。

大花壇Le Grand Parterre

大花壇是路易十四御用建築師勒諾特(André le Nôtre)設計的法式庭園，後來亨利四世讓水利工程師和園藝師重新布置。今日的大花壇花綠草如茵，同時可觀賞舞會廳等。

黛安娜花園 Le Jardin de Diane

一座散布著花圃、噴泉和雕塑的花園，充滿著典雅的英式風情，花園名字出自於亨利四世時期，在此安置的一尊由巴代勒．米培厄於1684年製作完成的黛安娜塑像，不過現在看到的並非原版，而是1813年由雕刻家普里厄以青銅製作的複製品。

英式花園Le Jardin Anglais

前身是法蘭斯瓦一世時期建造的松樹園，一度遭到荒廢，直至拿破崙一世時，又任命建築師M.-J. Hurtault，以英式花園的形式為它重新設計。

小殿建築 Les Petits Apartments

位於楓丹白露宮的底層，小殿建築是1808年時拿破崙一世下令在舊有建築基礎上修建而成的寓所。由於在大殿建築內的一舉一動必須符合王宮制度要求，小殿建築的設計可以讓國王和皇后擁有比較不受拘束和規範的私人生活，其中包括國王的客廳、書房和臥室，以及皇后客廳和臥室等。

鹿廊La Galerie des Cerfs

鹿廊長74公尺、寬7公尺，由路易．布瓦松於1600年前後裝修。廊壁畫滿亨利四世時代的皇家建築和圍繞在城堡的森林景色，而青銅像全是以前點綴城堡外花園和庭園裡的裝飾品。

拿破崙一世紀念館 Le Musée Napoléon Ier

坐落在路易十五側翼宮內，成立於1986年，內部收藏著拿破崙及其家庭成員於1804~1815年帝國時代保留的收藏品，包括有畫作、雕塑、室內陳設及藝術品、住過的房間、用過的武器及裝飾品等。各式各樣的收藏品反映了拿破崙皇帝及義大利國王的生平、皇帝的禮物、戎馬生活，此外還有一些拿破崙第二任妻子瑪麗．露易絲(Marie Louise)、羅馬國王、皇帝的母親和兄弟姊妹門的肖像和使用過的物品。

歐仁妮皇后的中國博物館 Le Musée Chinois de l'Impératrice

1863年時，在歐仁妮皇后(Eugénie de Montijo)的要求下，此處四個大廳改建成她的客廳和中國博物館，做為起居休憩和晚宴之用，值得一提的是這裡的博物館中，珍藏了大量1860年英法聯軍入侵中國圓明園時搶奪的中國文物，像是字畫、首飾、玉器、瓷器、金銀飾、景泰藍等，據說總數多達30,000件。

MAP ▶ P.166C3

楓丹白露城堡2樓

Le Premier Etage du Château de Fontainebleau

法蘭斯瓦一世的品味展現

楓丹白露城堡的2樓以聖三一禮拜堂、大殿建築和拿破崙一世內套房為主，三者都是楓丹白露的參觀重點，尤其是前兩者，漫步其間，細細品味周邊精緻的壁畫和文物，仍能感受到這個城堡曾經散發的華麗風采。

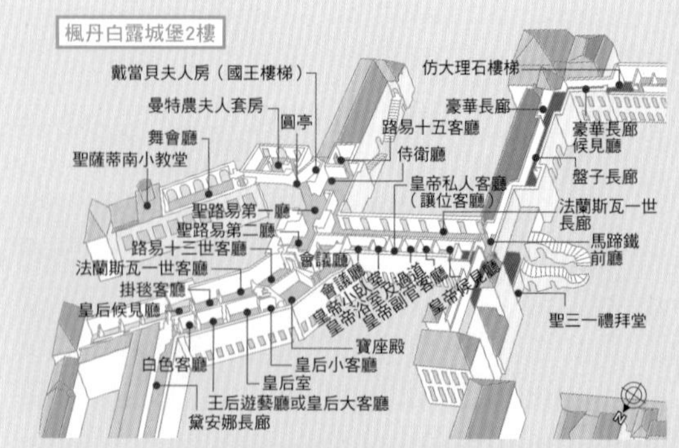

大殿建築 Les Grands Apartments

盤子長廊La Galerie des Assiettes

長廊興建於1840年的路易－菲利浦時期，其天花板和牆上的21幅壁畫，是根據黛安娜長廊拱頂的石膏油畫重製而成，畫面描繪神話裡的眾神和獵人，由Ambroise Dubois和助手完成於1600~1605年間。

這裡最有看頭的是牆上128個楓丹白露歷史瓷盤，它們也是長廊的名稱由來，鑲嵌於1839~1844年路易－菲利浦在位時期，主要描繪當時的歷史事件、楓丹白露及森林的景色，以及國王出國時的旅遊風光。

法蘭斯瓦一世長廊La Galerie François Ier

1494年法國占領義大利後，文藝復興的思想也傳入法國，法蘭斯瓦一世請來義大利藝術家和梭(Il Rosso)及法國雕塑家，完成內部的壁畫、仿大理石雕塑、細木護牆板等裝飾和設計。長廊長60公尺、寬和高各6公尺，下半部是以鍍金細木做成的護牆，上方的每個開間都裝飾著仿大理石雕塑和人文主義繪畫、葡萄裝飾圖案。

侍衛廳La Salle des Gardes

這裡是國王的侍衛掌控大臣進入大殿建築的地方，所謂的「大殿建築」是國王和皇后的主要生活空間，這裡的家具是第二帝國時期的布置，具有強烈文藝復興風格的牆飾繪於1834~1836年間，飾以16~17世紀歷任國王的徽章、國王和皇后名字，以及戰役勝利日期。

黛安娜長廊 La Galerie de Diane

黛安娜長廊長80公尺、寬7公尺，於1600年由亨利四世所建，只是不久後長廊損毀，直到1858年拿破崙三世才改建成圖書館，並存放拿破崙一世及歷代皇室的藏書、字畫、手稿和骨董。

舞會廳La Salle de Bal

舞會廳長30公尺、寬10公尺，在16世紀路易十三時期和後來的19世紀，都曾舉辦過許多盛大的節慶活動。舞會廳始建於法蘭斯瓦一世，他的兒子亨利二世(Henry II)接任後，改成具有平頂藻井的大廳，並以華麗的壁畫和油畫裝飾。舞會廳內有10扇大玻璃窗，下方護牆板的木條同樣漆以鍍金，上方和藻井的壁畫則以神話或狩獵題材為主，金碧輝煌。仔細觀賞，整體裝飾中大量採用國王名字起首字母和象徵國王的月牙徽標記所組成的圖案，常看到的還有字母C(凱瑟琳．梅迪奇Catherine de Médicis)和字母D(國王的情人黛安娜Diane de Poitiers)。

皇后室 La Chambre de l'Impératrice

自16世紀末到1870年，皇后均居於此，現今存留下來的擺設出自拿破崙妻子約瑟芬皇后(Joséphine de Beauharnais)的設計，最後一位使用它的主人，則是拿破崙三世的妻子歐仁妮皇后。

寶座殿La Salle du Trône

原是國王的寢宮，1808年時被拿破崙改設為寶座殿，御座取代了床位，在週日舉行宣誓和引見儀式。在這裡可看到幾個朝代的裝飾，像是17世紀中葉的天花板中部牆裙和帶三角楣的門，以及1752~1754年間新增的細木護牆板和維爾白克雕塑等。壁爐上方的法王路易十三肖像，是路易十三聘請首席畫家香拜涅(Philippe de Champaigne)繪製的作品。

拿破崙一世內套房 L'Appartement Intérieur de l'Empereur

皇帝小臥室La Chambre de Napoléon

雖為皇帝的辦公室，但拿破崙把它當成第二臥室，房間內鐵床頂飾帶有鍍金銅製的皇家標誌。根據拿破崙的秘書男爵凡的回憶錄中指出，拿破崙的日子多是在他的辦公室度過的，在這裡他才覺得像是在自己家，一切都歸他使用。

皇帝私人客廳 Le Salon de l'Abdication

這裡所有陳設為1808~1809年間的布置，又稱為「讓位廳」，因為拿破崙在1814年4月16日時，就是在這裡宣布讓位。

聖三一禮拜堂 La Chapelle de la Trinité

現在看到的聖三一禮拜堂是1550年由亨利二世設計和保留下來的，主要的整修和裝飾工程則是在亨利四世和路易十三世時期完成，包括穹頂中央著名的《耶穌受難圖》壁畫。每當舉辦彌撒時，國王和皇后就會端坐於看台上，1725年時路易十五的婚禮、1810年時為未來的拿破崙三世受洗禮，以及1837年時路易－菲利浦(Louis-Philippe)長子的婚禮，都是在這裡舉行。

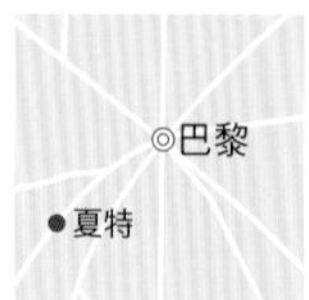

夏特

Chartres

夏特位於巴黎西南方80公里處遠，是座中古世紀小鎮，其中最引人注目的，是興建於1134~1260年間的夏特大教堂，它是歐洲哥德式建築的最佳典範之一，並被聯合國教科文組織列名聯合國世界遺產。

夏特的舊城區分為上城(Ville Haute)與下城(Ville Basse)，這裡是法國古蹟首要的保護區，占地約60公畝。漫步在舊城區，處處可見16世紀保存下來的房舍、廣場與階梯，空氣中瀰漫著中古世紀的小鎮氣氛，讓人有股穿越歷史時光隧道的感覺。除了舊城區外，夏特的美術館也值得參觀，緊鄰大教堂旁的美術館以早期的主教宮改建而成，收藏著大量精美的掛毯和中世紀搪瓷器。

Info

基本資訊

人口：約40,195人

面積：約16.85 平方公里

區域號碼：02

如何前往

◎火車

從巴黎蒙帕納斯火車站(Gare Montparnass)搭火車於Chartres站下，車程約70分鐘，每小時約1~2班。

班次、時刻表及票價可上網或至火車站查詢，車票可上網、至火車站櫃台購買，或先在台灣向飛達旅遊購買法國火車通行證(France Rail Pass)。

飛達旅遊

台北市中山區南京東路三段168號10樓之6　(02) 8161-3456分機2　線上客服：@gobytrain　www.gobytrain.com.tw

法國國鐵　www.sncf.com

火車站至鎮區交通

位於鎮區西方，步行至遊客服務中心約10分鐘。

鎮區交通

大部分景點步行可達

旅遊諮詢

◎夏特遊客服務中心 Office de Tourisme de Chartres

從火車站步行約10分鐘　8-10 Rue de la Poissonnerie, 28000 Chartres　02 37 18 26 26　週一～週六10:00~13:00、14:00~18:00，週日10:00~17:00　www.chartres-tourisme.com

Where to Explore in Chartres
賞遊夏特

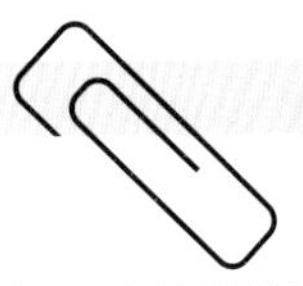

MAP ▶ P.180A2

舊城區
Vieille Ville

木造建築的古老風情

從火車站步行約10分鐘

夏特的大教堂一帶稱之為「上城」(Ville Haute)，至於位於厄爾河(l'Eure)地勢較低的區域則是當地人口中的「下城」(Ville Basse)，從大教堂後方順著山坡往下走，直到厄爾河這塊區域，就是當地最具人文特色的舊城。

如果想欣賞舊城中最美麗的房舍，就不能錯過大教堂旁的魚市場廣場(Place de la Poissonnerie)，周邊保留了多座夏特傳統木造建築，像是興建於16世紀、裝飾大量木頭雕刻的「鮭魚之家」(Maison du Saumon)。

傳承古老口味的伯斯油酥餅

在夏特當地的眾多特產中，有一種伯斯油酥餅(Sablé de Beauce)，是百分之百以伯斯(Beauce)以及厄爾和羅亞爾河(Eure-et-Loir)地區的小麥，加上完美比例的奶油，混入新鮮雞蛋製成的餅乾，這種傳承古老食譜且不含任何添加物的餅乾，是最具當地特色的食物之一，非常適合當成茶點。

貫穿歷史的聖尼古拉丘

上下城是以名為「聖尼古拉丘」(Tertre Sanit-Nicolas)的大階梯連接，古時候，它所扮演的角色除了是連接兩城商業貿易的主要通道外，還是座地下渠道，將厄爾河的水引至上城供居民使用，事實上類似的階梯，在夏特總共有5座，其年代大多可回溯到中世紀。

貝荷特皇后階梯

在「鮭魚之家」前方不遠處一棟圍繞著木筋牆的建築，其側面塔樓的貝荷特皇后階梯(Escalier de la Reine Berthe)裝飾著大量人物和動物雕刻，如果仔細看，還會發現舊城的許多街道牌都彩繪成有趣的圖案。

城門

厄爾河畔風光充滿小鎮情調，天氣晴朗時房舍和綠意與水面倒映成趣，其中不少小橋還是歷史古蹟，像是曾經屬於夏特防禦工事一部份的城門Porte Guillame，興建於12世紀，其名稱來自於出資興建的夏特主教代理官Guillaume de Ferrière，不過該橋在1944年德軍撤退時幾乎被完全摧毀，也因此今日呈現略微破敗的模樣。

MAP ▶ P.180A2

夏特大教堂

MOOK Choice

Cathédrale Notre-Dame de Chartres

彩繪玻璃的藍色世界

從火車站步行約8分鐘 16 Cloître Notre-Dame 28000 Chartres 02 37 21 59 08 8:30~19:30(7~8月週二、週四和週五至22:00) 免費 www.cathedrale-chartres.org/

夏特大教堂是西方文明中數一數二的偉大建築物，重建於13世紀初期，因為原建於11世紀的仿羅馬式教堂，在1194年遭大火燒毀，當時僅存留下西大門、南北兩鐘塔、地下墓室，而「聖母之紗」是唯一倖留的聖物。由於上層的彩繪玻璃居於高處，建議攜帶望眼鏡方能仔細觀賞。

南大門Portail Sud

南大門興建於1205~1215年間，主要描繪教會歷史，從使徒追隨基督、創立教會到末日為止，門上裝飾著大量殉道者、使徒和懺悔者的雕像，闡述「殉難」、「最後的審判」和「堅信」等主題。

皇室大門Portail Royal

皇室大門是教堂3座大門中唯一倖存於大火的建築，年代追溯到12世紀。大門有3個入口處，其3個門邊的雕像柱群和三角面上的雕飾屬於羅馬式風格，分別代表舊約聖經中的人物。

彩繪玻璃窗Vitraux

教堂內的176片彩繪玻璃大多數是從13世紀保存至今，其中還有4片是12世紀的作品，屬於歐洲中世紀最重要的彩繪玻璃之一。法國大革命時有8片玻璃損毀，因而在兩次世界大戰時，這些彩繪玻璃曾被卸下保管，待戰爭後才重新裝上。彩繪玻璃窗主題訴說耶穌生平、舊約聖經和聖人的故事，興建之時龐大的資金由貴族、富商和工會贊助，因此在部份彩繪玻璃窗的最下部，可以看見包括多種行業工作場景或家族徽章等捐贈者的標記。而在這些繽紛的彩繪玻璃中，又以藍色為主調，形成當地特殊的「夏特藍」代表色。

迷宮的謎？

迷宮共由276塊白色石頭鋪成，曾有作家認為這數字近似和婦女懷孕的天數，因而一度引發眾人熱烈的討論。根據1792年從中央移除的一塊石板記載，該迷宮的靈感可能來自希臘神話主角Dédale所設計的那座克里特島迷宮。

北大門Portail Nord

興建於1210~1225年間的北大門，訴說舊約聖經和聖母的故事，幾乎可說是一本基督教百科全書，裝飾中央拱廊上方的雕刻，描繪《創世紀》的場景，其周圍層層向外延伸的門拱上，裝飾著象徵12月份的活動和星座雕刻，相當有趣。

鐘塔Clocher Neuf

教堂左右兩側的尖塔造型截然不同，一側是羅馬式的舊鐘塔(Clocher Vieux)，另一側則是興建於16世紀的火焰哥德式的新鐘塔(Clocher Neuf)，高115公尺，又稱北塔(Tour Nord)，與內部的羅馬式建築形成對比，算是教堂建築的奇例。

迷宮Labyrinthe

在大教堂的中央，有一座年代回溯到13世紀的迷宮，直徑約13公尺的它、全長達261.5公尺，由一連串的轉彎和弧圈構成，無論內外都以同樣方式排序的弧圈是它最大的特色，而它也是法國境內最大的迷宮之一。中世紀時朝聖者會邊祈禱邊跟隨迷宮前進，對他們來說，這是一條象徵通往上帝和復活的路。

MAP ▶ P.180A2

夏特美術館

Musée des Beaux-Arts de Chartres

掌管夏特藝術之鑰

從火車站步行約10分鐘 29 cloître Notre-Dame 28 000 Chartres 02 37 90 45 80 週二、週三、週五、週六10:00~12:30、14:00~18:00，週四10:00~12:30、14:00~20:00，週日14:00~18:00 休週一、1/1、5/1、5/8、11/1、11/11、12/25 常設展免費，特展視展覽而異 www.chartres.fr/musee-beaux-arts/horaires-et-animations

緊鄰大教堂的夏特美術館，由昔日的主教宮(Palais de l'Evêché)改建而成。該建築整合了多棟15~19世紀的建築，今日的面貌大都出自17~18世紀時的三位主教任內，昔日的宮殿還曾在1594年時，接待過加冕的亨利四世。

法國大革命後，主教宮成為地方政府所有，一度當成地方長官的府邸。1821年時，因為再度設立主教，於是又再度回到教會手中。1905年在政、教分離的法律規定下，主教宮不再為宗教服務，並於1939年時創立了夏特博物館。

今日這座美術館中收藏了大量由古至今的藝術品，包括擅長描繪修士的蘇巴蘭(Zurbaran)、以靜物畫出名的夏丹(Chardin)和野獸派畫家弗拉曼克(Vlaminck)的作品，此外還有一系列以海洋為主題的展覽和17~18世紀的羽管鍵琴收藏。

香提伊
Chantilly

位在巴黎北邊48公里處的香提伊，自從1830年一些上流社會的騎士聚集在此後，即成為大巴黎地區純種馬賽馬的重要地點，每年定期舉辦法國年度賽馬盛事，以及許多地方賽馬活動，像是每年6月舉辦的「騎師俱樂部大獎」(Prix du Jockey Club)和「黛安娜愛馬仕獎」(Prix de Diane-Hermès)等，都是賽馬圈中的熱門話題。

位於賽馬場不遠處的香提伊城堡，洋溢著濃厚的文藝復興氣息，博物館中珍藏的大量藝術品與多座優美的花園，是吸引遊客前來參觀的主因，至於大馬廄中的馬術表演也是不可錯過的景點之一。

城堡和大馬廄皆位於香提伊城鎮的東邊，四周被香提伊森林(Foret de Chantilly)所環繞，這座森林曾經是皇室成員打獵的地方，占地63平方公里，天氣好的時候，漫步在森林中是件愉快的事，有時候還可見到當地居民在此練習騎馬。

Info

基本資訊
人口：約11,215人
面積：約16.19 平方公里
區域號碼：03

如何前往
◎RER

從巴黎搭RER D線於Chantilly-Gouvieux站下，車程約45分鐘。

◎火車

從巴黎里昂北站(Gare du Nord)搭火車於Chantilly-Gouvieux站下，車程約25分鐘，班次頻繁。

班次、時刻表及票價可上網或至火車站查詢，車票可上網或至火車站櫃台購買，或先在台灣向飛達旅遊購買法國火車通行證(France Rail Pass)。

飛達旅遊

台北市中山區南京東路三段168號10樓之6 (02) 8161-3456分機2 線上客服：@gobytrain www.gobytrain.com.tw

法國國鐵 www.sncf.com

火車站至香提伊城堡交通
位於城堡西南方，步行至香提伊城堡約20分鐘。

旅遊諮詢
◎香提伊遊客服務中心
Office de Tourisme Chantilly

位於火車站前 73 rue du Connétable Chantilly 03 44 67 37 37 週二～週六9:30~13:00、14:00~17:30，4~10月週日開放 週一、1/1、5/1 www.chantilly-senlis-tourisme.com

Where to Explore in Chantilly
賞遊香提伊

MAP ▶ P.184B1

香提伊城堡
Château de Chantilly
藝術與建築的相互輝映

從火車站或RER站到香提伊城堡約2公里，穿過香提伊森林(Forêt de Chantilly)步行約20分鐘可達；或搭計程車前往，車程約5分鐘。 Château de Chantilly-Musée Condé 03 44 27 31 80 3月下旬~10月下旬城堡及大馬廄10:00~18:00、公園10:00~20:00；10月下旬~3月下旬城堡及大馬廄10:30~17:00、公園10:30~18:00。每年1月休館日及馬術表演請上網查詢最新資訊。 週二 1日票(含城堡、公園和花園、大馬廄)全票€18、優待票€14.5；2日票(含城堡、公園和花園、大馬廄)全票€23、優待票€18；以上票種不包括參觀歐馬公爵套房區域，歐馬公爵套房導覽€7。公園和花園旺季(3月下旬~10月下旬)全票€9、優待票€7。 www.chateaudechantilly.com

由大、小城堡組成的香提伊城堡，其今日面貌和15世紀末開始掌管這片莊園的蒙莫朗西(Montmorency)家族有關。該家族最初興建的房舍在法國大革命時遭到破壞，後來在最後一位恭德親王(Prince de Condé)的重建下，出現了今日的大城堡(Grand Château)，至於落成於1560年、相連的小城堡(Petit Château)，則幸運保存下來。

香提伊城堡在亨利二世過世後，傳入大恭德(Grand Condé)手中，他命當時最傑出的景觀設計師勒諾特爾(André Le Nôtre)，為城堡設計一座擁有瀑布、樓閣、鄉村小屋的法式庭園，以及一條交錯的大運河，成為家族宴客與舉辦舞會的地方。

到了法國大革命期間，香提伊城堡一度淪為監獄，裡頭的收藏品轉送到羅浮宮保存，直到戰後經過修建，才讓它再度成為上流人士狩獵宴會的地方。1886年時，城堡的最後一位主人歐馬公爵(Duc d'Aumale)，也是路易・菲利普國王的兒子，為了保存他的個人收藏，將畫廊改建成藝術品的展覽館，並以不得變更畫廊的條件將它捐給法蘭西學院(Institut de France)，如今以恭德博物館(Musée Condé)的名義對外開放。

圖書室 Cabinet des Livres

擁有雙層結構的圖書室，是歐馬公爵閱讀和工作的地方。這裡收藏多達13,000本著作，其中包括1,500本手抄本，內容多以文學歷史為主。

禮拜堂 Chapelle

這間獻給聖路易的禮拜堂由歐馬公爵於1882年時委任建築師Honoré Daumet興建，幾乎就位在法國大革命前舊禮拜堂的所在位置。6尊青銅雕塑是恭德親王亨利二世的紀念碑，中央以兩尊女性雕像象徵宗教(陪伴哭泣的兒童和鸛鳥)和謹慎(手持纏繞著蛇的長矛)，前方4尊左右各代表正義(手持天平和托盤的男人)和憐憫(雙手交叉於胸前的婦女)，以及兩位展示盾牌和墓誌銘的孩童。

大公寓 Grands Appartements

王子殿下的寢室 La Chambre de Monsieur le Prince

這間裝飾著細木壁貼的廳房，如今牆壁上裝飾著描繪東方寶塔和異國動物等洋溢異國風情的畫作，事實上這裡原本高掛的是家族成員畫像，不過法國大革命後恭德親王們只能從倉庫找出其他的替代品。廳房內有一件裝飾著鍍金和青銅雕刻的五斗櫃，前主人為凡爾賽宮的路易十六。

大猴子室Grande Singerie

一隻隻的猴子或掌旗、或作畫、或演奏、或坐在地球儀上，象徵著戰爭、藝術、音樂、科學等主題，也展現了視覺、聽覺和嗅覺等主題，這幾幅活潑生動且充滿趣味的畫作，出自18世紀畫家Christophe Huet之手，這種直接作畫於護壁板上的藝術風格，在攝政時期相當流行。

大恭德的戰績畫室 Galerie des Actions du Grand Condé

又稱為軍事畫室，大恭德在世時曾委託軍事畫家Sauveur Le Conte繪製11幅展現他重要戰績的畫作，這些作品完成於1686~1692年間。如今除《後悔》這幅畫外，其他都按照年代順序陳列於此展覽室中。此外，其他陳列還包括大恭德的文書寶盒和雕像等等。

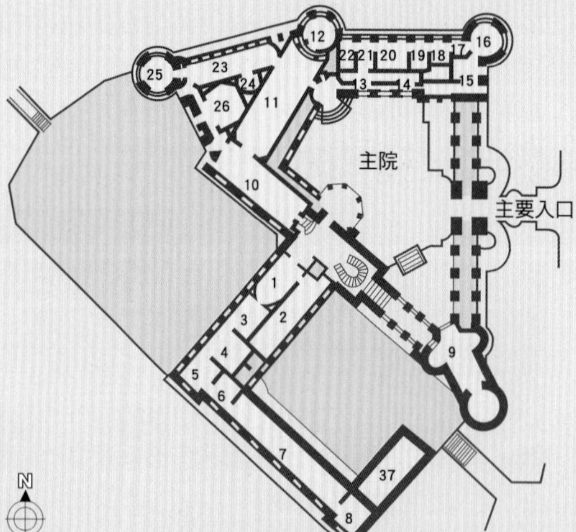

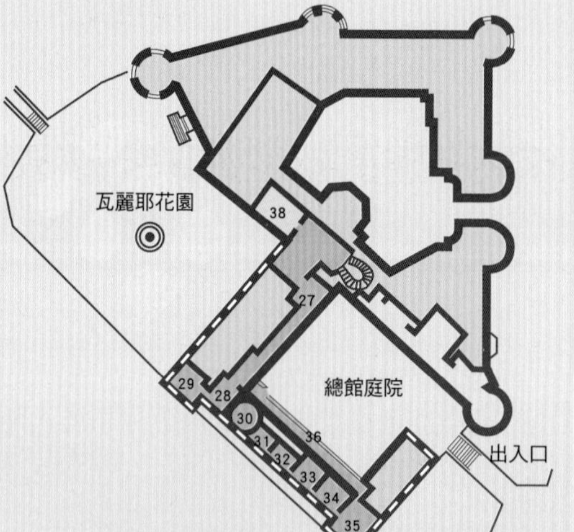

主院

主要入口

瓦麗耶花園

總館庭院

出入口

N

香提伊城堡平面圖

圖例 大公寓和恭德博物館 小公寓

2樓

1 接待廳
2 圖書室
3 守衛廳
4 王子殿下的寢室
5 大陳列室
6 大猴子室
7 大恭德的戰績畫室
8 音樂廳
9 禮拜堂
10 鹿畫廊
11 書室
12 畫廊圓頂
13/14 宅邸陳列室
15 史瑪拉室
16 敏娜娃室
17 骨董室
18 喬托室
19 伊莎貝爾室
20 奧爾良室
21 卡洛琳室
22 克盧埃室
23 賽姬美術館
24 庇護所
25 珠寶陳列室
26 講壇
37 尚・比朗的公寓

1樓

27 杜梅長廊
28 吉斯廳
29 歐馬公爵夫人臥室
30 紫色廳
31 小猴子室
32 歐馬公爵浴室
33 歐馬公爵臥室
34 恭德廳
35 大理石廳
36 杜邦長廊
38 國王沙龍

畫廊Galeries de Peintures／恭德博物館Musée Condé

畫室 Galerie de Peinture

在恭德博物館中所看到的任何藝術珍藏，都是由歐馬公爵所收集而來，1875~1885年間，他請來Honoré Daumet將畫廊改建成展示藝術品的場所，而這座畫室是其中最大的一間展廳，其玻璃天棚帶來的絕佳的光線，讓人得以好好欣賞這些按歐馬公爵喜好擺設的畫作。在這間畫室中，你可以看見許多與戰爭、異國風情以及人物肖像等主題相關的作品，充分說明的歐馬公爵的軍人身份，以及對歷史和東方文化的熱情。

喬托室Cabinet du Giotto

熱愛旅遊和家族聯姻的關係，使得歐馬公爵對義大利藝術產生了極大的興趣，在這間畫室中收藏了多件14~17世紀的義大利作品，其中比較著名的畫作包括代表14世紀亞維儂派的《卡達家族慈悲的聖母》(La Vierge de Miséricorde)，以及展現Maso di Banco透視畫風的《聖母之死》(La Dormition de la Vierge)。

庇護所Santuario

這間小小的半圓室中收藏著兩幅拉斐爾的作品：《奧爾良家族的聖母》(La Madone de la Maison d'Orléans)和《三美圖》(Les Trois Grâces)，前者保留了拉斐爾年輕時期遵循中世紀畫風的筆觸，後者據說原本只有左邊女神手拿蘋果，後來拉斐爾為她們每人都畫上一個。

講壇Tribune

這間八角形的房間，上方覆蓋著一座開著高窗的穹頂，儘管窗邊裝飾華麗，下方卻留下大量空間展示畫作，充分展現19世紀的博物館概念。歐馬公爵將許多傑作高掛於此廳之中，結合了15~19世紀的畫作，其中包括出自波提且利工作室的《秋天》、安格爾(Ingres)的《La Vénus Anadyomène》，以及François Baron Gérard的《拿破崙肖像》(Portrait de Napoléon)等等。

公園和花園 Parc et Jardins

腹地廣大的公園占地約115公頃，大致輪廓由勒諾特為大恭德設計於17世紀末，主要區分成4大區域，包括大片綠地和多座水池以對稱方式呈現的勒諾特法式花園(Jardins Français Le Nôtre)、擁有愛之島(L'Ile d'Amour)和維納斯神廟(Temple de Vénus)並於重建19世紀的浪漫英式花園(Jardin Anglais)、靈感來自瑪麗·安東奈特於凡爾賽宮的特里亞農宮村莊(Hameau)的盎格魯中式花園(Jardin Anglo-Chinois)，以及興建於18世紀的小花園(Petit Parc)。

大馬廄和馬匹博物館 Grandes Écuries & Le Musée du Cheval

大馬廄興建於1719~1740年間，據說因為波旁·康德家族的路易·亨利親王(Prince Louis-Henri de Bourbon-Condé)認為自己死後會投胎為馬，而命當時的建築師奧貝打造了這座建築傑作。

最初這裡用來豢養香提伊城堡的240匹馬和超過500隻的獵犬，1982年時，在當時法國最年輕的騎師長伊芙(Yve Bien-Aime)的主持下，正式改建為馬匹博物館(Le Musée du Cheval)。馬匹博物館主要的目的在於闡揚馬術文化，其占地600平方公尺，展出所有與馬術相關的藝術，包括畫作、掛毯、織品、雕塑、馬具和文獻等等。除靜態展示外，這裡還提供馬術示範(Les Animations Equestres)，在例行示範中會有兩位騎師在場內以法文解說、示範基本馬術，包括如何使馬鞠躬、旋轉、屈膝等。

奧維
Auvers-sur-Oise

奧維位在巴黎的北郊，因印象派畫家梵谷(Van Gogh)在此度過了他生命中的最後兩個月，並留下許多曠世畫作，使得這座小鎮變得不平凡。

1890年，病情加重的畫家梵谷前往奧維尋找嘉舍醫生(Paul Gachet)治病，他在哈霧旅店(Auberge Ravoux)的小閣樓住了下來，有嘉舍醫生對梵谷的肯定和關懷，再加上可以和住在巴黎的弟弟西奧互相探視，梵谷在奧維的日子顯然要比在南部的那段歲月好過多了。

只是好景不常，當時的西奧正陷於愛子病重和經濟拮据的困境中，梵谷似乎意識到自己成為弟弟的負擔。舊疾復發的恐懼讓梵谷精神再度陷入崩潰邊緣，最後舉槍自盡。在梵谷過世後的半年，與哥哥始終相知相隨的西奧也追隨梵谷而去，兩人安葬在奧維的墓園，永遠看護著那一片無邊的麥田。

Info

基本資訊

人口：約6,763人
面積：約12.69 平方公里
區域號碼：01

如何前往

◎火車

從巴黎北站(Gare du Nord)或聖拉薩火車站(Gare Saint Lazare)搭火車於Auvers-sur-Oise下。從北站出發的火車分為直達車和區間車兩種，直達車車程約45分鐘，區間車全程約65~80分鐘。從聖拉薩火車站出發的火車需從Pontoise轉車，全程約75分鐘。

班次、時刻表及票價可上網或至火車站查詢，車票可上網或至火車站櫃台購買，或先在台灣向飛達旅遊購買法國火車通行證(France Rail Pass)。

飛達旅遊

台北市中山區南京東路三段168號10樓之6 (02) 8161-3456分機2 線上客服：@gobytrain www.gobytrain.com.tw

法國國鐵 www.sncf.com

火車站至市區交通

位於城鎮內。

市區交通

大部分景點步行可達。

旅遊諮詢

奧維遊客服務中心
Office de Tourisme d'Auvers-sur-Oise

從火車站步行約3分鐘 Parc Van Gogh, 38 Rue du Général de Gaulle, 95430 Auvers-sur-Oise 01 30 36 71 81 4~10月平日9:30~01:00、14:00~18:00，週末09:30~18:00；11~3月平日09:30~01:00、14:00~16:30，週末10:00~16:30 休週一 www.tourisme-auverssuroise.fr

Where to Explore in Auvers-sur-Oise
賞遊奧維

MAP ▶ P.188A1

奧維城堡

MOOK Choice

Château d'Auvers-sur-Oise

走進印象派的場景

從火車站步行約10~12分鐘 Chemin des berthelées (parking), 95430 Auvers-sur-Oise 01 34 48 48 48 10:00~17:00；每年開放時間不一，詳見官網公告 週一 全票€12、優待票€7.5，7歲以下免費 www.chateau-auvers.fr

1635年時，尾隨瑪莉・梅迪奇(Marie de'Medicis)而來的義大利銀行家Lioni Zanobi，先是在奧維的這座小山丘上興建了一棟義式別墅，後來主人多次易手，到了18世紀末，因一次大刀闊斧的改建，搖身一變成了法式城堡，也勾勒出今日的輪廓。1987年時，奧維市政府將它買下後加以整修，並於1994年時開放民眾參觀，而今它更成為印象派藝術的推手，以現代化的多媒體設備，帶領參觀者深入畫家的世界。

追隨大師們的腳步

展覽以《印象派畫家時光之旅》(Voyager au Temps des Impressionnostes)為主題，戴上各國語言的語音導覽設備(有中文)的遊客，將追隨杜比尼、塞尚、梵谷這些名畫與奧維有關的大師們的腳步，一一探訪他們的歷程。率先登場的是以模型重建的19世紀巴黎街景和印象派畫家熱愛的主題，你可以聆聽當時的音樂、欣賞舊影片、體驗藝術品拍賣的情景、在歌舞酒館中觀賞康康舞、甚至搭上火車和藝術家們一同到戶外寫生，成為五百幅印象派名畫的「另類」主角。

MAP ▶ P.188A1

杜比尼故居兼畫室

Maison-Atelier de Daubigny

法國當代藝術指標

從火車站步行約8分鐘 61 Rue Daubigny 95430 Auvers-sur-Oise 01 34 48 03 03 週六～週日10:30~12:30、14:00~18:30；每年開放時間不一，詳見官網公告 全票€6、優待票€4，12歲以下免費 www.atelier-daubigny.com

這棟興建於1861年的房舍，是杜比尼(Charles-François Daubigny)定居奧維的第一個家。在這間故居中，依舊保留了杜比尼和他家人在此度過的歲月痕跡，其中不乏多幅出自他手的大型壁畫，像是彩繪著兔子、麥田、河流的餐廳牆壁嵌板，以及他在女兒臥室為她20歲生日時畫下象徵美好童年時光的繪畫等等，讓人能更貼近這位畫家的生活。

印象派的先驅是他！

出生於巴黎的他於1843年前往巴比松，而後一改傳統作畫風格，成為熱愛在大自然中寫生的畫家，並於定居奧維期間結識且影響了塞尚等年輕的印象派畫家，也因此杜比尼被視為印象派的先驅。

MAP ▶ P.188B2

哈霧旅舍(梵谷故居)

Auberge Ravoux (Maison de Van Gogh)

MOOK Choice

梵谷最後的創作時光

從火車站步行約3~5分鐘 Place de la Mairie 52-56 rue du General de Gaulle 95430 Auvers-sur-Oise 01 30 36 60 60 梵谷房間3~11月週三～週日10:00~18:00，旅舍餐廳3~11月週三～週日12:00~18:00；每年開放時間不一，詳見官網公告 梵谷房間全票€10、優待票€8，12歲以下免費 www.maisondevangogh.fr

在奧維的兩個月，是梵谷生命最後的高潮，或許知道自己來日不多，在這段期間，梵谷以每天一幅以上的驚人速度畫了80多幅作品，其中包括許多膾炙人口的作品，如《嘉舍大夫》、《奧維教堂》和《麥田群鴉》等，如果說奧維是梵谷的最終火花，一點也不為過。

陷入精神崩潰的梵谷於1890年7月27日在奧維城堡附近的樹林裡舉槍自盡，兩天後在這旅舍小房間裡辭世。值得一提的是，雖然靈感泉湧，但梵谷從未創作任何有關哈霧旅店的畫，反倒是畫了一幅位在旅店對面的市政廳。

今日的哈霧旅店除梵谷故居外，還有一間播放梵谷生平的視聽室，另外位於底層的餐廳，仍舊販賣著梵谷當時最愛享用的菜色「橄欖油醃鮭魚馬鈴薯」(Marinated Herring and Salmon with Warm Potatos)。

梵谷入住旅舍今貌

梵谷當時以每天3.5法郎的代價入住哈霧旅店，他的房間位在2樓，在不到兩坪的空間裡開了一扇小窗，而今連床也沒有，只有一張椅子憑弔昔日。

MAP ▶ P.188B1

梵谷兄弟之墓

Tombes de Vincent Van Gogh et de Son Frère Théo

大師兄弟的最後長眠處

從火車站步行約8~10分鐘 Le Cimetière 95430 Auvers-sur-Oise

在梵谷過世後半年，手足情深的弟弟西奧也跟著撒手人寰，他們兩人一同葬在奧維的墓園裡，墓碑上簡單的寫著：「這裡長眠著文森·梵谷」。

這座同葬墓上爬滿的長春藤，是嘉舍醫生的兒子Paul Gachet於1924年時由自家庭園移植栽種的，因為西奧的遺孀曾寫信給他：「當墓石砌好時，您是否能為我在這兩座墳上種植長春藤，它總是綠意盎然且擁有簡單的美。文森和西奧兩人都很喜歡長春藤……」

MAP ▶ P.188B1

艾碧斯博物館

Musée de l'Absinthe

苦艾酒的歷史

從火車站步行約10分鐘 44 Rue Alphonse Callè, 95430 Auvers-sur-Oise 01 30 36 83 26 3~10月週六～週日13:30~18:00 全票€6、優待票€5，15歲以下免費 www.musee-absinthe.com

「艾碧斯」也就是苦艾酒，這是一種高酒精度數的蒸餾酒，19世紀末到20世紀初在歐洲非常的流行，不過因為酒精濃度過高，苦艾酒曾經被當成禁酒，直到20世紀末才解禁。

梵谷也是苦艾酒的愛好者，據說他就是在喝了苦艾酒的情況下才割掉自己的耳朵，他生前待在奧維的兩個月中也經常飲用苦艾酒。這間博物館介紹了苦艾酒的相關知識，也可以品嘗苦艾酒。

MAP ▶ P.188B1

奧維聖母院

Église Notre-Dame d'Auvers

聞名於世的名畫教堂

從火車站步行約3~5分鐘 Rue Eglise, 95430 Auvers-sur-Oise

這座在梵谷畫中有著綠色樑柱、橘色屋頂和藍色玻璃窗的奧維聖母院，現實中並沒有那麼色彩繽紛。

該建築興建於12~13世紀，屬於羅馬哥德式風格，其中殿明顯受到巴黎聖母院的影響，自1915年被列為歷史古蹟。

梵谷作畫的角度是教堂的背面，從市區方向前來，必須爬上一段階梯，然後會先看到教堂的正面，而這段石造的階梯，也在1947年被列入歷史古蹟。

MAP ▶ P.188A1

嘉舍醫生家

Maison du Docteur Gachet

梵谷的心靈寄託處

從火車站步行約15~20分鐘 78 Rue du Docteur Gachet 95430 Auvers-sur-Oise 01 30 36 81 27 3~10月週三~週日10:30~18:30 全票€3、優待票€2，7歲以下免費 www.valdoise.fr/annuaire/170/1-libelle.htm

嘉舍醫生畫像《Portrait of Dr. Gachet》是梵谷最有代表性的作品之一，以8,250萬美金的成交金額而知名。嘉舍醫生是梵谷生前的心理醫生，因為他對繪畫的愛好，梵谷才會前來奧維治病，那時，他或許也是唯一能了解梵谷的人。

嘉舍醫生的家位於山丘上，養有雞鴨的院子裡種滿了花花草草，房子裡則擠滿了印象派圖畫和骨董，梵谷有時會到嘉舍家用餐、為他們一家人作畫，托著腮的嘉舍大夫看起來有點鬱鬱寡歡，彈著琴的嘉舍小姐(大夫的女兒)看起來倒很亮麗。

諸曼第

Normandie

文●墨刻編輯部
圖●墨刻攝影組

維京人領袖Rollo於9世紀在盧昂受洗成為基督教徒，並將盧昂設為諾曼地首府，他們從掠奪者變成統治者，從此開啟了諾曼地的歷史。二次大戰期間，諾曼地成了戰火下的犧牲品，多數城市都遭到嚴重的毀損。雖然1944年D-Day的大登陸收復了諾曼地，但光是重建工程就耗費了數年。

儘管有著這段令人悲傷的歷史，不過諾曼第卻是處處氣氛歡樂的度假海岸，除了都維勒(Deauville)和托維勒(Trouville)高人氣濱海度假勝地外，諾曼第最多人拜訪的是印象派大畫家莫內度過餘生的吉維尼、以莫內筆下大教堂而聞名的盧昂，以及因漲退潮帶來奇景的聖米歇爾山。

聖米歇爾山

Le Mont Saint-Michel

從遠處觀望聖米歇爾山，宛如一座獨立的島嶼和莊嚴的城堡，事實上自中世紀蓋了修道院之後，這裡便成為重要的朝聖之地。早在8世紀之前，聖米歇爾山周圍是一片青翠的森林，但因不知名的原因使森林沉入陸地，造就了這座周長900公尺、高88公尺的花岡岩小山孤立於沙洲。此處以潮汐落差而著名，最大的漲潮期是在滿月和新月的36~48小時之後，高漲的海水將山頭變成一座孤立於河口的岩島，退潮時，又會露出與本島接壤的坦蕩大道，彷彿海中仙境。

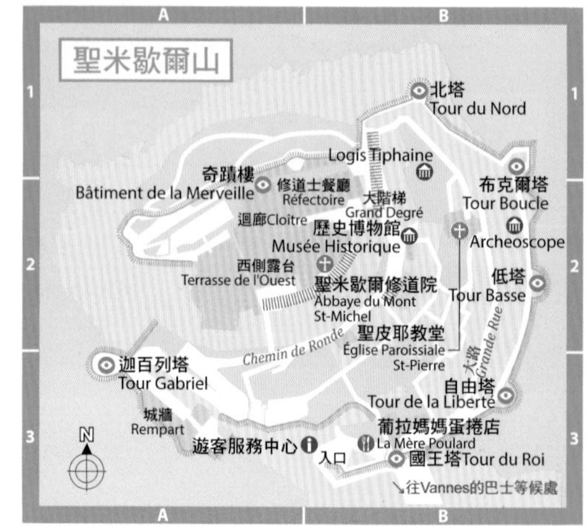

Info

基本資訊

人口：約44人　**面積**：約0.97平方公里　**區域號碼**：02

如何前往

◎火車

從巴黎蒙帕納斯火車站(Gare Montparnasse)搭TGV火車到漢恩(Rennes)，自漢恩搭TER到Pontorson，再換巴士前往聖米歇爾山；或搭TGV到Dol de Bretagne，轉乘巴士到Pontorson，再換巴士前往聖米歇爾山。從蒙帕納斯火車站搭火車前往漢恩車程約2小時50分鐘；從蒙帕納斯火車站搭火車前往Dol de Bretagne車程約2小時40分鐘，可上網或任何SNC火車站購買TGV票。

班次、時刻表及票價可上網或至火車站查詢，車票可上網或至火車站櫃台購買，或先在台灣向飛達旅遊購買法國火車通行證(France Rail Pass)。

飛達旅遊

台北市中山區南京東路三段168號10樓之6　(02) 8161-3456分機2　線上客服：@gobytrain　www.gobytrain.com.tw

法國國鐵　www.sncf.com

◎Pontorson至聖米歇爾山交通

自Pontorson直達聖米歇爾山的巴士，請見遊客服務中心網站。

www.ot-montsaintmichel.com

◎布列塔尼地區巴士Keolis

可搭配從巴黎出發的TGV火車班次搭接駁巴士前往，班次可至遊客服務中心或上網查詢。

keolis-armor.com/fr/zmr-Destination-Mont-Saint-Michel-.html

市區交通

大部分景點步行可達。

旅遊諮詢

◎聖米歇爾遊客服務中心

Office de Tourisme du Mont Saint Michel

位於聖米歇爾山城門入口，從巴士站步行約2分鐘。　Grande Rue, 50170 Le Mont-Saint-Michel　02 33 60 14 30　11~3月10:00~17:00，4~6月及9月09:30~18:30(週日至18:00)、14:00~18:00，10月09:30~17:30(週日至17:00)，7~8月09:30~19:00　休1/1、12/25　www.ot-montsaintmichel.com

MAP ▶ P.194B2

聖米歇爾修道院

MOOK Choice

Abbaye du Mont St-Michel

令人驚奇的山岩建築

從遊客服務中心步行約10分鐘 BP 22 50170 Le Mont Saint-Michel 02 33 89 80 00 9~4月9:30~18:00、5~8月9:00~19:00；售票至關閉前1小時 休1/1、5/1、12/25 全票€13 www.abbaye-mont-saint-michel.fr/

根據凱爾特(Celtic)神話，聖米歇爾山曾經是死去靈魂的安息地與海上墓地。傳說在708年時，阿維蘭奇(Avranches)的聖歐貝爾主教(Bishop Aubert)曾三度夢見天使長聖米歇爾(Saint Michel)托夢給他，希望以祂的名義在座岩山頂建立一座聖堂。

966年，諾曼地公爵查理一世在此建立本篤會修道院(The Benedictines)，歷經數度修建與擴充，加上四周被斷崖與大海環繞的險惡要勢，讓聖米歇爾山成為百攻不破的碉堡要塞，從15世紀的英法百年戰爭與16世紀的宗教戰爭即可證明。

數百年來，這裡一直是修道士的隱居之處，由於修道院長期壓榨領地內的農民，在法國大革命期間聖米歇爾山首度被民眾攻陷，從神聖的修道院淪為監獄，直到1874年才被法國政府列為國家古蹟，至此展開大規模的整修，並於1979年時被聯合國教科文組織選為世界遺產。

今日的聖米歇爾修道院成為法國最熱門的旅遊勝地，除了獨特的歷史背景和地理位置外，也和建築本身的結構有關，由於聳立於花崗岩巨岩的頂端，修道院以金字塔型層層上築的方式修建，由多座地下小教堂構成支撐平台，至足以承受上方高達80公尺的教堂重量，也因此該建築又被稱為「奇蹟樓」(Bâtiment de la Merveille)。

巨柱地下小教堂Crypte des Gros Piliers

建於15世紀，用來支撐頂層教堂的祭壇，因此使用採用火焰拱頂的巨大石柱。

迴廊Cloître

連接修道院附屬教堂(Eglise Abbatiale)和食堂(Réfectoire)的迴廊(Cloître)，是昔日修士默禱的場所，以交錯的雙排石柱撐起一道道拱頂，為視覺帶來許多變化。

騎士廳Salle des Chevaliers

擁有交叉的拱頂，是支撐迴廊的主要結構，也是過去修士撰寫研讀手抄本的地方。

天使長聖米歇爾護庇之所

在聖經裡有著許多天使，他們是上帝的僕人、信差和士兵。其中，聖米歇爾(Saint Michel)是高於天使群中的「大天使」，他是天上的軍神，也是靈魂的領導者，信徒篤信他經常穿著盔甲、手持寶劍，腳踏著惡龍在高聳的岩壁間往來。

同時，他常被人們認定與大自然一些不可抗拒的力量息息相關，如閃電、打雷、慧星等，所以聖米歇爾山的神秘靈場與神蹟，便是大天使聖米歇爾最佳的護庇之所。

西側平台 Terrasse de l'Ouest

這處位於大階梯(Grand Degré)底端的平台，得以將布列塔尼和諾曼第的風光盡收眼底，並能清楚感受到聖米歇爾山獨立於海中的特殊地勢。

聖艾田禮拜堂Chapelle Saint Etienne

昔日悼念往生者的地方。

施捨廳(Aumônerie)

過去用來接待朝聖者的地方，如今成為修道院的商店。

MAP ▶ P.194B3

葡拉媽媽蛋捲店

La Mère Poulard

傳承百年的獨特味道

從遊客服務中心步行約1分鐘 Grande Rue – BP 18 50170 Le Mont Saint-Michel 02 33 89 68 68 11:30~21:30；開放時間時有變更，請去電查詢。 lamerepoulard.com/en/home2/

在聖米歇爾山，另一個和聖米歇爾修道院齊名的就是葡拉媽媽蛋捲店了！

葡拉媽媽本名Anne Boutiaut，她隨負責監督聖米歇爾修道院整修工程的主人來到聖米歇爾山，並認識了當地的麵包師傅之子Victor Poulard，兩人婚後先是替人經營一家接待朝聖者、考古學家和畫家的旅館，在這個時候Anne想出了這道以木柴在爐火上煎蛋捲的料理，沒想到大受歡迎，因此打響名號。

1888年時，葡拉夫婦離開了旅館，創立了葡拉媽媽蛋捲店。如今走過百年歷史，除了餐廳，還開設了飯店與商品店，葡拉媽媽的成功可以從掛滿餐廳牆上來訪的名人照片與簽名得知，包括大文豪海明威、服裝設計師聖羅蘭、鐵娘子柴契爾夫人等都曾是座上賓。

隨著時間的演進，如今餐廳提供的菜色不只蛋捲，然而想品嘗這道煎蛋捲的人不妨點一套下午茶套餐，除蛋捲外還有一道甜點，蛋捲分為甜鹹兩種口味，最精采的是甜蛋捲，侍者會將點燃的蘋果白蘭地酒淋在蛋捲上，並灑上大量的糖，吃起來有著濃郁的香氣。

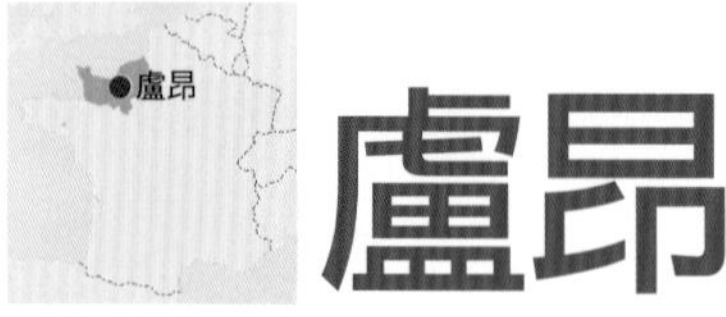

盧昂
Rouen

9世紀時，當時沿海地區遭受維京人的襲擊，直到維京人領袖「Rollon」在盧昂受洗成為基督教徒，才開啟了盧昂在宗教與政治的領導地位。經過英國的數百年統治後，13世紀初，盧昂始被納入法王奧古斯都(Philippe-Auguste)的領導之下。

盧昂以人才輩出著稱，包括小說家福樓拜(Gustave Flaubert)及探險家拉薩爾(Robert La Salle)都是在本城出生，印象派大師莫內(Claude Monet)也在這裡完成三十多幅試驗光影效果的「盧昂大教堂」畫作。

Info

基本資訊

人口：約504,301人
面積：約21.38平方公里
區域號碼：02

如何前往

◎火車

從巴黎聖拉薩火車站(Gare Saint Lazare)搭火車於Rouen Rive Droite站下，車程約70~120分鐘。

班次、時刻表及票價可上網或至火車站查詢，車票可上網或至火車站櫃台購買，或先在台灣向飛達旅遊購買法國火車通行證(France Rail Pass)。

飛達旅遊

台北市中山區南京東路三段168號10樓之6
(02) 8161-3456分機2
線上客服：@gobytrain
www.gobytrain.com.tw

法國國鐵

www.sncf.com

火車站至市區交通

位於市區北方，步行至遊客服務中心約15分鐘。

市區交通

大部分景點步行可達，或可搭地鐵、電車前往。

旅遊諮詢

◎盧昂遊客服務中心Rouen Tourism

從火車站步行約15分鐘，或搭地鐵於Palais de Justice-Gisèle Halimi站下，步行約8分鐘 Esp. Marcel Duchamp, 76000 Rouen 02 32 08 32 40 5~9月週一～週六9:00~19:00(週二10:30起)，週日和國定假日10:00~18:00，10~4月週一～週六9:30~18:00(週二10:30起)，週日和國定假日10:00~18:00 1/1、1/11、11/11、12/25 www.visiterouen.com

◎盧昂必看精華 Les incontournables en 2h

由專業的在地導遊，一次帶你看盧昂的歷史文化！大約2小時的徒步行程，從聖母大教堂開始，沿路參觀半木條屋、了解聖女貞德和鐘樓的故事……深入了解這個諾曼第最大的城市。

需事先和盧昂遊客服務中心預約 €8

優惠票券

◎盧昂卡Rouen Pass

分為24小時、48小時、72小時，在有效限期內憑票可享有各種優惠，並且免費參觀盧昂市內多個景點、博物館、美術館，包括無限使用市區交通，以及導遊、小火車等導覽行程。可上網或至遊客服務中心購買。

24小時€25、48小時€37、72小時€45
en.visiterouen.com/rouen-pass/

MAP ▶ 198A2

大鐘樓

Gros-Horloge

歐洲最古老的機械鐘之一

從遊客服務中心步行約3分鐘，或搭地鐵於Palais de Justice-Gisèle Halimi站下，步行約2分鐘。 Rue du Gros Horloge 76000 Rouen 02 32 08 01 90 4~10月週二～週日10:00~13:00、14:00~19:00，11~3月週二～週日14:00~18:00；售票至關閉前1小時 休週一、1/1、12/25 全票€7.7、優待票€3.9，6歲以下免費

在融合哥德式與文藝復興風格的雙面拱門上，高掛著盧昂最引人注目的大鐘，從1527年開始，這座大鐘就在此肩負起為全城民眾報時的責任。鐘上少了分針與秒針，但卻多了具有日曆功能的指示圖像，在過去，這座鐘除了報時功能，民眾還會藉由鐘聲來判斷距離的遠近。從鐘樓下走過也別忘了抬頭看看拱門下的華麗雕飾，不妨仔細尋找牆上的羔羊圖示，這是盧昂的代表徽飾。

盧昂與羔羊

盧昂早期依靠紡織業發展，尤其是羊毛的加工和貿易產業，因此羔羊成為了盧昂的市徽。在設計大鐘樓的拱門時，市議會希望雕刻裝飾具有明顯的宗教象徵，最終決定以施洗約翰的「上帝的羔羊」為題，象徵戰勝死亡與邪惡，也和市徽相呼應；而中間的牧羊人則是耶穌基督，引導和保護羊群(民眾)，也代表了城市的守護之門。

MAP ▶ P.198A2

舊市區

Vieux Rouen

濃縮盧昂歷史的街區

從火車站步行約15分鐘，或搭地鐵於Palais de Justice-Gisèle Halimi站下，步行約5分鐘

被法國文豪雨果(Victor Hugo)譽為「百鐘之城」(Ville aux cent clochers)的盧昂，在舊城區四處散布著古蹟與歷史建築，目前共有兩千多棟古老的半木條屋，最古老的房子可追溯到14世紀，多數古蹟均分布於塞納河(Seine)切割而成的右岸。

MAP ▶ P.198B2

聖馬克魯公墓

Aître St-Maclou

見證黑死病的不幸過往

從遊客服務中心步行約8分鐘，或搭地鐵於Palais de Justice-Gisèle Halimi站下，步行約12~15分鐘。 186 Rue Martainville 76000 Rouen 02 35 52 48 21 9:00~19:00 休1/1、5/1、12/25 $免費 www.aitresaintmaclou.fr

聖馬克魯公墓是見證歐洲中世紀黑死病的代表地點之一。1348年的鼠疫大流行，奪去了盧昂3/4人口的性命，也讓埋葬遺骸的墓地需求大增，這座建築就此因應而生。墓地庭院四周的半木條屋大都在1526~1533年建造，僅南面的房舍建於1640年，這面房舍是唯一沒被當成藏骸所(Charnel House)的建築。

聖馬克魯公墓和學校並存了120多年，17世紀時期這裡是教會的公益學校，公墓一直到18世紀才因衛生問題才遷出城外；1911~1920變身為寄宿學校，戰爭結束後直到2014年是盧昂當地美術學院的所在地。

雕刻內容有特殊細節

仔細觀賞房門細節，會發現這裡的雕飾都與「身後事」相關，骷髏頭與掘墓人全成了壁飾的主角。另外，在靠近入口的玻璃櫥窗內還可看到一副在牆中發現的貓骨骸。而關於貓咪木乃伊的來歷，有兩種說法：到底是50多年前從墓地挖出的遺跡，還是美術學院學生的一場惡作劇？

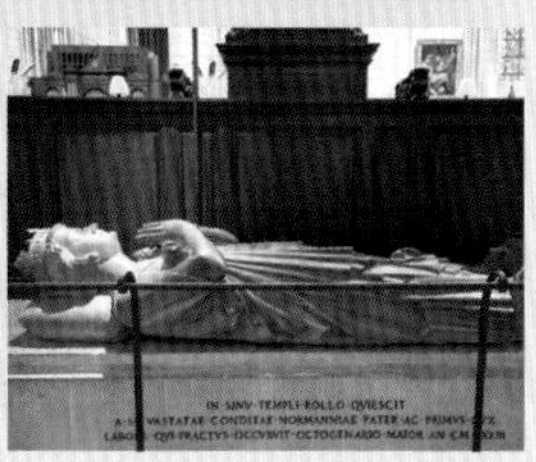

MAP ▶ P.198B2

聖母大教堂

MOOK Choice

Cathédrale Notre Dame

因莫內而成經典的畫面

從遊客服務中心步行約1分鐘，或搭地鐵於Palais de Justice-Gisèle Halimi站下，步行約8分鐘。 3 rue St Romain 76000 Rouen 02 35 71 85 65 週一14:00~19:00，週二～週六9:00~19:00，週日8:00~18:00 免費 cathedrale-rouen.net

這間教堂就是莫內(Claude Monet)筆下盧昂聖母大教堂的本尊，屬於法蘭西哥德式教堂的經典代表。教堂現今的風貌在12~16世紀陸續完成，其面西入口就是莫內為了練習光影而描繪了30次的畫作主角，華麗的壁飾與左中右不同風格的高塔都是特色。此外，這裡也安葬了「諾曼第首位公爵」Rollon以及「獅心王」理查一世的心臟。

風格特異的三塔

教堂正面左側的聖羅曼塔(Tour St-Romain)建於12世紀，屬於創新的羅馬式風格。右側的奶油塔(Tour de Beurre)在1485~1506年建立，據說是一群想在四旬齋吃奶油、喝牛奶的教徒，為了換取教會的特許而捐獻建造，奶油塔使用大量的鵝黃色石塊，塔頂擁有56個大鐘，並以八角形皇冠圖形作為裝飾。

而中間最高的十字塔(lantern tower)以鑄鐵建造，高達151公尺，是法國最高的尖塔。這座尖塔被暱稱為「針塔」(needle)，早期是以木頭建造的文藝復興式尖塔，在1822被閃電摧毀後，由建築師Jean-Antoine Alavoine提出以鑄鐵重新打造，1884年建成後還是全世界最高的建築呢！

MAP ▶ P.198A1

聖女貞德教堂

Église Ste-Jeanne-d'Arc

令人驚艷的結構與玻璃

從遊客服務中心步行約6~8分鐘，或搭地鐵於Palais de Justice-Gisèle Halimi站下，步行約8分鐘。 Place du Vieux Marché 76000 Rouen 07 88 24 99 06 10:00~12:30、14:00~18:00，週五14:00~18:00 免費 www.cathorouen.org

被16~18世紀的半木條屋圍繞的舊市集廣場(Place du Vieux-Marché)，昔日曾是刑場，1431年5月30日聖女貞德就是在廣場上被處以火刑。

廣場旁的聖女貞德教堂興建於1979年，利用板岩與銅製鱗片創造出狀似翻轉船身的屋頂，內部的天花板也是模仿船隻的甲板建造，透過巧妙的設計，建築師Louis Arretche打造了寬敞明亮的教堂空間。

此外，描繪盧昂城市歷史的彩繪玻璃窗也不能錯過，保留了二次戰前未受毀壞的原貌，讓教堂成為融合新舊精神的建築傑作。

MAP ▶ P.198B2

聖女貞德博物館

MOOK Choice

Historial Jeanne d'Arc

重現聖女貞德的史詩故事

從遊客服務中心步行約6~8分鐘，或搭地鐵於Palais de Justice-Gisèle Halimi站下，步行約3分鐘。 7, Rue Saint romain, 76000 Rouen 02 35 52 48 00 10:00~19:00，每15分鐘一場；最後入場17:15 休週一、1/1、5/1、12/25 全票€11、優待票€8，6歲以下免費 www.historial-jeannedarc.fr

聖女貞德博物館與其說是博物館，不如說是一場讓你身臨其境的紀錄片：結合3D立體光雕的技術，以觸動人心的方式重演聖女貞德的故事。開

始參觀之前，櫃檯會提供語音導覽(包含中文及日文等10種語言)的機器，接著只需要跟著場館內的指示參觀即可。

博物館設在大教堂內的大主教宮，跟著主持1456年重審的大主教Jean Juvénal des Ursins以及各方證人，一步一步了解聖女貞德被平反的過程；同時也可以看到大教堂的「幕後」的樣子，揭開當時的神職人員居住和工作的地方，整體而言是一場非常獨特的看展體驗。

吉維尼
Giverny

位在塞納河的匯流處，吉維尼因而形成了池塘與小河綿延的沼澤地。1883年的春天，43歲的畫家莫內，搭乘從維儂(Vernon)出發的小火車，途中偶然發現了吉維尼這個小鎮，他很快就租下了一棟房屋，並且開始進行重建。

吉維尼當時仍是個民風純樸的小鎮，村民們對於這位身材魁梧、穿著時髦的都市畫家並不友善，一方面是因為村民認為畫家算不上是職業，莫內只不過是個遊手好閒的人，另一方面是因為莫內不善言詞，也不太懂得敦親睦鄰，所以，遇莫內在田間作畫，村民們就會阻撓他或是以破壞作物為由要他付錢。但這些不愉快並未讓莫內打消定居在吉維尼的念頭，他將生活重心放在整理花園和創作，所幸莫內的堅持，今日世人才得以欣賞到一系列美麗繽紛的睡蓮畫作。

Info

基本資訊

人口：約450人
面積：約6.46平方公里
區域號碼：02

如何前往

◎火車

吉維尼沒有火車站，需從巴黎聖拉薩火車站(Gare Saint Lazare)搭火車至維儂(Vernon)後再換巴士、計程車或騎單車前往吉維尼，從聖拉薩火車站搭直達車前往維儂車程約45分鐘。

班次、時刻表及票價可上網或至火車站查詢，車票可上網或至火車站櫃台購買，或先在台灣向飛達旅遊購買法國火車通行證(France Rail Pass)。

飛達旅遊
台北市中山區南京東路三段168號10樓之6 (02)8161-3456分機2 線上客服：@gobytrain www.gobytrain.com.tw

法國國鐵 www.sncf.com

維儂至吉維尼交通

◎巴士

可搭配從巴黎出發的火車班次搭接駁巴士前往，車程約20分鐘。班次可上網查詢。

來回€10 giverny.org/transpor/#shuttle

◎計程車

約€20

市區交通

大部份景點步行可達。

吉維尼旅遊資訊

www.giverny.org

MAP ▶ P.203B2

莫內故居與花園

MOOK Choice

Maison et Jardin Claude-Monet

美不勝收的水景花園

市區步行可達 84 Rue Claude Monet 27620 Giverny 02 32 51 28 21 3/29~11/30每日9:30~18:00(售票至17:30)；每年開放時間不一，詳見官網公告 全票€11、優待票€6.5，7歲以下免費 fondation-monet.com

原本莫內所租下的並不是現在的花園，而是一座方方正正的果園，但他完全捨棄法式花園的對稱概念，順著花木自然生長的形式來設計花園，栽種了許多花朵，將這裡徹底改建成花園，並為了《睡蓮》(Les Nymphéas)系列畫作將穀倉改建成工作室。

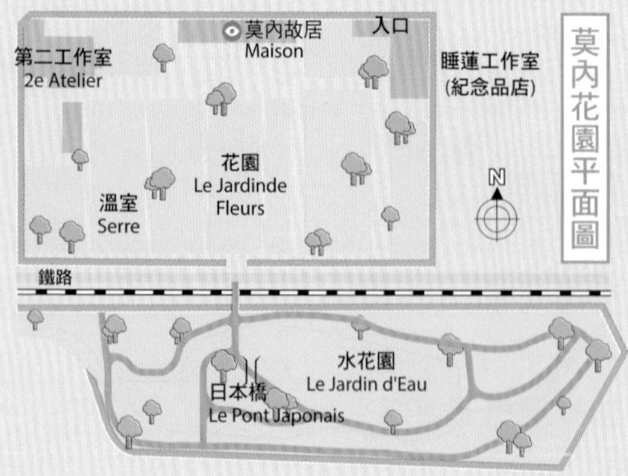

莫內花園平面圖

莫內故居La Maison

走進入口，首先看到的是莫內故居。故居底層為起居室、廚房、餐廳及小書房，1樓則是莫內和妻子愛麗絲各自的臥室。莫內從1883年搬至吉維尼定居，就一直在此住到1926年過世為止，臥室的家具都還維持當年的模樣，例如裝飾著鑲嵌畫的18世紀精緻寫字桌便是其一。

在起居室裡的牆上，掛了不少莫內在吉維尼期間所畫的畫作，還有他的朋友如雷諾瓦(Renoir)、塞尚(Cézanne)所送的畫作，但目前展示於此的為複製品。此外，由於莫內打從1871年開始收集日本版畫，這也是為什麼我們會在故居內發現為數不少的日本畫的原因，像是在鵝黃色調的餐廳、水藍色裝潢的小書房中，都可以欣賞到這些19世紀的版畫。

水花園Le Jardin d'Eau

經過一層層的花園，穿過地下道後，才能抵達對面的水花園，這裡也是《睡蓮》系列的創作地。

莫內在吉維尼創作出印象派畫作中的精髓「系列」(Séries)，從《乾草堆》(Les Meules)、《盧昂大教堂》(La Cathédrale de Rouen)到《睡蓮》(Les Nymphéas)等，均展現出同一主題在不同光線變化下的景象，但是莫內必須在同一地點長時間作畫，因此耗費大量體力和精神。

這個莫內心愛的睡蓮池，原本只是一個小池塘，莫內從日本浮世繪上汲取了靈感，建築了日本橋(Le Pont Japonais)、東方味道的竹林和蜿蜒的水道，他在睡蓮池畔所種植的植物，都是為了營造那種倒映的多色光影。

後世的藝評家認為，這一系列的睡蓮畫作之所以偉大，是因為它們已經超越了「印象主義」的本身，而是以更現代的方式，詮釋同一主體在不同面向的景象。

自然錯落的繽紛花草、串串垂掛的白楊紫藤和水色迷離的睡蓮池塘，當你置身其中，也就置身在莫內的畫裡。

莫內與吉維尼的親密關係

莫內(Claude Monet)生於巴黎，幼年遷往諾曼地對他產生極大的影響，他描繪了許多海岸的畫作，他的個性也像大海，時而沉默，時而暴躁。莫內在20幾歲的時候和雷諾瓦(Renoir)成為好友，他們在1874年和其他畫家共同舉行的第一屆印象派畫展，引起畫界的嘲諷鄙視，也使得「印象主義」這個名詞正式被啟用。

1883年，莫內在吉維尼定居，並在1892年與知交愛麗絲(Alice Hoschedé)結婚，他在吉維尼的期間完成了一系列主題為《睡蓮》(Les Nymphéas)的畫作，莫內並不斷地琢磨這些畫作，直到1926年過世。而這個位於巴黎西北方原本不起眼的鄉間小鎮，卻因這位19世紀的法國印象派巨匠而聲名大噪！

MAP ▶ P.203B2

印象派美術館
Musée des Impressionnismes
景色如畫的美術館

市區步行可達 99 Rue Claude Monet 27620 Giverny 02 32 51 94 65 開放日10:00~18 :00，每月開放日不同且有變動，請上網查詢最新資訊。 視展覽而異，請上網查詢、購票。 www.mdig.fr

19世紀末20世紀初，印象派逐漸在畫壇上嶄露頭角，當時有許多美國印象派畫家慕名前來法國，跟隨印象派導師的行列來到吉維尼作畫。

由泰拉(Daniel J. Terra)一手促成、並於1992年落成的美國美術館，收藏了百餘幅、約40名美

國印象派畫家的畫作，可說是吉維尼在印象派浪潮地位的最佳歷史見證。2009年，美國美術館正式改名為「印象派美術館」，以明亮寬敞的展示空間迎接來自世界各地的遊客。

布列塔尼

Bretagne

文●墨刻編輯部
圖●墨刻攝影組

布列塔尼人的先祖是凱爾特(Celts)人，西元前6世紀由現今的德國移民而入，隨後，愛爾蘭與威爾斯人跨越英吉利海峽到此定居，經年累月形成布列塔尼民族，並擁有自己的民俗文化，講的是布列塔尼語(Breton)。

除了在4世紀曾被羅馬帝國統治外，布列塔尼巧妙周旋於英、法兩國之間，始終維持著獨立地位。1488年，布列塔尼公爵法蘭西斯二世(François II)在一場抵禦法國入侵的戰役中身亡，他的獨生女布列塔尼的安妮(Anne de Bretagne)繼承爵位，1491年被迫嫁給法王查理八世(Charles VIII)，以交換布列塔尼的獨立；查理八世猝死後隔年又下嫁繼位的路易十二(Louis XII)。隨著布列塔尼的安妮的過世，布列塔尼公國的獨立地位也終告瓦解，於1532年承認了法國主權。

南特 Nantes

不管在歷史或經濟方面，南特始終扮演著特殊角色。15世紀前，位於法國西部的布列塔尼(Bretagne)一直是獨立的自治公國，而南特就是布列塔尼的首府，就在悲劇公主「布列塔尼的安妮」(Anne de Bretagne)被迫下嫁法國國王兩次之後，布列塔尼終歸法國，南特的首都光環也隱沒於歷史中。

18世紀的南特是法國南北與西歐國家之間的轉運港，無論鹽、糖或奴隸都由此進出，在費杜島(Île Feydeau)上的新古典建築街道，依舊可追憶昔日的繁華遺跡。

現在的南特是法國第六大城，要特別提出來的是，由於它的地理位置位於羅亞爾河下游北岸，在行政畫分上屬於羅亞爾省，並為羅亞爾河地區的首府，但在歷史、文化上，它與布列塔尼這個地方有更多的連結，對遊客來說，也適合與布列塔尼的重要城鎮一起探索，因此，本書將它歸於布列塔尼這一區。

Info

基本資訊

人口：約689,424人
面積：約65.19平方公里
區域號碼：02

如何前往

◎飛機

從巴黎戴高樂機場和奧利機場均有國內班機飛往南特機場(Aéroport de Nantes Atlantique)，航程約1小時，其他像是馬賽、里昂等法國大城，葡萄牙里斯本、瑞士蘇黎世、英國倫敦等也有班機往來於南特之間，各家航空公司班次、班表，請洽各大航空公司官網查詢。

南特機場

www.nantes.aeroport.fr

◎火車

從巴黎蒙帕納斯火車站(Gare Montparnasse)搭TGV直達火車於Nantes下，車程約2.5小時。

班次、時刻表及票價可上網或至火車站查詢，車票可上網或至火車站櫃台購買，或先在台灣向飛達旅遊購買法國火車通行證(France Rail Pass)。

飛達旅遊

台北市中山區南京東路三段168號10樓之6
(02) 8161-3456分機2
line線上客服：@gobytrain
www.gobytrain.com.tw

法國國鐵

www.sncf.com

機場、火車站至市區交通

◎從機場

從南特機場可以搭機場接駁巴士(Navette Aéroport)前往市區火車站，車程約20分鐘；亦可搭計程車前往。

機場接駁巴士

4~10月約20分鐘一班，11~3月約30分鐘一班
€10，可用信用卡與司機購票
www.nantes.aeroport.fr/fr/acces-et-transports/navette-aeroport

機場計程車

02 40 69 22 22
至市區約€30~35

◎從火車站

位於市區，步行至遊客服務中心約10分鐘。

市區交通

大部分景點步行可達，較遠的機械島和朱利斯佛恩博物館可搭電車前往，南特電車共有3條線，1號線行經南特火車站、波默海耶廊街等地。

南特大眾交通運輸公司naolib

02 40 44 44 44

1小時票€1.8、10張套票€17.5、1日券€6.5

naolib.fr

旅遊諮詢

◎南特遊客服務中心

Office de Tourisme Nantes Metropole

從火車站步行約10分鐘

9 Rue des États 44000 Nantes

0 892 46 40 44

週一~週三10:00~18:00，週四11 :00~18 :00、週日和國定假日10:00~17:00

休1/1、5/1、12/25

www.levoyageanantes.fr

優惠票券

◎南特旅遊卡Pass Nantes

持卡可參觀50個南特重要觀光景點，自由乘坐巴士、電車、機場接駁巴士、水上巴士(Navibus)等交通工具，還可參加導覽行程，享有購物、表演等折扣，可上網或至遊客服務中心購買。

24小時全票€27、優待票€18，48小時全票€37、優待票€25，72小時全票€45、優待票€30，7日卡全票€75、優待票€45

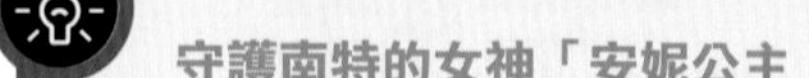

守護南特的女神「安妮公主」

安妮・布列塔尼(Anne de Bretagne/Anne of Brittany)是法國歷史上著名的悲劇公主，她曾經被迫下嫁法國國王兩次，而她身不由己的婚姻，正和布列塔尼的命運緊緊繫在一起。

到15世紀為止，位於法國西部的布列塔尼，一直是獨立於法國王室之外的自治公國，卻因為公爵法蘭斯瓦二世過世的時候，繼位人安妮公主只有12歲，不但對法王的大軍壓境無法抵抗，對內部朝廷的勾結鬥爭也無能為力，顧及公國人民的和平，她只好嫁給法王查理八世(Charles VIII)。沒想到，婚後不過7年，查理就在翁布瓦茲堡(Château d'Amboise)頭撞門樑而斃命，為了確保布列塔尼永歸法國所有，法王繼任者路易十二(Louis XII)又要安妮再嫁給他。

兩度作為法國皇后的安妮公主(實質為布列塔尼的女公爵)過得並不快樂，她時時為了布列塔尼公國的命運而鬱鬱寡歡。當安妮的小女兒克勞蒂(Claude de France)，在7歲的時候被迫與下一任法王法蘭斯瓦一世(François I)訂親時，至此安妮知道布列塔尼已無重獲自由的可能，她對家鄉的思念只能到夢裡追尋。

病逝於布洛瓦堡(Château de Blois)的安妮，遺體火化後安葬於巴黎，她的心則放置於金色的聖骨箱裡，被帶回她一生最愛的布列塔尼(於南特的Musée Dobrée展示)。即使到今天，她仍然在南特人心中占有一席之地，安妮公主，幾乎就代表著守護南特的永恆女神。

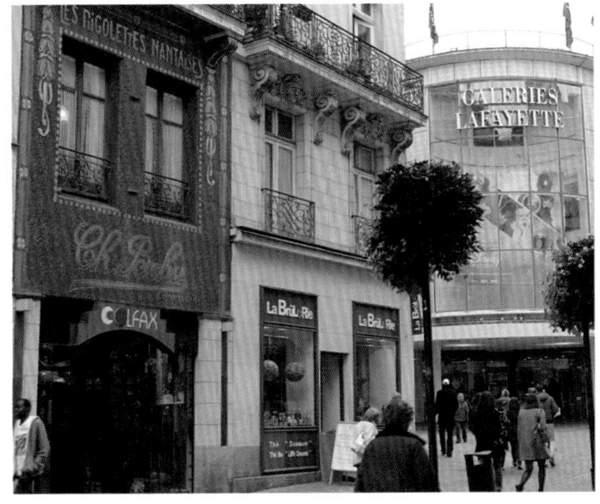

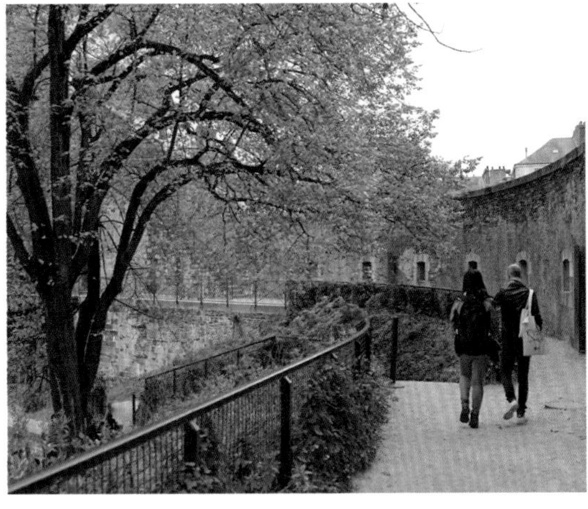

LES RIGOLETTES NANTAISES
GALERIES LAFAYETTE

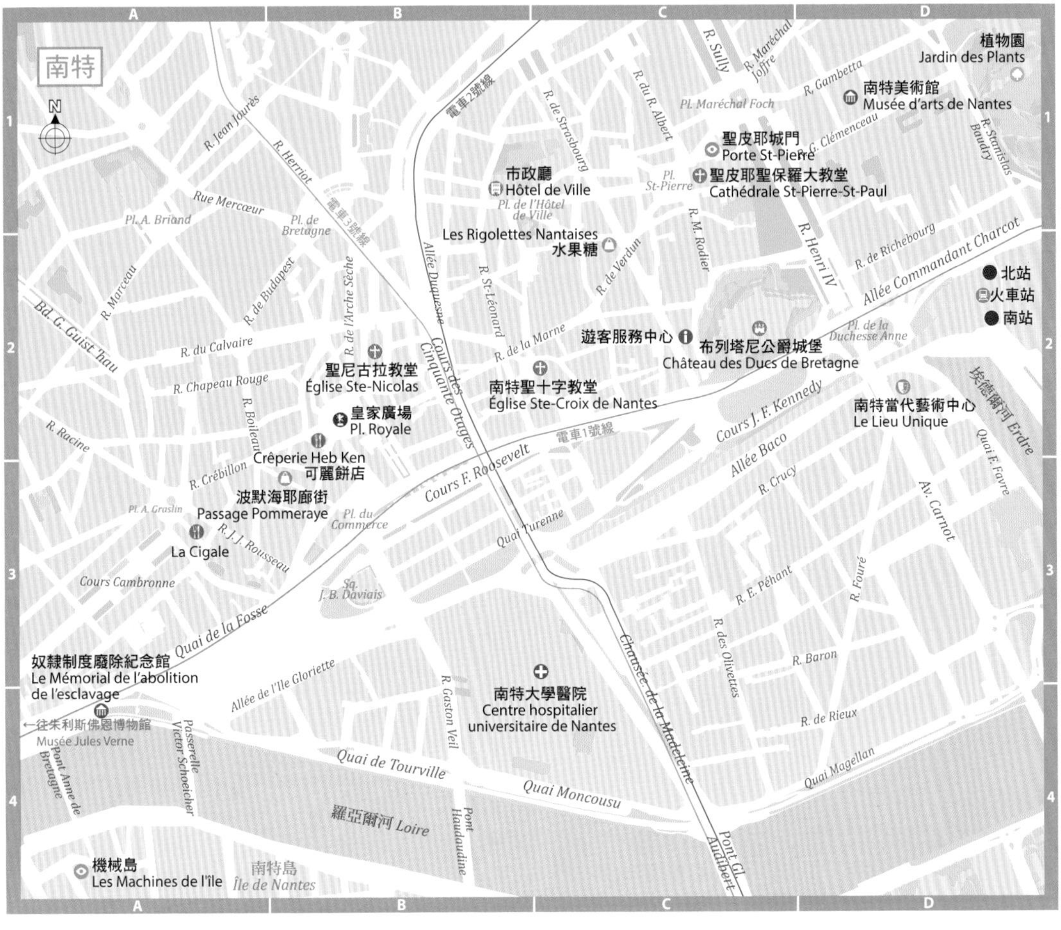
南特
A
B
C
D
1
2
3
4
N
植物園
Jardin des Plants
南特美術館
Musée d'arts de Nantes
聖皮耶城門
Porte St-Pierre
聖皮耶聖保羅大教堂
Cathédrale St-Pierre-St-Paul
市政廳
Hôtel de Ville
Pl. de l'Hôtel de Ville
Les Rigolettes Nantaises
水果糖
電車2號線
電車3號線
電車1號線
北站
火車站
南站
遊客服務中心
布列塔尼公爵城堡
Château des Ducs de Bretagne
Pl. de la Duchesse Anne
南特聖十字教堂
Église Ste-Croix de Nantes
聖尼古拉教堂
Église Ste-Nicolas
皇家廣場
Pl. Royale
Crêperie Heb Ken
可麗餅店
波默海耶廊街
Passage Pommeraye
La Cigale
南特當代藝術中心
Le Lieu Unique
埃德爾河 Erdre
奴隸制度廢除紀念館
Le Mémorial de l'abolition de l'esclavage
←往朱利斯佛恩博物館
Musée Jules Verne
南特大學醫院
Centre hospitalier universitaire de Nantes
羅亞爾河 Loire
機械島
Les Machines de l'île
南特島
Île de Nantes
R. Sully
R. Maréchal Joffre
R. Gambetta
Pl. Maréchal Foch
R. du R. Albert
R. de Strasbourg
R. G. Clémenceau
R. Stanislas Baudry
Pl. St-Pierre
R. M. Rodier
R. Henri IV
R. de Richebourg
Allée Commandant Charcot
R. Jean Jaurès
R. Herriot
Rue Mercœur
Pl. A. Briand
Pl. de Bretagne
R. de Verdun
Allée Duquesne
R. St-Léonard
R. de l'Arche Sèche
R. Marceau
R. de Budapest
Bd. G. Guist'hau
R. du Calvaire
R. de la Marne
Cours des Cinquante Otages
R. Chapeau Rouge
R. Boileau
R. Racine
R. Crébillon
Pl. A. Graslin
Pl. du Commerce
R. J. J. Rousseau
Cours F. Roosevelt
Cours J. F. Kennedy
Allée Baco
R. Crucy
Quai F. Favre
Av. Carnot
Quai Turenne
Cours Cambronne
Sq. J. B. Daviais
R. E. Péhant
R. Fouré
Quai de la Fosse
Allée de l'Île Gloriette
R. Gaston Veil
Chaussée de la Madeleine
R. des Olivettes
R. Baron
R. de Rieux
Passerelle Victor Schoelcher
Pont Anne de Bretagne
Quai de Tourville
Quai Moncousu
Quai Magellan
Pont Haudaudine
Pont Gl. Audibert

MAP ▶ P.209C2

布列塔尼公爵城堡

MOOK Choice

Château des Ducs de Bretagne

見證南特興衰歷史

從遊客服務中心步行約1分鐘 4 Place Marc Elder 44000 Nantes 0811 46 46 44 城堡和博物館10:00~18:00(7~8月10:00~19:00) 休週一、1/1、5/1、11/1、12/25 全票€9、優待票€5，18歲以下免費 www.chateaunantes.fr

被綠色壕溝圍繞的公爵城堡建於1446年，它見證了南特作為布列塔尼公國(Bretagne)首都的一段歷史。

安妮公主是布列塔尼公國的最後一位繼承人，她在這個城堡誕生，也在這裡送走她最親愛的雙親(葬於南特的聖皮耶聖保羅大教堂)。城堡的形式大致就是在安妮的父親法蘭西斯二世所確定下來的，1532年，在布列塔尼併入法國之後，這裡成為法國國王居住的城堡，唯一留下可紀念的歷史，大概就是法王亨利四世(Henri IV)在1598年頒發的「南特詔書」，這份詔書不但開啟了容許新教徒在城裡禮拜的首例，也象徵了宗教戰爭(1562~1594年)的正式結束。

今日來到城堡，走在城牆之下，頗有漫步在歷史之中的感覺，城堡之內現在闢為南特歷史博物館(Musée d’Histoire de Nantes)，如果想對當地歷史有進一步的認識，可以買票入內參觀。

MAP ▶ P.209D2

南特當代藝術中心

Le Lieu Unique

餅乾工廠化身藝文會所

從遊客服務中心步行約8分鐘 Quai Ferdinand-Favre Nantes 02 40 12 14 34 12:00~19:00 休週一、1/1、5/1、12/25 www.lelieuunique.com

南特當代藝術中心前身稱之「露之塔」，「露」(Lu)是一種創於1889年的餅乾，是由Monsieur Lefèvre先生和Mademoiselle Utile女士在南特經營的一家蛋糕店所發展出來的，餅乾名稱取自兩位創辦人的姓氏開頭組合「L」和「U」，後來露餅乾成為行銷全國的超級品牌。

被法國人暱稱為「小奶油」(Petite Beurre)的露餅乾，在19世紀末到20世紀初葉生產量遽增，促成在南特興建大型工廠，也就是「露」之塔的誕生。1909年建築師Auguste Bluyssen打造出兩座露之塔，高聳華麗的相同外觀，使它們有如兩顆雙子星，最高峰的1950年代時期，雙塔可容納約兩千名的餅乾工人，盛況空前。

露之塔在歷經1986年公司轉手、工廠遷址後趨於沒落，配合都市計畫拆除一座塔，直到1998年南特市議會介入，把僅存的一座塔修復，露之塔才又從歷史中復活過來；重新整建後開放的空間更名為「南特當代藝術中心」。

時尚雅緻的藝文中心

「南特當代藝術中心」規畫成時髦的餐廳、酒吧、書店和藝文場所，不時還有音樂會、展覽和表演在此舉行，晚上則會有現場DJ音樂會，成為一個體驗藝文和表演的最佳場所。

MAP ▶ P.209A3,B3

波默海耶廊街

MOOK Choice

Passage Pommeraye

最美麗的古蹟購物商街

從遊客服務中心步行約10~12分鐘；或搭電車1號線於Médiathèque或Commerce站下，步行約5分鐘。 週一～週五8:00~20:00，週六～週日9:00~20:00 休5/1 www.passagepommeraye.fr

若說這座廊街是南特最美的古蹟，實不過分。投資者路易．波默海耶(Louis Pommeraye)幾乎為它傾家蕩產，還好廊街順利在1843年正式公開，而它優美的玻璃弧形頂棚，和精巧雕琢的鐵欄、走廊、階梯，更使它躍升南特最重要的地標之一。

依勢而建的特殊廊街建築

「廊街」這種型式的建築是在19世紀的歐洲各大城市裡，相當流行的一種中庭拱廊，南特的波默海耶廊街之所以特別出名，是因為它配合地勢而建，恰好連接了高低落差甚鉅的數條街區，並成為上城前往河港的商業廊街。

由南特本地兩位建築師J.B. Burton和H.Durand-Grasselin聯手打造的廊街建築，美麗貴氣，這條廊街串聯了南特Rue Crébillon和Rue de la Fosse兩條購物街道，並在廊街內匯集了許多特產點、服飾店和藝品店，不管是平日上班或是週末逛街，這條廊街已成南特人生活中不可或缺的一部份。波默海耶廊街已於日前進行大規模的擴建計畫，現在到這裡可以看到更多的商店。

MAP ▶ P.209A4

機械島

MOOK Choice

Les Machines de l'île

超現實機械實境主題樂園

從遊客服務中心步行約25分鐘；或搭電車1號線於Chantiers Navals站下，步行約2分鐘。 Parc des Chantiers Bd Léon Bureau 44200 Nantes 02 51 17 49 89 每月、每週開放時間不相同，且會有變動，請上網查詢最新資訊。 全票€9.5、優待票€7.5 www.lesmachines-nantes.fr

這個地方絕對是來南特必定造訪的地方。建於2007年的機械島坐落於羅亞爾河的南特島(Île de Nantes)上，原址是個舊造船廠，當地人運用造船用的鐵具、木材和皮件，製造出一批批以海陸動物、昆蟲、鳥類為造型的機械生物，並結合了娛樂設備，打造了一個老少皆宜的奇幻世界。原先廢棄的造船廠也就搖身一變成為一個充滿科幻感的新樂園，彷彿跌入了脫離現實的異世界裡，讓人不禁大喊太酷太有趣了！

機械巨象

機械島主要分成3區，最引人注目的便是機械巨象(Le Grand Éléphant)，這頭大象高120公尺、寬8公尺、長21公尺，以重達48.4噸的鋼材製造而成，大象本身會動會走，鼻子不時還會擺來擺去並且噴水；最有趣的是，遊客可以直接坐到大象背上，跟著它走到戶外，居高欣賞園區景致，看人也被看。

機械迴廊

機械迴廊(La Galerie de machines)顧名思義裡頭製造了多種巨型機械生物，打造成一個奇特的未來世界，例如有8公尺長的翼獸，遊客可以直接坐在上頭，跟著它飛行空中，或是坐在巨型螞蟻上到處行走。

海洋世界旋轉木馬

海洋世界旋轉木馬(le Carrousel des Mondes Marins)是座3層樓高的旋轉木馬遊樂場，但不同於傳統木馬，而是以各種海洋生物為造型的機械生物取代，你可以選擇一種坐在上頭，跟著它們在空中旋轉玩樂，這些機械生物還可以手動操作，會動也會噴水噴氣，活靈活現地讓人覺得過癮。

MAP ▶ P.209A4

奴隸制度廢除紀念館

Le Mémorial de l'abolition de l'esclavage

紀念黑暗血淚歷史

從遊客服務中心步行約15~20分鐘；或搭電車1號線於Médiathèque或Chantiers Navals站下，步行約3分鐘。 Quai de la Fosse, Passerelle Victor-Schoelcher, 44000 Nantes 0 811 464 644 9月中~5月中9:00~18:00、5月中~9月中9:00~20:00 休1/1、5/1、11/1、12/25 memorial.nantes.fr

南特在18世紀，是最大的奴隸運輸港口之一，1998年，在法國廢除奴隸制的150週年，南特市議會決定建立這樣一個紀念館，讓世人可以了解這個曾經在人類歷史上寫下最黑暗篇章事件的始末，同時紀念所有在這個制度下犧牲的受害者；紀念館邀請了波蘭藝術家Krzysztof Wodiczko和阿根廷建築師Julian Bonder共同設計建造，並於2012年3月順利完工。

令人髮指的奴隸歷史

紀念長廊占地約7,000平方公尺，以兩千片玻璃面板，記錄著奴隸制的歷史。

紀念館刻意建造於羅亞爾河畔的Quai de la Fosse碼頭，以木材搭建而成的展覽長廊與河面同高，營造出黑奴進入船艙的情境；場館最後會以全世界各國的文字表現「自由」(Freedom)二字，而這看似簡單的文字，卻曾是人類史上最得之不易的權利，意涵不言而喻。

MAP ▶ P.209A4

朱利斯佛恩博物館

Musée Jules Verne

享譽全球的南特名人

從遊客服務中心步行約40分鐘；或搭電車1號線於Gare maritime站下，步行約15分鐘；或搭計程車，車程約10分鐘。 3 Rue de l'Hermitage 44100 Nantes 02 40 69 72 52 9~6月週日~週五14:00~18:00，週六10:00~12:00、14:00~18:00，7~8月10:00~19:00 休週二、1/1、5/1、11/1、12/25 全票€4、優待票€1.5 julesverne.nantesmetropole.fr/home.html

提起南特的名人，法國人首先想到的就是旅遊小說家朱利斯．佛恩(Jules Verne,1828~1905)，這間博物館就是為了紀念他而設立。他是暢銷書《環遊世界80天》(Around the World in Eighty Days)的作者，這本小說創下將近11萬本的超級銷量，還數度被搬上舞台劇和大銀幕。

博物館蒐集了佛恩最重要的手稿、信件、小說初版原本、寫作時參考用或自畫的地圖，以及當時出版社為宣傳小說所印製的彩色海報，還有根據小說情節所製作的潛水艇模型。在佛恩的年代，潛水艇根本還未被發明出來，但他卻自己想像了一艘兼具圖書館和管風琴的潛水艇，用來進行海底的探險旅行，思想可謂相當前衛。

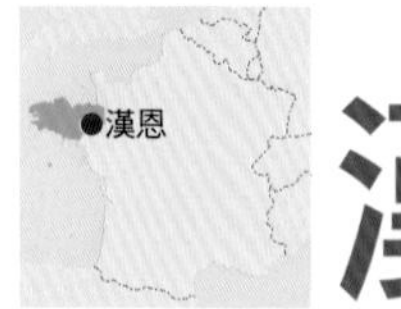

漢恩
Rennes

長久以來，漢恩都是布列塔尼半島對外的重要門戶，16世紀布列塔尼正式併入法國之後，漢恩更取代了南特，成為布列塔尼區的首府，各地的貴族與仕紳紛紛湧入，蓋起一棟棟豪華宅邸，記錄著漢恩風光的過往。然而1720年的一場大火摧毀了漢恩大部分的區域，卻也給了漢恩重生的機會，出身建築世家的Jacque Gabriel以棋盤狀街道為漢恩規畫了方正整齊的都市格局，並以石材取代過去的木材，讓古都少了凌亂與狹窄的感覺，增添了幾分大器的美感。儘管在二次大戰期間，漢恩飽受德軍戰火摧殘，然而1954年開始推行的大量建築計畫，讓這座城市一躍成為法國發展最快速的城市之一。

Info

基本資訊

人口：約476,936人
面積：約50.39平方公里
區域號碼：02

如何前往

◎火車

從巴黎蒙帕納斯火車站(Gare Montparnasse)搭TGV直達火車於Rennes站下，車程約2小時20分鐘。

班次、時刻表及票價可上網或至火車站查詢，車票可上網或至火車站櫃台購買，或先在台灣向飛達旅遊購買法國火車通行證(France Rail Pass)。

飛達旅遊

台北市中山區南京東路三段168號10樓之6
(02) 8161-3456分機2
線上客服：@gobytrain
www.gobytrain.com.tw

法國國鐵

www.sncf.com

火車站至市區交通

位於市區南方，步行至遊客服務中心約20分鐘。

市區交通

大部分景點步行可達，或可達地鐵、巴士前往，漢恩市區內有1條地鐵線和約20條巴士路線，車票可共用並於1小時內轉乘。

◎漢恩大眾交通運輸公司STAR

09 70 82 18 00
單程票€1.7、10張套票€15.3；1日票€4.7、3日票€3.1、7日票€20.55
www.star.fr

旅遊諮詢

◎漢恩遊客服務中心
Destination Rennes - Office de Tourisme

從火車站步行約25分鐘，或搭地鐵於Sainte-Anne站下，步行約2分鐘。
1 rue Saint-Malo 35000 Rennes
0891 67 35 35
9~6月週一14:00~18:00，週二～週六10:00~18:00，週日10:00~13:00、14:00~17:00；7~8月週一～週六10:00~19:00、週日10:00 ~13:00、14:00~17:00
休1/1、5/1、12/25
www.tourisme-rennes.com

MAP ▶ P.214A1

聖皮耶大教堂

MOOK Choice

Cathédrale de Rennes

歷經千年打造的心血

從遊客服務中心步行約3分鐘 2 Rue Saint-Sauveur, 35000 Rennes 02 99 78 48 80 9:30~18:00 免費 cathedrale-rennes.fr

聖皮耶大教堂起建於6世紀，而後經歷數度修整才有現今的風貌。正面門廳打造於15~17世紀，其他建築則是在1784年開始改建，以新古典風格翻修，歷時60年，直到1844年才正式完工。到了1878年時又新增了一座圓頂，令人聯想起先賢祠(Panthéon)。

走進教堂內部，莊嚴雄偉的羅馬式裝飾風格反映了漢恩大主教轄區的重要地位，44根粗大石柱撐起的主殿於1855年在大主教Brassy Saint-Marc主持下，完成更新工程。大量的鍍金、浮雕和粉飾灰泥，將這座殿堂裝飾的極其華美，特別是出自著名布列塔尼藝術家Alphonse Le Hénaff之手、位於半圓形室和聖壇後方走廊的壁畫，相當值得一看。

主祭台及上方畫作值得細賞

其它引人注目的細節還包括兩旁裝飾著天使的主祭台，它是教宗庇護九世(Pope Pius IX)所送的禮物，由古羅馬皇宮遺跡中精選的罕見大理石板打造而成。祭壇上方的《耶穌和十二門徒》看似馬賽克鑲嵌，其實是一幅燦爛的畫作。

MAP ▶ P.214A1

舊城

MOOK Choice

Vieux Rennes

凍結漢恩的中世紀面貌

遊客服務中心周邊

18世紀前，漢恩仍維持中世紀古城風貌，但在1720年的冬夜，一個酒醉木匠不小心引起了火災，在缺乏水源的情況下，漢恩城燃燒了37天，大火波及32條街道，總計有900多棟屋舍全毀，災後倖存的舊城區顯得珍貴無比。

古樸的舊城風貌讓人恍若走進時光隧道，街邊的屋舍娓娓訴說著老城的興衰，不妨以聖伊芙禮拜堂(Chapelle Saint-Yves)為起點一遊，這棟火焰哥德式建築出現於15世紀，立面美麗的雕刻值得細細欣賞。

再往北走，位於Rue St. Guillaume 3號的Ti-Koz同樣引人注目，初建於1505年，這棟哥德式傳統建築展現了漢恩當地木匠和雕刻師傅的技術。

但想看見成排半木條屋林立的景象，就不能錯過木柵欄廣場(Place des Lices)，這處昔日的圍場北面，就毗鄰著宏偉的木造或石造公館，興建於17世紀的它們過去是國會議員的府邸，如今廣場旁聚集著大量的餐廳與咖啡館，氣氛活潑熱鬧。

一探古宅之美記得走這條路！

順著聖伊芙禮拜堂旁的路往北走，沿途會看見不少漂亮的半木條屋，其中在和Rue du Chapitre交會的轉角附近，位於20號的木屋裝飾豐富，門楣上以圖飾標著屋主的姓名，22號房舍建於16世紀末，華麗的文藝復興裝飾展現義大利建築風潮，屋上的家族獅子徽飾說明了主人的社會地位。

MAP ▶ P.214B2

漢恩美術館

Musée de Beaux-Arts de Rennes

品味無界的藝術饗宴

從遊客服務中心步行約8分鐘，或搭地鐵於République站下，步行約5分鐘。 20 Quai Emile Zola 35000 Rennes 02 23 62 17 45 10:00~18:00 週一、國定假日 常設展免費，特展視展覽而異 mba.rennes.fr

緊鄰河道和巴斯特橋，漢恩美術館坐落於一棟優雅的宮殿建築，它是法國位居巴黎外最重要的美術館之一，最初創立於法國大革命期間的1794年，首批館藏多是從教堂或民間沒收而來的藝術品，不過大部分重要的作品則來自布列塔尼國會主席Christophe-Paul de Robien的私人收藏，其中包括大量的印刷、繪畫、雕刻和骨董等藝術品。

美術館於1847年開始進駐今日的這棟建築，到了1911年時，因為豐富的館藏使它完全供美術館展覽使用。其收藏遠從古埃及時期跨越至當代，不乏達文西、杜勒和林布蘭等大師作品，委羅內塞(Paolo Veronese)的《英仙座釋放仙女座》(Le Persée Délivrant Andromède)、拉圖爾(Georges de la Tour)的《新生兒》(Nouveau-né)和魯本斯的《獵虎》(La Chasse au Tigre)，以及二次大戰後的印象派畫家Gustave Caillebotte的《賽艇》(Les Périssoires)、阿凡橋派畫家Emile Bernard的《黃樹》(L'Arbre Jaune)和Paul Sérusier的《孤寂》(Solitude)等，展現了該美術館跨年代、跨畫派的完整收藏。

MAP ▶ P.214B1

塔波庭園

Parc du Thabor

漢恩迷人的繽紛綠地

從遊客服務中心步行約20分鐘 全年開放，時間依季節不一 免費

在漢恩是中新的東北角，有一座面積超過10公頃的庭園，其名稱來自以色列俯視提貝里亞湖(Lac de Tibériade)的塔波山(Mont Thabor)。

這座今日融合法式、英式庭園和植物園的綠地，最初是一旁聖梅蘭修道院(Abbaye Saint-Melaine)的私人庭園，當時還位於「城牆」之外的它隨著城市發展，反而成為漢恩的地標之一，並經過不斷擴增，如今除了噴泉花園和大片綠地外，還設有鳥園和涼亭等設施，一整天都能看見當地居民或三五好友、或攜家帶眷、或帶著寵物前來踏青、散步和野餐。

每年5~7月間的週日，庭園內還舉辦音樂或戲劇等多項藝文活動。

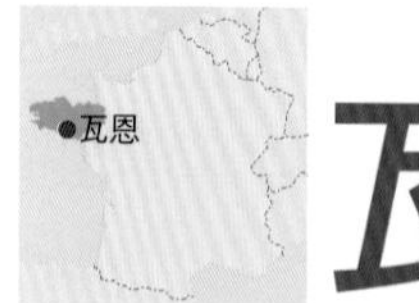

瓦恩
Vannes

在法國的西北隅有一處天然海港莫比爾昂灣(Golfe du Morbihan)，其名稱來自布列塔尼語的Ar Mor Bihan，意思是「小海洋」，該海灣內遍布島嶼。瓦恩正位於莫比爾昂灣上Marle和Vincin兩條河的交會口，距離巴黎以南450公里，其發展史一直和海洋密不可分。

瓦恩最初由羅馬人創立於西元前56年，征服此地的凱薩大帝將它命名為Darioritum，3世紀時為了防止蠻族入侵，羅馬人率先在此興建防禦工事，即今日的聖帕坦區(St. Patern)。中世紀時，爭得公爵頭銜的Jean IV再度興建城牆，這一次是在靠近港口的區域。不過到了19世紀下半葉，瓦恩伴隨鐵路修築帶來的迅速發展，整座城市面貌大變，坐落於城牆外的市政廳和環繞城牆外圍的街道，就是最好的證明。

Info

基本資訊

人口：約54,420人

面積：約32.3平方公里

區域號碼：02

如何前往

◎火車

從巴黎蒙帕納斯火車站(Gare Montparnasse)搭TGV直達火車於Vannes下，車程約3~3.5小時。

班次、時刻表及票價可上網或至火車站查詢，車票可上網或至火車站櫃台購買，或先在台灣向飛達旅遊購買法國火車通行證(France Rail Pass)。

飛達旅遊

台北市中山區南京東路三段168號10樓之6 (02) 8161-3456分機2 線上客服：@gobytrain www.gobytrain.com.tw

法國國鐵 www.sncf.com

火車站至市區交通

位於市區北方，步行至遊客服務中心約25分鐘。

市區交通

大部分景點步行可達。

旅遊諮詢

瓦恩遊客服務中心

Golfe du Morbihan Vannes Tourisme

從火車站步行約25分鐘 Quai Eric Tabarly, 56000 Vannes 02 97 47 24 34 9~6月週一～週六9:30~12:30、13:30~18:00；7~8月週一～週六9:30~18:00，週日和國定假日10:00~18:00 休1/1、12/25 www.tourisme-vannes.com

Where to Explore in Vannes
賞遊瓦恩

MAP ▶ P.218A3,A4,B3,B4

MOOK Choice

舊城
Vieille Ville
充滿趣味的巷弄漫步

從遊客服務中心步行約3~10分鐘

穿過聖凡森門進入城牆以內的範圍就是瓦恩舊城，沿著主要道路Rue St. Vincent往前走，會先抵達從14世紀落成至今依舊保持原貌的木柵欄廣場(Place des Lices)，這裡是昔日布列塔尼公爵舉辦騎士比武的場所。

附近的瓦倫西亞廣場(Place Valencia)上坐落著16世紀建築的半木條屋瓦恩夫婦之家(Maison de Vannes et Sa Femme)，繼續走向Rue des Halles和Rue St Salomon，這兩條街道聚集著大量以木條、石頭和柴泥興建的房舍，色彩和裝飾是它們最大的特色，其中又以位於Rue St Salomon 13號的雙獅之家(Maison aux Lions)最為有趣，門口兩隻中世紀的怪獸雕刻展現當時的藝術風貌。

找找看這對微笑雕像藏在哪裡

在半木條屋瓦恩夫婦之家轉角，裝飾著一對微笑夫妻的花崗岩雕像，從他們已被截斷但應可拿東西的姿勢看來，據測是古時候的招牌。

MAP ▶ P218B3

城牆與城門
Les Remparts et Les Portes
屹立千年的防禦工事

從遊客服務中心步行約3~15分鐘

位於港口邊的城牆將舊城緊緊環抱其中，儘管其西面已殘破不堪，不過其他三面大致完整，也保留了多座城門。

卡爾莫門．洗衣場

卡爾莫門(Porte Calmont)是14世紀往南擴充城牆的新增部分，由一座塔樓護衛，城門原本是座可收起的箭橋，廣大的花園通往艾荷敏城堡(Château de l'Hermine)。附近的洗衣場(Les Lavoirs)是瓦恩最具代表性的景點之一，興建於19世紀初。

監獄門

監獄門(Porte Prison)興建於13~15世紀，是瓦恩城牆中最壯觀的中世紀城門，肩負著重要的防禦功能，在18世紀成為一處監禁場所以前，它都被稱為聖帕坦門(Porte St Patern)。

統帥塔

城牆中最高建築陸軍統帥塔(Tour du Connétable)，出現於15世紀，既是守衛塔也是居所，頂端設立了一個個突堞，一整排城牆以磚塊和花崗岩碎石為材質，是瓦恩最古老的城牆，年代回溯到羅馬人統治的西元3世紀時。

聖凡森門

舊城主要入口的聖凡森門(Porte St Vincent)最初興建於17世紀，1840年時興建了兩旁的半圓形建築，將它和前方的Place Gambetta區隔開來。城門中央的雕像正是該城的守護聖人聖凡森，可以在他下方看見象徵瓦恩的雪貂徽章。

MAP ▶ P.218B3

瓦恩大教堂

Cathédrale Saint-Pierre de Vannes

集各期建築藝術之大成

從遊客服務中心步行約8~10分鐘 22 Rue des Chanoines, 56000 Vannes 02 97 47 10 88 8:30~19:00 免費 cathedrale-vannes.cef.fr

以昔日的羅馬式大教堂為基礎，從12世紀開始興建的瓦恩大教堂，因為歷經漫長的修築工程，使得它融合了各種風格。

其中最古老的部分要屬出現於13世紀的鐘塔，其主殿和唱詩班席則是15世紀的產物，袖廊在16世紀時加以擴建，新增了聖事禮拜堂(Chapelle du St Sacrement)，這處連結教堂北面文藝復興風格塔樓的禮拜堂，打從1956年開始供奉聖凡森的聖骨(St. Vincent Ferrier)。

至於大教堂的立面則是整體最新的部分，於19世紀中以新哥德式加以重建。

瓦恩的守護聖人是他

聖凡森是瓦恩的守護聖人，是一位出生於西班牙瓦倫西亞的多明會(Dominicain)修士，他於1419年時在瓦恩去世，並於1456年封聖，在大教堂的立面也可以看見他的雕像。

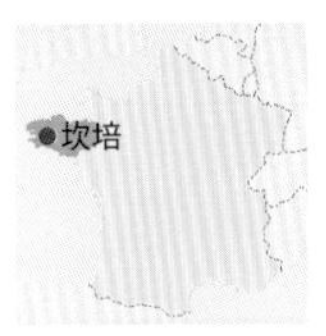

坎培
Quimper

地方色彩相當強烈的坎培，在布列塔尼語中稱為「Kemper」，意思就是「匯流之處」。

的確，這裡就是Steïr河與奧黛河(l'Odet)兩河入海的交界處，自古即擁有十分重要的交通地位。現在的坎培是Finistère地區的首府，不僅是政治文化中心，更擁有非凡的藝術地位與豐富的傳奇故事。

每年7月的第三與第四個週日之間，坎培還會舉辦一年一度的嘉年華Cornouaille Festival，這項自1923年開始的歷史活動是布列塔尼最重要的文化慶典之一，想要深入了解布列塔尼特殊的風土人文與藝術內涵，一定不能錯過這個難得機會。

Info

基本資訊

人口：約63,642人

面積：約84.45平方公里

區域號碼：02

如何前往

◎火車

從巴黎蒙帕納斯火車站(Gare Montparnasse)搭TGV直達火車於Quimper下，車程約4.5小時。

班次、時刻表及票價可上網或至火車站查詢，車票可上網或至火車站櫃台購買，或先在台灣向飛達旅遊購買法國火車通行證(France Rail Pass)。

飛達旅遊

台北市中山區南京東路三段168號10樓之6

(02) 8161-3456分機2

線上客服：@gobytrain

www.gobytrain.com.tw

法國國鐵 www.sncf.com

火車站至市區交通

位於市區東方，步行至遊客服務中心約12~15分鐘。

◎市區交通

大部分景點步行可達。

旅遊諮詢

坎培遊客服務中心

Office de Tourisme de Quimper

從火車站步行約12~15分鐘

8, rue Elie Fréron 29000 Quimper

02 98 53 04 05

週一～週六約09:30~12:30、13:30~18:00，週日、例假日約10:00~12:30、14:30~17:30；每月開放時間不一，詳見官網

休1/1、5/1、12/25

www.quimper-tourisme.bzh/

Where to Explore in Quimper 賞遊坎培

必遊景點在這裡！

想要瞭解一座城市的文化與生活，那麼聖法蘭斯瓦市集(Les Halles Saint- François)是不能錯過的景點！這個位於Rue Astor的室內市集，販賣著各種當地生鮮食材與生活用品，無論你何時到訪都一樣的熱鬧、豐富，觀光之餘，還可以跟當地人親切互動，也是十分特殊的旅遊經歷。市集內也的小餐廳和熟食店，也是打牙祭的好地方。

MAP ▶ P.221B1

舊城

Vieille Ville

坎培發展歷史的剪影

從遊客服務中心步行約5~10分鐘

坎培的舊城，主要坐落於奧黛河右岸的聖可哈汀廣場(Place St-Corentin)一帶，市政廳(Hôtel de Ville)、坎培大教堂以及布列塔尼博物館(Musée Départemental Breton)等當地主要景點都位於此區，連接該廣場的Rue Kéréon打從中世紀開始就扮演著重要的商業街角色，至今依舊可以看見許多漂亮的半木條屋。

位於美術館附近的鹽街(Rue du Sallé)兩旁林立著各種熟食店，包括香腸、燻豬肉等，也因此讓這條路擁有如此趣味的名號。

另外，從鹽街一直到奶油廣場(Place au Beurre)之間的舊城區域，是坎培半木條屋保存最完整而美觀的地帶，來到這裡，可別錯過街道兩旁的古老風光。

MAP ▶ P.221B1

布列塔尼博物館

Musée Départemental Breton

記載當地的重大史蹟

從遊客服務中心步行約3~5分鐘 1 Rue du Roi Gradlon 29000 Quimper 02 98 95 21 60 9~6月週二～週五10:00~18:00，週六～週日14:00~18:00，7~8月10:00~19:00 休9~6月每週一、國定假日 全票€7、優待票€4；18歲以下、9~6月每月第一個週日免費 musee-breton.finistere.fr/fr/

坐落於坎培大教堂旁，隱身於一座靜謐的中庭，這間創立於1845年的博物館，裡頭展出與Finistère省重大事件相關的收藏，包括考古文物、雕像以及從遺跡中搶救出的碎片。

布列塔尼博物館於1911年搬到今日所在的主教

宮(Palais des Evêques de Cornouaille)，該建築是坎培除大教堂外最著名的古蹟，也是布列塔尼最美的文藝術興式建築之一。展出除了較嚴肅的人種學等考古文物外，還包括較具趣味的民間藝術。

MAP ▶ P.221B1

坎培大教堂

MOOK Choice

Cathédrale St-Corentin

布列塔尼第二大哥德式教堂

從遊客服務中心步行約5分鐘 Place St-Corentin 29000 Quimper 02 98 64 91 84 www.diocese-quimper.fr

坎培大教堂起建於13世紀初，建造過程屢屢受到戰爭威脅，雖然在15世紀完成了教堂主結構，但直到19世紀中，都尚未完成最後的加工。

教堂屬於哥德式建築，據說當時的主教Raynaud曾在巴黎見識過聖母院的莊嚴與雄偉，因此，希望坎培教堂能仿效這種風格，聖可哈汀教堂於焉誕生。

教堂尖頂底座下方中聳立著一尊Gradlon國王(Roi Gradlon)的騎馬雕像，據說這位布列塔尼的傳奇英雄人物為女兒建造一座位於海平面下的Ys城，在傳說中，這是有史以來最完美的城市，只不過女兒最後卻受到化身為情人的惡魔迷惑，偷取城鑰後將它交給了情人，門一開，海水湧入，Ys城隨即毀於一旦，Gradlon國王只得做出了大義滅親的決定，讓女兒也隨著潮水淹沒，最後僅剩Gradlon國王一人生還。

精彩絕倫的彩繪玻璃

教堂內部依舊維持大量的當地風格，洋溢著中世紀的氛圍，四周15世紀初的彩繪玻璃為室內引進光線，儘管它們出自多位藝術家之手，卻承繼著同樣的風格，北面描繪教會捐助者，南面則是世俗捐贈者。

羅亞爾河

Loire

文●墨刻編輯部
圖●墨刻攝影組

羅亞爾河是法國境內最長的一條河流，河水流經的谷地分布了140座城堡，歷史可追溯到9世紀中葉的戰國時代，位於羅亞爾河西部的安茹家族(Anjou)是個超級大諸侯，其勢力與國王代表的卡佩家族(Capet)不相上下，因而帶動了防禦性城堡的需求。在

權力核心逐漸移往凡爾賽宮之前，歷代的法國國王多定居於羅亞爾河一帶，尤其當16世紀的文藝復興風潮吹進法國時，滿足王室需要的居住型城堡開始大量興建，優雅華麗如雪儂梭堡和香波堡等便是出現於此時期。

羅亞爾河的水流不穩，無法從上游一路航行到下游，但沿線卻分布了許多重要自然生態，西部的彼耶荷自然公園(Brière)、中部往南的布黑尼自然公園(Brenne)，還有東部香波堡的廣大狩獵森林，都相當有看頭。

城堡之旅

Voyage de Châteaux

羅亞爾河是法國境內最長的一條河，但它還有另一個不凡的名號「國王的河谷」(Vallee des Rois)。

9世紀時，為了防止北邊維京人的直接入侵，王家城堡開始在羅亞爾河流域興起，到了11世紀，各領風騷的家族霸主更是在這塊地區上你爭我奪，也促使防禦性的城堡大量被建造。然而，真正讓羅亞爾河流域聲名大噪的時期是16世紀，當時文藝復興風吹進法國，好大喜功的國王法蘭斯瓦一世(Francois I)將義大利的裝飾風格大量用於城堡，城堡也從冷冰冰的碉堡轉而成為華美的居所，羅亞爾河流域自此成為名副其實的皇家之地，這裡深具看頭的城堡至少有13座之多，本書則為你介紹其中最精采的6座。

Info

如何前往

◎火車

從巴黎蒙帕納斯火車站(Gare Montparnasse)搭TGV直達火車於杜爾(Tours)下，車程約1小時10分鐘。或從巴黎奧斯特利火車站(Gare d'Austerlitz)搭直達火車於Tours下，車程約2小時。

班次、時刻表及票價可上網或至火車站查詢，車票可上網或至火車站櫃台購買，或先在台灣向飛達旅遊購買法國火車通行證(France Rail Pass)。

飛達旅遊

台北市中山區南京東路三段168號10樓之6 (02)8161-3456分機2

線上客服：@gobytrain www.gobytrain.com.tw

法國國鐵

www.sncf.com

杜爾火車站至城堡群交通

從火車、巴士、開車到參加觀光行程，交通方式選擇眾多，遊客可以自行組合，例如先搭車前往交通方便的翁布瓦茲堡或雪儂梭堡，隔日再參加觀光行程參觀較遠的其他城堡。

◎火車

從杜爾火車站搭火車前往翁布瓦茲(Amboise)或布洛瓦(Blois)，再從這兩座城市轉搭巴士前往香波堡、榭維尼堡、翁布瓦茲堡等，另有火車可直達阿澤勒伊多堡、雪儂梭堡。

◎巴士

杜爾巴士站(Gare Routière)位於火車站前方，可搭巴士前往翁布瓦茲、雪儂梭鎮、阿澤・勒・伊多或布洛瓦等城鎮。

◎租車

從杜爾開車走A10往東，可抵達布洛瓦、奧爾良(Orléans)和香波堡；走N152往西可連結梭繆(Saumur)，往東則接翁布瓦茲(Amboise)與布洛瓦；走D751往西可達翁布瓦茲，往東則到希儂(Chinon)。

Avis

Gare de Tours, Rue Georges Stephenson, 37000 Tours(杜爾火車站內) 02 47 20 53 27 週一~週五8:00~12:30、13:30~18:00，週六9:00~12:00、13:00~16:00 www.avis.com

Hertz

34 Rue Fabienne Landy, 37700 Saint-Pierre-des-Corps 02 47 44 55 55 週一~週五8:00~12:00、14:00~18:00 www.hertz.com/rentacar/reservation/

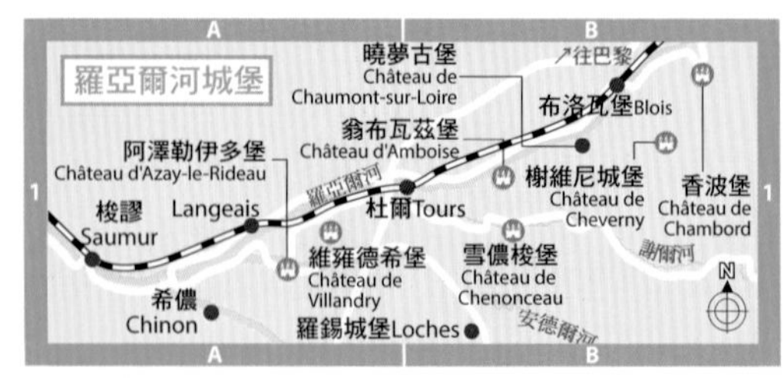

旅遊諮詢

◎杜爾遊客服務中心

Tourist Office Tours Loire Valley

78-82 Rue Bernard Palissy 37000 Tours(火車站前廣場右前方) 02 47 70 37 37 4、5、9月週一~週六8:30~19:00，週日和國定假日9:30~12:30、14:30~17:00；6~8月8:30~19:00，週六和國定假日9:30~17:00；10~12月9:00~12:30、13:30~18:00，週六和國定假日9:30~12:30 www.tours-tourisme.fr/

城堡觀光行程

◎從巴黎出發

可從巴黎參加業者提供的羅亞爾河城堡1日遊，早上從巴黎搭觀光巴士出發，參觀3座城堡，晚上再回巴黎，價格含巴士、司機、導遊和門票(不含午餐)。

集合點Hotel Pullman Bercy飯店正門口

全票€185、優待票€175

www.pariscityvision.com/en/loire-castles-tour

需事先報名

◎從杜爾出發

杜爾有許多旅行社推出各種迷你巴士行程(Minibus Excursions)，車輛最多可容納8人，價格較為便宜，可節省許多時間。可直接上網或至遊客服務中心現場報名，從遊客服務中心前集合出發。

Acco-Dispo

06 82 00 64 51

有多種行程，視行程長短與城堡參觀數量而不同，費用從€45~90不等(不含午餐與城堡門票)，提供英語和法語的專人導覽解說。

www.accodispo-tours.com

Touraine Evasion

06 07 39 13 31

提供半日和1日遊等多種組合，依行程長短與城堡參觀數量而不同，費用從€45~90不等(不含午餐與城堡門票)，提供英語和法語的專人導覽解說。

www.tourevasion.com

MAP ▶ P.226B1

雪儂梭堡

MOOK Choice

Château de Chenonceau

充滿傳奇的女性城堡

從杜爾開車走D140換D31往南，再換D81接D40沿指標可達；或從杜爾搭巴士前往，車程約1小時；或從杜爾搭往布爾日(Bourges)方向的火車於雪儂梭鎮下，車程約30分鐘，雪儂梭火車站位於城堡前方；或從巴黎或杜爾參加觀光行程。 Château de Chenonceau 37150 Chenonceaux 08 20 20 90 90、02 47 23 90 07 約9:00~18:00，每年每月開放時間會有變動，請上網查詢最新資訊。 城堡全票€17、優待票€14，7歲以下免費 www.chenonceau.com

16世紀初，國王的財務官湯姆士・勃依耶(Thomas Bohier)買下馬克家族的城塞，因他公事繁忙，於是由妻子凱瑟琳・布依松內(Catherine Briçonnet)負責監工，她是雪儂梭堡的第1位女主人，但在完工後沒幾年就過世，所以未能在城堡中好好享福。

亨利二世(Henri II)和王后凱瑟琳・梅迪奇(Catherine de Médicis)完婚後，雪儂梭堡成為法國王宮，亨利的情婦黛安娜・普瓦堤耶(Diane de Poitiers)便是第二位女主人。亨利終生為黛安娜神魂顛倒，亨利死後，黛安娜終被凱瑟琳逐出雪儂梭堡，為了確立兒子查理九世的權威，凱瑟琳在城堡大宴賓客，舉辦狩獵及煙火會降服人心。

亨利三世的皇后「洛林的露易絲」(Louise de Lorraine)是凱瑟琳最疼愛的三兒媳，她因此獲贈雪儂梭堡，但在亨利三世被暗殺後，她就將臥房全部漆成黑色，穿著喪服在此黯然度過餘生。

到了18世紀，雪儂梭堡又被商人買下，第五位女主人是杜邦夫人(Louise Dupin)，她熱愛文學藝術及科學，使雪儂梭堡的沙龍十分熱鬧，思想家盧梭、孟德斯鳩等都曾是座上客，也因為杜邦夫人深受周圍農民的喜愛，雪儂梭堡才能在大革命時免於被掠奪的命運。

雪儂梭堡的第六位女主人普魯茲夫人(Madame Pelouze)，在19世紀重新整修並致力將城堡回復成黛安娜與凱瑟琳時期的原始面貌，而今我們所見的16世紀的庭園和建築，正是在這個時候完成的。

林蔭大道

從入口到城堡會經過一段林蔭大道，約10分鐘的路程走來令人心曠神怡。

鼎鼎大名的情婦波提耶的黛安娜

亨利二世7歲時，因父親法蘭斯瓦一世戰敗被俘，他成為人質在西班牙邊境換回父親。據說當時已為人母的黛安娜看到落寞無助的小王子，竟衝出人群緊緊抱住恐懼的亨利。亨利成為國王後，黛安娜的夫婿已經過世，這股長久的思慕之情就轉為男女的愛戀。她在亨利12歲時就成了他的情婦。

黛安娜是當時名盛一時的大美人，白裡透紅的肌膚，即使年過30仍然十分美艷，據說她喜好在大清早到雪儂梭堡後方的雪河晨泳、騎馬，再回城堡睡美容覺。亨利對黛安娜的迷戀，使亨利的正室凱瑟琳備受冷落，凱瑟琳出身的梅迪奇家族雖然也是富豪，但先祖卻是卑微的農家，向來重視血統的法國王室，對這樣一位沒有貴族封號的王后非常不友善。

黛安娜雖身為國王寵妾，卻常反過來給予凱瑟琳協助，甚至居中勸說，讓凱瑟琳有機會為國王生兒育女。這種微妙的三角關係在亨利二世意外過世後正式結束，忍耐多時的凱瑟琳毫不留情地將黛安娜逐出雪儂梭。

黛安娜花園和凱瑟琳花園
Le Jardin de Diane de Poitiers et Catherine de Médicis

雪儂梭堡位於小鎮旁的森林間，城堡左右兩個法式花園分別為黛安娜花園和凱瑟琳花園，其中凱瑟琳花園較靠近城堡，但規模不及黛安娜花園，這兩個庭園也替雪儂梭堡的後宮豔史留下最佳見證。

黛安娜之房 Chambre de Diane de Poitiers

這就是讓亨利二世流連忘返的黛安娜香閨，火爐上有雙D交叉的紋徽，不過，後人掛上的畫卻是老年的凱瑟琳。

從窗戶望出去，雪河和沿岸森林的美景盡收眼底。黛安娜不只美艷，也善於經營城堡，農作物和葡萄酒帶來的豐盈收入，用作建造精緻的法式花園(花園即以黛安娜為名)和後方的跨河長橋。

書房La Librairie

這間書房是凱瑟琳皇后辦公處，許多重要決策都在此完成，橄欖綠的裝潢和隔鄰的綠書房同色系，亨利二世死後，凱瑟琳前後輔佐她的三個兒子繼位國王、處理朝政，堪稱法國史上最有權力的一位皇后。

樓梯L'Escalier

連接雪儂梭堡3層樓的筆直階梯，在當時算是城堡建築的創舉。為了便於防禦，城堡的階梯一向採「由下順時鐘往上的螺旋梯」，對在下方往上攻的敵人而言，螺旋梯的柱軸會妨礙右手的刀劍運用，使上方的防禦者占優勢。筆直的階梯雖然較適合居住，但卻給敵人直接往上衝的機會，從這一點也可看出雪儂梭堡的建造並非以戰鬥為目的。

長廊La Galerie

將黛安娜逐出雪儂梭後，凱瑟琳在原有的跨河長橋上蓋起長廊，長60公尺、寬6公尺、擁有18個拱型窗的長廊也算是雪儂梭的一個特色。凱瑟琳為了她的國王兒子亨利三世，時常在此舉辦盛大的宴會。

露易絲之房Louise de Lorraine

凱瑟琳皇后和亨利三世相繼過世後，風光的雪儂梭隨著瓦洛王朝一起消逝，傷心的露易絲王后著白衣在此隱居終生，人稱「白衣王后」。

全為黑色的房間中，天花板上漆上銀色的淚珠、孀寡的繩結、L和H的結合的圖形(L為露易絲，H為亨利三世)，都是癡情露易絲的心碎明證。

MAP ▶ P.226B1

香波堡

MOOK Choice

Château de Chambord

法王的華麗狩獵之夢

從杜爾開車走A10，在第17號出口往布洛瓦方向沿指標可達；或從布洛瓦火車站搭巴士前往，車程約40分鐘；或從巴黎搭乘往返香波堡的接駁車PARISCityVISION(www.pariscityvision.com/fr/europe/france/chateaux-de-la-loire/chateau-de-chambord)；或從巴黎或杜爾參加觀光行程。 Château de Chambord 41250 Chambord 02 54 50 40 00 1/2~1/7 9:00~18:00，1/8~3/29 9:00~17:00，3/30~10/27 9:00~18:00，10/28~12/23 9:00~17:00，12/24~12/31 9:00~16:00 休1/1、3/21、12/25休 全票€16、優待票€13.5 www.chambord.org

香波堡是羅亞爾河流域最大城堡，內部擁有440個房間、365個火爐、84座樓梯，它在1981年被聯合國教科文組織列為世界遺產。

建造香波堡的法蘭斯瓦一世(François I)熱衷狩獵，他想打造一座狩獵城堡。1516年，他請達文西提出計畫，雖然達文西在1519年就過世，但後人推測香波堡中央創新的交替螺旋式雙梯是達文西的構想。香波堡另一特色是寬闊的塔頂露台，這種造型各異的突出高塔，為國王與貴族觀賞庭園射御競技的絕佳地點。

香波堡被稱為是「法蘭斯瓦一世的華麗妄想」(Folie de Grandeur)，事實上，忙於征戰的法蘭斯瓦一世停留的時間不超過8週，而路易十四約待150天，更別提待在雪儂梭堡與波提耶的黛安娜形影不離的亨利二世。因此這棟城堡在起建的頭兩個世紀幾乎被棄置，只有路易十四對香波堡進行過改建，直到20世紀才被重新布置整修。

對法蘭斯瓦一世來說，香波堡是一座被蓊鬱森林和蜿蜒河流包圍的夢幻城堡，不負眾望的，它確實成了令人驚嘆的一個傳奇。

雙螺旋梯 Grand Staircase

位在城堡中央，貫穿1樓到屋頂的的巨型螺旋式雙梯，據說出自達文西的構想。兩座螺旋式的空心石梯以同一個主軸為核心，但卻各自獨立，巧妙之處就是讓兩個人各自上下樓梯，但是卻不會碰面。整座石梯匯集了各種法國文藝復興的裝飾風格，以動植物、怪物或人的形體作為主題。

禮拜堂 Chapel

於法蘭斯瓦一世去世前才開始興建，不同的皇室紋徽代表著漫長的建造歲月，包括法蘭斯瓦一世的「F」和「火蠑螈」紋徽(Salamander)、亨利二世的「上弦月」紋徽(Crescent)及路易十四的「L」。

法蘭斯瓦一世樓梯 François I Staircase

和布洛瓦堡相同的八角形鏤空螺旋梯，也出現在香波堡，半開放的戶外式樓梯連結皇家翼的每層樓，2樓即為法蘭斯瓦一世寢宮。

法蘭斯瓦一世寢宮 François I's Apartment

位於2樓的寢宮由起居室、臥室、書房、更衣室組成，它並不富麗堂皇，因為每當法蘭斯瓦一世前來香波堡打獵時，會先從布洛瓦堡運來家具用品布置，等狩獵之行結束，這些裝飾及家具就被撤走，只在天花板上找到代表國王的「F」和火蠑螈紋徽。

堡頂露台 The Roof Terrace

循著巨型螺旋梯往上走，到達堡頂寬闊的露台，視野就突然開闊起來。一望無際的草原、森林，遙想法蘭斯瓦一世馳騁狩獵的雄偉氣勢，這裡也是嬪妃貴族觀賞皇家射御的最佳地點。露台上突出的煙囪、樓閣、空心石塔，構成香波堡獨一無二的天際線，這是城堡建築的創舉之一，展現不可思議的華麗。

皇后之房 Queen's Chamber

皇后房間的寶藍色床帳是17世紀的風格，房內值得注意的是掛在牆上的織錦畫，內容是有關君士坦丁大帝的歷史故事，這一系列的織錦畫除了被保存在香波堡，在布洛瓦堡也可找到。

路易十四寢宮 Louis XIV's Apartment

路易十四統治時期的皇室生活有一套嚴格的禮儀程序，在17世紀才改建完成的香波堡部分就是依循這套禮儀所建造的。進入路易十四寢宮的正式路徑，依序為第一前廳、第二前廳、國王房間、皇后房間，路易十四認為這套禮儀程序，可以時時刻刻彰顯他的王權。

將君主專制徹底發揚的路易十四，主張國王就是國家，這點也反映在凡爾賽宮和香波堡的建築上，這間國王臥房就位於寢宮的中心，代表以太陽王為核心的王權。今日房內的床和裝飾都是18世紀薩克斯元帥居住時的形式，火爐上精緻的17世紀壁鐘也值得一看。

MAP ▶ P.226B1

榭維尼堡

MOOK Choice

Château de Cheverny

17世紀的城堡先鋒

從杜爾開車走A10，在第17號出口往布洛瓦方向D765沿指標可達；或從香波堡開車走D33往西換D765或D769可達；或從巴黎或杜爾參加觀光行程。 1 Avenue du Château 41700 Cheverny 02 54 79 96 29 10~3月10:00~17:00，4~9月9:15~18:00 城堡與花園全票€14.5、優待票€10.5，7歲以下免費 www.chateau-cheverny.fr

灰藍色的屋頂、粉白色的外牆，和完美對稱的建築造型，非常鮮明的，這正是榭維尼堡的17世紀古典風格。

榭維尼堡從起建之初，就歸於裕禾特家族(Hurault family)所有，裕禾特家族從13世紀起在布洛瓦地方就頗有名氣，家族的成員曾經擔任過5位國王的大臣。17世紀時，路易十三的大臣亨利伯爵(Count Henri)決定興建一座全新的城堡，建築風格要選用當時最流行的形式，無庸置疑的，榭維尼堡確實是1630年代法式風格建築的先鋒。

負責裝潢榭維尼堡的讓・孟尼耶(Jean Monier)，是瑪麗・梅迪奇皇后(Marie de Medici)發掘的裝飾師傅，孟尼耶曾在義大利研習，他為榭維尼堡選用的裝飾素材及主題，都是17世紀最流行的一時之選。像是牆壁和天花板所選用的原木鑲板，或是用來裝飾的法蘭德斯織錦畫，我們或者可以說，榭維尼堡本身就是一部法國17世紀的裝飾藝術史。

在法國知名漫畫《丁丁歷險記》(Tin Tin)中，榭維尼堡還曾被作為其中一集故事的城堡模型，也就是「卡斯塔芙瓦夫人的珠寶」(Les Bijoux de la Castafiore)中的慕林薩城堡(Château de Moulinsart)，讀者一眼就可以認出，它那對稱優美的建築正面，是來自榭維尼堡的靈感，也就是這個緣故，在城堡的紀念品店，你可以看到許多丁丁與城堡的相關商品，丁丁迷們可不要輕易錯過了。

餐廳The Dining Room

餐廳的裝潢是17世紀的風格，不過擺設則是19世紀的，據說餐桌在當時可容納30位左右的賓客，天花板和牆上都以皮草覆蓋著，皮草上有著裕禾特家族的紋徽—藍十字與紅太陽。

兵器大廳The Arms Room

這是城堡最大的房間，陳設和裝潢都保留了孟尼耶17世紀設計的原貌，在牆上的原木鑲板都以許多不同的花朵圖案，和以拉丁文寫成的箴言及謎語來裝飾，以現代的眼光看來可能會覺得無法理解，但這種裝飾手法在當時卻十分普遍。

面對火爐的一幅17世紀的織錦畫，內容陳述的是希臘神話故事，值得一看的原因是，它還保留了原有的鮮豔色澤。在守衛房內也展示了一些15~17世紀的武器及盔甲。

另外還有一個以皮草覆蓋的大衣箱，重達70公斤，擁有者是亨利四世(Henri IV)，因此上面刻有法國國王及納瓦爾家族(亨利四世的本姓)的紋徽。

大客廳 The Grand Salon

為求舒適與華美，大客廳歷經150多年不停修建的歷史，而今它所展現的裝潢風格，恰好是一部法國裝飾藝術史的縮影。

在大客廳裡可以看到樹維尼堡歷代的主人翁，也就是裕禾特家族的祖先畫像，另外也有城堡建成時代的皇室成員畫像，如路易十三及他的皇后、哥哥喀斯彤奧爾良(當時布洛瓦堡的主人)等，而大客廳現存的家具大部份是17~18世紀的骨董。

國王臥房 The King's Bedroom

名為國王臥房，當然是用來招待重量級貴賓的房間，當時的裝潢師孟尼耶，可說是竭盡奢華的程度來裝潢這間房間，不論是出自孟尼耶本人之手的木雕天花板及火爐，或是那華美的織錦畫，都到了讓人讚嘆不已的境界。

另外，一定要看的是那張床，以昂貴的波斯絲所繡成的床帳，是從城堡完成之際就一直保留至今的。

書房The Library

書房裡最有看頭的就是兩千多冊的古書，在皮製的書皮上，有的還烙著裕禾特家族的紋徽，這是家族成員用來閱讀的地方，位在1樓的最內側角落，雖然不大卻十分閑靜。

MAP ▶ P.226B1

翁布瓦茲堡

Château d'Amboise

宗教戰爭的悲劇舞台

從杜爾開車走A28換A85往南沿指標可達；或從杜爾或布洛瓦火車站搭火車前往，車程約20分鐘，車次頻繁，從火車站步行至城堡約25分鐘；或從巴黎或杜爾參加觀光行程。 Château d'Amboise BP 371 F-37403 Amboise Cedex 02 47 57 00 98 9:00開放，關閉時間視季節而異，約在16:45~19:00之間，確切時間可上網查詢。 全票€16.4、優待票€10.5~13.7，7歲以下免費 www.chateau-amboise.com

法蘭斯瓦一世和他的作家妹妹瑪格麗特從小在翁布瓦茲堡長大，他是法國歷史上著名的博學君王，十分景仰文藝復興風潮，繼位後延攬不少義大利工匠與藝術家前來法國，其中最有名的要算是達文西。到了1560年，正是宗教戰爭如火如荼之際，新教徒密謀暗殺舊教首領，但消息走漏，舊教宣稱暗殺首領就是背叛國王。連皇室都無法作主的情況下，1,200名新教徒在翁布瓦茲被集體虐殺，城內城外血流成河，在這樣可怕的陰影下，往後的國王都不願意再住在翁布瓦茲堡了。

MAP ▶ P.226A1

阿澤勒伊多堡

Château d'Azay-le-Rideau

展現柔美的雅致風格

從杜爾開車走D7，與D57的交叉點即為阿澤勒伊多；或從杜爾搭巴士於城堡附近下，車程約50分鐘；或從杜爾搭火車於Azay-le-Rideau下，車程約30分鐘，1日約9班車，從車站到城堡約2公里，步行約30分鐘；或從巴黎或杜爾參加觀光行程。 19, rue Balzac 37190 Azay-Le-Rideau 02 47 45 42 04 10~3月10:00~17:15、4~6月和9月9:30~18:00、7~8月9:30~19:00 (7/10~8/24延長至23:00) 休1/1、5/1、12/25 全票€13、半票€10~11.5，18歲以下免費 azay-le-rideau.monuments-nationaux.fr

阿澤勒伊多堡被譽為「羅亞爾河最美麗的城堡」，一開始是國王的財務官吉利・貝爾特洛(Gilles Berthelot)於1518年利用公務之便所私藏的財富購得，並進行豪華改建作為私人城堡。後來受到另一個財務官因盜用公款被處決的事件影響，貝爾特洛為求自保只得丟下城堡，倉皇地逃亡國外，阿澤勒伊多堡於是被法蘭斯瓦一世沒收充公。

這座城堡的典雅氣質與眾不同，據說是因為當初貝爾特洛公務繁忙，城堡交由妻子菲力帕(Philippa Lesbahy)來監工的緣故。

城堡擁有寬闊階梯和精緻裝飾，而今堡內收藏的文藝復興時期家具和織錦畫，更能襯托城堡的柔美風格。

MAP ▶ P.226A1

維雍德希堡

Château de Villandry

搶盡目光的城堡花園

從杜爾開車走D7可達，車程約30分鐘；或從巴黎或杜爾參加觀光行程。 3 Rue Principale 37510 Villandry 02 47 50 02 09 城堡2月初~11月中和聖誕假期9:00開放、11~12月9:30開放，花園全年從9:00~9:30開放，城堡和花園關門時間視季節而異，約在16:30~19:00之間，確切時間可上網查詢。 城堡和花園全票€13、優待票€7.5；花園全票€8、優待票€5.5 www.chateauvillandry.com

維雍德希堡完工於1536年，由法蘭斯瓦一世的財務大臣尚勒・布黑頓(Jeanle Breton)負責建造。

布黑頓將12世紀的殘留城塞與16世紀的新建城堡結合，並設計了文藝復興庭園。18世紀之後，城堡由卡斯特蘭家族(Castellane)接手，進行部份改建，出身普羅旺斯貴族的卡斯特蘭，為城堡注入南法的裝飾風格。今日城堡的主人是來自西班牙的卡瓦洛家族(Carvallo)，城堡在他們手中恢復往日典雅迷人的氣質。

花園美景更勝城堡

現任堡主亨利・卡瓦洛(Henri Carvallo)的曾曾祖父華金・卡瓦洛博士(Dr Joachim Carvallo)於1906年購得城堡，苦心鑽研史料，竭畢生心力將維雍德希堡回復16世紀的文藝復興樣式，並修復19世紀被破壞的花園，造就了花園比城堡更精采的獨特風格。

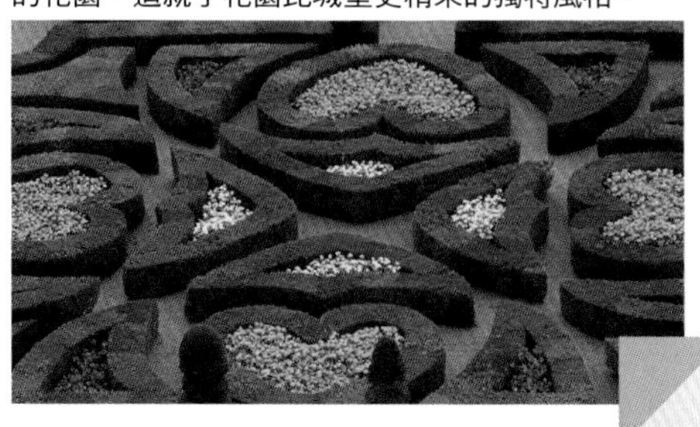

奧爾良
Orléans

打從10世紀開始，法國皇室成員卡佩家族(Capet)即以奧爾良為根據地，15世紀時的國王們通常都下榻於格赫斯洛市屋，也就是古市政廳的所在地。在17~19世紀，奧爾良擔負巴黎與羅亞爾河之間糖與織品運輸的大任，也以製造油醋賺進不少銀兩，躍居本區最重要的商業大城。

提到奧爾良，就不能不提到聖女貞德(Jeanne d'Arc,1412~1431)，英法百年戰爭期間，奧爾良成為兵家必爭之地，如果不是貞德帶領大軍成功攻佔，法國的歷史或許會被改寫。奧爾良從此和貞德結下不解之緣，除了重建她曾住過的木屋，在聖十字大教堂並以十扇彩繪玻璃，重現她的傳奇故事。

Info

基本資訊

人口：約297,846人

面積：約27.48平方公里

區域號碼：02

如何前往

◎火車

從巴黎奧斯特利火車站(Gare d'Austerlitz)搭直達火車於Orleans下，車程約60~100分鐘，班次頻繁，或從杜爾搭直達火車於Orleans下，車程約80分鐘。

班次、時刻表及票價可上網或至火車站查詢，車票可上網或至火車站櫃台購買，或先在台灣向飛達旅遊購買法國火車通行證(France Rail Pass)。

飛達旅遊

台北市中山區南京東路三段168號10樓之6 ☎(02) 8161-3456分機2 ◎線上客服：@gobytrain 🌐www.gobytrain.com.tw

法國國鐵 🌐www.sncf.com

火車站至市區交通

位於市區北方，步行至遊客服務中心約10~12分鐘。

市區交通

大部分景點步行可達

旅遊諮詢

◎奧爾良遊客服務中心

Orléans Val de Loire Tourisme

從火車站步行約10~12分鐘 23 place du Martroi CS 95632 45056 Orleans ☎02 38 24 05 05 4~9月9:30~19:00，10~3月9:30~18:30；週日及國定假日10:00~18:00 休1/1、1/2、12/25休 🌐www.tourisme-orleansmetropole.com/

MAP ▶ P.236B2

格赫斯洛市屋

MOOK Choice

Hôtel Groslot

背景顯赫的歷史之家

從遊客服務中心步行約1分鐘 Place de l'Etape 45000 Orléans 02 38 79 22 30 10~6月週一~週五10:00~12:00、14:00~18:00，週六10:00~19:00，週日10:00~18:00 免費

16世紀的地方官賈各・格赫斯洛(Jacques Groslot)，委託一名名為Jacques Androuet du Cerceau的喀爾文教建築師，建造了這座奧爾良最搶眼的文藝復興風格建築。紅黑條紋的磚牆、突出的老虎窗、和火焰式的立面建築，處處皆是當時最流行的風格，立面上的雕飾，來自著名君王的紋徽，像是路易十二的豪豬紋徽、法蘭斯瓦一世的火蠑螈紋徽、亨利四世的淺藍色底「H」等，全都在老虎窗上，氣勢軒昂地望著你。

接待室也緬懷聖女貞德的事蹟

接待室(Reception room)窗戶的玻璃上彩繪著聖女貞德和查理七世的肖像，火爐上還刻著貞德的故事，正好和門口的貞德雕像相互呼應。

這裡建成後，曾接待過國王弗朗索瓦二世、查理九世和皇后凱薩琳，格赫斯洛家族在此住到1790年，之後的市屋曾作為市政廳直到1982年，1862年並列為法國歷史古蹟。

現在市屋仍歸政府所有，但已開放公眾參觀，讓人能一窺精采的擺設和畫作，大廳(Grand Hall)的裝飾擺設相當精緻，大部分是在19世紀中葉整修的，不過仍保留了一些當時的家具。

前會議室(Former Council Room)棕紅色的牆上，以藍色與金色繪製從1842年以後的歷屆奧爾良市長名錄，以真皮製作的會議桌桌面，散發著美麗古典的氣息。法王法蘭斯瓦二世(François II)則是在婚禮房(Marriage Room)過世的，不過它現在卻是新人婚禮的主要場地，在天花板上可以看到亨利十三(Henri XIII)風格的裝飾。

MAP ▶ P.236B2

聖十字大教堂

Cathédrale Ste-Croix

傳頌女英雄的抗敵故事

從遊客服務中心步行約1分鐘 Place Sainte-Croix, 45000 Orléans 免費

據傳奧爾良的第一座大教堂建於4世紀，不過真正名為「聖十字」的大教堂，最遠可追溯到7世紀，並於10世紀毀於火災。現存的這一座，建於13~18世紀之間，尤其在宗教戰爭時被新教徒嚴重破壞，直到亨利四世(Henri IV)承諾以王權保護，並經歷路易十四、十五時代的整修，才形成今日的面貌。

路易十四於教堂右側刻上的太陽王面孔，是大教堂最醒目的外觀，不過18世紀的奧爾良人本來不太欣賞這座大教堂，因為它並不是正統的哥德式，在正面立面突出的兩座巨塔，遠看像是王冠，以當時觀點來說有點太時髦了。

最值得觀賞的亮點在這裡！

19世紀末完工的聖女貞德彩繪玻璃，是大教堂最值得一看的景觀，這十扇陳述貞德故事的彩繪玻璃，是在教皇為聖女追封謚號後才打造的，故事順序自教堂入口左邊的五扇玻璃開始，然後再從右邊逆轉往入口方向進行，以美麗的色彩完整呈現貞德的歷史傳奇。

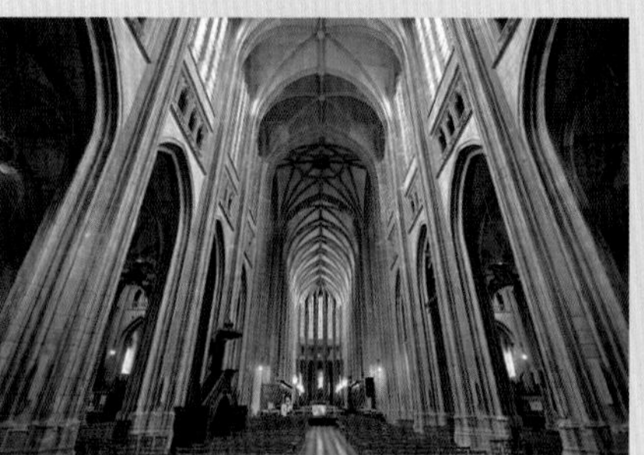

聖女貞德是聖女還是女巫？

1412年，聖女貞德(Jeanne d'Arc)在香檳地方的多雷米(Domrémy)農村出生，當時英法兩國為爭奪王位繼承權而開打的百年戰爭，已經延續了70餘年。此時法國分裂成南北兩派，與敵人英軍聯手的勃艮地(Burgundy)公爵是北法派，而擁護皇太子查理的南法貴族則組成南法派。

13歲時的貞德感到村莊的教堂射出光芒，並聽到神的聲音，要她與敵人作戰，讓皇太子即位。16歲的貞德說服了村莊領地的城主，帶她穿越北法勃艮地派的領地去晉見皇太子。1429年2月，貞德在希儂堡(Chateau de Chinon)見到了皇太子，據說貞德一眼就認出從未謀面的皇太子，並自信地說道：「根據神諭，您就是國王之子，請進軍漢斯(Reims)舉行加冕典禮，解救法國人民。」

為了準備進攻奧爾良，皇太子派軍在布洛瓦(Blois)集結，貞德掛名隊長，在同年的4月29日，貞德成功率領大軍攻入奧爾良，解除了英軍超過半年的包圍。5月，法軍又取得羅亞爾河右岸的控制；6月之後，貞德又接連在奧爾良四周的城鎮擊退英軍；7月，皇太子終於如願在漢斯大教堂(Cathédrale de Reims)完成加冕典禮，成為查理七世(Charles VII)。

這位拯救法國的神奇少女，最後被勃艮地派俘擄並賣給英國。1431年，貞德被基督教士審判庭宣判為女巫，被處以火燒死刑的時候，貞德不過才19歲。

1456年，重審宣稱，當時對貞德的判決是刻意的欺騙及誹謗；在1920年，貞德被處死的近500年後，教會追謚她為「聖女貞德」。如今踏著貞德走過的足跡，回想她對法國的貢獻和她一生的命運。

MAP ▶ P.236A2

歷史考古博物館

Musée Historique et Archéologique de l'Orléanais

值得一看的建築與收藏

從遊客服務中心步行約5~8分鐘 1, Square Abbé Desnoyers 45000 Orléans 02 38 79 25 60 5~9月週二~週日10:00~13:00、14:00~18:00，10~4月週二~週日13:00~18:00。休週一、1/1、5/1、5/8、7/14、11/1、11/11、12/25 $永久展全票€8、優待票€4，每月第一個週日免費

這座歷史考古博物館原名為卡布市屋(Hôtel Cabu)，文藝復興式的建築是法王亨利二世(Henri II)的御用建築師Androuet Ducerceau為律師菲力浦・卡布(Philippe Cabu)於1823年所設計建造的。

建築原入口位在Rue Charles Sanglier上，並不是現在博物館的入口，原入口的庭園立面相當值得一看，分為前後不同3層的立面，是典型的亨利二世形式，非常古典，也是奧爾良的早期建築代表。

目前博物館展示了不少高盧羅馬(Gallo-Roman)時期Neuvy-en-sullias地區的雕塑作品，特別是一些青銅器；其他則是一些描繪中世紀歷史的裝飾藝術和考古作品、文藝復興時期的雕像和工藝、陶瓷器，同時還有關聖女貞德的畫作。

博物館外的松榭蘋果屋(Maisons Sancier et de la Pomme)和奎尼厄市屋(Hôtel Creneaux)也頗具看頭。

松榭蘋果屋

這是一棟16世紀的建築，房屋上最為人津津樂道的除了蘋果圖案的淺浮雕，還有因為法王亨利四世(Henri IV)曾在1601年造訪這間蘋果屋，因此在房屋外面雕刻了亨利四世的紋徽，同時也為了慶祝之後宗教戰爭的終結。

奎尼厄市屋

奎尼厄市屋是奧爾良第一棟市政廳，建成年代為1445~1513年，現在大門上還可看到「Hôtel de ville」(市政廳)的刻字，法國革命之後，建築用作裁判庭之用，並在1825~1981年間作為美術博物館。另外，面對著Rue Sainte-Catherine的建築立面，可追溯到16世紀，因選用了混合哥德式和文藝復興式的元素，在建築史上格外受到注意。

亞爾薩斯和勃艮地

Alsace et Bourgogne

文●墨刻編輯部
圖●墨刻攝影組

亞爾薩斯與勃根地地區融合了豐富的歷史、美食佳釀以及自然美景。位於法德邊境的亞爾薩斯，以色彩繽紛的半木結構房屋和蜿蜒的酒鄉之路著稱；史特拉斯堡的大教堂與科瑪的童話小鎮讓人流連忘返。而勃根地是葡萄酒的天堂，尤其紅酒黑皮諾(Pinot Noir)和白酒夏多內(Chardonnay)，加上第戎獨特的文藝復興古城風貌，為這片土地增添了無盡魅力。

史特拉斯堡
Strasbourg

地處法、德、瑞三國交界的亞爾薩斯，可以看到許多德式風格的生活文化，德式木條屋、德國豬腳翻版的酸菜醃豬肉、法德語雙聲帶，它同時也是歐洲政經中心，來自世界各地的旅人可以走進葡萄園小鎮，品味精緻的多元風情。

有「歐洲十字路口」之稱的史特拉斯堡，位在法、德、瑞三國交界處，從羅馬時代起，就是連結北歐與地中海的重要據點，自然也成為歷史上的多事之地。

到了1979年，成為歐洲國會所在地的史特拉斯堡更被冠上「歐洲首都」之名，象徵歐洲從此朝無國界的合作邁進。

現今的史特拉斯堡，除了歐洲議會召開期間特別繁忙，平日也吸引來自各國的觀光客，到此欣賞精緻的半木造屋，在小法國區的露天餐廳品嘗亞爾薩斯美食。

由於被萊茵河的支流包圍，小法國區又稱作「大島」(Grand Île)，大島滿載了建城兩千年的歷史文化，已被聯合國列入世界文化遺產。

INFO

基本資訊

人口：約275,718人 **面積**：約78.26平方公里

區域號碼：03

如何前往

◎飛機

從巴黎奧利機場有國內班機飛往史特拉斯堡機場(Aéroport International Strasbourg)，航程約1小時，其他像是波爾多、里昂、馬賽等法國大城，荷蘭阿姆斯特丹、西班牙馬德里、義大利羅馬等也有班機往來於史特拉斯堡之間，相關資訊請洽各大航空公司或上網查詢。

史特拉斯堡機場

www.strasbourg.aeroport.fr

◎火車

從巴黎東站(Gare de l'Est)搭TGV直達火車於Strasbourg下，車程約2小時20分鐘，或從里昂Lyon Part Dieu火車站搭TGV直達火車於Strasbourg下，車程約3小時40分鐘到4小時15分鐘。

班次、時刻表及票價可上網或至火車站查詢，車票可上網或至火車站櫃台購買，或先在台灣向飛達旅遊購買法國火車通行證(France Rail Pass)。

飛達旅遊

台北市中山區南京東路三段168號10樓之6

(02) 8161-3456分機2

@gobytrain

www.gobytrain.com.tw

法國國鐵

www.sncf.com

機場、火車站至市區交通

◎從機場

從史特拉斯堡機場可搭接駁火車(Navette Train)前往史特拉斯堡火車站，車程約8分鐘，班次頻繁，由此可轉乘電車前往各景點。

單程€3.1、可轉搭CTS營運的路面電車聯票(TER + Tram)€4.9

◎從火車站

位於市區西方，從火車站步行至舊城區約15~20分鐘；或搭路面電車A、D線於Homme de Fer或Langstross Grand Rue站下。

市區交通

大部分景點步行可達；如不想走路，搭路面電車或巴士也很方便，史特拉斯堡電車和巴士都是由史特拉斯堡交通公司CTS (Compagnie des Transports Strasbourgeois)經營，電車總共有5條路線，行經火車站、巴士總站與新舊城區，交通票可共用。

或搭乘迷你小火車(Petit Tram)，沿途行經舊城區的狹窄巷道與小法國區等景點，全程約35~45分鐘。車票可上車購買。

史特拉斯堡交通公司CTS

14 Rue de la Gare-aux-Marchandises 67200 Strasbourg

03 88 77 70 70

單程€2.5(行動支付€2.1)、10張套票€17.3，結合史特拉斯堡近郊TER火車和CTS巴士與電車票的1日券(ALSA + 24H EMS)€4.6

www.cts-strasbourg.eu/fr

迷你小火車Petit Tram

有兩條遊覽路線，「小法國之旅」(Le circuit "Petite France")上車地點在遊客服務中心前的Place de la Cathédrale；「大島-新城之旅」(De la Grande île à la Neustadt)上車地點在Place du Château。

03 89 73 74 24

「小法國之旅」2~3月及11月11:00~17:00、4~10月10:00~18:00，「大島-新城之旅」3~10月10:00~18:00、11月11:00~17:00，發車時段每年不同，詳見官網資訊

全票€8、優待票€6，6歲以下免費

petit-train-strasbourg.fr

旅遊諮詢

◎史特拉斯堡觀光局遊客服務中心

Office de Tourisme de Strasbourg

從火車站步行約15~20分鐘；或搭路面電車A、D線於Langstross / Grand Rue站下，步行約3~5分鐘。

17 Place de la Cathédrale 67082 Strasbourg Cedex

03 88 52 28 28

www.visitstrasbourg.fr

優惠票券

◎史特拉斯堡旅遊卡Strasbourg City Card

持卡可在7天內，不論參觀景點、參加旅遊團、搭乘觀光遊船、租單車都享有多項折扣優惠，可至遊客服務中心購買。

全票€6.5(2張€10)、優待票€3.5

www.visitstrasbourg.fr/en/organising-my-stay/strasbourg-city-card/

MAP ▶ P.242B1

聖母院大教堂

MOOK Choice

Cathédrale Notre Dame

哥德藝術的極致呈現

從遊客服務中心步行約1分鐘；或搭路面電車A、D線於Langstross / Grand Rue站下，步行約3~5分鐘。 Place de la Cathédrale 67000 Strasbourg 週一～週六8:30~11:15、12:45~17:45，週日14:00~17:15，彌撒期間不得參觀；天文鐘「使徒遊行」每日12:30 (入口在南面，10:00~11:00在明信片攤位售票，11:30入場) 天文鐘全票€4、優待票€2 www.cathedrale-strasbourg.fr

法國文豪雨果曾經讚美這座大教堂是「巨大和精緻的完美結合」，興建工程歷經1176年~1439年，其高達142公尺的尖塔讓它成為當時最高的建築。

教堂正面大門的門拱描繪著耶穌受難的故事，精細的雕刻遠看像繁複的花邊，中央大門上方的玫瑰圓窗有如16片彩色花瓣朝著陽光綻放。

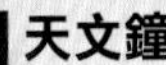

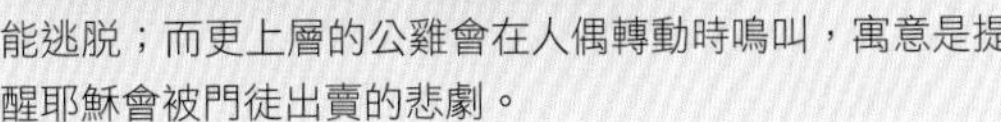

天文鐘

南邊的大鐘門是教堂最古老的部份，走進門內就會看到知名的天文鐘(Horloge Astronomique)。由史特拉斯堡數學家與瑞士鐘錶匠共同創作的天文鐘，製於16世紀，天文鐘上層轉動的人偶分別代表人生的四個階段：出生、青年、老年、死亡，這些人偶定時從耶穌的面前轉過，表示每個人有可能在任何一個時期死亡，沒有人能逃脫；而更上層的公雞會在人偶轉動時鳴叫，寓意是提醒耶穌會被門徒出賣的悲劇。

MAP ▶ P.242A2

小法國區

MOOK Choice

Petite France

林立半木造屋的水鄉

從遊客服務中心步行約8~10分鐘；或搭路面電車A、D線於Langstross / Grand Rue站下，步行約5分鐘。

小法國區是史特拉斯堡最美麗的水鄉，在這裡運河縱橫交錯，河邊散布著典雅半木造屋和氣氛悠閒的露天餐廳。

小法國區在昔日曾有一間專門治療梅毒的醫院，由於梅毒是15世紀時因法王查理七世的部隊而傳染開來的疾病，因此又被稱作「法國病毒」，所以此區才被稱為「小法國區」。

找找看皮匠屋在哪兒

跟其他的木造屋相比，小法國區的木造屋屋頂面積特別大，因為這裡曾是鞋匠居住的地方，廣大平整的屋頂是為了便於晾曬皮革，而區內最引人注目的那棟木造屋「皮匠屋」(Maison des Tanneurs)，正是昔日鞋匠互助會的所在地。

MAP ▶ P.242B2

伊爾河觀光遊船

Promenade en Bateau

充滿趣味的運河巡航

從遊客服務中心步行至碼頭約3分鐘；或搭巴士N1、N2、N3於Corbeau站下，步行約1分鐘。 登船處在乳豬市場廣場(Place du Marché aux Poissons)附近，距離大教堂約150公尺。 03 69 74 44 04 各項遊程時間不同，且每年開放時間都有變動，請上網查詢最新資訊。 「跨越20個世紀的史特拉斯堡」全票€15.7、優待票€8.7，「歐洲的史特拉斯堡」全票€12.2、優待票€7，「濱海的史特拉斯堡」全票€18.9、優待票€11.7 www.batorama.fr

搭乘觀光遊船遊覽伊爾河(L'Ill)是品味史特拉斯堡的最佳方式，兩岸五顏六色的小屋公寓、濃密青綠的樹林、悠閒漫步的行人，景色秀麗。

由於伊爾河水道高低不一，因此遊河途中，必須要等水閘開關，待河水高度一致後方能通行，也為這趟遊程增添不少樂趣。

該遊船公司目前推出數種行程，包括歷時75分鐘的「跨越20個世紀的史特拉斯堡」(Strasbourg, 20 siècles d'histroie)、45分鐘的「史特拉斯堡小法國區」(Strasbourg, Grand Île)、2小時的「濱海的史特拉斯堡」(Strasbourg-sur-Mer)等。

其中，以全覽的「跨越20個世紀的史特拉斯堡」較受歡迎，該行程還會前往伊爾河和瑪恩河的匯流處，也就是歐洲議會的所在地，自從1979年史特拉斯堡被選定為歐洲國會後，許多歐洲議事機構陸續來到這裡，歐洲議會(Parlement Européen)和古老的歐洲宮隔河相望，現代摩登的建築風格和小法國的典雅氣質截然不同。

科瑪
Colmar

科瑪是亞爾薩斯三大城市中的最小的一座，卻是亞爾薩斯葡萄酒鄉之路的中心首府，由於位在孚日山脈(Vosges)和萊茵河的中間點，因此有許多法國中央單位的行政代表居住於此。這是一座被彩色半木造屋和藍色小河所包圍的清新小鎮，利用孚日山脈粉紅色砂岩建造的教堂和建築，在陽光照射下更顯光華。

科瑪保有傳統亞爾薩斯小城的典雅可愛，因而有「西歐小威尼斯」的美名，它曾經以美麗的半木造屋和建築，獲得「街道藝術學會獎」的殊榮，為此科瑪市政府找來專業設計師，策畫了一系列夜間照明設施及配備，讓這些古蹟在夜裡也能熠熠發光。

INFO

基本資訊

人口：約67,956人　**面積**：約66.57平方公里
區域號碼：03

如何前往

◎火車

從巴黎東站(Gare de l'Est)搭TGV直達火車於Colmar下，車程約3小時；或經史特拉斯堡(Strasbourg)轉車，全程約3~4小時。或從巴黎里昂火車站(Gare de Lyon)經第戎(Dijon)或米路斯(Mulhouse)轉車，全程約3~3.5小時。或從史特拉斯堡搭TGV或TER直達火車於Colmar下，車程約30~40分鐘。

班次、時刻表及票價可上網或至火車站查詢，車票可上網或至火車站櫃台購買，或先在台灣向飛達旅遊購買法國火車通行證(France Rail Pass)。

飛達旅遊

台北市中山區南京東路三段168號10樓之6
(02) 8161-3456分機2
@gobytrain　www.gobytrain.com.tw

法國國鐵 www.sncf.com

火車站至市區交通

火車站位於市區西南方，步行至舊城區約15分鐘；或搭巴士1、2、3、5、10號於Unterlinden站下。

市區交通

大部份景點步行可達，搭巴士也很方便，科瑪巴士由科瑪及近郊巴士網公司(TRACE)經營，車票可上車購買。或搭觀光小火車Petit Train遊覽舊城區，可至遊客服務中心或小火車上購票，一次全程走完約40分鐘。

科瑪及近郊巴士網公司TRACE

單程€1.5、10張套票€11　www.trace-colmar.fr

觀光小火車Petit Train

全票€8、優待票€6　petit-train-colmar.fr

旅遊諮詢

◎科瑪遊客服務中心Office de Tourisme de Colmar

從火車站步行約15~20分鐘
Place Unterlinden 68000 Colmar　03 89 20 68 92
週一~週六9:00~18:00、週日和國定假日10:00~13:00
www.tourisme-colmar.com/fr/

MAP ▶ P.245A1

菩提樹下博物館

Le Musée Unterlinden

以祭壇裝飾藝術著稱

從遊客服務中心步行約1分鐘 Place Unterlinden 68000 Colmar 03 89 20 15 50 9:00~18:00 休週二、1/1、5/1、11/1、12/25 全票€13、優待票€8~11，12歲以下免費 www.musee-unterlinden.com

博物館在13世紀曾是女修院，因位在菩提樹下而得名，現在展示15~16世紀來自科瑪與萊茵河區域的繪畫及雕塑，其中尤以收藏祭壇藝術作品而聞名。

祭壇聯屏畫

放置在祭壇上的聯屏畫由好幾層木板組成，這一道道可從外往內開啟的木門，也是一幅幅令人驚嘆的精美畫作。

由Matthias Grunewald所繪製的「伊森漢祭壇裝飾畫」(Isenheim Altarpiece)，創作時間為1512~1516年，是館內必看收藏之一，也被聯合國教科文組織列入世界十大祭壇之一，值得注意的是，在顏料素材貧乏的當時，如何能畫出如此艷美的紅色，至今仍是個謎。

MAP ▶ P.245A1

人頭屋

MOOK Choice

La Maison des Têtes

展現賣藝者的眾生相

從遊客服務中心步行約5~8分鐘 19 Rue des Têtes 68000 Colmar

由105張賣藝者的臉譜面具裝飾而成的人頭屋，可說是科瑪市區最引人注目的建築之一。

興建於1609年，基於17世紀中產階級的住宅形式而設計，加以文藝復興風格的裝飾，立面的多角窗戶高達兩層樓，窗戶頂部就是陽台，屋頂的青銅雕像則出自自由女神像設計者巴多第(Bartholdi)之手。

昔日的人頭屋曾是葡萄酒的交易中心，其所在的人頭街(Rue des Têtes)是14世紀留存至今的古街道，而位於人頭屋對面的聖多明尼克教堂(L' Église des Dominicains)則標示著13~14世紀的歷史，如今當成市立圖書館使用，前身教堂內的彩繪玻璃窗值得欣賞。

MAP ▶ P.245B3

小威尼斯

MOOK Choice

La Petite Venise

詩情畫意的水鄉風情

從遊客服務中心步行約12~15分鐘

穿過硝皮匠區(Le Quartier des Tanneurs)，就進入科瑪最美的小威尼斯區。硝皮匠區的房屋建造於17~18世紀，1970年代歷經重修，又窄又深的房屋不用石頭，全以木造鑲板構成，是科瑪保留最完整的古老住宅區，而小威尼斯則是舊時漁人與船夫生活的遺跡，小威尼斯之所以會這麼美，是因為許多園藝花商也利用這條河來運送鮮花，居民在露台上種植許多花花草草。

步行來到漁人橋(Quai de la Poissonnerie)，景色隨河道而展開。鵝黃、粉藍、草綠、艷紅的雙層半木造屋，彷彿調色盤般緊挨著清澈河流，所謂的人間仙境就近在眼前。

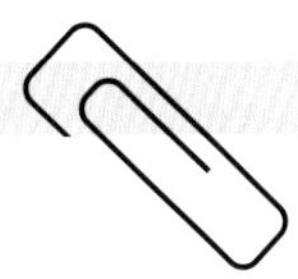

亞爾薩斯的道地麵包

「奶油圓蛋糕Kouglof」和「8字型餅Bretzel」是亞爾薩斯很常見的糕點。德文原義「圓球」的Kouglof造型中空呈螺旋狀，外皮金黃內部鬆軟，利用麵粉、牛奶、雞蛋和酵母作成，通常還會混合浸泡過蘭姆酒的葡萄乾。

據說早期作為「祭祀聖物」的Bretzel，形似一只圍繞著十字架的戒指，而造型正如其名，橢圓形的金黃色麵皮圓環包圍著8字型，咬起來的粗澀口感，使它成為最佳的午後甜點或零嘴。

MAP ▶ P.245B2

巴多第博物館

Musée Bartholdi

見證自由女神的誕生

從遊客服務中心步行約8分鐘　30 Rue des Marchands 68000 Colmar　03 89 41 90 60　10:00~12:00、14:00~18:00　休週一、1/1~2/5、5/1、11/1、12/25　全票€5、優待票€4，18歲以下免費　www.musee-bartholdi.fr

美國紐約自由女神像的創作者巴多第(Auguste Bartholdi)出生於科瑪，因此在科瑪可看到與他相關的紀念品，他的老家現已闢為博物館，故居內收藏了六十多件雕塑模型，其中約有十件模型和科瑪有關。

高達42公尺的自由女神像工程艱鉅，光是打造雕像專用的骨架，就特別請製作艾菲爾鐵塔的蓋傑(Gaget)來設計，雕像本身被切割成多塊，共動用了九千位專業測量師來製作各個部分，最後再一塊塊拼成雕像。在博物館3樓，展示了自由女神的雕塑模型和完工過程，在此可看到等同真像左耳一半大小的耳朵雕塑，不難想像工程之巨大。

酒鄉之路

Route des Vins

亞爾薩斯的白酒聞名於世，長達170公里的酒鄉之路，不只有青翠的葡萄園山坡和一望無際的鄉野美景，就連無心闖入的不知名小鎮，彩色的半木造屋和蔓延路肩的窗台野花，都教人為之心折。

這段酒鄉之路幾乎涵蓋亞爾薩斯全境，從米路斯(Mulhouse)西郊開始，一路往北延伸到史特拉斯堡。不妨從科瑪出發，遊覽艾古斯漢、凱斯堡、希格維爾和希柏維列這4座最負盛名的花間小鎮，由於小鎮規模都不大，很適合步行遊賞，穿街走巷中，即使是一扇窗、一個可愛招牌，都讓人駐足良久，不知不覺又多按了好幾次快門。

INFO

如何前往

◎巴士

可從科瑪巴士站(位於火車站右側)或遊客服務中心附近的站牌搭車，前往亞爾薩斯的酒鄉小鎮，搭巴士還算便利，但發車時間因前往的小鎮不同而異，許多路線甚至在週日或國定假日停駛，最好先至遊客服務中心詢問巴士路線與索取時間表，或上巴士公司官網查詢後再安排行程。

KUNEGEL巴士公司

42 Rue des Jardins 68000 Colmar

03 89 24 65 65 www.l-k.fr

◎租車

可從科瑪或史特拉斯堡出發，進行3~4天的酒鄉旅行，並可投宿在小鎮旅館。

Avis www.avis.com

Europcar www.europcar.com

ADA www.ada.fr

酒鄉之旅資訊

www.routedesvins.alsace

Where to Explore in Route des Vins
賞遊酒鄉之路

MAP ▶ P.248A3

MOOK Choice

希格維爾
Riquewihr
走進漢希筆下的世界

從科瑪火車站前搭巴士前往，車程約30分鐘，或從科瑪開車，走N415在Sigolsheim右轉可達。

◎希格維爾和希柏維列遊客服務中心Office de Tourisme du Pays de Ribeauvillé-Riquewihr

2 Rue de la 1ère Armée 68340 Riquewihr 03 89 73 23 23 營業時間時有變動請至官網查詢 www.ribeauville-riquewihr.com

這是被葡萄園包圍的小鎮，由於地勢較低，從城裡的巷道往外望，就是綠油油的葡萄園山坡。

步行路線從市政廳(Mairie)開始，沿著Rue du Général de Gaulle慢慢走，這條路上分布了數棟有錢人家的精美房屋，如1606年之屋、鸛鳥巢之屋(Maison dite au "Nid de Cigognes")等，門牌14號的天際屋(Le Gratte-ciel)則有「亞爾薩斯最高木造屋」的稱號，亞爾薩斯畫家漢希的博物館(Musée Hansi)也設立於此。

轉進Rue de la Couronne，可看見每家餐廳都掛有別具巧思的鐵製招牌，從Rue Dinzheim往Rue de la 1ère Armée走，又是另一番天地，被稱為「史特拉斯堡庭院」(Cour de Strasbourg)的房屋群，是古代葡萄園中心建築的典型代表，每當主教前來當地收稅，就會下榻於此。

MAP ▶ P.248A2

希柏維列
Ribeauvillé
以樂師節為地方特色

從科瑪火車站前搭KUNEGEL巴士前往，車程約45分鐘，時刻表和停靠站可上KUNEGEL巴士公司網站查詢；或從史特拉斯堡開車前往，可走A35高速公路在Guemard下，換往希柏維列方向的D106可達。

◎希格維爾和希柏維列遊客服務中心Office de Tourisme du Pays de Ribeauvillé et Riquewihr

1 Grand Rue 68150 Ribeauvillé 03 89 73 23 23 營業時間時有變動請至官網查詢 www.ribeauville-riquewihr.com

以釀製Riesling白酒聞名的希柏維列，每年9月第一個週日會舉行傳統節慶「樂師節」(Pfifferdai)。流傳已有600年歷史的樂師節，是音樂家為了向領主表示臣服的歷史節慶，位於Grand Rue的古若廣場(Place Gouraud)上還有樂師節的壁畫。

廣場旁的樂師節小酒館(Winstub Zum Pfifferhus)，在突出的屋台上刻著聖母瑪莉亞的木雕，相當罕見。鎮上代表性地標的鐘塔建於13世紀，昔日的肉販多居住在鐘塔兩旁，過了塔下方即為上城，風景優美。

尚・希普(Jean Sipp)是希柏維列最廣為人知的酒商，從Grand Rue轉進Rue de la Fraternite之後，即可找到尚・希普的酒窖，有興趣的話不妨入內參觀試飲。

MAP ▶ P.248A3

凱斯堡

Kaysersberg

史懷哲醫生的故鄉

從科瑪火車站前搭KUNEGEL巴士前往，車程80分鐘，時刻表和停靠站可上KUNEGEL巴士公司網站查詢；或從科瑪開車，走N83可達。

◎凱斯堡遊客服務中心

Office de Tourisme de la Vallée de Kaysersberg

39 Rue du Général de Gaulle 68240 Kaysersberg 03 89 78 22 78 週一～週六9:00~12:00、14:00~17:00 www.kaysersberg.com

由於位在河谷的凱斯堡可控制谷地的內外進出，基於戰略考量，建造了一座居高臨下的城堡。到了15世紀，連結上亞爾薩斯和洛林地區的凱斯堡，經濟地位逐漸提升，被允許舉辦市集和博覽會，凱斯堡所釀的酒也因此外銷到萊茵河谷區。

曾獲得諾貝爾和平獎的史懷哲醫生(Dr. Albert Schweitzer)就是出生在凱斯堡，他的故居已改設為博物館，而鎮中心的威思河(La Weiss)，河上跨著建於16世紀的堡壘橋，位在橋旁的1594年半木造屋，包括了各種亞爾薩斯建築的形式，例如尖頂、窗台和哥德式交叉裝飾，美麗典雅的原貌保留至今，實屬難得。

MAP ▶ P.248A3

艾古斯漢

MOOK Choice

Eguisheim

宗教領袖的誕生地

從科瑪火車站前搭巴士，車程約30分鐘，時刻表和停靠站可上KUNEGEL巴士公司網站查詢；或從科瑪開車走D30往Rouffach / Belfort方向，後從D14在Eguisheim / Husseren-les Châteaux(第一個出口)下。

◎艾古斯漢遊客服務中心Office de Tourisme Eguisheim

22a Grand Rue 68420 Eguisheim 03 89 23 40 33 1~4月週一～週六10:00~12:00、14:00~17:00；5~12月週一～週五10:00~12:30、14:00~18:00，週六10:00~12:30、14:00~17:00；5~10月週日及國定假日10:00~13:00 www.tourisme-eguisheim-rouffach.com/

位在科瑪西南方5公里的艾古斯漢，是亞爾薩斯最古老的村落之一，今日的小鎮中心在8世紀時曾是防禦城堡，1002年，教皇聖李奧九世(Pope Saint Leo IX, 1049~1054)就在這裡誕生，並在小禮拜堂受洗。

小禮拜堂後方的Maison Monseigneur Stumpf是昔日的市政廳，建於1364年，19世紀的史特拉斯堡主教斯當(Mgr. P.P. Stumpf)在此誕生。步行到大教堂，可欣賞13世紀的鐘塔，內部展示的神像與石雕均有千年歷史。

壁壘南路

被半木造屋包圍的小巷「壁壘南路」(Rue Rempart Sud)是小鎮裡最美的區域，在此可見識到艾古斯漢獲得「全法花卉城市競賽」最高榮譽「4朵花」的秘密。緊緊相鄰的木造屋，擁有粉藍、鵝黃、乳白等不同色彩的石牆，雕上鐮刀的房舍是葡萄農家，雕上十字的就是教會工作人士。

第戎

Dijon

作為勃艮第公國的首府，第戎曾經是中世紀最風光的城市，「勇者菲利浦」公爵(Philippe le Hardi)投入不少資金建設，像是第戎最氣派的公爵宮(Palais des Ducs et des Etats de Bourgogne，或稱「勃艮第國家宮」)就是開始興建於此時期。

在1480年之前，作為勃艮第議會的第戎，吸引了不少貴族和議士到此居住，留下許多華貴富麗的中世紀豪宅，穿梭在第戎狹窄彎曲的石板路裡，一轉身可能就是一棟精雕細琢的建築，在這裡，保存了勃艮第黃金歲月的部分紀錄。

INFO

基本資訊

人口：約152,071人 **面積**：約41.59平方公里

區域號碼：03

如何前往

◎火車

從巴黎里昂火車站(Gare de Lyon)搭TGV直達火車於Dijon Ville下，車程約1小時40分鐘。或從巴黎貝西火車站(Gare Bercy)搭TER直達火車於Dijon Ville下，車程約3小時。

班次、時刻表及票價可上網或至火車站查詢，車票可上網或至火車站櫃台購買，或先在台灣向飛達旅遊購買法國火車通行證(France Rail Pass)。

飛達旅遊

台北市中山區南京東路三段168號10樓之6

(02) 8161-3456分機2 @gobytrain

www.gobytrain.com.tw

法國國鐵 www.sncf.com

火車站至市區交通

位於市區，步行至遊客服務中心約5分鐘。

市區交通

大部分景點步行可達，可循路面貓頭鷹圖案三角牌逛完市區二十多處景點，或至遊客服務中心購買《貓頭鷹路線手冊》(Owl's Trail)，手冊裡會有完整解說。或搭免費循環巴士Diviaciti或一般巴士Divia往返於各景點。

免費循環巴士Diviaciti週一～週六8:00~19:30

單程€2，可直接使用信用卡或行動支付

www.divia.fr/bus-tram

旅遊諮詢

◎第戎遊客服務中心Office de Tourisme de Dijon

從火車站步行約5分鐘

11 rue des Forges 21000 Dijon 03 80 44 11 44

9:30~18:30，週六及例假日10:00~18:00

www.destinationdijon.com

優惠票券

◎第戎周遊券Dijon City Pass

持券可在期限內，無限次搭乘市區巴士，參觀舊城區歷史景點及市區導覽行程，並享有租借單車的折扣優惠。可至遊客服務中心購買。

1日券€25、2日券€39、3日券€49

Where to Explore in Dijon 賞遊第戎

MAP ▶ P.251B2

公爵宮

MOOK Choice

Palais des Ducs

昔日勃艮第公爵的象徵

從遊客服務中心步行約15~18分鐘 1 Rue Rameau, 21000 Dijon www.destinationdijon.com/patrimoine-culturel/palais-des-ducs-et-des-etats-de-bourgogne/

◎能者菲利普塔Tour Philippe le Bon

全票€6、優待票€4，可至官網預定 www.destinationdijon.com/moments-a-vivre/ma-vue-panoramique-a-46-metres-de-haut/

◎美術館Musée des Beaux-Arts de Dijon

1 Rue Rameau, 21000 Dijon 03 80 74 52 09 6~9月10:00~18:30，10~5月9:30~18:00 休週二、1/1、5/1、5/8、7/14、11/1、11/11、12/25 常設展免費 mba.dijon.fr

現為第戎市政府的公爵宮，是第戎最重要的歷史建築，它的名氣甚至遠勝於聖貝內大教堂和聖母院。

美術館Musée des Beaux-Arts

昔日為公爵住所的公爵宮有一部份開放為美術館，在以前的宴會廳可看到「勇者菲利浦」公爵和無懼公爵Jean san Peur的大理石墓，平躺的公爵腳踩獅子，由天使扶頭，而棺上雕刻的人群衣服垂落，傳達悲傷哀悼的感覺。

能者菲利浦塔Tour Philippe le Bon

位在公爵宮中心的能者菲利浦塔是一覽第戎市全景的好地方，這座塔建於1450年代的「能者菲利浦」公爵(Philippe le Bon)時期，或稱為Tour de la Terrasse，擁有極佳的眺望視野。

MAP ▶ P.251B2

聖母院

Église Notre Dame

庇護第戎的神聖殿堂

從遊客服務中心步行約15~18分鐘 Rue de la Préfecture 21000 Dijon 03 45 34 27 61 8:00~18:00 免費

義大利風格的聖母院其立面共有51個突出的惡魔，原作起源於13世紀，但因當時曾發生雕像意外墜落砸死新郎，導致婚禮變喪禮的悲劇，基於安全理由，19世紀重建了這些雕像。

這座聖母院在11~12世紀就以靈驗著稱，據說在16世紀也因為有聖母的保佑，第戎兩次擊退進攻的瑞士人，因此法國大革命期間雖然有不少天主教堂被摧毀，但聖母院卻被保留了下來。

立面旁的賈各瑪鐘(Horloge à Jacquemart)是13世紀時由「勇者菲利浦」公爵從戰敗的法蘭德斯人手中取得，具有光耀勃艮第王室的象徵意義，而聖母院位在Rue de la Chouette旁的飛扶壁，可以看見非常光滑的小貓頭鷹像，據說是幸運的象徵，因此有不少人前來摸摸它以祈求好運。

MAP ▶ P.251B1

佛古艾宅邸

Hôtel de Vogüe

勃艮第式瓷磚的傑作

從遊客服務中心步行約15~18分鐘 8 Rue de la Chouette 21000 Dijon 03 80 74 51 51 週一～週五8:00~18:00，週六9:00~12:30 www.dijon.fr

勃艮第獨有的拼花磁磚屋頂，是種以鵝黃為底色，由紅、綠、黑三種線條構成的磁磚，只有富豪人家或貴族才有財力製造，相傳為法蘭德斯人所設計。

興建於17世紀的佛古艾宅邸，屋頂便鋪滿勃艮第式彩磚，堪稱是第戎最美麗的建築。路易十五(Louis XV)時代，由於勃艮第議會從波恩搬回第戎，而第戎又沒有好的旅館可以容納前來集會的議士與貴族們，因此，當時的國會議員之一波耶(Etienne Bouhier)蓋了這棟富麗的房屋作為接待住所。1766年，這棟房屋被佛古艾(Vogüe)家族買下，於是更名為佛古艾宅邸。

MAP ▶ P.240A2

楓特內修道院

MOOK Choice

Abbaye de Fontenay

隱世而立的清幽修院

從第戎搭火車於Montbard 下，車程約45分鐘，再搭計程車前往，火車站至修道院約5公里。 Marmagne, 21500 Montbard, France 03 80 92 15 00 10:00~12:00、14:00~17:00 全票€11、優待票€8~9，6歲以下免費 www.abbayedefontenay.com

1981年名列世界遺產的楓特內修道院，以簡樸無華的建築作為西多會(Cîteaux)教會風格的代表。1112年，勃艮地的貴族青年貝納(St. Bernard)加入了西多會，貝納在1118年選擇楓特內的森林創立修道院，就是要西多會的教徒在僻靜的環境裡修行，不倚賴外界的資助，自己種植藥草、製作鐵器。除了主教以外，修士們集體睡在宿舍地板上，空曠的房裡除了窗戶，連暖氣都沒有，生活過得非常清苦。

楓特內修道院在18世紀被改建為造紙廠，法國大革命時期教士紛紛出奔，此地荒廢一時，直到19世紀被現任城主的祖父買下，重新整修才將修道院回復原有風貌。今日的修道院綠草如茵，吸引許多遊客前來感受中世紀西多會的清貧精神。

大鼻子情聖也來過

著名的法國電影《大鼻子情聖》(Cyrano de Bergerac)也曾在1989年間，於修道院旁的石椅上拍攝男主角過世前告白的感人一幕。

隆河—阿爾卑斯 Rhône-Alps

文●墨刻編輯部
圖●墨刻攝影組

P.255 里昂 Lyon
P.261 夏慕尼・白朗峰 Chamonix・Mont-Blanc

隆河——阿爾卑斯地區位居法國東南方，隆河總長813公里，發源於瑞士的阿爾卑斯山，向西南流經雷夢湖(Lac Léman)，錯落其中的里昂(Lyon)、維恩(Vienne)和安錫(Annecy)則是歷史遺產豐富的古城與水鄉。阿爾卑斯山脈分佈於德、瑞、奧、義等國家，但法國卻得天獨厚坐擁白朗峰(Mont Blanc)，觀賞白朗峰的最佳據點就在夏慕尼(Chamonix)，這座山城設有國際知名的的滑雪場，到了夏季更是熱門的避暑勝地。

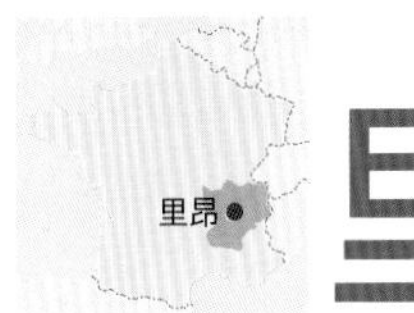

里昂

Lyon

隆河一阿爾卑斯地區位居法國東南方，隆河總長813公里，發源於瑞士的阿爾卑斯山，向西南流經雷夢湖(Lac Léman)，錯落其中的里昂(Lyon)、維恩(Vienne)和安錫(Annecy)則是歷史遺產豐富的古城與水鄉。

建城於西元前43年的里昂，因位居歐洲心臟位置，自古以來，一直扮演貿易重鎮的角色。在羅馬時代里昂原為軍事重地，15世紀中，新發明的活版印刷術進入里昂，此後的50多年，里昂始終是歐洲印刷中心。

16世紀，免稅政策吸引了許多商人、銀行家到此定居，里昂又因精良的製絲技術成為歐洲的絲織首都，世界名牌愛馬仕絲巾(Hermès)就是發跡於此。

里昂舉足輕重的經濟地位一直持續到18世紀。1998年，聯合國教科文組織(UNESCO)將里昂列名世界文化遺產，這是繼布拉格之後，第二個被列名的大範圍古城區。

INFO

基本資訊

人口：約140萬人 **面積**：約47.87平方公里
區域號碼：04

如何前往

◎飛機

從巴黎戴高樂機場和奧利機場均有國內班機飛往里昂機場(Aéroport Lyon Saint-Exupéry)，航程約1小時，其他像是尼斯、波爾多和史特拉斯堡等法國大城，荷蘭阿姆斯特丹、瑞士蘇黎世、英國倫敦也有班機往來於里昂之間，相關資訊請洽各大航空公司或上網查詢。

里昂機場

www.lyonaeroports.com

◎火車

從巴黎里昂火車站(Gare de Lyon)搭TGV直達火車於Lyon Part Dieu下，車程約2小時。或從戴高樂機場搭TGV直達火車前往，車程約2小時。

班次、時刻表及票價可上網或至火車站查詢，車票可上網或至火車站櫃台購買，或先在台灣向飛達旅遊購買法國火車通行證(France Rail Pass)。

飛達旅遊

台北市中山區南京東路三段168號10樓之6
(02) 8161-3456分機2
@gobytrain
www.gobytrain.com.tw

法國國鐵

www.sncf.com

機場、火車站至市區交通

◎從機場

從里昂機場可搭隆河特快車(Le Tram Express Rhônexpress)前往市區Lyon Part Dieu火車站，車程約30分鐘，沿途經Meyzieu Z.I.、Vaulx-en-Velin

La Soie，由此可轉乘電車T3或地鐵A線前往各景點，進市區後停靠Lyon Part Dieu火車站，由此可轉乘地鐵B線、T1和T3電車，以及Trolleybus等前往各景點，車票可上網或至售票機購買。或可搭計程車前往Lyon Part Dieu火車站，車程約40~60分鐘。

隆河特快車

機場TGV火車站內

全票單程€16.7、來回€29.1、4小時內來回€18.5，12~25歲單程€10.3、來回€19.5；線上購票可享優惠

5:00~24:00，約每15~30分鐘一班，班次詳情請至官網查詢。

www.rhonexpress.fr

風情獨具的里昂小酒館

在法國，只要提到小酒館(Bouchon)，大家都知道說的就是里昂的小酒館，在這裡，販賣的不僅是傳統的里昂美食，更是純樸親切的醇厚人情。

里昂在法國史上的商業與交通樞紐地位，為它帶來大量過路人潮，相傳小酒館就是在此環境下應運而生，館裡供應家庭式料理，間接為里昂美食贏得了歷史地位。

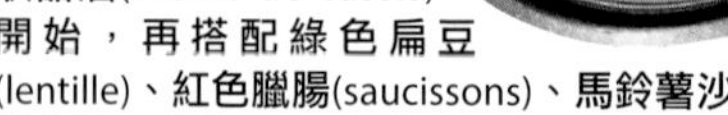

到小酒館用餐沒有制式菜單，只有今日最新鮮的家常菜，通常從黑莓乳狀甜酒(crème de cassis)開始，再搭配綠色扁豆(lentille)、紅色臘腸(saucissons)、馬鈴薯沙拉和芥茉醬，就是最道地的小酒館前菜。

在小酒館點酒，遞來的紅酒都被裝在名為「壺」(pot)的酒瓶裡。這種容量46毫升的壺，外形和一般葡萄酒瓶無異，卻有3公分厚的特製瓶底。里昂的「壺」酒自中古世紀開始流傳，容量隨著年代不同而有變化，現在的酒瓶大小是在19世紀被固定的，擁有150年以上的歷史。

機場計程車

前往里昂市區日間7:00~19:00車資約€50~55，夜間19:00~7:00及假日車資約€65~70

◎從火車站

Gare de Lyon-Part-Dieu和Gare de Lyon-Perrache是里昂市區兩大主要火車站，從Lyon Part Dieu火車站可搭地鐵B線至市區，再以步行或其他交通工具前往各景點；從Lyon Perrache火車站可搭地鐵A線至市區，再以步行或其他交通工具前往各景點。

Gare de Lyon-Part-Dieu

5 Place Charles Béraudier 69003 Lyon

Gare de Lyon-Perrache

14 Cours de Verdun 69286 Lyon Cedex 02

市區交通

里昂的地鐵、纜車、電車和巴士都由里昂大眾運輸公司(Transports en Commun Lyonnais，簡稱TCL)經營，彼此之間的交通票券也相通，因此相當方便。車票可在地鐵站內的售票機、TCL地鐵服務處購買。

地鐵(Métro)的標誌為M，共分4條地鐵線，以A、B、C、D共4個英文字母和紅、藍、橘、綠4個顏色區分，沿途設有42個地鐵站。地鐵營運時間約在5:00~24:00之間，依各線和起站略有不同。

纜車(Funiculaire)的標誌為F，共有2段，以數字1、2區分，顏色為淺綠色。F1於5:23~24:00運行Vieux Lyon-Saint Just之間，約3~10分鐘一班；F2於6:00~22:00運行於Vieux Lyon - Fourvière之間。

電車(Tramway)的標誌為T，共有4條線，以數字1~4區分，顏色為紫色，其營運時間約在5:00~24:00之間，依各線和起站略有不同。搭乘T1可前往Gare de Lyon-Part-Dieu、T2可前往 Gare de Lyon-Perrache。

里昂有115條巴士(Bus)路線，其中包括電車巴士(Trolleybus)、巴士(Motorbus)以及前往鄰近區域的巴士(Coache)，詳細路線和情形請上里昂大眾運輸公司官網查詢。

里昂大眾運輸公司TCL

04 26 10 12 12

單程票€2、2~72小時內可任意轉乘TCL所有交通工具自由票€3.6、10張套票(Carnets de 10 tickets) €19.5，纜車當日來回票(Ticket Funiculaire)€3.6

www.tcl.fr

旅遊諮詢

◎里昂遊客服務中心Office du Tourisme de Lyon

搭地鐵A、D線於Bellecour站下，步行約1分鐘。

Place Bellecour 69002 Lyon Cedes 02

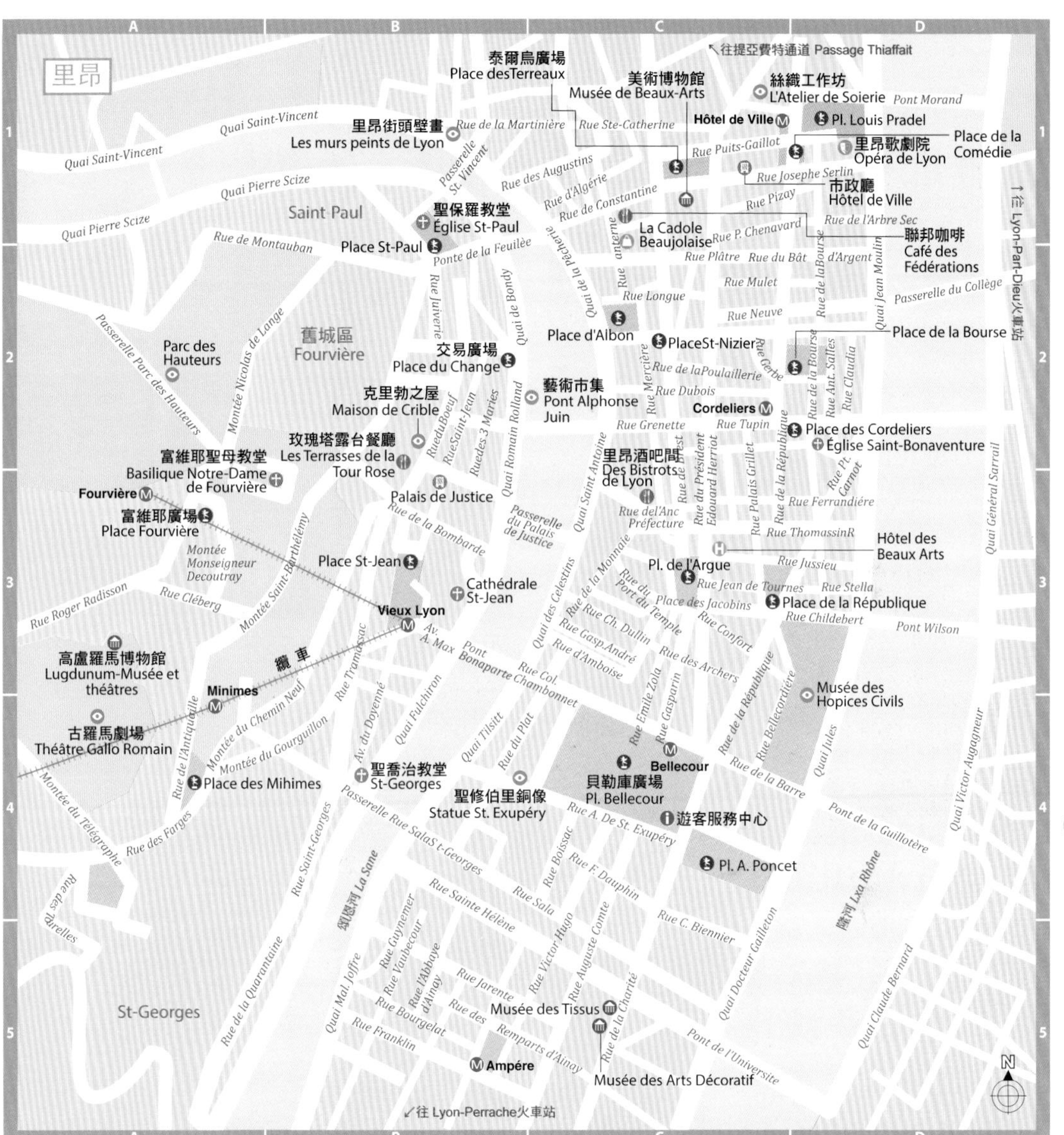

04 72 77 69 69
9:00~18:00
www.lyon-france.com

優惠票券

◎里昂城市卡Lyon City Card

里昂城市卡分為1日、2日及3日通行證，持卡可以參觀24家知名博物館、美術館、古羅馬大教堂等景點，並參加遊客服務中心的城市導覽或免費租借語音導覽，還可以自由搭乘市內的交通工具，包括巴士、地鐵、輕軌電車和纜車；另外還享有特定商家的購票及購物折扣。可至遊客服務中心或上網購買。

1日券€29、2日券€39、3日券€49、4日券€59
shop.visiterlyon.com/lyon-city-card

Where to Explore in Lyon 賞遊里昂

MAP ▶ P.257B3

富維耶聖母教堂

MOOK Choice

Basilique Notre-Dame de Fourvière

榮耀聖母的信仰中心

從遊客服務中心步行約25~30分鐘；或從舊城區Vieux Lyon纜車站搭纜車於Fourvière站下，直達教堂。 Place de Fourvière 69005 Lyon 04 78 25 13 01 週一~週三7:00~20:00、週四~週六 7:00~22:00、週日7:00~21:00 www.fourviere.org

興建於1872~1896年的富維耶聖母教堂，由兩座鋸齒狀的塔所組成，左邊代表力量，右邊代表正義，遠從義大利運來石材，在里昂由義大利雕刻師所完成的紅色花崗岩柱，相當值得一看。

教堂建造時正值普法戰爭，里昂城中的天主教徒希望能獲得聖母瑪莉亞的庇護，因而建了此座教堂來榮耀聖母瑪莉亞。東面的半圓形後殿是整座教堂的設計重點，頂端是聖米迦勒雕像(Saint Michael)，完工於1885年，代表著上帝刺穿惡魔。兩千多年來，富維耶聖母教堂早已成為里昂的宗教信仰中心。

MAP ▶ P.257B1

里昂街頭壁畫

MOOK Choice

Les murs peints de Lyon

幾可亂真的擬實藝術

◎里昂名人肖像Fresque des Lyonnais

從遊客服務中心步行約20分鐘；或搭地鐵A線在Hôtel de Ville站下，步行約8~10分鐘。 2 Rue de la Martinière 69001 Lyon

利用透視畫法(trompe l'oeil)所繪成的濕壁畫，是里昂的獨特景觀，許多建築物的牆面畫上幾可亂真的圖案，甚至巧妙地和門窗融為一體，既迷幻又詩意。

這項壁畫計畫由80位藝術家組成的CitéCréation來進行，40多年來陸續完成上百幅作品。最有名的壁畫《里昂名人肖像》(Fresque des Lyonnais)，位於頌恩河畔的Rue de la Martinière轉角，包括《小王子》的作者聖修伯里(Antoine de St-Exupéry)、電影發明者盧米埃兄弟(Lumière)、物理學家安培(André-Marie Ampère)等在里昂出生的名人。

另一幅位於頌恩河旁的是《城市圖書館》(Bibliothèque de la Cité)，面積有450平方公尺，將各樓層轉化成書架和窗戶的展示空間，展示隆河・阿爾卑斯山區的文學著作與作者。

MAP ▶ P.257A3

高盧羅馬博物館

Lugdunum-Musée et théâtres romains

探索里昂的起源

搭纜車F1線在Minimes Théatres Romains站下，步行約8~10分鐘；或搭纜車F2線在Fourvière站下，步行約5分鐘。從舊城區Vieux Lyon車站下，步行15分鐘。 17 Rue Cléberg 69005 Lyon 04 72 38 49 30 週二~週五11:00~18:00，週六~週日10:00~18:00 休 週一、1/1、5/1、12/25 全票€4、優待€2.5(特展期間全票€7、優待€4.5)；每月第一個週日免費 lugdunum.grandlyon.com

里昂建城於古羅馬時期，因為處在羅馬和高盧地區的交通要道上，又有隆河和頌恩河兩條河流經過，里昂就成了高盧地區的主要城市。高盧羅馬博物館主要展出了羅馬時期的文物，透過石碑上的銘文、建築遺跡和藝術品來還原里昂在羅馬時期的面貌。館內最珍貴的館藏是克勞狄青銅板，記載了羅馬皇帝克勞狄一世在元老院的演說，是非常重要的史料。

入口在頂樓的博物館

博物館的建築本身也很特別，整個博物館依靠著富維耶山而建，入口設在最頂層，所以參觀時是由上而下，館內還設有觀景窗，直接面向博物館外的古羅馬劇場，讓觀眾在參觀的同時彷彿回到了古羅馬時代。

古羅馬劇場Théâtre Gallo Romain

P.257A4 17 Rue de l'Antiquaille, 69005 Lyon 5~9月7:00~21:00，10~4月7:00~19:00

這座劇場座落在富維耶山上，這裡是羅馬帝國時期里昂的城鎮中心，有超過兩千年的歷史，至今保存狀況良好，舞台地基都還在，部分觀眾席甚至完整留下。劇場的規模很大，能夠容納超過萬人，由此可以看出當年羅馬帝國治下的里昂是多麼地繁榮。

整個劇場都開放參觀，因為建在山腰上，劇場的視野非常好，可以俯瞰整個里昂，此外這裡也沒有丟失原本的機能，時常有表演在這裡舉辦，像是里昂特殊的節慶富維耶之夜就是在此舉行。

MAP ▶ P.257B2

通道

Traboule

穿梭巷弄間的祕境

從遊客服務中心步行約15~20分鐘；或搭地鐵D線於Vieux Lyon站下，步行約5分鐘。 市府選定巷道7:00~20:00

在16~17世紀，里昂的絲綢業到達高峰，興建了許多聯繫房屋及街路的「Traboule」，這個字起源於拉丁語「Trabulare」，意思是「to walk through」，也就是橫越房子的走廊通道，它連接了院子與鄰近道路，尤其在下雨天特別管用，讓絲綢在運送過程中不被淋溼。

儘管許多通道已被拆除，但里昂市目前仍保有超過300處，主要分布在舊城區的Rue du Boeuf、Rue Saint-Jean和Rue des 3 Maries，不過，這些通道都沒有自己的名字，最長的一條位於舊城區Rue du Boeuf的27號和Rue Saint-Jean的54號之間，這兩條路上也佇立著昔日銀行家和絲商所居住的文藝復興風格豪宅。

由於通道屬於私人所有，里昂市政府為了讓遊客一窺小巷奧秘，特別選定部份巷道開放參觀，參觀時請保持輕聲細語。

MAP ▶ P.257D1

金頭公園

Parc de la Tête d'Or

里昂的中央公園

搭地鐵A線在Masséna站下，步行約5分鐘。 6:30~22:30

金頭公園佔地117公頃，是里昂名副其實的城市之肺，也是法國最大的公園之一。

金頭公園誕生於19世紀中，為了因應城市綠化的潮流，里昂市政府買下一大片土地建了公園，之後里昂植物園也被移入金頭公園內，並在公園內建造大型溫室，而公園的設計師也開始在公園養起了各種小動物，隨著動物和植物的進駐，公園的內部規劃不斷地修正，設施也越來越完善。

如今的金頭公園有動物園、植物園、各種自然造景、人工湖和自行車賽場等多樣的設施，看點多風景更是優美，不但是里昂市民休閒娛樂的好去處，也逐漸形成遊客來到里昂必訪的景點。

夏慕尼．白朗峰
Chamonix • Mont-Blanc

白朗峰是阿爾卑斯山的最高峰，標高4,807公尺，向來有「歐洲聖母峰」之稱，觀賞白朗峰的最佳據點就在霞慕尼(Chamonix)，不僅是攀登白朗峰的起點，也是國際知名的滑雪勝地，有纜車可以直達冰河，更可以從事雪地健行，所以本區通常被稱作夏慕尼．白朗峰(Chamonix Mont-Blanc)。

INFO

基本資訊

人口：約8,897人
面積：約245.46平方公里
區域號碼：04

如何前往

◎火車

從巴黎里昂火車站(Gare de Lyon)搭火車經里昂Lyon Part Dieu火車站等站轉車，全程約5.5~6.5小時。或從里昂Lyon Part Dieu火車站搭直達火車於Chamonix Mont Blanc下，車程約4小時。班次、時刻表及票價可上網或至火車站查詢，車票可上網或至火車站櫃台購買，或先在台灣向飛達旅遊購買法國火車通行證(France Rail Pass)。

飛達旅遊 台北市中山區南京東路三段168號10樓之6
(02) 8161-3456分機2 @gobytrain
www.gobytrain.com.tw
法國國鐵 www.sncf.com

市區交通

夏慕尼鎮上大部分景點步行可達，如往返Servoz和Le Tour兩座小鎮，可搭行經整座夏慕尼山谷的夏慕尼巴士(Chamonix Mobilité)，沿途會停靠夏慕尼市區和各大纜車站。

夏慕尼巴士公司
591 Promenade Marie Paradis 74000 Chamonix
04 50 53 05 55 單程€1.5，日間票、夜間票€4.5
www.chamonix-mobilite.com/en

旅遊諮詢

◎夏慕尼遊客服務中心Office de Tourisme de Chamonix
從夏慕尼火車站步行約5~8分鐘
85 Place du Triangle de l'Amitié 74400 Chamonix-Mont-Blanc 04 50 53 00 24
6/22~9/13每日9:00~19:00，9/14~9/30每日9:00~12:30、14:00~18:30
www.chamonix.com

◎高山中心L'Office de Haute Montagne
從夏慕尼火車站步行約5~8分鐘
190 Place de l' Église 74400 Chamonix-Mont-Blanc
04 50 53 22 08 9:00~12:00、15:00~18:00
www.chamoniarde.com

優惠票券

◎旅遊卡Carte d'Hôte Pass

持旅遊卡可免費搭乘夏慕尼巴士，以及行駛於Servoz和Vallorcine兩地間的火車，並可享有活動門票折扣。可於抵達指定住宿時免費領取，或是從遊客服務中心購買。

一週€10 en.chamonix.com/la-carte-d-hote

◎白朗峰通行證Mont-Blanc Multipass

1~3日內任意搭乘蒙特維冰河列車、夏慕尼巴士，以及各式纜車。可至遊客服務中心、各大纜車站或上網購買。

1日卡全票€87.7起、優待票€74.6起
www.montblancnaturalresort.com/en/montblanc-multipass

◎夏慕尼滑雪通行證Chamonix Le Pass

持卡可前往4區滑雪場，並免費乘坐各式纜車與夏慕尼巴士，天數選擇從2~21日均有，可至官網購票。

2日卡全票€125起，5歲以下可在任意纜車站領取免費通行證 www.chamonixskipasses.com

MAP ▶ P.262C3

南針峰

Aiguille du Midi

輕鬆挑戰高山群峰

從夏慕尼火車站步行約10分鐘至纜車站，由此搭乘索道纜車(Téléphérique)登峰。

◎索道纜車Téléphérique de l'Aiguille du Midi

04 50 53 22 75　4~5月、9~11月約8:10~17:30，12~3月8:10~16:30，6月7:10~17:30，7~8月6:10~18:00；每年開放時間不一，詳見官網公告　單程全票€57、優待票€48.5，來回全票€78、優待票€66.3；3歲以下不可搭乘　www.montblancnaturalresort.com/fr/aiguille-du-midi

海拔3,842公尺高的南針峰，距離標高4,807公尺的白朗峰8公里。

1965年通車的纜車道可一路前往義大利的Courmayeur，途中連接南針峰和法義邊境的海勒伯涅點(Pointe Helbronner)。從夏慕尼出發，約10分鐘後會先抵達海拔2,317公尺的南針平台(Plan de l'Aiguille)，許多登山客由此出發進行2~3小時山區遊覽。之後，纜車繼續往山頂攀升，約20分鐘就能到達海拔2,777公尺的峰頂車站。

從峰頂車站還可搭電梯登上海拔3,842公尺高的眺望平台，平台上的視野大多數是一片白茫，需要點運氣才能見到白朗峰的真面目，站內設有一間垂直線咖啡館(Vertical Café)，不妨喝杯咖啡，感受高山氣息。

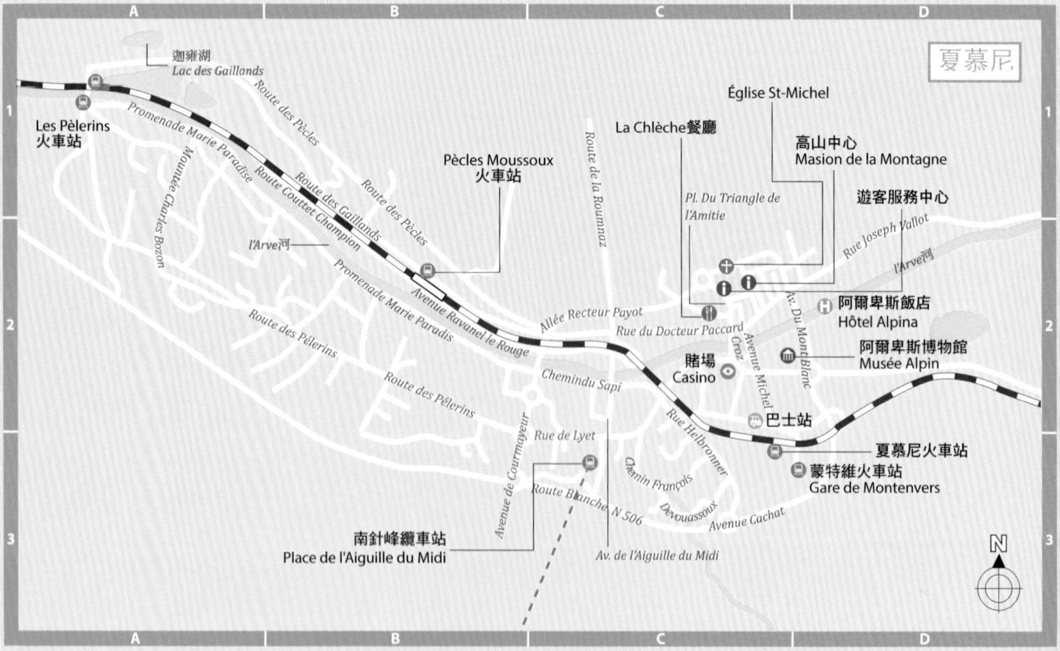

夏慕尼

迦雅湖
Lac des Gaillands
Les Pèlerins
火車站
Pècles Moussoux
火車站
La Chlèche餐廳
Église St-Michel
高山中心
Masion de la Montagne
遊客服務中心
阿爾卑斯飯店
Hôtel Alpina
阿爾卑斯博物館
Musée Alpin
賭場
Casino
巴士站
夏慕尼火車站
蒙特維火車站
Gare de Montenvers
南針峰纜車站
Place de l'Aiguille du Midi
Route des Pècles
Promenade Marie Paradise
Montée Charles Bozon
Route Couttet Champion
Route des Gaillands
l'Arve河
Route des Pèlerins
Avenue Ravanel le Rouge
Route de la Roumnaz
Allée Recteur Payot
Rue du Docteur Paccard
Pl. Du Triangle de l'Amitie
Rue Joseph Vallot
Av. Du Mont Blanc
Avenue Michel Croz
Chemindu Sapi
Rue Helbronner
Rue de Lyet
Avenue de Courmayeur
Route Blanche N 506
Chemin François Devouassoux
Avenue Cachat
Av. de l'Aiguille du Midi
N

MAP ▶ P.262

山中健行

Hiking in Mountains

走進大自然的懷抱

夏慕尼地區沿著河谷有不少小鎮林立，也有索道纜車與登山路線由這些小鎮出發。夏天的夏慕尼適合山中健行，周邊約有長達350公里的健行道路，路線簡單、坡度平緩，沿途皆有詳細路標導引方向。

山中健行除了舒展身心，還會遇見瀑布湖泊等美景，而山中也有不少木屋休息站(Chalet)，提供三明治、法式可麗餅等簡餐。其中許多木屋都已擁有兩百年以上的歷史，來這裡用餐，還能一窺阿爾卑斯住民的舊日生活點滴，相當有趣。

建議先到遊客服務中心索取路線圖，並請服務人員為你推薦適合的健行路線，最好穿著登山靴比較舒適又安全。

MAP ▶ P.262D3

蒙特維冰河列車

Montenvers Mer de Glace

深入冰河的絕美景色

蒙特維列車(Gare Chamonix Train du Montenvers)站就位於夏慕尼火車站旁 ☎04 50 53 22 75 ⏰8:30~17:30；每年開放時間不一，詳見官網公告 $來回票(包含前往冰洞的索道纜車與參觀冰洞)全票€39.5、優待票€33.5 🌐www.chamonix.com/la-vallee/incontournables/montenvers-mer-de-glace

這列紅色的冰河列車從夏慕尼開往海拔1,913公尺的冰河(Mer de Glace)，沿途盡是森林高山，短短20分鐘，讓人心情愉悅。

蒙特維(Montenvers)的意思是「山的背面」，也就是指白朗峰背面的冰河區，事實上，在1741年兩個英國人首度發現蒙特維之前，這裡還被稱為「詛咒的山」(Monts Maudits)，因為古老的傳說認為冰河是女巫安息的景象，不過當蒙特維的美景一被揭露，卻成為夏慕尼最受歡迎的觀光景點之一。

終點車站位於冰河旁的山上，這條全長7公里、面積40平方公里、深200公尺的冰河，名列歐洲第三大，它由高聳入天的阿爾卑斯群山中穿過，非常壯觀。

冰洞奇觀別錯過！

乘坐蒙特維冰河列車抵達終點站之後，別忘了前往參觀冰洞(Grotte de la Mer de Glace)。從終點車站往下走到山谷，路程約20分鐘，若不想徒步可由蒙特維冰河列車的終點站搭乘索道纜車，下車後再步行5~10分鐘就可以到達冰洞。

冰洞是深入蒙特維冰河開鑿出來的，由於冰河每年都會流動45公尺，因此，每年春天都要花3個月時間重新開挖。呈現水藍色的冰洞裡有簡單的冰雕，以及付費供人拍照的聖伯納犬和它的小屋，冰洞周邊尚有野生博物館、水晶展覽廳，可以就近參觀。

普羅旺斯

Provence

文●墨刻編輯部
圖●墨刻攝影組

多年前，當外國人對這個地方還感到十分陌生時，英國作家彼得·梅爾(Peter Mayle)卻發現了這片人間仙境，並且以《山居歲月》一書描述有關它美好的一切，從此大家被這裡的溫暖人情以及悠閒生活深深感動，全球也掀起一股「普羅旺斯熱」。

每到薰衣草花開時節，遊人徜徉紫色花海，浪漫氣氛無與倫比，不過同樣吸睛的，是此區過去曾是古羅馬的行省，迄今留下許多珍貴的歷史古蹟，值得細細造訪。普羅旺斯的田園料理、節慶活動和風土民情，也同樣讓人不經意地深深愛上。

亞維儂

Avignon

亞維儂是普羅旺斯最熱鬧的城市之一，同時也是歐洲的藝術文化重鎮。一出火車站，看到亞維儂的第一個印象，是長約5公里的古城牆，雖然牆的高度僅有從前的一半，依舊緊緊環抱著整座亞維儂城，這片城牆大部份興建於14世紀，城牆外則是淵源流長的隆河(Le Rhône)。

在這個充滿著古老氣息的城鎮中，許多建築、古蹟、教堂、鐘樓、博物館隱身於巷弄裡，非常適合以散步的方式細細品味其歷史況味，因此亞維儂觀光局特別規畫出45分鐘到2小時不等的4條漫步路線，讓你可以用最短的時間與過往的光輝歷史展開近距離的接觸。

除此之外，亞維儂周邊還有不少精采的延伸旅遊點，特別是位於東邊一整片布滿薰衣草、葡萄園與石灰岩的山區，展現了普羅旺斯典型的田園風光，同時也保存了豐富的中世紀建築遺跡。

INFO

如何前往

◎火車

從巴黎里昂火車站(Gare de Lyon)搭TGV直達火車於亞維儂TGV站(Avignon TGV)站下，車程約2小時40分鐘，每小時約1~2班。或從巴黎里昂火車站(Gare de Lyon)搭火車經里昂(Lyon)轉車，亞維儂TGV站(Avignon TGV)下，全程約3.5小時，每日10班以上。

從馬賽火車站(Marseille-St-Charles)搭TGV或TER直達火車於亞維儂TGV站(Avignon TGV)或亞維儂市中心站(Avignon Centre)下，車程分別為約30分鐘和約2小時，每小時皆約1~3班。。

從坎城(Cannes)或尼斯火車站(Nice Ville)搭TGV直達火車於亞維儂TGV站(Avignon TGV)站下，車程分別約2.5~3小時和約3~3.5小時，皆約每1~2小時一班。

班次、時刻表及票價可上網或至火車站查詢，車票可上網、至火車站櫃台購買，或先在台灣向飛達旅遊購買法國火車通行證(France Rail Pass)。

飛達旅遊

台北市中山區南京東路三段168號10樓之6

(02) 8161-3456分機2

@gobytrain

www.gobytrain.com.tw

法國國鐵

www.sncf.com

◎巴士

亞維儂和周邊城鎮均有巴士往來，從尼姆(Nîmes)車程約1.5小時、從歐紅桔(Orange)車程約1小時、從艾克斯(Aix-en-Provence)車程約1.5小時、從馬賽(Marseille)車程約2小時(需轉乘1次)。班次、時刻表及票價可上網查詢。

亞維儂巴士總站PEM Gare Routière

5 Avenue Monclar 84000 Avignon

www.pemavignon.fr

火車站、巴士站至市區交通

◎從火車站到市區

亞維儂有兩個火車站，一個位於市區的亞維儂市區火車站(Avignon Centre)，出火車站後往前走即進入市區；另一是亞維儂TGV火車站(Avignon TGV)，距離市區約6公里，可搭TER火車往返，車程約5分鐘，約每30分鐘一班。

◎從巴士總站到市區

亞維儂巴市總站(PEM Gare Routière)位於市區火車站旁，下車後步行約2分鐘即達市區。

市區交通

◎步行

大部分景點皆步行可達，市內可搭乘ORIZO經營的巴士聯絡市區各景點。另外也有免費接駁車Orizo BAL - Baladine環繞亞維儂市區，可下載官方app查看班次。

亞維儂大眾交通運輸公司ORIZO

單程票€1.4、10張套票€10、一日券€4

www.orizo.fr

旅遊諮詢

◎亞維儂遊客服務中心Office de Tourisme Avignon

從亞維儂市區火車站步行約4分鐘

41 Cours Jean Jaurès, 84000 Avignon

04 32 74 32 74

3~6、9~10月週一至週六9:00~18:00、週日及國定假日10:00~17:00，7~8月9:00~19:00，11~3月9:00~18:00

休1/1、12/25 avignon-tourisme.com

優惠票券

◎亞維儂護照Avignon Pass

分為24小時、48小時兩種，在有效限期內憑票可免費參觀亞維儂境內，包括教皇宮等景點和博物館、美術館，以及多種導遊導覽行程。可上網或至遊客服務中心購買。

☎04 32 74 32 74

$24小時€24、48小時€32

avignon-citypass.com/lang/en

◎沃克呂茲普羅旺斯護照Vaucluse Provence Pass

分為2日券、3日券和5日券，在有效限期內憑票可免費參觀包括亞維儂與周遭城鎮，共40個景點和博物館、美術館，以及多種導遊導覽行程。

☎06 68 12 95 39

$2日券€30、3日券€37、5日券€50

vaucluse-provence-pass.com

Where to Explore in Avignon
賞遊亞維儂

MAP ▶ P.267B2

教皇宮

MOOK Choice

Palais de Papes

見證曾有兩位教皇的歷史

從遊客服務中心步行約10分鐘 Place du Palais, 84000 Avignon 04 32 74 32 74 (亞維儂觀光局) 1~2月10:00~17:00(1/1~1/7、2/10~2/19至18:00)、3~10月9:00~19:00、11~12月10:00~17:00(12/21~1/6至18:00)；閉館前1小時最後入場 教皇宮成人€12、8~17歲€10，花園€5，教皇宮+花園／聖貝內澤橋套票成人€14.5、8~17歲€11.5，教皇宮+花園+聖貝內澤橋套票成人€17；持亞維儂護照免費 www.palais-des-papes.com

欣賞亞維儂城最佳的位置在隆河(Le Rhône)對岸，而矗立於古城頂端的正是教皇宮，以一種君臨天下的姿態俯瞰其轄區。

1309年間，教皇克雷蒙五世(Clement V)因為派系鬥爭而出走羅馬梵諦岡，選定亞維儂為駐地，直至1377年教皇才遷回梵諦岡，然而卻因若干主教不服，仍在亞維儂推舉出「反教皇」(Anti-Papes)，並繼續行使教皇職權，直到1417年，這之間又產生了兩位反教皇。

歷屆教皇和反教皇將原有主教的府邸改建成教皇宮，內部極度豪華奢靡，外圍以宏偉的城樓作為防禦，並以重兵駐守，儼然皇宮的氣派，10座塔樓雄據宮殿四周，看管著占地廣達15,000平方公尺的面積。

然而在法國大革命期間，內部擺設幾乎被洗劫一空，如今儘管內部已不復見當年的奢華，然而從寬闊、挑高的會議廳與精雕細琢的教皇臥室天花板，依稀可想見當年的冠蓋雲集。因為如此獨特的歷史背景，教皇宮已於1995年列為世界文化遺產之一。

中庭Cour d'Honneur

站在中庭左右張望，有助了解教皇宮的建築結構。教皇宮區分為東北部的舊宮(Palais Vieux)與西南部的新宮(Palais Neuf)兩部分。舊宮為本篤十二世(Benoît XII，或Benedict XII)所建，當他1342年去世後，繼位的克雷蒙六世(Clement VI)立刻大張旗鼓地擴建自己的寢宮，也就是新宮的部分，教皇宮共有10座塔樓，可以護衛四翼。

從中庭看到最高的塔──天使塔(Angel Tower)高達50公尺，而覆蓋著長春藤的建築物是教皇私人寢宮，連接舊宮的是主要大門(Main Gate)，南邊的新宮最大的特色是窗戶較大且較華麗。教皇宮是亞維儂年度盛會亞維儂藝術節的主要會場，表演場地就在中庭，7月起這裡開始架上燈架與座位，每天晚上上演大型的戲劇節目。

聖約翰禮拜堂Chapelle Saint-Jean・聖馬丁禮拜堂Chapelle Saint-Martial

這兩間禮拜堂內有精采的宗教壁畫，可以欣賞到中世紀的繪畫藝術，位於2樓的聖約翰禮拜堂內的主題是兩位聖約翰的生平事蹟，由Matteo Giovanetti在1346~1348年繪製；位於3樓的聖馬丁禮拜堂的壁畫也出自同一位畫家之手，繪製於1344~1346年，繪畫主題是聖馬丁的故事，聖馬丁是指引教皇克雷蒙六世遠離羅馬，把教皇宮遷移到亞維儂的先知。

地下珠寶室The Lower Treasury Hall・大金庫Grande Trésoreriel・上帝廳Salle de Jésus

這三個房間串聯在一起，位於中庭的北方，珠寶室的寶藏是教皇世代相傳的財產，專供教皇玩賞用，現在當然已經空無一物，不過天花板交錯的肋形穹窿非常別緻。大金庫被牆壁分隔成兩個區域，牆壁上還保留了當年的壁爐，原用來儲存各地繳納給教皇的稅金，注意看！這間房間的牆壁特別厚，這是為避免竊盜穿牆而入所設。上帝廳的牆壁上，刻著拉丁文「Jesus, Hominum Salvator」，是連接教皇私人寢宮與舊城的房間。

教皇寢宮Chambre du Pape

位於天使塔的中心，左右是侍者房間與珠寶室，剛好把安全與財富攬在身邊。房間內用活動的屏風區隔空間，教皇在此休息時只有親信的內侍伺候他就寢，有時候，教皇也在此接待私人客人。

這間房間最大的特色是全部繪製花鳥野獸的裝飾，金碧輝煌之極。雖然現在空無一物，但在中世紀時，裡面有教皇的桌椅、床、華麗的窗簾。因為歷任的教皇都喜歡鳥，有時他們把夜鶯放在房間裡，聽夜鶯婉轉的歌聲解悶。

宴會廳Grand Tinel

廳內懸有18世紀的勾伯藍(Gobelins)掛毯，此處也是樞機主教集會推選教皇的地方。

雄鹿室Chambre du Cerf

克雷蒙六世的書房，有狩獵圖與鑲嵌藝術作品，是宮裡最美麗的房間。

教皇宮實境導覽

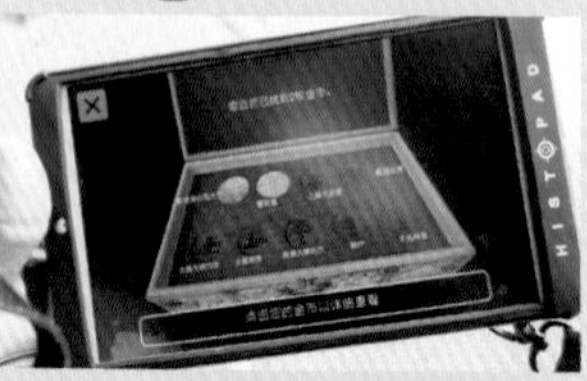

門票費用包含一台Histopad導覽機，內建GPS功能可以顯示所在位置，隨時聽取多國語言解說。在教皇寢宮、宴會廳等主要房間設有掃描區，只要將鏡頭靠近，即可360度實境重現過去教皇宮的裝潢擺設，搭配音樂和背景音，感覺就像是回到中古世紀，格外身歷情境。導覽機有豐富的互動功能，可以自由探索中世的教會生活，以及主教相關的種種小知識，還有找金幣的小遊戲等，讓遊客以更生動有趣的方式認識教皇宮。

重要貴賓看台Terrasse des Grands Dignitaires

從這裡可以欣賞到亞維儂的市區風光，包括隆河、聖貝內澤橋以及近在咫尺的聖母院的美，都盡收眼底。此處還有咖啡館對外營業。

MAP ▶ P.267B1

聖貝內澤橋

MOOK Choice

Le Pont Saint-Bénézet (Pont d'Avignon)

因童謠而傳唱千里

從遊客服務中心步行約12~15分鐘 Place du Palais, 84000 Avignon 04 32 74 32 74 (亞維儂觀光局) 1~2月10:00~17:00(1/1~1/7、2/10~2/19至18:00)、3~10月9:00~19:00、11~12月10:00~17:00(12/21~1/6至18:00)；閉館前30分鐘最後入場 聖貝內澤橋成人€5、8~17歲€4，教皇宮+聖貝內澤橋套票成人€14.5、8~17歲€11.5，教皇宮+花園+聖貝內澤橋套票成人€17、8~17歲€13；持亞維儂護照免費 avignon-pont.com

隆河上那座顯著的斷橋一聖貝內澤橋，與教皇宮同為亞維儂的地標，但風格卻大相逕庭。這座橋因為法國民謠《在亞維儂橋上》(Sur le Pont d'Avignon)而聞名，傳說牧羊人「貝內澤」受到神的啟示，終其一生辛勞而蓋成這座橋連接兩岸造福居民。如果你想聽聽這首家喻戶曉的民謠，登橋處地下室視聽室提供民謠、搖滾、鄉村等不同曲風的音樂聆賞。

橋未斷之前有22個拱門，後因1668年隆河氾濫沖毀僅剩一小段，橋上還殘留著獻給貝內澤的小禮拜堂──聖尼古拉斯禮拜堂(Chapelle St. Nicolas)，與附近宏偉的教皇宮相較簡直是天壤之別。和教皇宮一樣，聖貝內澤橋為世界遺產之一，參觀橋時亦可使用包括中文在內的免費語音導覽。

MAP ▶ P.267B2

小皇宮美術館

Musée du Petit Palais

義大利大師的名作

從遊客服務中心步行約8~10分鐘 Palais des archevêques, Place du Palais des Papes, 84000 Avignon 04 90 86 44 58 10:00~13:00、14:00~18:00 休週二、1/1、5/1、12/25 $免費 www.petit-palais.org

興建於1318~1320年的小皇宮美術館最初是Béranger Frédol主教的府邸，一度還成為聖公會址和學校，到了1976年，才正式以美術館的型式開放大眾參觀，裡頭珍藏了13~16中世紀到文藝復興時期超過300幅精采藝術品的美術館。

其中以義大利繪畫和雕刻為最大宗，如佛羅倫斯畫派的大師波提切利(Sandro Botticelli)、威尼斯派的卡巴喬(Carpaccio)、早期文藝復興時期畫家喬凡尼保羅(Giovanni di Paolo)等人的畫作都在其列，是除了義大利本土之外，收藏最多義大利名家作品的博物館，其中波提切利的《聖母與子》(Virgin and Child)是館內最知名的畫作。

全球藝術盛會在亞維儂

每年7~8月之間，亞維儂全城會變身為熱鬧非凡的展演場，國際第一流劇場工作者競演的亞維儂藝術節(Festival d'Avignon)以及更具實驗性與前衛演出的外亞維儂藝術節(Festival OFF Avignon)同時展開，為期約3週的藝術節期間，共有600場以上的表演在歌劇院、音樂廳，甚至街頭、美術館、咖啡館中展開，市區內處處都可以看到展覽、研討會、戲劇、舞蹈、音樂演出，整座城市籠罩在藝術嘉年華的氛圍中。

festival-avignon.com；www.festivaloffavignon.com

MAP ▶ P.267B3

卡爾維博物館

Musée Calvet

收藏與建築同樣出色

從遊客服務中心步行約5分鐘 65, Rue Joseph Vernet, 84000 Avignon 04 90 86 33 84 10:00~13:00、14:00~18:00 休週二、1/1、5/1、12/25。 免費 www.musee-calvet.org

這個以卡爾維醫生(Esprit Calvet, 1728~1810)為名的博物館，展出了卡爾維生平收藏的珍貴藝術品，作品年代從史前和16~18世紀為主，數量至少在12,000件以上，不論就作品本身或數量，都十分驚人。

之後，又有許多人陸續捐出畢生收藏，讓現今遊客在卡爾維博物館，可以欣賞到更多不同的藝術品，像是繪畫、雕刻、墓碑和黃金、銀器、鍛鐵、陶器、瓷器和掛毯等裝飾藝術，收藏區域除了法國本地，還包括北歐、英國、義大利、西班牙，甚至中國。

其實，博物館本身建築也非常有看頭，它原本是18世紀富商的私人豪宅(Hôtel de Villeneuve-Martignan)，在當時被視為最豪華的宅邸；即使時至今日，仍然可以欣賞到廣闊優雅的庭園、大廳和房間，以及上頭細膩的雕工和材質，和美麗的藝術品相互輝映，令人嘆為觀止。

MAP ▶ P.267C3

亞維儂大市場

MOOK Choice

Les Halles

走入普羅旺斯的生活

從遊客服務中心步行約12~15分鐘 Place Pie, 84000 Avignon 07 63 21 27 54 6:00~13:30、週末6:00~14:00 休週一 www.avignon-leshalles.com

Cuisine Centr'Halles

9:30~14:00 休週一、週二 www.cuisine-centrhalles-restaurant-avignon.com

這棟有著漂亮外觀的建築物竟然是當地的室內市集，一面爬滿藤蔓蕨類的綠色圍牆，和巴黎的布萊利碼頭藝術博物館外觀如出一轍，原來它就出自同一個設計師Jean Nouvel之手。這樣優美的設計不只運用在知名的博物館，竟然也會出現在一般升斗小民會出入的市集，讓人更加深信，法國人美學教育果然是從生活開始。

來市場走走便能感受當地最平民化的一面，賣魚肉、蔬菜、水果、乳酪和麵包的攤販比鄰而立，市場整體規畫整齊又乾淨，讓人逛起來輕鬆又愉快。這裡的食材特別新鮮，像海鮮是店家一早從馬賽運來的鮮美漁獲，蔬果則以當地普羅旺斯盛產的品種為主，許多在亞維儂開餐廳的主廚，也習慣一早就來這裡採買食材。這裡對喜歡乳酪的人也是天堂，乳酪攤裡擺滿各種口味的產品，其中來自本地和普羅旺斯的乳酪就很香醇，何不買一點嘗嘗。

市場內販賣許多熟食，鄰近海灣生產的生蠔海鮮、普羅旺斯各種家常菜都能大快朵頤。開放式的小餐館Cuisine Centr'Halles由大廚Jonathan Chiri進駐，每日依季節烹調特色菜餚，並舉辦廚藝課程，在市場中央，使用當地食材烹調普羅旺斯料理，用雙手體會料理和風土的美味關係。

MAP ▶ P.267B1

教皇新堡

MOOK Choice

Châteauneuf du Pape

產區名酒之旅

教皇新堡遊客中心

3 rue de la République, 84230 Châteauneuf-du-Pape 04 90 83 71 08 週一~週六9:30~12:30、14:00~18:00，週日9 :30~12 :30 www.poptourisme.fr

Château La Nerthe

從亞維儂市區搭車約25分鐘 Route de Sorgues, 84230 Châteauneuf-du-Pape 04 90 83 59 04 5~9月10:00~13:00、14:00~18:00、10~4月10:00~12:00、14:00~18:00，確切梯次時間、預約行程請上官網。 休週日 $參觀酒窖+5款酒€18、參觀酒窖+7款酒€30 www.chateaulanerthe.fr

Le Pavillon Maison Bouachon

從亞維儂市區搭車約25分鐘 Avenue Saint-Pierre de Luxembourg, 84230 Châteauneuf-du-Pape 04 90 83 58 34 夏季週二至週六10:00~12:30、14:00~19:00，週日10:00~12:30；冬季10:00~12:00、14:00~17:00。品酒行程確切梯次時間、預約行程請上官網。 $葡萄酒品酒行程€9~45、巧克力+葡萄酒品酒€35、起司+葡萄酒品酒€35 www.pavillondesvins.com/fr

交通建議

前往亞維儂周邊景點的交通方式較不便利，多數沒有直達車可搭乘，除了租車遊覽之外，建議直接在亞維儂報名參加巴士旅遊行程，各旅遊業者皆提供多樣性的包裝選擇，亦可量身訂作私人路線。

提供相關旅遊行程的業者

Provence Vision by Lieutaud www.cars-lieutaud.fr

A la Française Provence www.alafrancaise.fr/en/provence

Provence Panorama www.provence-panorama.com

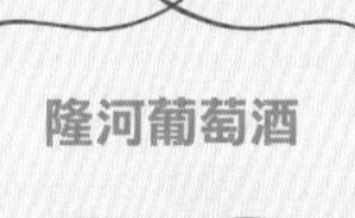

隆河葡萄酒

隆河流域是法國第二大葡萄酒產區，與波爾多、勃根地齊名。淵遠流長的隆河以蒙特利馬城(Montelimar)為分界，分為北隆河與南隆河兩部分。南法地區包括亞維儂、亞爾勒、歐紅桔等地都是重要產地，其中教皇新堡法定產區的葡萄酒，更是隆河酒款中的佼佼者。這裡的農田日照期長，土地遍布鵝卵石，白天吸收陽光熱度，晚上釋放熱能，醞釀出的葡萄酒酒體輕盈，富含熱情的香料風味。由於土地差異大，教皇新堡的法定葡萄品種多達13種，多數酒廠會以2~3種品種混釀，以創造更加豐腴馥郁的風味。

教皇新堡是法國第一個使用AC產區分級制度的葡萄酒產地，生產優質紅白葡萄酒，其歷史可上溯至14世紀，亞維儂的教皇們決定在沃克呂茲(Vaucluse)地區興建一座新城堡，並在四周遍植葡萄樹，釀製教皇飲用的葡萄酒，而這裡的葡萄酒果然不負眾望，迄今仍以優良的品質聞名。每年9月葡萄收成時，還會舉行收成慶典Ban des Vendanges。

1562年，新堡在新教徒與天主教徒的宗教戰爭中付之一炬，現在僅剩斷壁殘垣，不過由於新堡位在制高點，在春暖花開的季節從庭院眺望四周葡萄田，以及到處綻放的杏花、李花、薰衣草等花朵，景色無限美好。

宏偉城堡雖然已不復見，仍有無數遊客為了寧靜古樸的舊城，以及持續製造芳醇佳釀的酒莊造訪。當地酒莊推出品酒行程，像是擁有90多公頃葡萄園、教皇新堡五大酒莊之一的Château La Nerthe，夏季遊客可以報名行程，參觀16世紀使用至今的葡萄酒窖，品嘗各種3~7款經典酒款。除了酒廠參觀，老牌酒廠Le Pavillon Maison Bouachon也推出創意品酒課程，專業侍酒師首先教授品酒的方法和概念，接著以3種巧克力或起司搭配3款配酒，透過眼、口、鼻進一步開發味覺，探索葡萄酒的美味奧秘。

呂貝宏山區
Luberon

亞維儂的周遭，座落著許多寧靜優美的小山村，包括譽為普羅旺斯版黃石公園的魯西永、以薰衣草盛開的塞農克聖母修道院、石砌屋舍櫛比鱗次的山城勾禾德等。作家彼得梅爾將居住在普羅旺斯第一年的生活點滴寫成了《山居歲月》，讓普羅旺斯成為許多人內心嚮往的山居樂園，而彼得梅爾的居處也位在這裡。如詩如畫的自然風光與寧靜單純的田園生活，吸引包括彼得梅爾在內的作家、藝術家、畫家等駐足，成為藝術家的靈感來源。

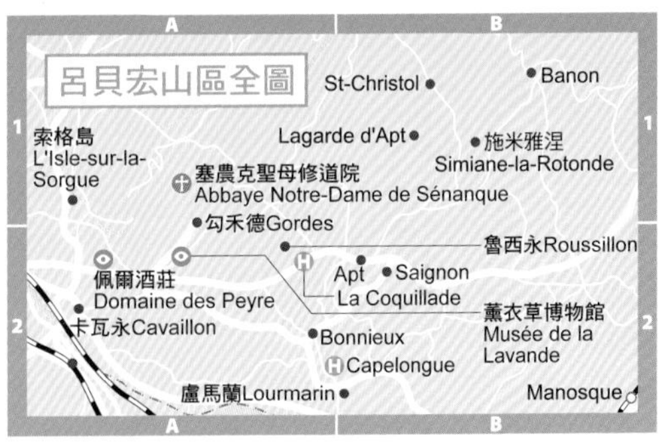

INFO

如何前往

前往小阿爾卑斯山區最方便的方式是租車遊覽，也可搭乘ZOU經營的巴士但班次比較少，而且多數沒有直達車可搭乘。

◎火車

從亞維儂市中心站(Avignon Centre)搭乘TER到卡瓦永，車程約30分鐘，約每30分鐘一班車。班次、時刻表及票價可上網或至火車站查詢，車票可上網、至火車站櫃台購買，或先在台灣向飛達旅遊購買法國火車通行證(France Rail Pass)。

飛達旅遊

台北市中山區南京東路三段168號10樓之6

(02) 8161-3456分機2

@gobytrain

www.gobytrain.com.tw

法國國鐵

www.sncf.com

◎巴士

從亞維儂巴士總站(PEM Gare Routière)搭乘ZOU巴士907號到卡瓦永巴士總站(Cavaillon Gare Routière - SNCF)，車程約40分鐘。從艾克斯巴士總站(Gare Routière)前往卡瓦永、索格島(L'Isle sur la Sorgue)可搭乘ZOU巴士57號，車程約45~60分鐘。

從卡瓦永巴士總站前往拉科斯特(Lacoste)、博尼約(Bonnieux)、阿普特(Apt)小鎮可搭乘ZOU巴士918號，每日約3班；前往薰衣草博物館、勾禾德、魯西永、博尼約、加爾加(Gargas)和阿普特則可搭乘ZOU巴士917號，每日約4~6班。

從卡瓦永前往盧馬蘭需先搭乘ZOU巴士908號至終點站Cucuron Centre/Cave Coopérativez站再轉乘919號。919號班次不多，因此建議事先規劃好出發時間，以免錯過轉乘班次。

普羅旺斯—阿爾卑斯—蔚藍海岸客運系統ZOU

zou.maregionsud.fr/en

旅遊諮詢

www.destinationluberon.com

◎卡瓦永遊客服務中心

Bureau d'Information Touristique de Cavaillon

Place François Tourel, 84300 Cavaillon

04 90 71 32 01

4~9月9:00~12:30、14:30~18:00，10~3月9:00~12:30、14:00~17:30

休 週日、1/1、12/25

◎勾禾德遊客服務中心

Bureau d'Information Touristique de Gordes

Le Château, Place Genty Pantaly, 84220 Gordes

04 90 72 02 75

4~9月9:00~12:30、14:30~18:00，10~3月9:00~12:30、14:00~17:30

休 週日、1/1、12/25

盧馬蘭遊客服務中心

Bureau d'Information Touristique de Lourmarin

Place Henri Barthélémy, 84160 Lourmarin

04 90 68 10 77

4~9月週一~週日9:00~12:30、14:30~18:00，10~3月週二~週六9:00~12:30、14:00~17:30

休 1/1、12/25

Where to Explore in Luberon
賞遊呂貝宏山區

MAP ▶ P.277A2

卡瓦永

Cavaillon

兩個山區之間的最佳停留點

卡瓦永位於呂貝宏山區和小阿爾卑斯山區(Alpilles en Provence)之間，以這裡作為據點可以輕鬆探索這兩個區域。卡瓦永在中世紀歷經過希臘人、羅馬人和教會統治，也因此留下了豐富的歷史文化遺跡，像是羅馬拱橋、大教堂、普羅旺斯建築風格的猶太教堂等，歷史迷可千萬別錯過。由於卡瓦永四周都是山，吸引了許多登山愛好者前來朝聖和挑戰，從簡單的步道健行，到高難度的鐵索攀岩(Via Ferrata)，一共276條登山路徑可以選擇。

來到了南法當然必吃當地的新鮮蔬果，而卡瓦永最知名的水果就是哈密瓜，每年的5~9月是哈密瓜的產季，市集、超市到處都可以看到大顆飽滿的哈密瓜，除了當水果直接吃，也會入菜當料理，甚至用來釀酒，其中當地人最推薦的就是Melonade開胃酒。

法國最美小鎮

Les plus beaux villages de France

法國官方認證的「最美小鎮」，經過嚴格評選和維護，是旅遊南法必訪的景點。成為法國最美小鎮的基本條件有3項：少於2,000的常住人口、擁有至少兩處法國歷史遺跡(monuments historiques)，以及取得小鎮議會的支持，並承諾不隨意開發改建以保持城鎮的原始樣貌。目前法國共有159座最美小鎮，而呂貝宏山區就有6個城鎮榜上有名！

www.les-plus-beaux-villages-de-france.org/fr

L'Instant Gourmand

92 Place Gambetta, 84300 Cavaillon　09 74 56 24 83　12:00~14:00、19:30~22:00　休 週日及週一　www.instantgourmand84.com

開業14年的L'Instant Gourmand以道地的普羅旺斯料理為名，食材都採用當季的新鮮蔬果，將家常菜以fine dining的形式上桌，無論是視覺或是味覺都是一大享受。主廚更是榮獲「Maître restaurateur」的頭銜，這是由法國政府認可的榮譽，肯定傳統餐飲業中最優秀專業人士的卓越表現，強調他們的技能和對品質的承諾。

餐廳裝潢簡單溫馨，分為室內和室外露台的座位。和一般的法式餐酒館相似，這裡有豐盛的酒單任君選擇，餐點的部分也相對簡單，無論是午餐或是晚餐都€39的當日菜單(le menu或la formule)，前菜、主食、甜點各二選一。

MAP ▶ P.277B2

盧馬蘭

Lourmarin

免爬坡的最美小鎮

許多法國最美小鎮都是依山而建，想把小鎮逛好逛滿非常耗費體力，而盧馬蘭是少數蓋在平坡上的小鎮。一進入小鎮第一個看到的就是Philippe de Girard的家。這位可是盧馬蘭的本土名人，他是一位工程師和發明家，其中最有名的發明是世界上第一台亞麻織布機，並在1810年取得專利。

盧馬蘭的天際線被三座塔樓「破壞」，分別是鐘塔(或稱Le Castellas)、新教教堂及天主教堂，皆為完全不同性質和風格的建築，從中也可看出盧馬蘭從古到今的歷史脈絡。

城鎮中心外圍還有一座城堡，這是普羅旺斯第一座文藝復興風格的城堡。城堡由Foulques d'Agoult於1475年開始修建，1526年後由其後代Louis d'Agoult-Montaubaun接手。可惜城堡敵不過戰爭的摧毀，後續的主人也無意接管，就在1921年城堡要被拆毀之際，一位來自里昂的文學與歷史學者Robert Laurent Vibert買下並修復城堡。

Robert Laurent Vibert也非常熱愛藝術，過世後將城堡遺贈給艾克斯學會(Académie des Sciences, Agriculture, Art et Belles Lettres d'Aix-en-Provence)，條件是必須建立一個幫助年輕藝術家的基金會，如同呂貝宏山區的「美第奇別墅」。如今依然還有世界各地的藝術家到這裡申請駐館創作，城堡也是盧馬蘭重要的文化中心，每年舉辦大大小小的文藝活動。

MAP ▶ P.277A2

魯西永

Roussillon

普羅旺斯的黃石公園

魯西永因壯觀的赭石懸崖和赭石建築立面也被稱為「紅土城」，吸引了世界各地藝術家和攝影師到此一遊。這裡是全球最大的赭石礦(ochre)蘊藏地，魯西永、加爾加(Gargas)、呂斯特勒(Rustrel)及阿普特(Apt)近200年藉赭石受益良多。魯西永將從前開採過的礦地改良為赭石步道(Le Sentier des Ocres)，化身為戶外博物館，讓旅客可依近距離接觸赭石。

參觀完赭石步道後，不妨到城區裡找一家餐廳或咖啡廳稍作休息，欣賞17~18世紀的赭石別墅。若是有興趣參訪赭石工廠的話，可以到距離魯西永城區2公里處的赭石博物館(écomusée de l'ocre)看看，裡面有專人導覽講解赭石當時如何開採，也可以現場用赭石作畫，以及購買處理過的赭石回家。

赭石步道Le Sentier des Ocres

每月開放時間不定，詳見官網公告 休1/1、12/25 $€3.5，10歲以下兒童免費 roussillon-en-provence.fr/decouvrir-2/sentier-des-ocres/

赭石步道分為兩條步道，短步道全程走完約35分鐘，長步道約50分鐘。沿途都有提供資訊看板，介紹赭石的科普知識以及它們與魯西永的淵源。清理衣褲上的赭石時，先稍微拍打乾淨再用冷水沖洗。

MAP ▶ P.277A2

勾禾德

Gordes

盤旋而上的鷹巢山城

www.ventouxprovence.fr

勾禾德是座依山而建的古城，也是普羅旺斯非常著名的觀光勝地，灰白的層層建築襯著藍天煞是好看，夏季還有紫色薰衣草在山腳迎風飄揚，繞著山邊盤旋而上的道路與櫛比鱗次的石灰岩房屋，呈現一種和諧勻稱的關係。

這座古城曾吸引許多藝術家在此停留，如立體派藝術家André Lhote(1885~1962)曾在1938年時前來造訪。位於山頂的16世紀勾禾德堡(Château de Gordes)卓然矗立，裡面收集著歐普藝術(Op Art)創始人瓦沙雷利(Victor Vasarely)的抽象畫作，這位出生於匈牙利的畫家在此創立了一座美術館，目前仍有數個展覽廳專門展示瓦沙雷利的繪畫、雕塑、木雕。

位於勾禾德南邊的伯希村(Village des Bories)有造型獨特的蜂窩狀建築，這是利用石灰片岩(Lauzes)堆疊而成，熟練的工匠不用工具即可以石頭疊建，牆厚約1.5公尺，依據建築方式可推論是源自西元前3500年，目前約有3,000座伯希村建築留存在田野間，被當成小屋子或儲存食物的場所。

塞農克聖母修道院
Abbaye Notre-Dame de Sénanque

P.277A1 Abbaye Notre-Dame de Sénanque, 84220 Gordes 04 90 72 18 24 週一~週六9:30~19:00、週日11:00~19:00 成人€8、6~18歲€4；語音導覽成人€8.5；6歲以下兒童免費 www.senanque.fr

塞農克修道院建於1148年，由一位院長及12位僧侶胼手胝足建立，屋頂仍使用與伯希村相同建材的石灰片岩，內部則是石壁、方形窗戶與圓拱狀的天花板。與義大利文藝復興時期的教堂相比，這間修道院素樸得令人驚訝，但是卻因此呈現簡約主義的空靈之美，廊柱、圓拱門、石壁組合成線條乾淨俐落的建築本體，把宗教聖潔莊嚴的氣氛發揮得淋漓盡致。

當初建築這座修道院時，所有的石頭都是一塊塊從外地移來，建築工人的計費方式就是清點石頭數量。今日仍可以在石壁、石柱上，看到當年工人鏤刻的符號。

賽農克修道院知名的另一個原因是薰衣草，修道院外有一整片薰衣草花田，花開時，紫色花海與白色修道院形成普羅旺斯經典畫面，也因此，塞農克修道院被公認是法國最美的修道院之一。對薰衣草產品有興趣的人，可以到附設紀念品店購買。

MAP ▶ P.277A2

薰衣草博物館

Musée de la Lavande

普羅旺斯薰衣草的歷史

276, Route de Gordes, CS 50016 Hameau de Coustellet, 84220 Cabrières d'Avignon Provence 04 90 76 91 23 4~6月及9~12月10:00~12:00、14:00~17:00，7~8月10:00~18:00 休1~3月 全票€8、優待票€7、11~16歲€4，11歲以下免費 www.lavendermuseum.com

自19世紀以來，薰衣草一直是普羅旺斯的驕傲和榮耀，是世界上最稀有和珍貴的花卉之一。

薰衣草博物館於1991年由蘭斯雷(Lincelé)家族創立，擁有346件收藏品，包括創辦人喬治·蘭斯雷(Georges Lincelé)花了二十多年的時間所蒐集到的各類型蒸餾器。博物館展示了從16世紀至今的薰衣草精油提取技術的演變——明火蒸餾器、水浴蒸餾器、蒸氣蒸餾器——以及薰衣草相關的歷史文化遺產。

MAP ▶ P.277A2

佩爾酒莊

Domaine des Peyre

廢墟莊園改造的葡萄酒莊

從卡瓦永開車約15分鐘 1620 Route d'Avignon 84440 Robion 06 08 92 87 71 酒莊4~9月週一~週日10:00~19:00，10~3月週一~週六10:00~18:00 www.domainedespeyre.com

佩爾酒莊位於一座18世紀的莊園中，周圍是35公頃的原始森林和葡萄園。Georges Antoun和Patricia Alexandre在2012年買下這塊土地時，莊園的狀況非常糟糕：荒廢的葡萄藤、毫無可用的生產工具、頹圮的建築，還有被當作農具儲物間的小教堂。他們全面翻新原有的建築、興建釀酒窖、拔除和種植新的葡萄，讓這個莊園重見光明。有趣的是，莊園在整修期間發現了一些古錢幣、小雕像，經考古學家驗證後，莊園小教堂的歷史可回溯到9世紀，以及莊園就位在多米提亞道(Via Domitia)上，這是法國最古老的道路。

如今佩爾酒莊主要生產呂貝宏AOP葡萄酒、馮杜AOP葡萄酒以及地中海IGP葡萄酒，並提供免費的品酒和參觀活動，也開放遊客預定住宿。這裡一共有5間別緻小屋，皆以葡萄酒命名，每間以復古傢俱和現代藝術裝飾，提供舒適愜意的空間。

小阿爾卑斯山區
Alpilles en Provence

坐落在普羅旺斯的心臟地帶，小阿爾卑斯山區以風景如畫的城鎮和豐富的文化遺產聞名。從擁有擁有中世紀魅力的萊博(Les Baux-de-Provence)，到田園詩歌般的聖雷米(Saint-Rémy de Provence)，每個城鎮都有著獨一無二的故事。

小阿爾卑斯山區境內共有10個城鎮，用自己的步調沉浸在溫馨的普羅旺斯氛圍中，感受充滿活力的民俗風情和藝術表現。

橄欖油是普羅旺斯的重要產物之一，橄欖種植在這裡已有千年的歷史傳統，小阿爾卑斯山區種植了超過350,000株橄欖樹，還有十幾家磨坊用祖傳秘方釀製高品質的橄欖油，每一家都有專屬自己的風味。行程安排中除了美景、美酒和美食，不妨也到橄欖油磨坊參觀和品嚐橄欖油。

INFO

如何前往

前往小阿爾卑斯山區最方便的方式是租車遊覽，也可搭乘ZOU經營的巴士但班次比較少，而且多數沒有直達車可搭乘。

從亞維儂巴士總站(PEM Gare Routière)搭乘ZOU巴士707號前往聖雷米(St-Rémy-de-Provence)的République站，車程約50分鐘，約30分鐘~1小時一班。夏季期間加開707 été號，行經萊博(Les Baux-de-Provence)，行駛班次每年不一，時刻詳見ZOU官網。

從卡瓦永巴士總站(Cavaillon Gare Routière - SNCF)或亞爾勒Gare SNCF站可搭乘ZOU巴士704號前往聖雷米，每天3班，週日不行駛。從卡瓦永出發車程約30分鐘，亞爾勒約45分鐘。

普羅旺斯—阿爾卑斯—蔚藍海岸客運系統ZOU

zou.maregionsud.fr/en

旅遊諮詢

◎萊博遊客服務中心

Office de Tourisme des Baux-de-Provence

Rue Porte Mages, Maison du Roy, 13520 Les Baux-de-Provence

04 90 54 34 39

5~9月9:00~18:00、10~4月9:30~17:00；週六、週日及國定假日10.00~17:30

1/1、12/25

www.lesbauxdeprovence.com

◎聖雷米遊客服務中心

Office de Tourisme St-Rémy de Provence

Place Jean Jaurès, 13210 St-Rémy de Provence

04 90 92 05 22

週一~週六9:15~18:00，週日及國定假日10:00~17:00

www.alpillesenprovence.com

觀光行程

◎梵谷徒步之旅 Suivez la route Van Gogh

聖雷米是孕育梵谷諸多繪畫作品的靈感泉源，這兒的柏樹、麥田、橄欖園、鳶尾花等景物，最後都成了梵谷筆下最動人的繪畫主題，而在聖雷米，遊客們也有機會追隨著梵谷的腳步，感受梵谷深受聖雷米南法情懷激勵的那一份感動。

由聖雷米遊客服務中心規畫的梵谷徒步之旅，總長度約為1.5公里，約費時1小時就可以完成，讓遊客自行探索。沿途共有19個立牌，介紹當地景物對應梵谷畫作的相關故事及目前畫作展出的狀況，包括橄欖園、採石場、柏樹等當地景色，都可以在旅途中一覽無遺。

Where to Explore in Alpilles en Provence
賞遊小阿爾卑斯山區

MAP ▶ P.284B2

萊博

MOOK Choice

Les Baux-de-Provence

懸崖峭壁上的中古世紀小鎮

位於懸崖峭壁上的萊博是一座中世紀小鎮，俯瞰著普羅旺斯的酒莊和橄欖油莊園，是法國最美小鎮之一，因其深厚的歷史文化遺產也有「普羅旺斯燈塔」之稱。

1642年，路易十三將萊博領地贈予摩納哥王子赫丘勒．格里馬迪(Hercule Grimaldi)，以表彰他對法國皇室的支持。雖然摩納哥在法國大革命期間被剝奪了萊博的統治權，但萊博侯爵(Marquis of Baux)的頭銜在傳統上仍然授予摩納哥王儲，目前是雅克王子(Prince Jacques)。

萊博小鎮由入口的遊客中心開始，蜿蜒的鵝卵石小徑一路延伸到城堡廣場，沿路有餐廳、咖啡廳還有小巧可愛的店鋪。小鎮上有22座列為法國歷史遺跡(monuments historiques)的建築遺跡，其中最有名的就是萊博城堡(Château des Baux-de-Provence)，見證了中世紀萊博豐富而動盪的歷史。

萊博城堡Château des Baux-de-Provence

從萊博遊客服務中心步行約5分鐘 Château des Baux-de-Provence, 13520 Les Baux-de-Provence 04 90 54 34 39 11~2月10:00~17:00，3月及10月9:30~18:00，4~6月及9月9:00~19:00，7~8月9:00~19:30；關閉前1小時最後入場 全票€8、65歲以上€7、7~17歲€6；與光影採石場聯合門票全票€19、65歲以上€17、7~25歲€14 www.lesbauxdeprovence.com

萊博城堡占地超過5公頃，從12世紀末到17世紀中是一座難以攻陷的堡壘。1631年，黎塞留公爵(Richelieu)下令攻城，萊博城堡歷經了27天的抵抗，城堡居民受夠了戰爭而主動投降。他們用火藥和鐵鍬拆毀高牆，萊博城堡最終到了法國皇室手中。如今，遊客可以透過語音導覽走入騎士與貴族、戰爭與比武大會的時光迴廊。夏季期間還會舉辦有趣的活動，如弓箭射擊、投石器和劍術演示。城堡廣場俯瞰著整個山谷，大片的葡萄園和橄欖樹田野一直延伸到海邊，是非常壯麗的普羅旺斯景色。

光影採石場Carrières de Lumières

從萊博遊客服務中心步行約15分鐘 Route de Maillane 13520 Les Baux-de-Provence 04 90 49 20 02 11~1月10:00~18:00，2~3月9:30~18:00，4~6月及9~10月9:30~19:00，7~8月9:00~19:30；關閉前1小時最後入場 休1/15~2/16(每年不同，實際日期請上網確認) 全票€15.5、65歲以上€14.5、18~25歲€13、7~17歲€12；與萊博城堡聯合門票全票€19、65歲以上€17、18~25歲€15、7~17歲€14，7歲以下免費 www.carrieres-lumieres.com

光影採石場可以說是萊博人氣最高的景點，自2012年以來Culturespaces在這裡舉辦了多場數位展覽，帶領遊客沉浸於偉大藝術家的繪畫世界中。Culturespaces將藝術作品投影到7,000平方公尺的空間，從地板到天花板，充分利用了採石場凹凸不平的白色牆面，讓原本平面的畫作「活」了起來，彷彿直接走進了畫作裡。展覽分為兩場常設展以及一場特展，常設展每日輪轉播放，特展則每週固定時間展出，出發前請先到官網確認時刻表。值得一提的是，門票並不限時，入場後可以一直待在採石場裡，尤其在炎熱的夏天是個避暑的好地方。

MAP ▶ P.284B2

聖雷米

Saint-Rémy de Provence

平安靜好的小鎮氣氛

鄰近亞維儂的聖雷米，擁有普羅旺斯招牌的田野景致，一走進這個小鎮，空氣裡瀰漫著樸實而又安逸氣息，也讓人身心都頓時平靜了下來。正是這一份寧靜的田野之美，吸引了梵谷(Van Gogh)在1889年從亞爾勒移居此地，在醫生的建議下住進了這兒的精神療養院；但也就是這裡獨特的生活體驗及感官饗宴，讓梵谷在聖雷米，創造了人生旅途最後的耀眼時光，也從而造就了聖雷米傳頌至今的濃濃藝術氛圍。

由此可以想見，梵谷當年在聖雷米留下的150多幅畫作、草圖、素描等，都是聖雷米在全球最佳的城市代言，吸引各地絡繹不絕前來感受梵谷創作泉源的遊人們，然而，除了可以循著梵谷繪畫足跡拜訪聖雷米之外，聖雷米本身也是個充滿歷史與文化的小鎮。

早在西元前3世紀開始，聖雷米南郊的格拉儂(Glanum)一帶，希臘及之後的羅馬人，就已經在這裡建城，並以其重要的軍事戰略地位，輝煌榮耀了數個世紀，直到西元3世紀前後，才逐漸沒落，留下了現在知名考古寶庫的格拉儂遺址(Site Archéologique de Glanum)。

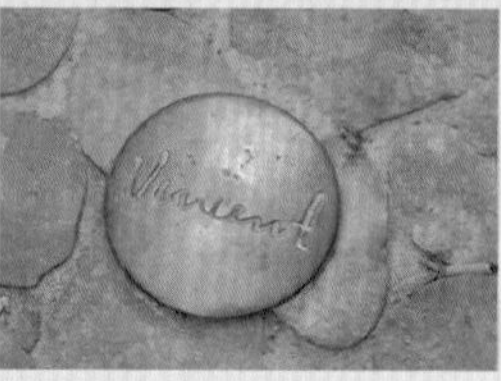

舊城區Ville de St-Rémy de Provence

從遊客服務中心步行約3分鐘

被住宅包圍的聖雷米舊城區，保留了普羅旺斯寧靜悠閒的小鎮風貌，文藝復興樣式的房舍爬滿藤蔓和花朵，石疊子路如迷宮一般向四周延伸，漫無目的地漫步其中，往往能發現讓人驚艷的角落。或許受到梵谷等藝術家的影響，城鎮中有許多藝廊和生活雜貨店，販賣普羅旺斯代表的籐籃、手工皂、陶瓷餐具等，在陽光燦爛的季節，餐廳和酒館會把桌椅排到戶外，為街上帶來熱鬧的氣氛。

每年5月底、6月初城鎮會舉辦移牧祭(Fête de la Transhumance)，當地牧民在初夏時節，會將冬季在平地圈養的羊群趕到山上吃草，後來逐漸演變為聖雷米的重要慶典。約3天的活動期間，穿著傳統服裝的牧民們會帶著上千頭羊兒聚集舊城區，繞行城區外圍大道三圈後往山區移動，羊兒鈴鐺聲、牧民口哨聲和簇擁的遊客們，把這個從中世紀延續至今的活動烘托地歡騰無比。

艾斯特尼博物館Musée Estrine

從遊客服務中心步行約3分鐘 8, Rue Estrine, 13210 St-Rémy de Provence 04 90 92 34 72 11~3月14:00~17:30，4月及10月10:00~12:00、14:00~18:00，5~9月10:00~18:00 休週一 全票€7，18歲以下免費 musee-estrine.fr 2024/12/23~2025/02/14將暫時關閉

艾斯特尼博物館共分為三個部分：20~21世紀現代藝術、特展廳和梵谷藝文中心(Centre d'interprétation Vincent Van Gogh)。其中位於1樓的梵谷藝文中心，主要為紀念梵谷與聖雷米小城短暫但濃厚的情誼而設立，隨處可見到梵谷的身影及歷史足跡，展示了許多梵谷畫作、來往書信複製品及相關介紹，還有後世藝術家受到梵谷激勵所創作出的梵谷紀念作品，而一支20分鐘的短片，詳盡介紹了梵谷在聖雷米創作的心路歷程。至於2樓的特展廳則不定期展出當代藝術家的主題特展，也值得前往參觀。

聖保羅療養院Saint-Paul de Mausole

從遊客服務中心步行約20~30分鐘 2 Chemin Des carrières, 13210 Saint-Rémy-de-Provence 04 90 92 77 00 9:30~19:00(最後入場時間18:30) 每年不同，實際日期請上網確認 全票€8、12~16歲€6 www.saintpauldemausole.fr

1889年5月，剛剛在亞爾勒經歷了割耳事件的梵谷，在雷醫師(Dr. Rey)的引介下，搬進了位於聖雷米的這一座聖保羅療養院，雖然入住的時間僅有短短1年左右，但聖雷米一帶的田園景致，卻開啟了梵谷另一個繪畫高峰。

即使時常飽受癲癇病症摧殘，梵谷卻仍然在這段期間，於療養院內完成了150幅畫作及多幅素描作品，在那些健康狀況已不允許他肆意前往戶外寫生的日子裡，他也不會就此停下畫筆，反而持續在療養院的花園中繼續創作。這是他一生中創作最為豐沛的高峰，留下了廣為後人讚頌不已的《柏樹》、《麥田裡的柏樹》《橄欖園》和《鳶尾花》等作品。

雖然療養院窗外的景色仍保有梵谷那時的繽紛，但裡面卻是歷經多次轉折，在第一次世界大戰中成為集中營所在地，之後又轉作婦女診所使用。現在，療養院對外只開放小教堂、教堂花園及部分室內空間，1樓是紀念品及私人畫室，2樓則是布置成梵谷當年的療養院室內舊觀。儉樸的室內陳設、窗外與梵谷畫作遙相呼應的自然風景，都讓人彷彿走入了時空隧道一般。另外，牆上一角還簡單介紹了當年精神病患的治療療程及醫生對梵谷病情的看法，也讓遊客更能體會梵谷當時煎熬的身心狀態。

梵谷畫中的聖雷米

柏樹Cyprès

聖雷米精神療養院附近環繞著橄欖樹、玉米田、柏樹，在半監禁的養病期間，梵谷為聖雷米的自然風光留下許多作品，創作於1889年6月的《柏樹》像兩束巨大的綠色火焰，向天空熱烈地燃燒著，梵谷在寫給他弟弟的信中表示，「我全心全意專注於柏樹上，想用他們成為題材，畫出類似我的向日葵畫之類的東西……」

麥田裡的柏樹Champ de Blé avec Cyprès

這幅畫創作於1889年6月。梵谷在療養院住了一陣子，那些麥田、柏樹重複不斷地出現，你可以想見這段時間有多無趣，但是，仍然可以看出梵谷對大自然的熱愛。畫中，藍天、綠樹與黃色的麥田形成和諧統一的祥和氣氛，不過，到了聖雷米，你就可以理解梵谷畫中那些彎曲、狂野的線條了，這塊距離聖雷米市中心約2英哩的郊區，因為風勢強勁，格外有一種野性的美感。

橄欖園Les Oliviers

療養院旁這片歲月古老的橄欖樹，拜梵谷之名被妥善地保留下來，風吹草動之際，丘陵上的橄欖樹搖曳生姿，儼然那位憔悴的藝術家仍然在此徘徊。梵谷為了畫橄欖園改變用色的習慣，以土黃、綠、藍色等柔和色彩當主色調，用扭曲的筆觸呈現令人震撼的不安與沉默的痛苦，梵谷的藝術成就在此登上另一個高峰。此畫創作於1889年6月中旬。

鳶尾花Iris

這是梵谷在聖雷米最早完成的作品，創作於1889年5月，風格也較接近亞爾勒時期，顏色的運用較強烈而豐盈。當梵谷前往就醫的路上，常常看到這叢盛開的鳶尾花，也許，這片花叢正透露出梵谷渴求的旺盛生命力。

馬賽

Marseille

《基度山恩仇記》(Le Comte de Monte-Cristo)的作者—法國大文豪大仲馬(Alexandre Dumas, 1802~1870)，曾形容馬賽是全世界匯聚的地點。事實也的確如此，這是一個典型的港口城市，充斥著各種文化的混血，有流浪水手、毒梟、走私者、度假富豪，有陰暗的18世紀巷道與拜占庭式的雍容建築，讓馬賽瀰漫著墮落邪惡的奇異美感。

而在這本以馬賽為背景地的小說中，書中的男主角即監禁在紫杉堡，所以島上的監獄還刻意仿故事內容，設計兩間相鄰的囚室。當你站在塔頂，聆聽著海鷗叫聲、呼嘯風聲與潮水拍岸的沙沙聲響，彷彿重回小說情境。

在過去，馬賽的犯罪事件時有耳聞，如今在政府加強治安的努力下，已徹底改頭換面，遊客可以放心自在地漫步街頭，或在港灣欣賞美景，享受南法迷人的異國風情和無限的陽光。

INFO

基本資訊

◎飛機

從巴黎戴高樂機場和奧利機場均有國內班機飛往馬賽機場(Aéroport Marseille Provence)，航程約1小時15分鐘，其他像是史特拉斯堡、南特和里昂等法國大城，荷蘭阿姆斯特丹、德國慕尼黑、英國倫敦、西班牙馬德里……也有班機往來於馬賽之間。

馬賽機場

www.marseille-airport.com

◎火車

從巴黎里昂火車站(Gare de Lyon)搭TGV直達火車於馬賽聖查理火車站(Marseille-St-Charles)下，車程約3小時20分鐘，約1~2小時一班。或從戴高樂機場搭TGV直達火車前往，車程約3小時50分鐘，約1~3小時一班。

從巴黎里昂火車站搭火車經亞維儂TGV站(Avignon TGV)、里昂車站(Lyon Part Dieu)、艾克斯(Aix en Provence TGV)轉車，馬賽聖查理火車站下，全程約3.5~4.5小時，約1~2小時一班。

從亞維儂市區火車站(Avignon Centre)、亞爾勒(Arles)或坎城(Cannes)搭TGV或TER直達火車於馬賽聖查理火車站下，車程分別約35~60分鐘(TGV)和1~2小時(TER)，班次頻繁。

班次、時刻表及票價可上網或至火車站查詢，車票可上網、至火車站櫃台購買，或先在台灣向飛達旅遊購買法國火車通行證(France Rail Pass)。

飛達旅遊

台北市中山區南京東路三段168號10樓之6

(02) 8161-3456分機2

@gobytrain

www.gobytrain.com.tw

法國國鐵

www.sncf.com

◎巴士

馬賽和周邊城鎮均有巴士往來，從亞維儂的Le Pontet站或坎城的Le Cannet站搭乘FlixBus巴士前往馬賽聖查理火車站，車程約2~2.5小時。

從艾克斯搭乘ZOU巴士65、67號前往馬賽聖查理火車站，車程約30分鐘，或搭ZOU巴士68、69號巴士，車程約35分鐘。班次、時刻表及票價可上網查詢。

馬賽巴士總站

3, Rue Honnorat, 13003 Marseille (聖查理火車站旁)

08 91 02 40 25

FlixBus巴士公司

global.flixbus.com

普羅旺斯—阿爾卑斯—蔚藍海岸客運系統ZOU

zou.maregionsud.fr/en

機場、火車站和巴士站至市區交通

◎從機場

馬賽機場位於馬賽市區東南方約28公里處，可搭機場接駁巴士(Navette Marseille)前往聖查理火車站(Gare St-Charles)，車票可事先上網訂購，或透過機場的售票櫃台購買；或搭計程車前往市區；或搭火車前往市區，機場在火車發車前10分鐘會有一班接駁巴士，將乘客從機場送往附近的Gare Vitrolles Aéroport Marseille Provence車站，車程約5分鐘，由此搭乘直達或區間火車前往馬賽市區，車票可透過機場售票櫃台或自動售票機購買。

機場接駁巴士

Navettes Aéroport - Marseille St Charles (Ligne 91)

0 800 713 137

3:30~6:30、19:30~0:50每20分鐘一班，6:50~19:10每10分鐘一班，車程約30~50分鐘

單程成人€10、12~25歲€7、6~11歲€5，來回全票€16；與馬賽市區交通(RTM)聯票，單程全票€10.9、來回全票€17.4

www.lepilote.com/fr/part10/navettes-aeroport/1062/marseille-st-charles/1070

機場計程車

04 42 14 24 44

從機場前往馬賽市區日間(7:00~19:00)車資約€50~60，夜間(19:00~7:00)和週日與假日約€60~70。

taxis-aeroport.com/?lang=en

火車

6:00~22:40，約20~30分鐘一班，車程約17~23分鐘。

www.sncf.com

◎從火車站和巴士總站到市區

馬賽聖查理火車站和巴士站相鄰，皆位於市區，步行至遊客服務中心約15~20分鐘，或搭地鐵、電車和巴士前往各景點。

市區交通

◎大眾交通工具

大部分景點步行或搭地鐵可達。馬賽市區有兩條地鐵(Métro)線，呈U字型的M1為藍色，主要穿行市區南北向，橫貫東西的M2為紅色，兩者交會於Saint-Charles Gare SNCF和Castellane兩站。

3線電車(Tramway)串連起馬賽的南北兩側，T1橘色、T2黃色、T3綠色，前兩者在La Blancarde兩站

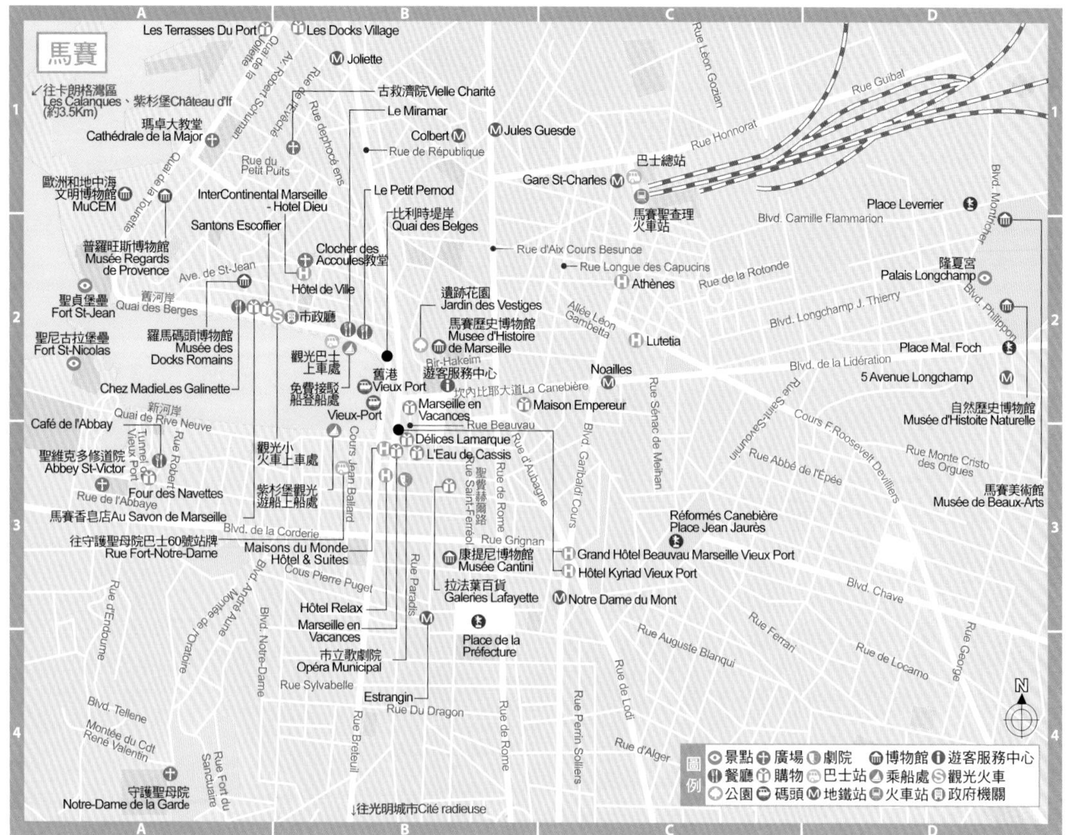

和地鐵M1相交，T3線則在Castellane與地鐵M1、M2相交；巴士則有80條路線，以上3種交通工具可共用票券，班次、時刻表及票價可上網或至火車站查詢，車票可上網、至地鐵站櫃台或售票機、路邊報攤或商店購買。比較遠的地方，如守護聖母院、卡朗格灣區和紫杉堡，則需搭乘巴士和船前往。

馬賽交通管理局RTM

地鐵約4:50~0:30

單程票(Carte 1 voyage)€1.7(上車購買€2)、10張套票(Carte 10 Voyages)€15；1日券(Pass 24h)€5.2

www.rtm.fr

s使用官網查詢票價時需將語言設定為法語才能完成

旅遊諮詢

◎馬賽遊客服務中心Office de Tourisme Marseille

P.293B2

搭地鐵1號線於Vieux-Port站下，步行約3~5分鐘

11, La Canebière, 13001 Marseille

08 26 50 05 00　9:00~18:00　1/1、12/25

www.marseille-tourisme.com

優惠票券

◎馬賽城市通行證Citypass Marseille

持馬賽城市通行證於效期內可免費參觀包括康提尼博物館(Musée Cantini)、馬賽歷史博物館和遺跡花園(Musée d'Histoire de Marseille et le Jardin des Vestiges)、舊馬賽博物館(Musée du Vieux Marseille)等15個博物館，並自由搭乘地鐵、巴士和電車，以及包括前往紫杉堡的船票和登島參觀門票。到部分商店購物或參加觀光巴士之旅，還可享優惠折扣。可至遊客服務中心購買，或事先上遊客服務中心官網訂購。

1日券€29、2日券€39、3日券€47(3日券可額外選一個€10的導覽行程

www.marseille-tourisme.com/en/experience/marseille-citypass/

MAP ▶ P.293B2

舊港

MOOK Choice

Vieux Port

掌管馬賽的靈魂

搭地鐵1號線於Vieux-Port站下，出站即達。

馬賽舊港是法國第一大港，從西元前49年羅馬人占據後，一直是東方貿易物品進入西方的重鎮，它是這座城市的核心，如果山頂的守護聖母院是馬賽人的精神支柱，那麼舊港便是創造馬賽靈魂的上帝。它與中東、北非的關係相當密切，那些異國的、靡麗的風情從碼頭上岸，與歐陸的文化結合成馬賽獨特的容貌。

碼頭上擠滿了私人遊艇、漁船與前往海外紫杉堡的遊船，洗刷得簇新的白色遊艇和湛藍的海水，在地中海太陽的強烈照射下閃爍著刺眼的光芒，港口堤岸旁毗鄰而立的餐廳、咖啡館和商店，穿梭著來來去去的遊客，露天座位上滿是貪圖陽光的人們，馬賽最具代表性的迷人風景在此顯露無遺。

比利時堤岸 Quai des Belges

從正對著港口的坎內比耶大道往舊港走去，最先抵達的是比利時堤岸，每天清晨漁船進港後，漁夫就會在此擺上攤位，販售當日現捕的新鮮魚獲，形成一座小型魚市，吸引當地人和遊客的目光。不過碰到魚獲有限時，攤位可能減少，魚市也可能無預警休市，偶爾還是會讓人撲空。

舊河岸Quai des Berges

面對舊港右手邊(北側)的堤道稱為舊河岸，岸邊林立著咖啡館、餐廳和飯店，在這裡可以欣賞港灣風光與街上穿著惹火的漂亮妹妹。市政廳(Hôtel de Ville)、知名的馬賽魚湯餐廳Le Miramar以及馬賽香皂店(Savon de Marseille)都位於這條路上，觀光巴士的乘車處也設立於此。

新河岸Quai de Rive Neuve

與舊河岸隔海港對望的正是新河岸，沿岸同樣有無數欣賞港灣美景的人潮，港邊也有不少餐廳提供露天座位，讓遊客好整以暇感受這個國際港灣的活潑氣息。這裡以下午時分的光線最好，是拍攝好時機。目前開往紫杉堡的觀光遊船，也從這裡啟程，此外，和舊河岸之間也有免費接駁船往返，方便居民和遊客往來於南北岸之間。

聖貞堡壘Fort St-Jean

位於舊河岸底端的是聖貞堡壘，它和對岸的聖尼古拉堡壘皆為路易十四時期建立的要塞，負責守衛海港的入口。該古蹟歷經長時間的改建，2013年時，成了歐洲和地中海文明博物館的一部分，讓這處原本就是當地人喜歡前往曬太陽、聊天的休閒去處，搖身一變成為馬賽深具文化意義的地標。

馬賽舊港聯絡船
Ferry Boat Marseille

呈現袋狀的舊港，步行往返新舊河岸必須繞過比利時堤岸，頗為費時。馬賽舊港聯絡船橫渡283公尺寬的港口，為兩岸民眾節省時間，由於價格便宜班次眾多，也不失為另一種遊歷舊港的方式。

7:30~20:20，約每20分鐘一班 休5/1 €0.5，可付現(但不找零)或以感應式卡片支付。 www.rtm.fr/ferry-boat

聖尼古拉堡壘Fort St-Nicolas

想要登高望遠的人，就不能錯過聖尼古拉碉堡，它能將聖貞堡壘、馬賽舊港甚至更遠處的舊城景致一網打盡！雖然守護聖母院看到的視野更廣，但因為距離遠，能見度反而不如這裡理想，特別是下午時分，順光更能拍到好照片。

MAP ▶ P.293B2

馬賽歷史博物館和遺跡花園

Musée d'Histoire de Marseille et le Jardin des Vestiges

橫跨兩千多年的歷史

搭地鐵1號線於Vieux-Port站下，步行約7分鐘。 2, Rue Henri-Barbusse, 13001 Marseille 04 91 55 36 00 9:00~18:00 休週一，1/1、5/1、11/1、12/25 常設展免費，特展全票€6~12、優待票€3~8；18歲以下、每月第一個週日免費 musees.marseille.fr/musee-dhistoire-de-marseille-mhm

馬賽歷史博物館位於交易所(Centre Bourse)購物中心內，占地15,500平方公尺，是法國甚至歐洲最大的歷史博物館之一，館方透過古代劇場、神殿到今日城市的模型、文物和圖片，讓人可以一窺馬賽從1世紀至今的面貌；其中，於1974年在舊港發現的沈船遺跡特別令人驚豔，其年代可以追溯至3世紀。博物館外是遺跡花園(Jardin des Vestiges)，存放著在現址曾挖掘出的古希臘聚落文物。

MAP ▶ P.293A3

聖維克多修道院

MOOK Choice

Abbaye Saint Victor

馬賽最古老的修道院之一

搭地鐵1號線於Vieux-Port站下，步行約15~20分鐘。 3 Rue De l'Abbaye 13007 Marseille 7ème 06 99 15 96 62 9:00~18:00 修道院免費，地下墓室全票€2 www.marseille-tourisme.com/en/

聖維克多修道院是馬賽最美麗的宗教建築，於5世紀由一位稱為St. Cassian的僧侶所建，用來紀念水手與磨坊主人的守護神聖維克多(Saint Victor)，外觀像座堡壘，曾毀於入侵的撒拉遜人之手，在11世紀與14世紀再度修復，修道院中的地下墓室裡有著基督教與異教徒的石棺。

每年2月2日信徒會來此朝聖，當地人販售小船形狀的蛋糕以追悼2,000年前抵達此處的聖瑪麗瑪德蓮、聖瑪爾泰、拉扎爾姊妹(Les-Saintes-Maries-de-la-mer)，這三姊妹在西元40年搭船停泊在馬賽，並將基督教正式傳送到這個區域。

MuCEM與歐洲文化之都的淵源

1983年時，身兼希臘歌手、演員和政治家身份的梅利納．梅爾庫里(Melina Mercouri)認為在當時的社會上，人們對於政治和經濟的關注顯然遠遠超越文化，因此有必要在歐盟會員國中推動一項宣傳歐洲文化的活動。於是希臘文化部在1985年以雅典為首座「歐洲文化之城」(European City of Culture)，展開一系列相關的文化推廣計畫，之後每年都有一座城市獲選並兼負起這樣的責任，其中包括巴黎、阿姆斯特丹、馬德里和柏林等等，到了1999年時，頭銜改為「歐洲文化之都」(European Capital of Culture)，而馬賽正是2013年的重點城市。

馬賽政府將舊港西部區域內的古蹟與建築重新活化，以50項建築計畫為它帶來嶄新的氣象與風貌，其中包括多座博物館，而歐洲和地中海文明博物館正是最大的亮點。結合歷史遺跡和當代藝術，配合綠地和複合式商店設施，讓這個區域成為一座「活著的文化博物館」，新落成的場館找來世界第一流的設計師，打造各種造型前衛富特色的建築，也讓這裡成為了建築迷的朝聖地。

©JoYanaOTCM

MAP ▶ P.293A1

歐洲和地中海文明博物館

MOOK Choice

Musée des Civilisations de l'Europe & de la Méditerranée (MuCEM)

令人驚豔的新生古蹟

搭地鐵1號線於Vieux-Port站下，步行約15~20分鐘；或搭地鐵2號線於Joliette站下，步行約15分鐘。 7 promenade Robert Laffont (esplanade du J4) 13002 Marseille 04 84 35 13 13 5~6月及9~10月10:00~19:00，7~8月10:00~20:00，11~4月10:00~18:00，營業時間時有變動，請至官網查詢。 休 週二，5/1、12/25 全票€11、優待票€7.5；每月第一個週一免費 www.mucem.org

馬賽政府將掌管舊港入口的17世紀聖貞堡壘和稱為J4的前港口碼頭加以整建，以兩條高架天橋將舊城區、聖貞堡壘和J4連成一氣，形成了一處占地廣大的藝文特區。除了展出歐洲和地中海文物、新建的博物館J4外，還有大大小小的展覽廳、休閒庭園、咖啡館和餐廳等，成為馬賽最熱門的新地標，除了遊客，當地人也愛在這裡散步，欣賞黃昏時沒入海平面的璀璨夕陽。

聖貞堡壘區

聖貞堡壘位於一座小山丘上，這片歷史古蹟收藏了馬賽的回憶，多條環型步道串連起庭園與建築，其中包括燈塔、禮拜堂，以及如今改設展覽廳的守衛室和官員村等等。

荷內國王塔La Tour du Roi René

15世紀中葉，荷內國王為了重整這座城市，在昔日被摧毀的默貝塔(Tour Maubert)舊址上興建了一座塔樓。塔樓擁有另一個博物館通往舊港的出入口，其前方平台可以欣賞到360度的全景。

城牆與守衛室
Les Remparts et La Salle du Corps de Garde

從舊城聖羅蘭教堂(Église St-Laurent)前方的高架天橋前往聖貞堡壘，經過皇室門(Port Royal)後，會率先來到守衛室，在這處17世紀的建築中，可以觀看一段介紹堡壘歷史的免費影片。如果想欣賞城牆，不妨沿著環型步道(Chemin de Ronde)走上一圈。

官員村和走廊
Le Village et la Galerie des Officiers

緊鄰守衛室旁的成片建築稱為官員村，昔日原本為軍營，19世紀後該堡壘不再駐軍，於是成排的房間搖身一變成了展覽廳，展出一系列以「娛樂時光」(Le Temps des Loisirs)為主題的收藏，其中包括一組最大的馬戲團模型，活靈活現馬戲團後台與前台的所有場景，其他展出還包括從事各種活動的木偶、傳統服飾與日常用品等。

J4

這個號稱以「石頭、水和風」(事實上以鋼筋混凝土)建成、占地約15,500平方公尺的立方體，是歐洲和地中海文明博物館的核心，出自建築師Rudy Ricciotti和Roland Carta的設計。外觀猶如纖維體，鏤空的設計將馬賽燦爛的陽光與明媚的海景邀請入內，使得整個空間在天氣晴朗時閃閃發光，特別是投射在木頭棧道上的不規則倒影，更帶來浪漫且神祕的氣氛。博物館內共分5樓，3座展覽廳主要位於1、3樓，分別供永久展和特展使用。

地中海廳La Galerie de la Méditerranée

位於1樓的地中海廳面積1,500平方公尺，展出從新石器時代至今與獨特的地中海群居生活相關的文物，其中包括各式各樣的日常生活工具，以及圖畫、素描、版畫、聖像等藝術品，展現當時社會所面對到最真實的問題。展覽按照歷史發展分為「農業發明與神祇誕生」(Invention des Argricultures, Naissance des Dieux)、「耶路撒冷，三教聖城」(Jérusalem, Ville Trois Fois Sainte)、「公民身份與人權」(Citoyennetés et Droits de l'Homme)和「超越已知世界」(Au delà du Monde Connu)4個主題。

© Kléber Rossillon & Région Provence-Alpes-Côte d'Azur/3D MC

© Kléber Rossillon & Région Provence-Alpes-Côte d'Azur/3D MC

© Kléber Rossillon & Région Provence-Alpes-Côte d'Azur/3D MC

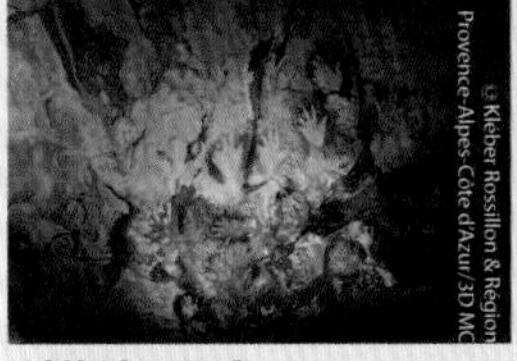

© Kléber Rossillon & Région Provence-Alpes-Côte d'Azur/3D MC

© Kléber Rossillon & Région Provence-Alpes-Côte d'Azur/3D MC

科斯凱洞穴Cosquer Méditérranée

04 91 31 23 12 9:30~18:00、周末及例假日9:30~19:30，7、8月9:30~20:30 成人€18、10~17歲€11、6~9歲€6、5歲以下免費 www.grotte-cosquer.com/en

1985年，一位名叫亨利．科斯凱(Henri Cosquer)資深潛水愛好者在卡朗格灣區潛水時無意挖掘到驚人的發現。在36公尺深的地方有個約175公尺長的洞穴，上面有超過400多幅的壁畫，如企鵝、山羊、野牛、鹿等，後來經科學證實這些壁畫的歷史可追溯到3萬年前，這洞穴也被命名為科斯凱洞穴。1991年科斯凱洞穴對外開放，但隨著海平面逐年上升，科學家們面臨了壁畫如何保存和維護的難題，洞穴也因安全問題被封起來。

如今科斯凱洞穴的副本展示在J4的地中海別墅裡，訪客會先在1樓認識亨利的潛水愛好，像是行前的準備工作、使用的器具等。接著往地下走到36公尺深的地方，進行約40分鐘的游船行程，透過語音導覽帶你認識來自3萬年前的哺乳動物與海底世界、神秘的手印與手繪，以及奇形怪狀的鐘乳石與石筍。

MAP ▶ P.293A4

守護聖母院

MOOK Choice

Notre-Dame de la Garde

飽覽馬賽市容與海景

於Cours Jean Ballard搭巴士60號於終點站下，車程約10分鐘。 Rue Fort du Sanctuaire, 13006 Marseille 04 91 13 40 80 7:00~18:00 免費 www.notredamedelagarde.com

守護聖母院位於馬賽制高點，屬於新拜占庭建築風格，興建於1148年，出自建築師Henri-Jacques Espérandieu之手，其地基前身為一座碉堡。聖母院建築高約150公尺，約40公尺的鐘樓上方聳立著飾以金箔的聖母與聖嬰像，高11公尺的聖母在陽光的照射下閃閃發光，懷抱聖嬰的她面海而立，彷彿看顧著遠方海面上未歸的水手。

這座獻給聖母瑪麗的雪白教堂落成於19世紀中，取代昔日興建於13世紀的同名教堂。從大門進入，首先是僧侶的宿舍，裡面約有30名僧侶。這些僧侶終身都在此修行，每天凌晨2點即展開第一次的祈禱，下午又回到宿舍進行晚禱。教堂位於整座建築的最上層，紅白兩色的大理石柱撐起宏偉的室內空間，牆壁和天花板上裝飾著大量的馬賽克鑲嵌畫，這些彩磚來自威尼斯，由當時最傑出的手工藝匠生產。

位於中殿的三座小圓頂花色不一，圓頂四周的柱頭描繪著來自《舊約》聖經的故事，除了精緻畫作外，牆壁上還可以看見眾多信眾還願的匾額與碑文，二次大戰時期德軍與聯軍交火的槍彈痕跡。如果抬頭看，可以發現教堂內還懸掛了祈禱航海平安的模型船。

教堂下方有一座地下室，一道道羅馬半圓形拱廊下容納了6座側禮拜堂，素樸的模樣和華麗的教堂天壤之別。從聖母院可以俯瞰整個市容，絕對不要錯過這個視野極佳的景點。

MAP ▶ P.293B4

光明城市

Cité radieuse

柯比意的建築集大成

搭地鐵2號線於Rond Point du Prado站下，轉搭巴士22S、22號在Le Corbusier站下車，步行約3分鐘。 280 Boulevard Michelet, 13008 Marseille

光明城市是建築大師科比意(Le Corbusier)所設計的現代主義建築，堪稱是當代集合住宅的範本。樓高18層，共337個房間的大型公寓內部規劃為一個垂直型的理想社區，裡面有超市、書店、餐廳、咖啡、郵局和幼稚園等公共設施，不僅提供1,600名住戶居住空間，更讓他們可以在此工作、享受生活。光明城市無論規模或在都市規劃的意義上，都比柯比意其他公寓設計更具有代

表性，在2016年被聯合國教科文組織入選為世界遺產。

一般遊客無法入公寓參觀，但可以參加馬賽旅遊局規劃的建築之旅，探訪市區內的建築名作。或是入住位於公寓內的柯比意飯店(Hotel le Corbusier)，親自體會建築大師的設計理念。

MAP ▶ P.264C3

紫杉堡

MOOK Choice

Château d'If

揭開鐵面人的傳奇

從舊港(1, Quai des Belges)搭Frioul If Express船前往紫杉堡，航班時間固定，依夏、冬季和假日不同，冬季班次較少，船程約20分鐘，船票來回€11.1；班次、時刻表及票價可上網或至碼頭櫃台查詢(電話04 91 22 41 22、網址www.lebateau-frioul-if.fr) 06 03 06 25 26 10~3月10:00~17:00，4~9月10:00~18:00 休週一、1/1、5/1、12/25 全票€7；18歲以下、11~3月每月第一個週日免費 www.chateau-if.fr

紫杉堡是位於馬賽西南方3.5公里外的小島，為提供砲兵駐守而建於1528年，但始終未成為軍事用地。1580年成為監獄，囚禁重要的政治犯，傳說中路易十四的孿生兄弟「鐵面人」曾囚禁在此。不過，真正讓這個小島不朽的是大仲馬

(Alexander Dumas)著名小說《基度山恩仇記》(Le Comte de Monte-Cristo)，這部以馬賽為故事發生地的小說，其中的男主角即監禁在此處，所以島上的監獄還刻意模仿故事內容：設計兩間相鄰的囚室，有一條秘密通道穿過牆壁，當你站在塔頂，聆聽海鷗叫聲、呼嘯風聲與潮水拍岸聲響，彷彿重回小說情境，遭受冤獄的男主角鬱悶難解的模樣與暴風雨之夜儼然歷歷在目；監獄裡還播放相關電影，提醒你所有情節。

MAP ▶ P.293D2

隆夏宮

MOOK Choice

Palais Longchamp

宮廷風格的噴泉花園

搭地鐵1號線於5 Avenues Longchamp站下，步行約5分鐘。 Boulevard Jardin Zoologique, 13004 Marseille

馬賽美術館Musée de Beaux-Arts

04 91 14 59 30 9:00~18:00 週一、1/1、5/1、11/1、12/25 常設展免費，特展全票€6~12、優待票€3~8；18歲以下、每月第一個週日免費 musees.marseille.fr/musee-des-beaux-arts-mba

自然歷史博物館Musée d'Histoite Naturelle

04 91 14 59 50 9:00~18:00 週一、1/1、5/1、11/1、12/25 常設展免費；特展每月第一個週日及馬賽季每週四免費 musees.marseille.fr/museum-dhistoire-naturelle-de-marseille-mhnm-0

打從16世紀開始，馬賽經常遭受缺水之苦，直到19世紀，因為引入Durance運河水才終獲改善，奧爾良公爵便於1839年，選擇在隆夏(Longchamp)高地這個現址，邀請了出身尼姆(Nîmes)的Espérandieu，設計出作為供水塔使用的隆夏宮，以紀念水源的引入。

這項工程前後花了20年才完成，完工後隆夏宮以華麗典雅的宮廷風格受到歡迎，包括一進門，便可欣賞到半圓形、以雕像點綴其間的花圃和噴泉廣場。隆夏宮從主體兩邊各延伸一段迴廊，迴廊連接的側翼建築，目前分別為馬賽美術館和自然歷史博物館，前者收藏16世紀南法畫家作品，後者展出普羅旺斯的動植物模型、標本，以及從遠古至今的自然歷史。

隆夏宮後方還有一個花園廣場，提供露天咖啡座，以及小火車、騎馬等遊樂設施，深受當地人的喜愛，傍晚時分常可見居民到此聊天、喝咖啡和騎單車，十分熱鬧。

MAP ▶ P.293A1

瑪卓大教堂

Cathédrale de la Major

宏偉的拜占庭式建築

搭地鐵1號線於Vieux-Port站下，步行約20分鐘；或搭地鐵2號線於Joliette站下，步行約8~10分鐘。 Place de la Major, 13002 Marseille 07 72 15 60 10 10:00~19:00

瑪卓大教堂由新舊兩座教堂組成，現今看到醒目的大教堂修建於1852年，共花了42年才建造完成，高700公尺、長146公尺，伴隨著一座直徑達18公尺的圓頂，整體外觀雄偉壯觀，屬於新拜占庭風格。位於一旁的則是建於12世紀中的舊教堂，呈現典型的普羅旺斯羅馬式風格。

蔚藍海岸

Côte d'Azur

文●墨刻編輯部
圖●墨刻攝影組

P.304 尼斯Nice
P.311 坎城Cannes
P.318 摩納哥Monaco

1887年，記者里耶吉(Stéphen Liégeard)提出「蔚藍海岸」(Côte d'Azur)這個名詞，從此法國南部的地中海沿岸，就以四季充足的陽光和乾淨湛藍的海水聞名。蔚藍海岸的區域涵蓋了右半部的普羅旺斯省，從馬賽往東延伸到蒙頓，越靠近鄰國義大利的地方，又常被稱為「里維耶拉」(Riviera)。

真正把蔚藍海岸的觀光事業推上高峰的，要歸功於第一次大戰結束後百廢待舉的歐陸，於1920~1930年湧向此地的度假人潮。19世紀末，這裡是歐洲皇室成員的避寒勝地，到了20世紀，大眾媒體的傳播打開了知名度，社交名流、政商人士、藝術家、設計師紛紛前來，到里維耶拉度假成了時髦代名詞。

尼斯
Nice

尼斯是法國第五大城市，在4世紀由希臘人建城，10世紀時歸普羅旺斯伯爵(Comte de Provence)所有，14世紀時，甚至還拒絕承認由法王分封的領主—「安茹的路易」公爵(Louis d'Anjou)接管，因而落入薩瓦王室(House of Savoy)之手，因此在歷史上看來，它還曾經是法國的敵人。被法國短暫佔領期間，路易十四因害怕尼斯人叛變，於是摧毀了許多城堡建築。

今日的尼斯是座新舊融合的城市，因為經歷不同國家與王室的統治，建築風格也呈現多元化，包括希臘時代留下的歷史遺跡，可在近郊的西米耶山丘(Cimiez)找到。而從19世紀維多利亞時代開始，因終年氣候和煦且海水潔淨湛藍，使得尼斯一直是最受歐洲貴族歡迎的度假地，然而對照坎城的上流華貴，尼斯的氣質倒是要平民多了。

雖然以濱海度假勝地著稱，尼斯卻擁有兩座聞名全球的美術館——馬諦斯博物館和夏卡爾博物館，這兩位20世紀的現代藝術大師，都被尼斯澄澈的天空和海水所深深吸引，而蔚藍海岸所象徵的狂放、自由以及不受拘束的天堂情境，一一重現於他們的畫作中。

INFO

如何前往

◎飛機

從巴黎有國內班機飛往尼斯機場(Aéroport Nice Côte d'Azur)，飛行時間約1小時15分鐘，其他像是波爾多、里昂等法國大城，荷蘭阿姆斯特丹、德國慕尼黑、英國倫敦、瑞士日內瓦……也有班機往來於尼斯之間。

尼斯機場

www.nice.aeroport.fr

◎火車

從巴黎的里昂火車站(Gare de Lyon)搭TGV直達火車，於尼斯火車站(Nice Ville)下，車程約5.5小時，每日約7班。或從巴黎的里昂火車站搭乘火車，在里昂車站(Lyon Part Dieu)、馬賽聖查理火車站(Gare Marseille St Charles)、亞維儂TGV站(Avignon TGV)轉車前往，車程約6.5小時，每日約2~3班。

從馬賽、坎城均可搭乘TER火車直達尼斯。從馬賽聖查理火車站(Gare Marseille St Charles)搭乘列車於尼斯火車站(Nice Ville)下，車程約2.5小時，約1~2小時一班。從坎城(Cannes)於尼斯火車站(Nice Ville)下，車程約30~40分鐘，約20~30分鐘一班。

班次、時刻表及票價可上網或至火車站查詢，車票可上網、至火車站櫃台購買，或先於台灣向飛達旅遊購買法國火車通行證(France Rail Pass)並訂購車票。

飛達旅遊

台北市中山區南京東路三段168號10樓之6

(02) 8161-3456分機2

@gobytrain www.gobytrain.com.tw

法國國鐵

www.sncf.com

◎巴士

尼斯和周邊城鎮均有巴士往來，從坎城(Cannes)的Gare SNCF站搭ZOU經營的620號巴士前往尼斯(Nice)的Parc Phœnix站，車程約1小時20分鐘。ZOU巴士602、603、607號同時還經營往來於尼斯和摩納哥(Monaco)之間的路線，車程各約30分鐘。從艾克斯(Aix-en-Provence)和馬賽(Marseille)可搭乘ZOU巴士60號前往尼斯，車程約2小時15分鐘和2小時45分鐘，班次、時刻表及票價可上網查詢。

普羅旺斯—阿爾卑斯—蔚藍海岸客運系統ZOU

zou.maregionsud.fr/en

Lignes d'Azur巴士公司

www.lignesdazur.com

機場、火車站、巴士站至市區交通

◎從機場

尼斯機場距離市區約6公里，可從第1、2航廈搭乘電車2號線(Tramway T2)到Jean Médecin站再轉乘電車1號線(Tramway T1)往瑪西納廣場Masséna站。另外也可搭乘計程車前往市區，費用約€32。

機場交通資訊 www.nice.aeroport.fr

Central Taxi Riviera Nice 04 93 13 78 78

◎從火車站

尼斯市區火車站(Nice Ville)位於市區，步行至英國人散步道遊客中心約15~20分鐘。也可搭乘電車1號線(Tramway T1)從車站前的Gare Thiers站前往瑪西納廣場Masséna站。或搭巴士8號前往英國人散步道(Gambetta / Promenade站或Congrès / Promenade站下)。

◎從巴士站

尼斯巴士總站(Gare Routière，也被稱為Gare Vauban或Gare St Jean d'Angely)位於市區西北方，主要為歐洲長程線巴士的客運站，可搭乘電車1號線(Tramway T1)從Vauban站到舊城區或市區。從Parc Phœnix站進入舊城區或市區，則可搭乘電車2號線(Tramway T2)到Jean Médecin。

尼斯巴士站Gare Routière/Gare Vauban

16 Avenue des Diables Bleus, 06300 NICE

市區交通

尼斯市區雖有巴士和電車，但大部分景點步行可達。尼斯市內最常使用的是電車1號線(Tramway T1)，聯繫車站、巴士站和瑪西納廣場，市區巴士由Lignes d'Azur經營，電車票券可和巴士共用，單程票和套票可在74分鐘內任意轉搭市區巴士和電車。1日券和7日券則可在效期內無限次搭乘市區巴士、電車以及前往鄰近城鎮的Lignes d'Azur巴士(部分特殊路線除外)。單程票和1日券可直接和司機購買，至於套票和7日券則必在透過自動售票機或售票櫃檯購買。

單程票€1.7(車上購票€2)、機場來回票€10、1日券€7、7日券€13

www.lignesdazur.com/en/travel-tickets

旅遊諮詢

◎尼斯遊客服務中心Office de Tourisme Métropolitain Nice Côte d'Azur – Bureau de Nice

www.nicetourism.com

英國人散步道Promenade des Anglais

從尼斯火車站步行前往約30分鐘可達；亦可搭12號公車或電車於Masséna站下，步行約5分鐘。

5, Promenade des Anglais - BP4079, 06302 NICE

04 92 14 46 14

週一~週三、週六9:00~19:00、週四10:00~19:00、週五9:00~18:00、週日9:00~16:30

火車站Gare

Av Thiers - Gare SNCF, 06000 Nice

04 92 14 46 14

7~9月9:00~19:00、10~6月週一至週六9:00~18:00，週日10:00~17:00 5/1

優惠票券

◎法國蔚藍海岸通行證 French Riviera Pass

分為1日券、2日券和3日券，在有效限期內憑票可免費參觀尼斯和蔚藍海岸周邊城鎮，包括安提布、畢歐、卡納須梅和摩納哥等地約20個景點和博物館、美術館，以及免費參加蔚藍海岸游船之旅(Trans Côte d'Azur)和尼斯導遊導覽行程。另外可以每天多加€7，加購交通套票，可在效期內無限制搭乘往來城鎮間的巴士(不含來往安提布(Antibes)及摩納哥的交通)。可上網或至遊客服務中心購買。

08 92 14 46 14

1日券€28、2日券€40、3日券€59

www.frenchrivierapass.com

◎尼斯博物館通行證Pass Musées 4 jours

4天內憑票可免費參觀尼斯10間市立美術館和博物館，包括現代與當代藝術美術館

(Musée d'Art Moderne et d' Art Contemporain)、馬諦斯博物館(Musée Matisse)、尼斯美術館(Musée des Beaux-Arts de Nice)、馬賽納美術館(Musée Masséna)。可上網或至遊客服務中心購買。另一張Pass Musées de Nice只開放給本地居民購買，不適合外國旅客。

4天通行證全票€15

www.nice.fr/fr/culture/musees-et-galeries/preparer-ma-visite

觀光行程

◎小火車之旅Trains Touristiques de Nice

從英國人散步道出發，經過瑪西納廣場和舊城區，然後爬上小山丘，進入城堡花園(約停留10分鐘)，可以遠眺蔚藍海岸的美麗風景。

從英國人散步道遊客中心步行約3分鐘

Monument du Centenaire, 06300 Nice

04 42 72 21 70

淡季時間10:00~17:00，每1小時一班、旺季時間9:40~18:00，每20分鐘一班；詳細發車時間請見官網

1/1、12/24、12/25、12/31

全票€12、4~12歲€6，3歲以下免費

www.francevoguette.com/petit-train-touristique-electrique-nice-chateau/

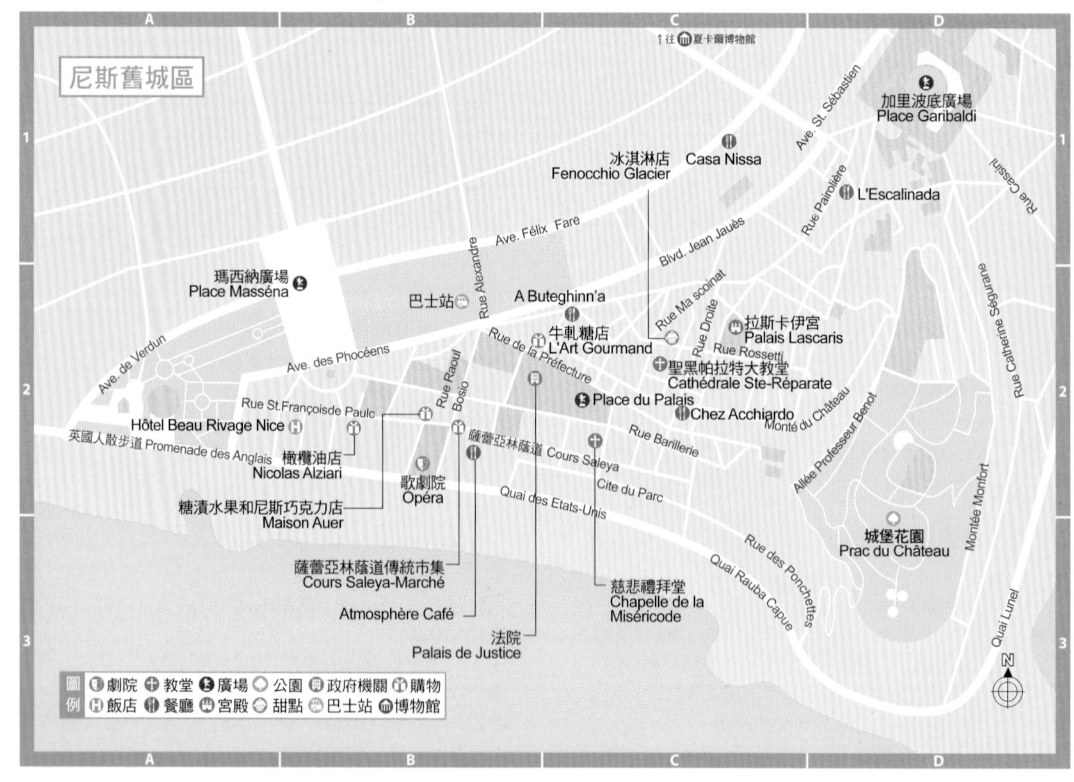

MAP ▶ P.306C1

夏卡爾博物館

MOOK Choice

Musée National Message Biblique Marc Chagall

畫家眼中的神聖世界

從尼斯市區火車站步行約15分鐘；或搭5號公車於Musée Chagall站下。 Ave. du Docteur Ménard, 06000 Nice 04 93 53 87 20 11~4月10:00~17:00、5~10月10:00~18:00 週二、復活節、1/1、5/1、12/25 展覽期間全票€10、優待票€8，非展覽期間全票€8、優待票€6 musees-nationaux-alpesmaritimes.fr/chagall/en

出身俄國猶太裔的夏卡爾(Marc Chagall)在法國習畫，也在法國成名，全名「夏卡爾聖經使命」的博物館於1973年7月7日夏卡爾生日當天開幕。由於該博物館成立於夏卡爾生前，因此完全依照畫家的概念設計與規劃。建築出自柯比意(Le Corbusier)的合作夥伴André Hermant之手，為了展現畫作本身，以及「靈性之屋」的寧靜氣氛，特別以極簡的線條設計。

主展場以舊約聖經的前兩部《創世紀》和《出埃及記》為主題，是夏卡爾在1954~1967年所創作的12幅大型畫作，畫作在他本人的監督下懸掛，順序依年代排列，其中幾幅甚至直接引用聖經裡的故事，例如天堂裡的亞當和夏娃，夏卡爾在這些聖經角色中融合了自己的創作元素，像是動物、花朵與戀人。

第二間比較小的展示廳中另有5幅畫作，呈現舊約聖經中的《歌之歌》，不但傳達了夏卡爾幻想世界的所有圖像，也表達了他對上帝之愛的歌頌。其實猶太人的信仰裡並沒有天使，但夏卡爾的畫中卻經常出現這項元素，那是因為他將在法國的天主教生活經驗一併融入畫裡。最令人讚嘆的還包括音樂廳(Auditorium)，每扇玻璃均述說《創世紀》的故事，天使歌頌著上帝的光輝，窗外的陽光讓色彩繽紛的夏卡爾畫也閃閃發亮。

MAP ▶ P.306A2

英國人散步道

Promenade des Anglais

坐擁海景的悠閒愜意

從英國人散步道遊客服務中心步行即達

尼斯面向海岸的大道正是英國人散步道，這是1820年時由當地英國僑民募款所修建的步行道，原本只是兩線道，中間以花床和棕櫚樹分開，現在卻寬達八線、長約5公里，大道旁藝廊、商店及豪華飯店林立。至於「散步道」(Promenade)之名則是由英國維多利亞女皇之子卡諾特公爵(Duke of Cannaught)啟用於1931年，由此可見這條大道的不凡。如今這條靠近海岸邊的人行道，依舊是尼斯人最喜歡散步、聊天、騎單車和遛狗的地方，聽著浪濤、迎著海風，感覺十分愜意。

MAP ▶ P.306

舊城區

MOOK Choice

Vieux Nice

繽紛花海點綴的街景

從瑪西納廣場前步行約5分鐘

薩蕾亞林蔭道傳統市集

從瑪西納廣場前步行約7鐘　Cours Saleya, 06300 Nice　骨董市集週一7:00~18:00；農夫市集週二～週日6:00~13:30；花市週三、週六6:00~17:30，週日6:00~13:30

尼斯原為希臘人所建，曾淪為羅馬殖民地，最後由義大利的薩丁尼亞王國轉手給法國，這些歷史所留下的遺跡，在尼斯舊城區裡都找得到，像是法院(Palais de Justice)、歌劇院(Opéra)、聖黑帕拉特大教堂(Cathédrale Ste-Réparate)、加里波底廣場(Place Garibaldi)、慈悲禮拜堂(Chapelle de la Miséricorde)等，洋溢巴洛克建築風情。值得注意的是舊城區的某些路牌並非法語，而是以尼斯方言Nissard

寫成，這種方言近似西班牙文與義大利文的合體，卻與法語大異其趣。

興建於1855年的歌劇院，可說是舊城區的起點，華美的內部廳共4層樓高，為典型的巴洛克式建築，因此外觀上左右並不十分對稱，隔鄰有另一棟興建於1786年的建築，據說拿破崙曾停留在此，並寫了一封情書給愛人約瑟芬。

想感受南法人的活力與朝氣，絕對要逛逛舊城區裡的薩蕾亞林蔭道傳統市集(Cours Saleya-Marché)，這裡除了週一是骨董市場，其他天都有花市、果市和魚市，非常熱鬧。市集裡還販售由鷹嘴豆糊爐烤而成的傳統小吃「酥卡」(Socca)，以及一種稱為「Farci」的包捲，任何只要是包了東西的都可稱為是「Farci」，以橄欖油烹調的可口小菜，在路邊小店或是市集攤位都可以買到。

巴洛克建築

位在法國南部和義大利之間的區域，保留了在法國難得一見的巴洛克建築，其中最具代表性的城市之一便是尼斯。巴洛克(Baroque)的原文是葡萄牙文，意指「變形的珍珠」，風行於16~18世紀的歐陸，特色是建築外加華美絕倫的雕飾，可以說是銜接義大利文藝復興建築晚期的「矯飾主義」，是一種為了炫耀財富和權勢的建築。

除了富人權貴有財力可以蓋出巴洛克建築，教堂也是巴洛克風格的愛好者，有句話說：「對神來說，沒有什麼是過於美麗的」，便是當時天主教勢力極盛的寫照。

由於法王路易十四(Louis XIV)個人不喜歡巴洛克形式，使得這種華麗建築在法國本土非常少見，而當時不隸屬於法國的尼斯，卻因此保存了巴洛克風格的建築，在舊城區的法院(Palais de Justice)、聖黑帕拉特大教堂和慈悲禮拜堂等，都是其中的代表。

加里波底廣場是舊城區的盡頭，矗立著尼斯革命家加里波底(Garibaldi,1807~1882)的雕像，他在法國與義大利薩丁尼亞王國纏鬥之際，為捍衛尼斯不惜登高一呼，表達寧作義大利人也不願效忠法國的心願。

廣場所連接的Rue Catherine Ségurane則是以另一位尼斯女英雄瑟古罕來命名，在16世紀的尼斯數度被法軍包圍之際，她冒死送糧進城給尼斯軍隊，甚至勇敢殺敵。從加里波底和瑟古罕的故事，我們可以看到，尼斯人對於家園故土的榮譽心，和他們自豪的光輝歷史。

MAP ▶ P.306C2

凱伊洛斯別墅

MOOK Choice

Villa Kérylos

重現古希臘的燦爛藝術

從尼斯市區搭15號巴士於Kerylos站下；從Beaulieu-sur-Mer火車站步行約9分鐘 Impasse Gustave Eiffel, 06310 Beaulieu-sur-Mer 04 93 01 01 44 9~4月10:00~17:00、5~8月10:00~18:00 休1/1、5/1、11/1、11/11、12/25 $全票€13；18歲以下、11月及1~3月第一個週日免費 www.villakerylos.fr

凱伊洛斯別墅是德國考古學家西奧朵·雷納克(Théodore Reinach)一手打造的，由同是古希臘文明愛好者的建築師龐特莫利(Emmanuel Pontremoli)設計、施工，花了6年時間(1902~1908)而建，龐氏也是知名建築師加尼葉(Charles Garnier)的好友。Kérylos取自希臘文，意指「翠鳥」或是「燕鷗」，是常在希臘神話中出現的頌詩之鳥，讓人想起陽光和海洋的美好，而別墅正是環抱如此美景的建築。

凱伊洛斯別墅可說是一棟精美的希臘博物館，除了1樓的豪華浴場和門口2世紀的骨董馬賽克氣勢驚人外，圖書室(Bibliothèque)、餐廳(Salle à manger)、客廳(Salon)、雷納克及其夫人臥室(Chambre de Reinach)等，每間房裡都可看到以希臘神話人物為主題設計而成的圖騰，所選用的素材在20世紀初都是一流之選；地下室藝廊的複製希臘諸神神像值得一看。別墅建好之後，雷納克1928年過世前就常來此度假。他的子孫也住在這裡，一直到1967年別墅被列名歷史古蹟為止。

©OTM NCA

©OTM NCA

©OTM NCA

坎城 Cannes

說坎城是好萊塢的孿生姊妹一點也不為過，尤其每年5月舉辦坎城影展期間，衣香鬢影、熠熠星光將整座城市點亮，高級飯店、白色沙灘、社交名人、國際精品……構成了坎城的夏日印象。

不過坎城今日的魅力並非與生俱來，在19世紀之前，這裡甚至是個缺水又髒亂的小漁村，直到1834年，英國大法官布魯厄姆爵士(Lord Brougham)前來查探當時蔚藍海岸流行的霍亂傳染病，卻因未能獲准進入薩丁尼亞王國而決定在此停留一晚，沒想到坎城美麗的海景和小鎮熱情的居民，深深打動了布魯厄姆，他從此定居下來，直到1868年辭世。在布魯厄姆和其他英國貴族影響下，別墅和飯店逐漸被興建，坎城一躍成為歐洲最時髦的冬季度假地，包括當時還是威爾斯王子的英王愛德華七世(Edward VII, 1841~1910)、比利時國王亞伯特一世(Albert I)和丹麥的克莉絲汀十世(Christian X)都曾到此享受陽光。

今日的坎城早已不是王公貴族的專屬度假地，取而代之的是海灘上半裸做日光浴的男女老少，以及坎城影展帶來的影視名人和國際大導演。如今雕像聳立於舊城市政廳廣場上的布魯厄姆爵士，大概連他自己都很難想像，坎城會成為蔚藍海岸最耀眼的一顆珍珠。

INFO

如何前往

◎火車

從巴黎的里昂火車站(Gare de Lyon)搭TGV直達火車，於坎城火車站(Cannes)下，車程約5小時，每日約7班。或從巴黎的里昂火車站搭乘火車，在里昂車站(Lyon Part Dieu)、馬賽聖查理火車站(Gare Marseille St Charles)、亞維儂TGV(Avignon TGV)轉車前往，車程約5.5~6小時，每日約2~3班。

從馬賽、尼斯均可搭乘TER火車直達坎城。從馬賽聖查理火車站(Gare Marseille St Charles)搭乘列車至坎城火車站(Cannes)，車程約2小時，約1~2小時一班。從尼斯(Nice Ville) 搭乘列車至坎城火車站(Cannes)，車程約30~40分鐘，約7~30分鐘一班。

班次、時刻表及票價可上網或至火車站查詢，車票可上網、至火車站櫃台購買，或先於台灣向飛達旅遊購買法國火車通行證(France Rail Pass)並訂購車票。

飛達旅遊

台北市中山區南京東路三段168號10樓之6

(02) 8161-3456分機2

@gobytrain

www.gobytrain.com.tw

法國國鐵

www.sncf.com

◎巴士

坎城和周邊城鎮均有巴士往來，從尼斯(Nice)的Parc Phœnix站搭ZOU經營的620號巴士，經卡納須梅(Cagnes sur Mer)、安提布(Antibes)前往坎城(Cannes)的Gare SNCF站，車程約1~1.5小時。

從尼斯機場可從第2航廈搭乘ZOU經營的的機場專線81號巴士前往坎城的Gare SNCF站，車程約45分鐘，約每45分鐘一班。班次、時刻表可上尼斯機場官網查詢。

普羅旺斯—阿爾卑斯—蔚藍海岸客運系統ZOU

zou.maregionsud.fr/en

Lignes d’Azur巴士公司

www.lignesdazur.com

尼斯機場專線Nice Airport Express

04 13 94 30 50

單程€19.9

www.niceairportxpress.com

火車站、巴士站至市區交通

坎城火車站和巴士總站即位於市區內，步行至遊客服務中心約8~10分鐘。

坎城巴士站 Gare Routière

Place Bernard Cornut Gentille, 06400 Cannes

市區交通

大部分景點均徒步可達。

旅遊諮詢

◎坎城遊客服務中心總部

Office de Tourisme de Cannes- Bureau Principal (Palais des Festivals et des Congrès de Cannes)

從坎城火車站步行約8分鐘

1, boulevard de la Croisette, 06400 Cannes

04 92 99 84 22

3~6月、9~10月9:00~19:00，7~8月9:00~20:00，11~2月10:00~18:00

www.cannes-france.com

Where to Explore in Cannes
賞遊坎城

MAP ▶ P.313B2

節慶宮

Palais des Festival et des Congrès

南法最知名會展場所

從遊客服務中心步行即達 Blvd. de la Croisette, 06400 Cannes www.palaisdesfestivals.com

位於港口邊的巨大建築，就是坎城影展的中心——節慶宮，眾所矚目的金棕櫚獎就是在這裡頒發！啟用於1982年的節慶宮可容納30,000人，裡面有3座放映廳、2間展覽廳、會議室、賭場、夜總會及餐廳，許多重要商展都在此舉行，而坎城最大的遊客服務中心也位在節慶宮1層。

坎城影展在頒獎時，會從大廳門口舖設一道紅地毯直抵馬路旁，當紅的電影明星及國際大導演穿著晚禮服，在閃個不停的鎂光燈中拾梯而上，接受熱情影迷的歡呼。而所謂的「星光大道」(L'Allée des Étoiles-du-cinéma)其實位在節慶宮旁的地面上，來自世界各地的參展明星按照年代順序留下自己的手印，有蘇菲亞羅蘭、傑哈德巴迪厄、蘇菲瑪索、勞勃迪尼洛等300多位大明星，如果無緣一睹本人風采，就找出你最愛的明星手印與他合影留念吧！

星光熠熠的電影之都

於5月中旬舉辦的坎城影展，是世界影壇的一大盛會，影展期間眾多電影製作人和明星群聚坎城，使得小十字大道有如星光大道般眾星雲集。不僅影展期間熱鬧萬分，城市中也到處可見影展象徵「金棕櫚」的圖騰，城區牆面彩繪著歷代影人，連巴士站都掛滿得獎明星的照片，隨時都能感受到影展氣氛。遊客服務中心內還推出免費的星光大道自拍機，跟隨機器指示操作，即可以影展或明星為背景拍照留念。

MAP ▶ P.313A2

舊城區

MOOK Choice

Le Suquet

濃縮城市歷史與菁華

從遊客服務中心步行約8~10分鐘

舊城區呈現截然不同於星光坎城的風韻，這個區域至今仍沿用古名「Suquet」，指的是普羅旺斯的一種魚湯。

每天早上準時開市的佛維勒市場(Marché Forville)保存了舊城的活力來源，四周圍繞著各色各樣的食品店，附近的佛維勒酒窖(Cave Forville)則是當地人經常光顧、選購葡萄酒的地方。從傳統市場旁的石板路往上走，兩旁都是斑駁的舊民房，漁民的子孫世居於此，多數以開小餐廳為業；華燈初上時分，小餐館鋪著鮮麗桌巾的桌子從室內蔓延到石板路上，一盞盞蠟燭映照古城。

世界探險博物館
Musée des Explorations du Monde

從遊客服務中心步行約10~12分鐘 6 Rue de la Castre, 06400 Cannes 04 89 82 26 26 10~3月10:00~13:00、14:00~17:00，4~6月及9月10:00~13:00、14:00~18:00(6月週三至21:00)，7~8月10:00~19:00(週三至21:00) 週一、1/1、5/1、11/1、11/11、12/25 全票€6.5、18~25歲€3.5；18歲以下、11~3月第一個週日免費 www.cannes.com/en/museums-arts/musee-des-explorations-du-monde.html

城堡博物館(Musée de la Castre)於2021年改名為世界探險博物館(Musée des Explorations du Monde)，由修道院改建而成的城堡博物館矗立在舊城蘇給區的山頂，陳列了人類學和考古學的偉大收藏。

館藏主要來自19世紀的旅行家Baron François Lycklama的收藏與捐贈，他本身相當熱愛中東文明，對於埃及及地中海區域的骨董更有興趣，也因此其收藏除歐洲外更遍及美洲和亞洲的珍奇品，包括世界各地的樂器、風景畫作、埃及石棺、非洲土著乾屍，以及來自希臘、羅馬、美索不達米亞、伊朗、塞普勒斯等地的收藏品。

博物館裡也可看到19世紀的普羅旺斯及蔚藍海岸地區的風景畫，100年前的坎城是身穿蓬蓬裙、撐著小洋傘的貴婦，漫步於海邊大道的情景，另外博物館最近修復完一幅19世紀初的波斯油畫《無名氏，穿藍裙的寵妓》(Anonyme, Courtisane à la Jupe Bleu)，有一系列相關文字與影像介紹。博物館中庭有一座興建於11世紀的監視塔(Tour de Guet)，可以俯瞰到坎城的全景，新鮮海風和陽光拂面而來，令人心曠神怡。

列航群島

在法國的蔚藍海岸、靠近坎城的近海，有四座被並稱為列航群島的地中海島嶼，其中較大的兩座分別為聖瑪格麗特島(Île Ste Marguerite)和聖歐諾哈島(Île St Honorat)，可從坎城搭乘遊船前往參觀，另外兩座較小的聖費耶歐島(Îlot Saint-Ferréol)和花邊女工島(Îlot de la Tradelière)則沒有人煙，自然也未開放遊客登島。這些島嶼最初被人發現是在古羅馬時期，它們曾是法國南部最強勢的宗教中心，現在則是坎城人度假的世外桃源。

MAP ▶ P.303C2

聖瑪格麗特島

Îles Ste-Marguerite

謎樣的監獄傳說

從Quai Laubeuf搭船前往聖瑪格麗特島，船程約15分鐘。

Trans Côte d'Azur

Port de Cannes, quai Laubeuf, 06400 Cannes 04 92 98 71 30 去程7:30~16:30(11~4月的週日9:00~16:30)，約1小時一班；回程7:45~18:30，約1小時一班。船班依季節略有調動，請上官網查詢。 來回全票€18、13~25歲及65歲以上€16.5、5~12歲€12 www.trans-cote-azur.com

Horizon Compagnie Maritime

Port de Cannes, quai Laubeuf, 06400 Cannes (Radisson Blu飯店對面的停車場盡頭) 04 92 98 71 36 去程9:00~17:30，約1小時一班(每半點為彈性班次)；回程9:15~17:00。船班依季節略有調動，請上官網查詢。 來回全票€18、13~25歲及65歲以上€16.5、5~12歲€12 www.horizon-lerins.com

聖歐諾哈是一位羅馬修士，他在4世紀末抵達今日的聖歐諾哈島並創立了一座修道院，而聖瑪格麗特則是他妹妹的名字，據說她曾經領導一群在這座以她為名的島嶼上生活的修女。1612年時，聖瑪格麗特島島主將它從聖歐諾哈僧侶手中交給了Chevreuse公爵「洛林的克勞德」(Claude de Lorraine)，於是這座長約3公里的小島上，出現了今日皇家堡壘(Fort Royal)的雛型。

歷經西班牙和法國人的占領後，17世紀末的聖瑪格麗特島成了軍營和監獄，而讓它至今仍聲名大噪的「鐵面人」正是囚禁於此。此外，它關過的名人也不少，20世紀卸下監獄身份以前，阿爾及利亞反抗領袖Abdel Kadir、蒸汽船的發明者Marquis Jouffroy d'Abbans，和唯一成功逃出此島的巴贊元帥，都曾在此吃過牢飯。不過今日的堡壘已改設博物館和古蹟的方式對外開放，此外這座遍松樹，春末夏初時總是散發茉莉花散發淡淡香氣的島嶼，已成為當地人偷得浮生半日閒的好去處。

禮拜堂 Chapelle

大約興建於17世紀，這座禮拜堂不久後增建了一座同時具備觀測功能的鐘塔。禮拜堂內部空間不大，除了祭壇中央的聖母與聖嬰像和一幅祭壇畫外，幾乎沒有過多的裝飾，不過昔日這可是當地居民進行洗禮、婚禮甚至葬禮等人生大事的場所。

鐵面人博物館與皇家堡壘 Musée du Masque de Fer et du Fort Royal

Îles Ste-Marguerite, 06400 Cannes 04 89 82 26 26 4~5月10:30~13:15、14:15~17:45，6~9月10:00~17:45，10~3月10:30~13:15、14:15~16:45 休10~5月的週一、1/1、5/1、11/1、11/11、12/25 $海洋博物館+皇家堡壘全票€6.5、18~25歲€3.5；皇家堡壘10~5月週一€3.5；11~3月第一個週日免費 www.cannes.com/fr/culture/musees-et-expositions/musee-du-masque-de-fer-et-du-fort-royal.html

坐落於皇家堡壘中的17世紀「舊城堡」(Vieux Château)，該建築興建於島上最古老、年代可回溯到中世紀甚至古羅馬時期的遺跡上，包括捍衛聖瑪格麗特島安全的峭壁塔(Tour du Rocher)。

鐵面人博物館與皇家堡壘(前海洋博物館Musée de la Mer)的最大看點有三個：勒嘎克(Jean Le Gac)、鐵面人囚室(Cellule du Masque de Fer)以及胡格諾派紀念廳(Mémorial Huguenot)。勒嘎克在保留昔日監獄面貌的空間裡，創作出充滿異國風情的想像，至於鐵面人囚室則可以看見褪色的壁畫中巧妙隱藏了一個小洞，1990年因修復壁畫而發現隱藏其中的紙條，出自一位愛爾蘭囚犯之手，目前展出於胡格諾派紀念廳前方走道的玻璃櫃中。

胡格諾派紀念廳則是17世紀時6位拒絕宣示放棄他們信仰的胡格諾派教徒被秘密囚禁的地方，裡頭有著相關文物展覽。至於海底考古收藏則陳列許多自海底沈船撈起的古羅馬和撒拉遜人(Saracens)遺物，包括鑲嵌畫、壁畫、陶器等。

巴贊露臺 Terrasse Bazaine

這處興建於古代遺跡上的露臺，是法國軍隊總指揮官巴贊元帥(Maréchal Achille Bazaine)散步的地方，這位在1870年普法戰爭中被法方認為叛變且勾串敵人的元帥，被判刑囚禁瑪格麗特島長達20年的時間，不過就在他被關了10個月後，居然離奇的逃脫，並在馬德里活到了77歲才過世。

鐵面人Masque de Fer

傳說在1687~1698年間，有一名神秘男子被囚禁在聖瑪格麗特島上的皇家堡壘(Fort Royal)，他被限制終身戴著鐵製的面具，不能讓任何人看到他的臉，之後他被移往巴黎的巴士底監獄，並於1703年死於獄中，直到法國大革命暴民攻破監獄後，才發現了這個秘密。鐵面人的傳說有許多版本，坎城的舊城區甚至還有一個鐵面人曾經待過的古塔，不過其中流傳最廣的還是大仲馬的小說《三劍客》，傳說這名鐵面人就是當時的國王路易十四(Louis XIV)的孿生兄弟。

MAP ▶ P.303C2

聖歐諾哈島

Île St Honorat

歷史悠遠的修道院

從Quai Laubeuf搭船前往聖歐諾哈島，船程約15分鐘。

聖歐諾哈島渡船

Planaria - Embarcadère Île Saint-Honorat, Port de Cannes, quai Laubeuf, 06400 Cannes 04 92 98 71 38 去程10:00~16:00(週日8:00~18:00)，約1小時一班；回程10:30~16:30(週日8:30~18:30)，約1小時一班。船班依季節略有調動，請上官網查詢。 來回全票€19(網路購票€17.5)、65歲以上€17、13~18歲€16、8~12歲€12、4~7歲€9 www.cannes-ilesdelerins.com

聖歐諾哈修道院

Île St Honorat , 06400 Cannes 04 92 99 54 00 www.abbayedelerins.com

長約1.5公里、寬約400公尺的聖歐諾哈島，是列航群島中暨聖瑪格麗特島後的第二大島，打從5世紀開始，這裡就因為僧侶創立了修道院而成為南法重要的宗教中心，據說當時聖歐諾哈希望在這座島上過著隱士般的生活，然而跟隨他的門徒在此成立了教團並興建了一座非常大的修道院。

不過修道院的生活並不平靜，因為撒拉遜人不斷前來騷擾，甚至在西元732年時，屠殺了島上包括男修道院長Saint Porcarius在內的眾多僧侶，據說當時的傷亡原本會更加慘重，但因為天使預先警告了Saint Porcarius，才讓部份僧侶提前逃離這場災難。

到了中世紀時，因為Raymond Féraud有關聖歐諾哈傳奇一生的文章，讓這座島嶼頓時成為一處熱門的朝聖地，不過後來因為西班牙人和法國人的多番侵略與占領，讓修道院一度在1787年時解散，更於法國大革命後被收歸國有，18世紀末，聖歐諾哈島被女演員Mademoiselle de Sainval買下，成為她的家長達20年的時光。

1859年時，Fréjus主教買下了這座島，並重新在此建立了西多會教派(Cistercian)，至今大約還有30位的僧侶居住於此。在島上幾乎遍布葡萄園和植物的環境中，散布著多座小禮拜堂，不過教務教堂(Église Abbatiale)和防禦修道院(Monastère Fortifié)是參觀重點。教務教堂和今日修士們的生活中心是1878年在原本修道院遺跡上重建的結果。至於那座臨海、如今已廢棄的防禦修道院，落成於15世紀，修築了防禦工事的它一度駐軍，以保護教團不受海上入侵者的攻擊。

遊客可以爬上防禦修道院，從至高點欣賞附近海域蔚藍的海水和無邊的海岸線，以及今日教堂與修道院宏偉的整體結構。離開島前，除了享受綠意盎然的自然風光外，也別忘了前往修道院附設的商店，買瓶當地修道士親手栽種和釀造的葡萄酒或口味多樣的利口酒，或是蜂蜜等特色產品。

摩納哥
Monaco

位於法國臨地中海岸東邊的摩納哥，擁有高低起伏的地勢和許多壯麗的海峽，儘管面積不到2平方公里，卻是全球國民所得最高的國家，舉世聞名的一級方程式賽車，是當地享譽國際的年度盛事。

摩納哥在中世紀曾是血淋淋的殺戮戰場，直到1297年，法蘭斯瓦・格里馬迪(Francois Grimaldi)喬裝成修士潛入摩納哥取得政權，歷經幾次動盪，1346年查理・格里馬迪(Charles Grimaldi)宣稱摩納哥的領土及獨立，並在15世紀獲得法王查理八世及薩瓦公爵(Duc de Savoy)的承認。

國土狹小又佈滿岩岸的摩納哥，原本是個歐洲窮國，自從1865年開設了第一家蒙地卡羅賭場，便一躍成為最富有的國度，人人湧向賭場沉浸於金錢的誘惑中，有人在此一夜致富，也有人傾家蕩產，蒙地卡羅幾乎同時成為天堂和地獄的代名詞。1870年時，王室取消了國民所得稅，更讓摩納哥成為有錢人的天堂，間接地刺激這個蕞爾小國的經濟發展。

1949年登基的雷尼爾三世(Rainier III)是有史以來最具影響力的統治者，不過，他最有名的事蹟是迎娶好萊塢女星葛莉絲・凱莉(Grace Kelly)，國王與平民美女的童話故事，將摩納哥的名氣推到最高點。可惜1982年時，葛莉絲車禍身亡，留下兩位公主史蒂芬妮(Stéphanie)、卡洛琳(Caroline)，和王位繼承人艾伯特王子(Albert)。

佳人香消玉殞已久，然而摩納哥卻依舊為人津津樂道，一棟棟地往上蓋的高樓，形成法國南部地區罕見的挑高天際線，蜿蜒的道路彎曲延伸於飯店和別墅間，積極往海中建造的堤防，為寸土寸金的蒙地卡羅創造出更多的發展空間。

INFO

基本資訊

人口：約37,000人
面積：約2.02平方公里
國碼：+377

如何前往

從巴黎里昂火車站(Gare de Lyon)搭火車經尼斯(Nice)轉車到摩納哥蒙地卡羅火車站(Monaco Monte Carlo)，全程約6~6.5小時，每日約5班。也可從馬賽聖查理火車站(Gare Marseille St Charles)搭火車經尼斯轉車，全程約3~3.5小時，班次頻繁。

從尼斯火車站(Nice Ville)搭乘TER火車直達摩納哥蒙地卡羅火車站，車程約15~20分鐘，約15~30分鐘一班。從坎城(Cannes)搭乘TER火車直達摩納哥蒙地卡羅火車站，車程約1小時，約10~30分鐘一班。班次、時刻表及票價可上網或至火車站查詢，車票可上網、至火車站櫃台購買，或先於台灣向飛達旅遊購買法國火車通行證並訂購車票。

飛達旅遊

台北市中山區南京東路三段168號10樓之6
(02) 8161-3456分機2
@gobytrain
www.gobytrain.com.tw

法國國鐵

www.sncf.com

◎巴士

摩納哥和周邊城鎮均有巴士往來，從尼斯和埃茲(Èze)可搭乘Lignes d'Azur經營的602、607號巴士前往摩納哥。班次頻繁，時刻表及票價可上網查詢。602、607號巴士皆有停靠近蒙地卡羅大賭場(Casino de Monte-Carlo)的Monte Carlo Casino站。

Lignes d'Azur巴士公司

www.lignesdazur.com

火車站、巴士站至市區交通

摩納哥蒙地卡羅火車站和巴士站皆位於市區，從火車站步行至遊客服務中心約10分鐘。

市區交通

大部分景點步行可達，如不想走路，搭巴士也很方便。摩納哥有6條巴士路線：

1號路線行經Monaco Ville、賭場廣場(Place du Casino)和Saint Roman之間；
2號路線行經Monaco Ville、蒙地卡羅和異國植物園(Jardin Exotique)之間；
3號路線行經Fontvieille和Hector Otto之間；
4號路線行經Fontvieille、直升機機場(Heliport)和Saint Roman之間；
5號路線行經醫院、遊客服務中心和Larvotto海灘之間；
6號路線行經Fontvieille、直升機機場、蒙地卡羅和Larvotto海灘之間。

另外，摩納哥因山勢地形，讓它在市區內建有8條電梯系統，方便行人在某些景點或地區上下進出。

摩納哥巴士公司CAM

單程票€2、1日券€5.5
www.cam.mc

旅遊諮詢

◎摩納哥旅遊局Office du Tourisme de Monaco

P.320C2
從摩納哥蒙地卡羅火車站步行前往約10分鐘
2a, Blvd. des Moulins, Monte-Carlo, 98030 Monaco Cedex
92 16 61 66
週一～週六9:30~17:30
1/1、5/1、11/19、12/25
www.visitmonaco.com

觀光行程

◎小火車之旅Monaco Tours

可在海洋博物館前搭乘環繞摩納哥觀光小火車，途中行經18個重要景點，像是新港口(La Porte-Neuve)、蒙地卡羅大賭場、赫米提茲飯店、巴黎咖啡館、巴黎大飯店、親王宮、摩納哥大教堂等。車上提供包括中、英文等12種語音導覽。車程約30~40分鐘，可上網預訂或至候車處購買。

從親王宮步行約10分鐘，海洋博物館前。

92 05 64 38

11月中~2月中

成人€12、2~8歲€6

monacotours.mc

◎巴士之旅Monaco Le Grand Tour

巡迴於蒙地卡羅大賭場、舊城區與葛莉絲・凱莉王妃玫瑰花園所在的Fontvieille區，途中行經12個重要景點，中途可自由上下車。車上提供包括中、英文等8種語音導覽。車程約1小時，可上網或向司機購買。

92 05 64 38

旺季10:00~17:45，每15分鐘一班、淡季10:00~17:30，每30分鐘一班

11/19

一日券全票€24、優待票€8~21；二日券全票€26、優待票€8

www.monacolegrandtour.com

◎直昇機之旅Héli Air Monaco

前往摩納哥的交通方式有好幾種選擇，可以搭乘火車或巴士，或是開車由峭壁上的濱海公路前往，甚至是坐船從地中海長趨直。最酷炫的也最受歡迎的，則是搭乘空中直昇機，從空中鳥瞰摩納哥海岸線的旖旎風光。

Héli Air Monaco提供尼斯國際機場和摩納哥當地機場之間的直昇機接送服務，從等待搭機開始，就令人充滿期待，尤其是上下飛機時被螺旋槳刮起的強風吹出來的興奮感，加上飛在空中時的平穩舒適感，以及海岸城鎮的美景，因此雖然只有短短7分鐘的飛行時間，還是讓人覺得很過癮。

92 05 00 50

每日約有20班以上固定航班，平均每30分鐘一班

www.heliairmonaco.com

摩納哥

海軍博物館 Musée Naval
郵票錢幣博物館 Musée des Timbres et des Monnaies
Blvd. du Jardin Exotique
蒙地卡羅火車站
Blvd. Princesse Charlotte
遊客服務中心
摩納哥國立新博物館NMNM (蘇貝別墅Villa Sauber)
Blvd. D'Italie
Blvd. du Larvotto
異國植物園 Jardin Exotique
摩納哥國立新博物館MNMN (帕洛瑪別墅Villa Paloma)
Rue Grimaldi
Ave. President J.F Kennedy
Le Limùn
Blvd. des Moulins
Ave. de Grande Bretagne
Ave. Princesse Frace
美麗殿海灘飯店 Le Méridien Beach Plaza
Place du Canton
Boulevard Charles III
Place d'Armes
赫米提茲飯店 Hôtel Hermitage
Ave. des Spelugues
格里馬迪會議中心
賭場廣場Place du Casino
Ave. Prince Hereditaire Albert
拿破崙及王室文獻博物館 Musée des Souvenirs Napoléoniens et Archives Historiques du Palais
Blvd. Louis II
親王宮 Palais Princier
Port de Fontvieille
Place du Palais
摩納哥港 Ports de Monaco
費爾蒙特蒙地卡羅飯店 Fairmont Monte-Carlo
蒙地卡羅海灘飯店 Monte-Carlo Beach Hotel
城堡餐廳 Le Castelroc
U Cavagnetu
Ave. de la Quarantaine
Rue Psse Marie
Ave des Papalins
Buddha-Bar Monte-Carlo
巴黎咖啡館Café de Paris
La Brasserie
哥倫布斯飯店 Columbus Monaco
直昇機機場
海洋博物館 Musée Océanographique
蒙地卡羅大賭場 Casino de Monte-Carlo
葛莉絲凱莉王妃玫瑰園 Roseraie Princesse Grace
聖馬丁花園 Jardins St-Martin
摩納哥大教堂 Cathédrale de Monaco
巴黎大飯店Hôtel de Paris
Le Grill
Louis XV Alain Ducasse
圖例 景點 廣場 教堂 博物館 娛樂 酒吧 公家機關 公園 機場 飯店 火車站 碼頭 餐廳

MAP ▶ P.320C2

MOOK Choice

蒙地卡羅與蒙地卡羅大賭場

Monte-Carlo et Casino de Monte-Carlo

璀璨奢華的真正定義

從遊客服務中心步行約3分鐘

蒙地卡羅大賭場

Place du Casino, 98000 Monaco 98 06 20 00 賭場14:00起；語音導覽10:00~13:00(最後入場12:15) 賭場入場費€19；語音導覽€19、13~17歲€14、6~12歲免費 www.montecarlocasinos.com 需穿著正式，進入賭場須滿18歲並攜帶護照，賭場不得拍照錄影，攝影器材需存放櫃台。

滿是岩岸國土又狹小的摩納哥，其統治家族在1850年代幾乎面臨破產的命運，1856年時，摩納哥親王夏爾三世(Charles III)為了解決財務危機，不但將摩納哥打造成濱海療養勝地，更在市區北邊的岬角上開設了首家賭場，後人為了紀念這位親王，便將賭場及其周邊區域，命名為「蒙地卡羅」，意思就是「夏爾之丘」(Mount Charles)。

所謂的蒙地卡羅，指的是賭場廣場(Place du Casino)往東，一路到La Rousse、Larvotto和St Roman的區域，不過今日每當人們提起蒙地卡羅，浮現於腦海的總是由蒙地卡羅大賭場(Casino de Monte-Carlo)、巴黎大飯店(Hôtel de Paris)和巴黎咖啡館(Café de Paris)構成的金三角－－賭場廣場，其中特別是大賭場幾乎成為蒙地卡羅的地標。

落成於1863年、1878年時由巴黎歌劇院建築師加尼葉(Charles Garnier)修復一新，大賭場青銅色屋頂的挑高建築，搭配著華麗的裝飾雕刻，可說是美好年代風格建築的最佳詮釋。走上階梯，推門而入，鋪著大理石的地面通往一座環繞愛奧尼亞式柱的中庭，28根由縞瑪瑙打造而成的圓柱，搭配著第二共和時期風格的淺浮雕、壁畫和雕像等裝飾，中庭一邊通往歌劇院(Opéra)，一邊則通往賭場的娛樂廳。

歌劇院是加尼葉翻新大賭場時增建的表演場所，1879年時由當時最炙手可熱的法國女演員Sarah Bernhardt揭幕。儘管歌劇院的規模不大，但卻沒有遺漏任何一吋空間裝飾，不過它最奢華的地方應該是籠罩在35公尺高圓頂下方得以眺望海景的座位。至於賭場的娛樂廳更是美輪美奐，四周無不裝飾著金色的雕像、青銅鑄造的燈具、描繪19世紀當地風景的壁畫、色彩繽紛的彩繪玻璃……讓人眼花撩亂，即使不賭博，光把它當成收藏19世紀奢華的博物館來欣賞，都值回票價！

MAP ▶ P.320B2

摩納哥港

Ports de Monaco

一窺豪奢的享樂主義

從遊客服務中心步行約15分鐘 Capitainerie, 6 Quai Antoine 1er, 98000, Monaco 97 77 30 00 www.ports-monaco.com

摩納哥港由赫庫勒斯港(Port Hercules)和芳特維耶港(Port de Fontvieille)所組成，港灣內停滿了形形色色的遊艇，以及從外觀即可知造價不菲的高級郵輪。平日的摩納哥港寧靜祥和，許多當地人也會到這裡散步，欣賞船隻在水面上搖曳的波光瀲影。每到F1賽車賽季，灣岸道路會封鎖作為主要競賽場地，人山人海的觀賽人潮，堪稱摩納哥的一大盛事。

摩納哥王室Famille Royale

1949年起，摩納哥就由雷尼爾親王(Rainier III)主政，他是格里馬迪家族(Grimaldi)的第26任執政者，格里馬迪的祖先在1297年喬裝成修士潛入摩納哥取得政權後，一直是法國南部十分活躍的貴族。

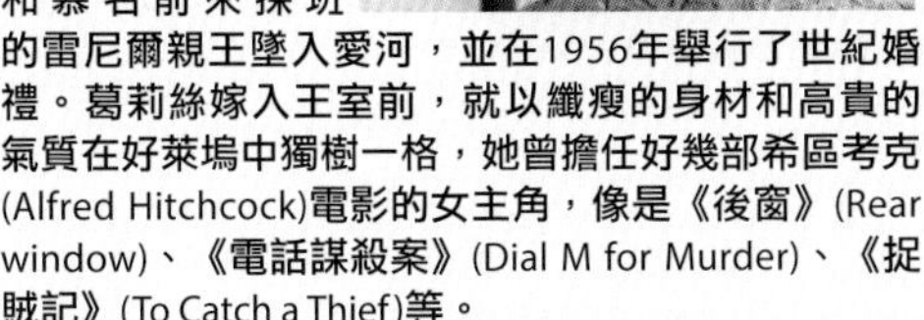

1955年，當紅的美國女星葛莉絲．凱莉(Grace Kelly)因在蔚藍海岸拍片，和慕名前來探班的雷尼爾親王墜入愛河，並在1956年舉行了世紀婚禮。葛莉絲嫁入王室前，就以纖瘦的身材和高貴的氣質在好萊塢中獨樹一格，她曾擔任好幾部希區考克(Alfred Hitchcock)電影的女主角，像是《後窗》(Rear window)、《電話謀殺案》(Dial M for Murder)、《捉賊記》(To Catch a Thief)等。

婚後的葛莉絲王妃仍是媒體追逐的焦點，她所使用的愛馬仕(Hermès)皮包，還因為她曾用來遮掩懷孕微凸的腹部，而以「凱莉包」之名走紅全球。王妃在1982年與女兒史蒂芬妮公主一起出遊時車禍喪生，但是她高貴優雅的形象，一生追求真善美的高尚品格，永遠是摩納哥最讓人津津樂道的灰姑娘傳奇。

MAP ▶ P.320A2

親王宮

MOOK Choice

Palais Princier

揭開公國的神秘面紗

搭乘市區巴士1、2號線Place d'Armes站下車 Palais des Princes, 98015 Monaco 93 25 18 31 3~6月10:00~17:00，7~8月10:00~18:00，9~10月10:00~17:00 休10~3月 全票€10、優待票€5 visitepalaisdemonaco.com

市政府所在地親王宮興建於13世紀，這裡也是蒙納哥王室的官邸，裡面陳設了許多無價家具、地毯及壯觀壁畫，不過入內參觀必須參加導覽行程。此外，每天有大批的觀光客湧進王宮前廣場觀賞衛兵交接，開始時間是11:55，全程約5分鐘。王宮廣場前的看台，可以居高臨下全覽摩納哥市區的壯觀。

MAP ▶ P.320B3

聖馬丁花園

Jardins Saint-Martin

飽覽峭壁絕景

搭乘市區巴士1、2號線Monaco-Ville站下車，步行約2分鐘 Avenue Saint-Martin, 98000 Monaco 全日開放 免費 visitmonaco.com

聖馬丁花園沿著峭壁而建，是一座典型的地中海花園，四季盛開的繽紛花卉，隨著海風搖曳的橄欖樹，以及在天空中翱翔的海鷗，讓人忍不住慢下腳步，沉浸在摩納哥百花撩亂的魅力之中。

花園連繫舊城區與海洋博物館，因此許多遊客會刻意避開大道，鑽進綠蔭中一邊散步欣賞風景，一邊往兩個景點移動。

MAP ▶ P.320B3

海洋博物館

MOOK Choice

Musée Océanographique

潛入地中海的湛藍世界

搭乘市區巴士1、2號線Monaco-Ville站下車，步行約2分鐘 Ave. St-Martin, 98000 Monaco 93 15 36 00 10~3月10:00~18:00，4~6月及9月10:00~19:00，7~8月9:30~20:00 休 12/25、一級方程式賽車比賽期間 成人€19、4~17歲€12 musee.oceano.org

位於峭壁懸崖上的海洋博物館，堪稱全歐洲規模驚人的水族館，成立起源要歸功於摩納哥親王亞伯特一世(Albert I)所收集的昂貴海洋生物，目前這裡也是研究海洋科學的專業機構。

1樓收藏著日本畫家的上百幅魚拓作品，栩栩如生，此樓也常當作新近海洋科學的成果發表場地；2樓收藏數隻捕獲於20世紀初期的大型魚類和鯨魚標本，令人印象深刻；地下室有占地廣大的水族箱，可以看到來自熱帶地區的稀有魚種，美妙的海底世界讓所有前來的男女老少都能盡興而歸。

大西洋海岸

Côte d'Atlantique

文●墨刻編輯部
圖●墨刻攝影組

廣義的大西洋海岸，包括了整個法國西岸，也就是該國所有與大西洋相接的土地，北起布列塔尼、南抵與西班牙接壤的大西洋—庇里牛斯山省(Pyrénées-Atlantiques)。不過，本分區指的大西洋海岸，主要以波爾多為核心向四處擴散，涵蓋Poitou-Charentes和阿基坦(Aquitaine)兩大地區。

由於地利之便，大西洋沿岸的城鎮發展大多和海洋脫離不了關係，許多都以海港發跡，波爾多就是其中最好的例子。有趣的是，漫長的海岸線遍布著沙灘，昔日的小漁村或葡萄酒的出口港，有些如今已搖身一變為熱門的濱海度假勝地。

波爾多 Bordeaux

被暱稱為「阿基坦的珍珠」(Perle d'Aquitaine)的波爾多，不但是法國西岸最重要的城市，同時也是該國的第五大城。遠從西班牙發源的加隆河(La Garonne)，先是貫穿了波爾多而後出海，於是一座城市一分為二，左岸是今日主要的城市距落所在，昔日包圍著城牆的舊城便是坐落此岸，主要位於勝利廣場(Place de la Victoire)和甘貝塔廣場(Place Gambetta)之間，廣場附近的城門便是最要的證據。

大西洋沿岸氣候全年濕暖，再加上當地獨特的砂石土質以及蘊含石灰的黏土層，使得此區盛產香氣瀰人的葡萄酒，也因此早在古羅馬時期，波爾多就是一座繁榮的海港。或許正這樣的養份，使得這座城市人才輩出，思想家孟德斯鳩(Baron de Montesquieu)和蒙田(Michel de Montaigne)就是誕生於此。

INFO

基本資訊

人口：約100萬人
面積：約49.36平方公里
區域號碼：05

如何前往

◎飛機

從巴黎戴高樂機場和奧利機場均有國內班機飛往波爾多機場(Aéroport de Bordeaux-Mérignac)，航程約1小時10分鐘，其他像是尼斯、馬賽和史特拉斯堡等法國大城，荷蘭阿姆斯特丹、義大利羅馬、英國倫敦等也有班機往來於波爾多之間，相關資訊請洽各大航空公司或上網查詢。

波爾多機場

www.bordeaux.aeroport.fr

◎火車

從巴黎蒙帕納斯火車站(Gare Montparnasse)搭TGV直達火車於波爾多聖尚火車站(Bordeaux St Jean)下，車程約3小時10分鐘~4小時，班次頻繁。或從戴高樂機場搭TGV直達火車前往，車程約4~4.5小時。

班次、時刻表及票價可上網或至火車站查詢，車票可上網或至火車站櫃台購買，或先在台灣向飛達旅遊購買法國火車通行證(France Rail Pass)。

飛達旅遊

台北市中山區南京東路三段168號10樓之6
(02) 8161-3456分機2
@gobytrain
www.gobytrain.com.tw

法國國鐵

www.sncf.com

機場、火車站至市區交通

◎從機場

從波爾多機場可搭30'Direct 巴士至聖尚火車站，車程約30分鐘；亦可搭計程車前往。

30'Direct 巴士

週一～週五7:10~20:05、週六8:15~19:15、週日9:30~19:10，平均每小時1班
單程全票€8、優待票€7，上網購票可享優惠
30direct.com/en/

機場計程車

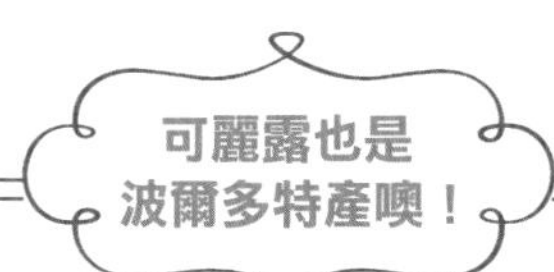

波爾多除了以葡萄酒聞名於世，可麗露(Canelés)也是這一區著名的特產。

一般製作可麗露會用到雞蛋、糖、牛奶、麵粉、香草和蘭姆酒等材料，講究的人還會以銅模製作。成功的可麗露擁有外表酥脆，帶著焦糖香氣，內部多孔，呈現鬆軟香糯的口感，由於能做出好吃的可麗露不易，被許多人認為和馬卡龍一樣，算是難搞卻仍為它深深著迷的甜點。

Taxis Mérignac 05 56 97 11 27
Taxis 33 05 56 74 95 06
Taxis Alliance 05 56 77 24 24
Taxis Télé 05 56 96 00 34
Taxis Girondins 05 56 80 70 37

◎從火車站

聖尚火車站位於市區東南方約3公里，可搭電車C線至市區各站，再以步行或轉乘其他電車、巴士的方式前往各景點。

聖尚火車站

Rue Charles Domercq 33800 Bordeaux

市區交通

波爾多雖然很大，但主要景點多位於市區大劇院周邊，由此可步行前往大部分景點，搭電車或巴士也很方便，波爾多的電車和巴士都是由TBM公司經營，交通票可共用，一張票可於1小時內多次轉乘，但每次上車時都要打票。車票可在車站旁的自動售票機或書報攤購買。

波爾多的電車共有4條線，以A、B、C、D和不同顏色區分，分別向東南西北方延伸，幾乎涵蓋所有區域，再加上位於路面，因此即使對搬運行李的遊客來說，也很方便。

需注意的是有些轉乘站未必設在同一處月台，有可能在附近的另一個街角，但通常只要跟著人群就能輕易找到。

TBM

單程票€1.9、10張套票€15、1日券€6.5

www.infotbm.com/en

旅遊諮詢

◎波爾多遊客服務中心Office de Tourisme de Bordeaux Métropole

搭電車B、C線於Quinconces站下，步行約1分鐘。

12 Cours du XXX Juillet 33080 Bordeaux Cede

05 56 00 66 00

週一～週六9:00~18:30，週日和國定假日9:30~17:00

1/1、12/25

www.bordeaux-tourisme.com

導覽行程

◎波爾多品酒之旅Bordeaux, Secrets Of Great Wine

波爾多旅遊局推出的品酒行程包括搭巴士參觀波爾多知名景點，前往Saint-Emilion或Médoc的酒莊品酒，和酒莊主人共進午餐，下午前往葡萄園參觀，並拜訪中世紀小鎮，以徒步方式遊覽地下古蹟。可上網或至遊客服務中心報名。

遊客服務中心前集合

www.visiter-bordeaux.com/en/discovering-vineyards?subid=Menu-BT

Where to Explore in Bordeaux 賞遊波爾多

MAP ▶ P.327B3

聖凱瑟琳路

Rue Sainte-Catherine

歐洲最長的步行街之一

搭電車A線於Sainte-Catherine站下，下車即達

從劇院廣場前往南延伸至勝利廣場(Place de la Victoire)的聖凱瑟琳路，是一條長達1.2公里的步行街，同時也是當地的購物街之一，沿途可見服飾店、紀念品店和各色咖啡館與速食店，是當地年輕人最愛流連的區域之一。

聖凱瑟琳路是在1976~1984年間逐漸轉型為徒步街，並於2000~2003年間整修。在中央Saint-Project廣場附近有座噴泉，落成於1715年，裝飾著4尊守護聖人雕像，其中Saint Project手握殉道者的棕櫚葉。

位於道路盡頭的勝利廣場上聳立著阿基坦門(Porte d’Aquitaine)，這座昔日的城門以新古典主義風格興建，古風洋溢，和對面出自捷克藝術家Ivan Theimer之手的現代藝術品螺旋狀方尖碑形成強烈的對比。

MAP ▶ P.327B2

紅酒酒吧

MOOK Choice

Bar à Vin

品嘗當地產區的佳釀

搭電車B、C線於Quinconces站下，步行約1分鐘；或搭電車B線於Grand Théâtre站下，步行約3~5分鐘。 Conseil Interprofessionnel du Vin de Bordeaux - 3 Cours du XXX Juillet 33000 Bordeaux 05 56 00 43 47 週一～週六11:30~22:00 baravin.bordeaux.com

波爾多紅酒舉世聞名，當地溫暖的海洋氣候搭配長時間的日照，以及排水性佳的砂石質，使得附近梅多克(Médoc)和聖艾米里昂(St-Émilion)產區的紅酒深受歡迎，如果沒有時間前往近郊的酒莊參觀、品酒，不妨拜訪歌劇院廣場旁的紅酒酒吧。

該酒吧坐落於一棟18世紀的宅邸中，擁有挑高的天花板和美麗的線腳，猶如船首的設計讓人聯想起波爾多的海港身份，寬敞舒適的空間以座位隔成不同區塊，在它琳瑯滿目的酒單中，囊括了紅酒、白酒、粉紅酒、氣泡酒等波爾多產區的葡萄酒，可以單杯或整瓶的方式點用，當地人也經常拜訪。

MAP ▶ P.327B2

交易所廣場

Place de la Bourse

波爾多最美的建築與夜景

搭電車C線於Place de la Bourse站下，下車即達。

在波爾多的加隆河畔、梅花座廣場和石橋(Pont de Pierre)間，有座非常美麗的廣場，由皇室建築師Ange-Jacques Gabriel興建於1730~1775年，交易所廣場是最能代表法國古典主義藝術風格的建築之一。廣場北邊的交易所(Palais de la Bourse)昔日是這座港口城市的國際貿易核心，南面的包稅所(Hôtel des Fermes)目前仍處理稅務問題，同時附設關稅博物館(Musée National des Douanes)。

廣場中央有座三女神噴泉(Fontaine des Trois Graces)，出自Visconti之手，刻畫宙斯的三位女兒Aglaé、Euphrosyne和Thalie，為廣場增添優雅的古典風情。而前方靠近河畔的平台上有一面水鏡(Miror d'Eau)，入夜後將廣場上的建築和點點燈火一起倒映於水面上，分外美麗。

MAP ▶ P.327B1

當代美術館

MOOK Choice

CAPC Musée d'Art Contemporain

空間與作品相互增色

搭電車B線於CAPC(Musée d'Art Contemporain)站下，步行約2分鐘。 Entrepôt-7 Rue Ferrère 33000 Bordeaux 05 56 00 81 50 週二～週日11:00~18:00 全館全票€8、優待票€4.5，永久展全票€6、優待票€3.5 www.capc-bordeaux.fr

以一座昔日的倉庫為腹地，波爾多當代美術館在Denis Valode等設計師的改造下，擁有令人印象深刻的展覽空間。

該美術館的收藏以當代具影響力的藝術家作品為主，其中部分為美術館購買，部分則是從巴黎的龐畢度中心和國家當代藝術基金會(Fonds National d'Art Comtemporain)借來的作品，以期讓當地居民能欣賞到更多樣的藝術風貌。除了在展覽室內外，部分藝術品還出現於建築的各個角落，像是位於電梯中的Keith Haring的《無題》(Untitled)，以及頂樓平台的Laurent Le Deunff的《圖騰》(Totems)等。

最後別錯過位於頂樓的咖啡館，特別是陽台上的露天座位區，天氣晴朗時令人感到無比悠閒和舒適。

拉荷榭爾
La Rochelle

這座位於比斯開灣(Golfe de Gascogne)旁的濱海小鎮，由其今日遊客漫步碼頭的悠閒景象看來，很難想像昔日曾是法國西部主要的商港，甚至擁有鑄幣和部分免稅的特許權力。拉荷榭爾於10世紀時建城，然而早在古羅馬時代，這裡就是出口食鹽和葡萄酒的重要港口，此項貿易一直持續到15世紀，後來甚至發展出和非洲、西歐和美洲之間的三角貿易，於是來自非洲的奴隸、加拿大的毛皮、加勒比海的蘭姆酒……全以此為集散地，然而隨著法國大革命和拿破崙的失勢，逐漸失去海外領地的法國，讓拉荷榭爾終於被迫退出海上貿易的地圖，演變成今日著名的夏日度假勝地。

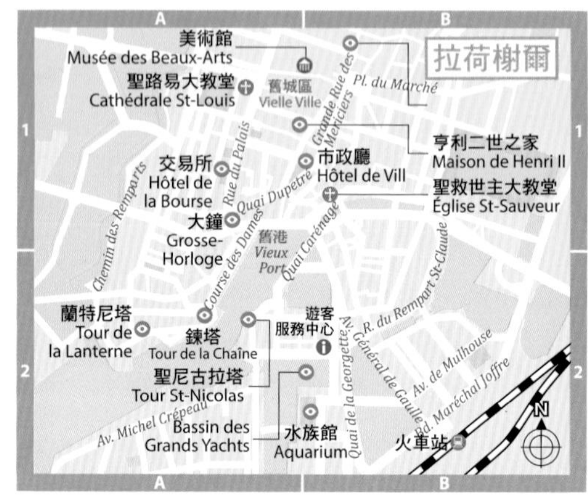

INFO

基本資訊
人口：約76,810人　**面積**：約28.43平方公里
區域號碼：08

如何前往
◎火車

從巴黎蒙帕納斯火車站(Gare Montparnasse)搭TGV直達火車於La Rochelle Ville下，車程約3小時16分鐘，每日約6班；或經波提耶(Poitiers)或波爾多Bordeaux St Jean轉車，全程約3.5~5.5小時。

班次、時刻表及票價可上網或至火車站查詢，車票可上網、至火車站櫃台購買，或先在台灣向飛達旅遊購買法國火車通行證(France Rail Pass)。

飛達旅遊
台北市中山區南京東路三段168號10樓之6
(02) 8161-3456分機2　@gobytrain
www.gobytrain.com.tw
法國國鐵 www.sncf.com

火車站至市區交通
位於市區東南方，步行至遊客服務中心約6~8分鐘。

市區交通
大部分景點步行可達，或於遊客服務中心租借腳踏車，前30分鐘免費，之後每小時€1；或搭往來於舊港兩岸的渡船The Electric Ferry。

腳踏車
08 10 17 18 17　www.yelo-larochelle.fr

The Electric Ferry
08 10 17 18 17
4~5月7:30~22:00，6~9月7:30~24:00，10~3月7:30~20:00
€1.5，5歲以下免費　www.yelo-larochelle.fr

旅遊諮詢
◎拉荷榭爾遊客服務中心
Office de Tourisme de La Rochelle
P.330B2　從火車站步行約6~8分鐘
2 Quai Georges Simenon, 17000 La Rochelle
05 46 41 14 68　週一～週日9:30~18:30
www.larochelle-tourisme.com

MAP ▶ P.330A1

大鐘樓

MOOK Choice

Grosse-Horloge

中世紀城牆的遺跡

從遊客服務中心步行約8分鐘

大鐘樓是進入拉荷榭爾舊城的主要入口，昔日它是捍衛城市、並將港口和城市區隔開來的城牆的大門，最初興建於12世紀，在1672年以前，下方原本有兩處開口，大的供牲口拉行的貨車、小的供行人使用，不過後來為了讓出入更加方便，因而改建成一道拱門。城門上方原本有座1478年後增建的八角型稜堡，上方還裝飾著一座小鐘塔，後來在1746年時以一座圓頂取代，圓頂上裝飾著的壁柱和小圓柱，以及伴隨著象徵科學與軍事的世界地圖和旗幟。

MAP ▶ P.330A1

亨利二世之家

Maison de Henri II

產生戲劇效果的名宅

從遊客服務中心步行約10分鐘 11 bis Rue des Augustins La Rochelle 05 46 34 88 59 免費

雖然名為亨利二世之家，這棟建築卻不是一間房屋或私宅！其層疊的迴廊只不過是狹窄的走道，用來延伸右側涼廊階梯的轉塔，以通往左邊側翼的的辦公室，因此這個沒有深度的外觀只是一種建築上的裝飾，利用屋頂和光線為主人帶來一種置身於一座俯瞰庭園的壯觀涼廊中的效果。

而這件在法國文藝復興史上獨一無二的作品，於1555年時出自一位不知名的大師之手。該建築由Hugues Pontard委託建造，而Pontard的兒子François後來在1567年時成為拉荷榭爾的市長。

MAP ▶ P.330A2

聖尼古拉塔

Tour Saint-Nicolas

捍衛海港的堅實保壘

從遊客服務中心步行約3~5分鐘 Rue de l'Armide 17000 La Rochelle 05 46 41 74 13 10~3月10:00~13:00、14:15~17:30，4~6、9月10:00~13:00、15:15~18:30，7~8月10:00~18:30 休1/1、5/1、12/25 全票€9.5，18歲以下免費 la-rochelle.monuments-nationaux.fr

除了是座海港外，拉荷榭爾在歷史上也和宗教有著密切的關係。這裡曾是聖殿騎士團(Knight Templar)在大西洋最大的基地，他們不但將主要艦隊駐防於此，還是英國與地中海間貿易的媒介。到了宗教革命時，拉荷榭爾皈依新教，並於16世紀中成為當地胡格諾教派(Huguenot)的中心，也因此曾於1572年和1627年時兩度遭到圍攻，黎塞留(Armand Jean du Plessis de Richelieu)甚至不惜對整座城市展開徹底攻擊，造成許多建築損壞，所幸位於舊港的3座塔樓依舊屹立不搖。

從1372年開始興建的聖尼古拉塔最靠近遊客服務中心，它是昔日統治者的住所和防禦塔，象徵著拉荷榭爾的權勢和富裕，從今日保存的結構仍可一窺昔日統治者如何透過中央的大洞監看塔內舉動、雙重階梯如何產生迷宮般效果錯開來往者，以及隱藏於厚牆中走道等設計。聖尼古拉塔高42公尺，位於頂層的瞭望台擁有俯瞰鄰近小島和城市的絕佳景觀。

MAP ▶ P.330A1

交易所

Hôtel de la Bourse

喚起拉荷榭爾的歷史

從遊客服務中心步行約8~10分鐘 14 Rue du Palais 17000 La Rochelle 免費

從大鐘樓延伸的主要道路Rue du Palais往下走，就會來到交易所，這棟興建於18世紀的建築，洋溢著路易十六世時期的風格，以簡單但和諧的線條勾勒出玩美的比例，兩側以一道8根圓柱撐起的柱廊連接，中央環抱著一座迷你庭園，其立面可欣賞到戰利品、錨、船首和六分儀浮雕，令人聯想起為拉荷榭爾帶來繁榮的海運。該建築於1760~2002年間一直是貿易部(Chambre de Commerce)的家，如今則當成貿易法庭(Tribunal de Commerce)使用。

MAP ▶ P.330A2

鍊塔

Tour de la Chaîne

控管舊港的出入門戶

從遊客服務中心步行約10~12分鐘 Vieux Port 17000 La Rochelle 05 46 34 11 81 10~3月10:00~13:00、14:15~17:30，4~6月及9月10:00~13:00、15:15~18:30，7~8月10:00~18:30 休1/1、5/1、12/25 全票€9.5，18歲以下免費 la-rochelle.monuments-nationaux.fr

和聖尼古拉塔隔舊港對望的鍊塔，過去掌管鍊接聖尼古拉塔的鐵鍊，以控制港口航運、監視船隻的舉動、並徵收稅金，因而得名。事實上過去這裡聳立著兩個鍊塔，分別以大、小鍊塔相稱，大鍊塔是隊長和家人以及駐軍居住的地方，小鍊塔才是安置鐵鍊絞盤處，彼此間以一條天橋連接，不過後來小鍊塔遭到拆除。2008年、加拿大魁貝克(Québec)建城400週年紀念，鍊塔內部經過大規模整修，當作拉荷榭爾——魁北克永久展的展示空間，展出與前往新世界的移民史相關的文物與資料。

MAP ▶ P.330A2

蘭特尼塔

Tour de la Lanterne

抒發心情的藝術監獄

從遊客服務中心步行約12~15分鐘 Rue sur les Murs 17000 La Rochelle 05 46 41 56 04 10~3月10:00~13:00、14:15~17:30，4~6月及9月10:00~13:00、15:15~18:30，7~8月10:00~18:30 休1/1、5/1、12/25 全票€9.5，18歲以下免費 la-rochelle.monuments-nationaux.fr

擁有八角型哥德式尖塔的蘭特尼塔高70公尺，是三座塔中最高、造型也最特殊的一個，同時也是大西洋沿海地帶唯一一座中世紀燈塔。該塔另一個用途是監獄，從它鑿刻於牆壁上的600多個塗鴉可以得知時間長達3個世紀，此外從上方各種語言和內容不難推測，昔日這裡的「住戶」包括布列塔尼、荷蘭和西班牙的海盜，以及戰俘和宗教犯人。除了塗鴉之外，位於頂層的迴廊提供欣賞拉荷榭爾市區和附近海域的景觀，至於鑲嵌彩色玻璃的頂塔則是建築師Jean Just Gustave Lisch(1828~1910)重建的成果。

The Savvy Traveler 聰明旅行家

文●墨刻編輯部　攝影●墨刻攝影組

簽證辦理

台灣遊客前往法國觀光無需辦理申根簽證，只要持有效護照即可出入申根公約國，6個月內最多可停留90天。摩納哥雖然並不屬於申根公約國，但接受國人以免申根簽證待遇入境。有效護照的定義為，預計離開申根區時最少還有3個月的效期。

儘管開放免簽證待遇，卻不代表遊客可無條件入境，入境申根國家所需查驗的相關文件包括：來回航班訂位紀錄或機票、英文或法文行程表、當地旅館訂房紀錄或當地親友邀請函、英文存款證明或其他足以證明自己能在當地維生的證明、公司名片或英文在職證明等等。另外，原本辦理申根簽證所需的旅遊醫療保險，雖同樣非入境時的必備證明，但最好同樣投保，多一重保障。

目前「歐盟旅行資訊及許可系統」(ETIAS)仍在建置中，預計2025年中開始，國人前往包含法國、義大利、西班牙、葡萄牙等歐洲30個國家和地區，需要事先上網申請ETIAS且獲得授權，手續費€7。ETIAS有效期限是3年，或持有護照到期為止。效期內只要持有效護照及ETIAS即可不限次數出入申根公約國，無需再辦理申根簽證，6個月內最多可停留90天。

歐盟ETIAS官網

travel-europe.europa.eu/etias_en

法國在台協會Bureau Français de Taipei

台北101大樓(台北市信義區信義路五段7號39樓A室)
(02) 3518 5151　週一～週五9:00~12:00、14:00~17:30　france-taipei.org

飛航資訊

從台灣可搭長榮航空直飛巴黎，或利用其他航空公司經香港、新加坡或曼谷等轉機前往巴黎。另外法國、荷蘭、國泰、瑞士、英國、德國漢莎、土耳其等航空，提供經第三地甚至第四地轉飛波爾多、里昂、蒙貝利耶、馬賽、史特拉斯堡等法國境內大城的航班。各家航空公司班次和班表相關資訊請洽各大航空公司或上網查詢。旅遊套裝行程可洽各大航空公司或旅行社。

台灣飛航法國主要航空公司

長榮航空 www.evaair.com
中華航空 www.china-airlines.com
國泰航空 www.cathaypacific.com
法國航空 wwws.airfrance.com.tw/home
泰國航空 www.thaiairways.com.tw
新加坡航空 www.singaporeair.com.tw

旅遊資訊

時差

夏令時間(3月最後一個週日起至10月最後一個週日止) 台北時間減6小時，冬令時間台北時間減7小時。

電壓

220伏特

貨幣及匯率

使用歐元，一般以Euro和€表示，本書皆以€表示。1歐元約可兌換35元台幣(匯率時有變動，僅供參考)。

小費

在咖啡館或餐廳，除非帳單上寫明「Service Compris」，不然都要給小費，咖啡館或啤酒店給些零錢即可，餐廳的話約是消費金額的15~18%。在高級飯店住宿，行李、房間清潔及客房服務小費行情約

€1~2。如果是電話叫計程車，給司機的小費約為車資的5%。

打電話

從法國或摩納哥打到台灣：00-886-x(區域號碼去掉0)-xxxxxxxx(6~8碼電話號碼)

從台灣打到法國：002-33-x(區域號碼去掉0)-xx-xx-xx-xx(8碼電話號碼)

從台灣打到摩納哥：002-337-xx-xx-xx-xx(直接打8碼電話號碼)

法國國內電話：xx(區域號碼)-xx-xx-xx-xx(8碼電話號碼)

退稅

觀光客在法國購物可享退稅優惠，條件是(1)必須在貼有Tax Free Shopping貼紙的店內消費超過€100.01，(2)必須在購買商品後3個月內離境(指法國及其他歐盟國家)，(3)離境時出示購買商品及商家所開立的退稅單。如達退稅標準，每次退稅約可退得購買金額的12~13% 。

只要符合退稅標準，即可在結帳時請櫃台幫你辦理，辦理時需要出示護照，並填寫退稅表格，退稅方式可選擇退入信用卡或退成現金(歐元)，這點在填寫退稅表格時便會詢問，選擇後至機場退稅時，是不能更改的。

退稅請至最後離境的歐盟國家機場辦理，辦理時請先至退稅櫃台，提供護照、機票、發票和退稅表格，有時海關人員會要求檢查是否有購買這些商品，因此建議將商品帶在手邊；由於退稅隊伍常大排長龍，記得要提早到機場，才不會因趕不上飛機而錯失退稅良機。

海關蓋章後，如果是退現金，則至現金退稅櫃台(Cash Refund Office)領取歐元，如果是退回信用卡，請將表格放入退稅信封內(收執聯請自己保留)，再投遞至退稅郵筒內，約2~3個月內，換算成台幣的退稅金額，便會退至你指定的信用卡帳戶內。

www.globalrefund.com

旅遊諮詢

法國旅遊發展署台灣辦事處Atout France

台北市信義區信義路5段7號39樓A室

www.france.fr/zh-Hant/

駐法國台北代表處 Bureau de Représentation de Taipei en France

78, Rue de l' l'Université, 75007 Paris

01 44 39 88 30

旅外國人急難救助全球免付費專線：

00-800-0885-0885

週一至週五9:30~12:30、13:30~16:00

www.roc-taiwan.org/fr_fr/index.html

法國 France

MOOK NEWAction no.87

作者
趙思語・李曉萍・墨刻編輯部
攝影
李曉萍・墨刻攝影部
主編
趙思語
美術設計
李英娟・呂昀禾（特約）
地圖繪製
Nina・墨刻編輯部

出版公司
墨刻出版股份有限公司
地址：台北市115南港區昆陽街16號7樓
電話：886-2-2500-7008
傳真：886-2-2500-7796
E-mail：mook_service@cph.com.tw
讀者服務：readerservice@cph.com.tw
墨刻官網：www.mook.com.tw
發行公司
英屬蓋曼群島商家庭傳媒股份有限公司城邦分公司
地址：台北市115南港區昆陽街16號8樓
電話：886-2-2500-7718　886-2-2500-7719
傳真：886-2-2500-1990　886-2-2500-1991
城邦讀書花園：www.cite.com.tw
劃撥：19863813
戶名：書虫股份有限公司
香港發行所
城邦（香港）出版集團有限公司
地址：香港九龍土瓜灣土瓜灣道86號順聯工業大廈6樓A室
電話：(852)25086231
傳真：(852)25789337
E-MAIL：hkcite@biznetvigator.com
馬新發行所
城邦(馬新)出版集團 Cite (M) Sdn Bhd
地址：41, Jalan Radin Anum, Bandar Baru Sri Petaling, 57000 Kuala Lumpur, Malaysia.
電話：(603)90563833
傳真：(603)90576622
E-mail：services@cite.my
製版・印刷
藝樺設計有限公司・漾格科技股份有限公司
城邦書號
KV3087
定價
499元
ISBN
978-626-398-074-7・978-626-398-071-6（EPUB）
2024年10月初版

首席執行長 Chief Executive Officer
何飛鵬 Feipong Ho
生活旅遊事業總經理暨墨刻出版社長 PCH Group President & Mook Managing Director
李淑霞 Kelly Lee

總編輯 Editor in Chief
汪雨菁 Eugenia Uang
副總編輯 Deputy Editor in Chief
呂宛霖 Donna Lu
編輯 Editor
趙思語・唐德容・林昱霖・李冠瑩・蔡嘉榛
Yuyu Chew, Tejung Tang, Lin Yu Lin, Mao Li, Cai Jia Zhen
資深美術設計主任 Senior Chief Designer
羅婕云 Jie-Yun Luo
資深美術設計 Senior Designer
李英娟 Rebecca Lee
影音企劃執行 Digital Planning Executive
邱茗晨 Mingchen Chiu

資深業務經理 Senior Advertising Manager
詹顏嘉 Jessie Jan
業務經理 Advertising Manager
劉玫玟 Karen Liu
業務專員 Advertising Specialist
程麒 Teresa Cheng
行銷企畫經理 Marketing Manager
呂妙君 Cloud Lu
行銷企畫主任 Marketing Supervisor
許立心 Sandra Hsu
業務行政專員 Marketing & Advertising Specialist
呂瑜珊 Cindy Lu

印務部經理 Printing Dept. Manager
王竟為 Jing Wei Wan

國家圖書館出版品預行編目資料

法國/趙思語, 李曉萍, 墨刻編輯部作. -- 初版. -- 臺北市：墨刻出版股份有限公司出版：英屬蓋曼群島商家庭傳媒股份有限公司城邦分公司發行, 2024.10
336面 ;16.8×23公分. -- (New action ; 87)
ISBN 978-626-398-074-7(平裝)

1.CST: 旅遊 2.CST: 法國
742.89　　113013673